테마 **범죄와 치안 세미나**

이만종 저

도서출판 **진 영 사**

테마 범죄와 치안 세미나

이만종

2017년 2월 24일 초판인쇄
2017년 2월 27일 초판발행
발행인 박 진 영
발행처 도서출판 진영사
인천광역시 부평구 부평동 134-16 태승빌딩 4층
전화 : 032)505-4207
팩스 : 032)505-4206
E-mail : 0183734207@hanmail.net
등록 : 122-91-77317

ISBN 978-89-6541-312-7 93350
값 20,000원

머 리 말

최근 들어 저자는 우리사회를 살아가고 있는 시민의 일원으로서 일종의 무력감과 자기 한계 같은 것을 많이 느끼게 된다. 그것은 경제력 우위의 사회 분위기가 법과 도덕보다는 물질 우선의 풍조로서 하나의 세태로 자리하게 되어 성실하고 묵묵히 살아가는 대다수 시민들에게 깊은 자괴감과 상실감을 주고 이러한 것이 범죄 발생의 한 원인이 되고 있는 듯하기 때문이다.

더욱이 범죄가 급속도로 지능화되고 흉포화 되는 작금의 현상을 보면서 이제 범죄 없는 사회를 기대하는 것은 요원한 일이 되지 않을까 하는 우려와 문제 상황 속에서 외람되지만 본 책자를 저술하게 되었다.

일반적으로 범죄 발생율은 치안능력과 반비례한다고 한다. 그래서 경찰이 「예방경찰」로서의 제 능력만 제대로 발휘하여 치안상태가 빈틈없다면 강력범죄는 감히 날뛰지 못 할 것이다.

그러나 범죄자들은 우리 경찰이 시국치안에만 매달려 민생 치안 쪽엔 미처 손쓸 여유가 없다는 허점을 너무도 잘 알고 있어 오히려 역이용하고 있기도 한다. 공권력은 이제 제 위치를 찾아야 한다. 폭력 쪽 집단시위나 공공기관점거, 법정 소란행위들도 따지고 보면 공권력이 제 구실을 다하지 못한 때문에 전염병처럼 번져가고 있는 것이다.

사회 병리적 측면에서 진단해보면 강력범죄가 빈발하는 것은 우리사회에 만연된 황금만능주의와 도덕적 타락상에도 원인이 있다. 살인, 강도, 강간 등의 흉악범죄를 부추기는 음란퇴폐업소와 폭력영화, 음란도서들의 범람 등이 범죄 심리의 온상구실을 하고 있는 셈이다. 따라서 이와 같은 퇴폐환경의 변화 없이 범죄를 근원적으로 뿌리 뽑기는 쉽지 않다.

가정의 애정결핍, 소속감의 결여, 생활 외 위협, 극심한 빈부격차, 황금만능풍조와 일부 잘 사는 사람들의 쾌락주의가 범죄를 촉발시키는 직간접의 요인이 되고 있다는 사회학자들의 지적도 시사하는 바가 크다. 결국 꼬리에 꼬리를 무는 흉악범죄와 온갖 사회악의 만연은 우리사회의 가치관과 도덕률이 뿌리를 내리지 못했다는 증거다.

그런 뜻에서 우리는 사회적, 경제적 불균형 측면에서도 각별한 관심을 기울이고 대책을 세워야 한다고 본다. 특히 민생치안에 역점을 둔 예방경찰기능의 회복과 사회악일소를 위한 사회공동의 노력과 어떤 흉악범도 발붙일 수 없게 할 치안기능의 강화가 시급하다고 생각한다.

본서는 범죄학과 치안에 관련된 저자의 논문을 중심으로 하여 몇 가지 테마를 주제로 발간하였다. 따라서 일부현황 및 통계는 논문작성시점을 기준으로 하였음을 양해 바란다. 본서의 내용은 이를 필요로 하는 고시 등 각종 시험 준비생들에게 참고자료로서, 또한 대학의 범죄와치안과 관련한 세미나 교육의 교재로, 나아가서는 형사사법 실무자들이 범죄와 치안에 대한 이해와 접근을 보다 체계적이고 용이하게 하여 임무능력 향상에 도움이 되고 범죄 예방과 대책을 수립하는데 본서가 활용이 되었으면 하는 바람이다.

끝으로 이 책을 쓰게끔 그 동안 관심을 가져 주시고 격려를 아끼지 않으신 선후배님과 사랑하는 가족들의 보살핌에 감사를 드린다.

2017년 봄

이 만종

차 례

Chapter 1 경찰 불심검문의 적법성 한계에 관한 고찰

[요약]

'경찰관 직무집행법' 제3조에 의하면 경찰관은 거동수상자, 의심자 등에 대하여 직무질문(정지, 질문), 동행요구, 흉기소지여부 등을 조사할 수 있도록 그 실시 요건을 규정하고 있다. 이와 같이 경찰 불심검문(직무질문)은 경찰법상에 명시된 경찰의 임무인 범죄예방 및 치안 확보에 기여함은 물론, 나아가서는 범죄수사상 단서를 발견·확보하는데도 매우 중요한 기능을 담당하고 있다.

따라서 경찰불심검문은 현저한 범죄혐의자나 범죄행위를 저지를 것으로 의심되는 자에 대하여 최소한의 범위 내에서 이루어져야 한다.

지금까지 불심검문활동은 범죄예방과 범인 검거측면에서 어느 정도 효과가 있다는 평가도 있지만 그 효율성과 적법성 여부에 대해서는 한번 짚어보아야 할 사항이다. 특히 우리경찰의 경우 그동안 근무현장에서 관행적으로 행해지던 마구잡이식 불심검문으로 인하여 많은 국민들이 불심검문에 대한 불편함과 불쾌감을 호소하고 어떤 경우는 법적측면에서 문제와 시비로까지 발전되고 있어 이에 대한 검토와 개선방안수립도 필요하다할 수 있겠다.

그러나 불심검문은 그 본질이 임의적 수단임에도 불구하고 경찰관이 실시하는 불심검문의 목적달성을 위해서는 때로는 사실상의 실력행사가 필요하다는 현실적인 문제로 인하여, 그 적법성의 한계역시 문제시되고 있다.

즉 법률적 측면에서 보더라도 경찰불심검문은 행정경찰작용이 주된 성질이라 할 수 있지만 사법경찰작용의 성질도 가지고 있으며, 그 본래의 성질이 임의 처분임에도 불구하고 실무상의 필요로 말미암아 강제력을 요구하기도 한다. 따라서 본 장에서는 이러한 경찰 불심검문의 적법성의 한계에 대하여 검토해 보고자 한다.

Ⅰ. 서론

국가인권위원회는 2006년 평택미군기지 확장예정지인 대추리·도두리지역 출입자전원을 대상으로 경찰이 무차별 불심검문을 실시한 행위는 인권침해라는 주민들의 진정에 대하여 '범죄혐의의 구체성과 혐의의 상당성이 없기 때문에 인권침해를 하지 말 것'을 경찰에 권고한바가 있다. 이처럼 국민들의 인권의식이 점차 높아지면서 시민들이 경찰의 불심검문에 대하여 거부운동을 벌이고 있는 등 과거와 다른 공권력에 대한 무력감은 경찰활동의 큰 장애가 되고 있는 실정이다.[1)] 물론 인권단체가 중심이 되어 벌였던 불심검문 거부운동은 경찰 나름대로의 애로가 있었겠지만, 과거경찰이 관행적으로 해오던 마구잡이식 검문방식, 즉 일정한 톨게이트를 정해놓고 검문소를 설치한 다음에 지나가는 시민들 중에 행색이 초라하고 그야말로 경찰의 눈에 조금 거슬린다 싶으면 마구잡이식으로 검문을 벌인 결과라는 뼈아픈 지적도 대두되고 있다.

사실 객관적인 기준을 가지고 살펴볼 때 경찰불심검문은 법률적, 실무적 양측면에서 그 한계가 노출되고 있는 실정이다.

우선 법률적 측면에서는 경찰관직무집행법 제3조의 규정에는 경찰불심검문에 대한 요건이 불명확하고 애매하게 규정되어 있어 불심검문의 판단의 기준을 경찰의 직관적인 판단에 맡기고 있는 실정이다.

즉 '불심검문은 어떠한 죄를 범하였거나 범하려하고 있다고 의심할 만한 상당한 이유가 있는 자 또는 이미 행하여진 범죄나 행하여 지려고하는 범죄행위에 관하여 그 사실을 안다고 인정되는 자를 정지시켜서 질문할 수 있다'라고 규정되어 있고, 또한 제3조 2항에는 '동행'에 관하여 '질문하기 위하여 부근의 경찰관서에 동행할 것을 요구할 수 있다'고 규정하고 있어 판단기준에 대한 명확성의 결여로 그때그때 배치된 경찰들의 일정하지 않은 직관과 주관적인 판단에 맡기고 있는 등[2)] 법률적판단의 한계를 가지고 있다(추미애, 1998 : 2). 또한 실무적인 측

1) 경찰관 직무집행법은 불심검문이라는 용어를 쓰고 있다. 그러나 검문은 신체의 구속, 의사에 반한 연행과 답변의 강요를 포함하는 인상을 줄 우려가 있다. 그래서 경찰청에서도 2004년'불심검문'의 용어를 '직무질문'으로 명칭변경을 검토하기도 하였다. 입법론으로는 직무질문이라 하는 것이 타당하다 하겠다(이재상 2006 : 197).

2) 합리적 판단이란 당해직무를 행하는 경찰관의 주관적인 판단이 아니라 객관적인 합리성이 담보되는

면에서도 직무질문을 할 때 제반수단을 모두 사용하는 과정에서 행하여지는 실력행사에 관하여 사실상의 필요성과 임의 수단이라는 불심검문의 본질적 성격이 맞물려 그 적법성의 한계가 문제시 되고 있다. 왜냐면 위 수단들의 목적달성은 경찰관에 의해 거동불심자로 지목되어 질문을 받는 시민의 자유로운 의사로 답변한 경우에 가능한 것인데, 시민의 반응이 이와 달리 경찰불심검문에 비협조적인 경우에는 그 목적을 달성할 수 없게 된다. 따라서 불심검문의 목적달성을 위해 상당한 강제성의 필요가 대두되어 이와 아울러 경찰관 또한 위 수단들을 실제 상황 속에서 항상 적법·정당하게 사용할 것이라고 당연하게 기대할 수는 없다는 점 또한 문제가 된다. 즉 경찰불심검문의 남용가능성이 항상 존재하는 것이고 실제로도 우리 경찰의 역사 속에서도 이러한 불심검문의 남용에 대한 불만과 항의가 항상 있어왔던 것이 사실이다.

따라서 본장에서는 정지, 질문, 소지품 검사 등 경찰불심검문(직무질문)의 적법성의 한계에 대하여 검토하였다.

Ⅱ. 경찰직무 질문에 관한 이론적 고찰

1. 경찰 불심검문의 법적 성격

1) 경찰작용의 이분론

경찰작용에 대하여 종래 행정법 학계에서는 프랑스등 대륙법계의 일반적 태도를 본받아 행정경찰작용과 사법경찰작용으로 구별하였다. 즉 전자는 일반 통치권에 기하여 공공의 안녕과 질서유지를 위하여 국민에게 명령·강제하는 작용으로, 후자는 이미 발생한 범죄발견, 범인과 증거의 확보를 목적으로 하는 작용이라 하여 개념적으로 구별하였다.

판단을 말하고, 치안이나 수사를 담당하는 경찰관중 평균적인 기준을 설정하고, 그의 입장에서 볼 때 당해 상황하에서 당해인에 대한 불심검문이 필요한가의 여부를 기준으로 삼을 수 있다는 견해가 지배적이다.

이에 반해 영미법계에서는 이러한 구별을 찾아볼 수 없다. 즉 미국의 경우에는 경찰작용을 개념적으로 이분하지 않고 질서유지나 법집행이라는 개념을 사용하고 있다. 따라서 개념차이가 법률상 적법성 판단과 법률효과에 차이를 주지는 않는다. 미국에서는 행정조사도 헌법수정 제4조의 "Search"에 포함되며 경찰이 행하는 모든 신체구속, 수색활동 등에도 합리성 테스트에 따라야 한다(이상규, 1990 : 246).

2) 행정경찰 · 사법경찰작용의 병존

경찰불심검문이 행정경찰작용인지 사법경찰작용인지 여부에 대해서는 ① 행정경찰작용 중 범죄예방을 위한 보안경찰 작용이라는 견해와 ② 경찰관직무집행법 제3조가 범죄혐의가 있는 경우를 포함하고 있고, 범죄혐의를 포착하고 수사가 개시된 경우에는 형사소송법에 의한 통제를 가할 필요가 있다는 점에 비추어 행정경찰작용과 사법경찰작용을 병유한다는 견해가 있다(이재상, 1991 : 196).

위 논의의 실익은 경찰불심검문이 행정경찰작용에 해당하면 행정법규의 적용을 받으면 그만이지만, 사법경찰작용에 해당한다면 형사소송법의 적용과 검사의 지휘를 받게 되는 데에 있다. 구체적으로는 정지에 있어서 강제가능 여부, 묵비권의 고지여부 등에 있어서 경찰직무질문의 적법성여부가 달라질 수 있게 된다.

이와 같이 경찰불심검문의 법적 성격을 살펴볼 때, 불심검문은 이미 행하여진 범죄에 대해 용의자가 그 사실을 알고 있는 자에 대하여 행해질 수 있고, 현실적 기능면에서도 거동불심자를 불심검문하여 범인을 검거한 사례가 많은바, 이 경우 어느 것이 행정경찰영역이고 사법경찰영역인지의 구별은 개념상 가능할지 몰라도 실무상 구별은 불가능하다. 또한 경찰불심검문이 사법경찰작용이 가지는 형사소송법상 법적 제한을 회피하기 위해 오용되는 것을 막을 필요성이 있다. 따라서 불심검문은 행정경찰작용이 주된 것이지만 사법경찰작용이 완전히 배제된다고 보기는 어렵기 때문에 행정경찰작용과 사법경찰작용의 병유설이 가장 타당한 견해라 할 수 있다.

2. 경찰 불심검문 권한 행사의 근거

경찰불심검문(직무질문)이란 의심스러운 경우 행하는 검문으로 경찰관이 거동이 수상한 자를 발견한때 이를 정지시켜 질문하는 것을 말하는 것으로, 범죄수사의 단서가 될 수는 있으나 수사 그자체는 아니며 다만 치안과 범죄예방을 담당하는 경찰관의 직무수행에 필요한 하나의 행위에 불과하다고 할 수 있다.

그러나 공권력이라는 우월적 권한을 행사하는 과정에서 시민의 권리가 크게 침해될 수 있는 우려가 많아 법률(경찰관직무집행법 제3조)에서 그 요건과 행사 방법 등을 엄격히 규정하고 있으며, 직무질문을 행하는 경찰은 법률에서 정한요건에 따라 객관적이고 합리적인 판단아래 검문을 행하도록 근거 규정을 두고 있다.

또한 경찰법 제3조는 '경찰은 국민의 생명, 신체 및 재산의 보호와 범죄의 예방 진압 및 수사, 치안, 정보의 수집, 교통의 단속, 기타 공공의 안녕과 질서유지를 그 임무로 한다'라고 직무범위를 정하고 있어 이 두 가지 법률이 경찰관이 행사하는 불심검문 권한에 대한 포괄적 수권 규정으로 근거가 되고 있다 할 수 있다.

그러나 위 규정들이 경찰관의 권한 행사의 근거로서 가능한지 여부에 관하여는 몇 가지 학설이 대립되고 있다.

이에 대한 학설을 살펴보면, 제1설은 일반적으로 경찰관은 공권력행사에 해당하는 임의수단에서도 법률로 정하는 것 이외의 것은 해서는 안된다고하는 견해이다. 이 설은 경찰법을 조직법으로 간주하고 동법제3조를 포괄적 권한을 정한 것으로 해석하는 것에 반대하는 견해와 합해서 주장된다. 따라서 경찰관 직무집행법은 이러한 경찰관이 가지는 수단의 개별규정이고 그이상의 권한의 확대는 인정되지 않는다고 한다(下村幸雄, 1990 : 59). 그리고 제2설은 경찰법 제3조를 경찰관이 행사하는 권한의 근거내지 창설규정으로 생각하는 견해이다. 따라서 경찰관 직무집행법이 정하는 각권한은 예시되고 있는데 지나지 않는다고 한다.[3]

마지막 제3설은 절충적 색체를 갖는 것으로 결국 즉시 강제에 대하여는 법의 명문규정을 요구하면서 "중간적인 실력적 설득의 단계"를 인정하려고 하는 견해

3) 그러나 국민의 자유와 권리에 대한 직접적, 물리적 침해 행위에 대하여는 헌법규정에 비추어도 사전의 개별적 법률규정을 요구한다고 생각된다.

이다.

국가가 시민사회의 안전과 질서를 지키는 기관인 이상, 사회적 일탈행위로부터 시민생활의 평안을 지키는 것은 국가의 본래적 임무이다. 따라서 경찰법 제3조와 경찰관 직무집행법 제3조는 그러한 국가경찰권의 본래 책무를 실정법상 명백하게 밝힌 규정이라 할 수 있다. 그러므로 그것은 단순히 책무규정에 그치지 않고, 그러한 책무를 실현하는 권한을 창설하는 것이라고 해석되어지기 때문에 경찰법 제3조를 경찰권한 창설규정이라고 해석하는 제2설이 가장타당하다고 생각한다(김현석, 1991 : 63).

이에 따라 경찰의 불심검문 권한 행사의 근본적인 근거는 경찰법 제3조와 경찰관 직무집행법제3조에 기초하고 있다 할 수 있다.

3. 경찰관 직무집행법 적용 범위

경찰관 직무집행법 제3조에 의하면 경찰관은 수상한 거동 기타 주변의 사정을 합리적으로 판단하여 어떠한 죄를 범하였거나 범하려고 하고 있다고 의심할만한 상당한 이유가 있는 자, 또는 이미 행하여진 범죄나 행하여지려고 하는 범죄행위에 관하여 그 사정을 안다고 인정되는 자를 정지시켜 질문할 수 있고, 그 장소에서 질문하는 것이 당해인에게 불리하거나 교통에 방해가 된다고 인정되는 때에는 질문하기 위하여 부근의 경찰관서(지방해양경찰관서포함)에 동행할 것을 요구할 수 있으며(경찰관직무집행법 제3조1항, 2항), 경찰관은 질문을 할 때, 부수적으로 흉기의 소지여부를 조사할 수 있다(경찰관 직무집행법 제3조 3항). 또한 경찰관이 질문하거나 동행을 요구할 경우 경찰관은 반드시 자신의 소속과 성명을 밝히는 증표를 제시하고 구두로도 밝혀야 하며, 정복을 입은 경우라도 명찰이 없다면 반드시 신분을 명확히 증명할 수 있는 증표를 보여야하고, 불심검문의 목적과 이유를 정확히 밝혀야한다(경찰관직무집행법 제3조 4항)고 명시되어 있다.

더구나 동행의 경우에는 동행장소를 밝혀야하고 당해인의 가족 또는 친지 등에게 동행한 경찰관의 신분, 동행장소, 동행목적과 이유를 고지하거나 본인으로 하여금 즉시 연락할 수 있는 기회를 부여 하여야하며, 변호인의 조력을 받을 권리를 고지하여야 하고, 임의동행시간은 6시간으로 제한하고 있다. 따라서 구속영장청구 없이 6시간을 초과한 조사는 모두 부당한 구금에 해당된다.

위와 같이 경찰관 직무집행법 제3조에는 경찰의 불심검문으로서 직무질문(정지, 질문), 동행요구, 무기소지 등을 조사할 수 있도록 그 적용범위에 관해 명시하고 있다.

4. 불심검문과 인권과의 논란

앞에서 살펴본바와 같이 경찰의 불심검문과 관련하여서는 경찰법과 경찰관직무직행법 그리고 형사소송법에까지 엄격한 절차를 명시하고 있다. 이는 헌법에서 보장된 국민의 권리를 보호하기 위해 국가권력의 무분별한 행사를 제한하기 위한 장치를 마련하기 위해서이다. 그러나 실무현장에서 이루어지는 불심검문행사는 법에 정해진 절차에 따른 직무수행 보다는 자칫 경찰관이 마음대로 행사할 수 있는 권한인 것처럼 인식되면서 법을 행정 편의적으로 남용하고 있다는 지적이 증가하고 있다. 특히 이러한 불심검문행위는 어쩌다 발생되는 경찰활동 중 폭력, 불법연행, 구속으로까지 이어지면서 국민의 인권을 유린하는 대표적 사례로 발전되어 큰 문제를 야기하기도 한다.

Ⅲ. 경찰불심검문의 적법성 한계

직무질문과 임의 동행 및 소지품검사는 임의적 수단을 원칙으로 하여 행하여져야 한다는 점에서는 이론이 없지만 절차적 요건을 모두 갖추어 불심검문을 하다보면 진짜 범인을 놓칠 우려가 있다는 것이 경찰의 우려와 걱정이다. 따라서 목적달성을 위해서는 어느 정도의 실력행사가 필요하다는 현실적 필요를 전혀 무시할 수 없으므로 불심검문의 적법성의 한계를 설정할 필요가 있어, 이에 대한 논의와 함께 외국의 주요 판례를 중심으로 살펴보도록 하겠다.

1. 경찰의 불심검문 대상자

불심검문의 대상은 "수상한 거동 또는 기타 주위의 사정을 합리적으로 판단하여 죄를 범하였거나 범하려하고 있다고 의심할만한 상당한 이유가 있는 자, 또는 이미 행하여진 범죄나 행하여지려고 하는 범죄행위에 관하여 그 사실을 안다고 인정되는 자"로서, 거동불심자라고 할 수 있다.

1) 수상한 거동기타 주위의 사정을 합리적으로 판단하여 죄를 범하였거나 범하려 하고 있다고 의심할 만한 상당한 이유가 있는 자

(1) 수상한 거동

수상한 거동이라는 것은 통상의 경우와는 다른 언어, 동작, 태도, 의복, 소지한 물품 등의 부자연스러움을 말하는 것으로, 주위의 사정을 고려하여 판단하게 된다(宍戸基男, 1998 : 47).

(2) 기타 주위의 사정

기타 주위의 사정은 객관적으로 명백한 사정만을 의미하며, "수상한 거동"을 보충하는 자료 로서 수상한 거동이 없음에도 불구하고 주위의 사정만을 이유로 한 불심검문은 허용되지 않는다. 이 때 경찰관이 당해 거동 및 당시 현장의 구체적 사정과는 무관하게 사전에 지득하고 있었던 정보의 취급이 문제된다. 이러한 정보는 경찰내부의 것으로 일반인이 접근할 수 없는 성질의 것이 많다. 특히 일정기간 동안 특정 범죄를 집중적으로 단속하는 경우 등 경찰 독자의 평가와 실행에 의하여 불심검문이 행해지는 경우가 있는 것이다. 이는 불심검문에 있어 넓은 의미의 경찰정보를 어디까지 고려할 수 있는가의 문제로서, 합리적 판단을 하는 주체 내지 합리성 기준을 어떻게 볼 것인가와 관련되어 있다.

(3) 합리적 판단의 주체

수상한 거동 또는 기타 주위의 사정을 "합리적으로 판단하는 주체"에 대하여

① 불심검문하는 경찰관이 주관적, 독자적으로 생각한 것만으로는 불충분하고 통상의 사회인이 그 경우에 있어서 당연히 생각할 수 있는 객관성이 필요하다는 입장과 ② 일반인이 만약 당해 경찰관과 같은 인식을 가지게 되는 경우에 당연한 것으로 생각할 수 있는 것과 같은 정도의 객관성이 필요하다는 입장이 있다. 양자의 차이는 전자는 경찰관이 가지는 독자적 정보와 당해 경찰관의 경험이라는 요소를 합리성 판단에서 제외하지만, 후자는 그것을 포함시킬 뿐만 아니라 당해 경찰관의 심증형성이 합리적이었는가를 사후적으로 검증한다는 것이다. "우발적 발견형"의 경우에는 대상자의 거동이 수상한지 여부를 엄격히 따져 보아야 함에 비해, "긴급수배형"의 경우에는 상대방의 거동과 동시에 주위의 사정을 중요시하는 경향이 있다.

즉 강도범행 발생지 주위에 있는 통행인, 통과차량 등의 겉으로 보이는 사정만을 가지고 불심검문을 하는 것도 합리성이 인정되는 경우가 있을 것이다. 생각건대, 불심검문은 원칙적으로 임의적 수단이기 때문에 그 자체로 거동불심자에 대하여 기본권을 침해한다고 볼 수 없으므로, 합리적 판단에 있어 형식적으로 이상한 거동이 있었는가 뿐만 아니라 경찰관이 가지고 있는 정보·지식 및 관찰의 결과도 고려해야 할 것이다(이재상, 1999 : 182). 거동불심자로서는 자기가 처해 있는 법률관계 및 자신의 답변이 사후에 불이익한 증거로 작용할 수 있다는 것에 대해 잘 알지 못하는 상황에 처하게 되는 점이 있으나, 이는 수사의 단계로 변환되는 순간부터 형사소송법의 적용을 통해 보호가 가능하므로 크게 문제되지는 않는다.

따라서 후자의 견해가 타당하다.

2) 이미 행하여진 범죄나 행하여지려고 하는 범죄행위에 관하여 그 사실을 안다고 인정되는 자

이 경우는 경찰 책임이 없는 제3자이지만 불심검문의 대상자로 하고 있다. 범죄피해자, 범죄 장소에 살고 있는 자, 교통사고의 승객, 야간에 도움을 청하며 달려온 자 등이 그 예이다(宍戸基男, 1999 : 51).

2. 불심검문의 방법

불심검문은 정지와 질문 및 질문을 위한 동행요구를 그 내용으로 한다. 정지와 동행요구는 질문을 위한 수단에 불과한 것으로 핵심은 질문이다.

1) 정지

정지는 질문을 위한 수단이므로 강제수단에 의하여 정지시키는 것은 허용되지 않는다(경직법 제3조 제1항), 상대방이 임의로 정지하는 것은 문제가 없는데, 거동불심자가 정지요구에 응하지 않고 지나가거나 일단 임의로 정지한 후 질문 도중에 떠나는 경우에는 실력행사를 인정할 수 있는가가 문제된다. 이에 대해서 일본의 학설을 소개하고, 우리 학계의 동향을 살펴보기로 한다.

(1) 일본 학계의 동향

일본의 학설은 크게 즉시강제설과 임의처분설로 나뉜다.

① 즉시강제설

이 학설은 사물의 성질상 정지시킬 수 없다면 법 본래 목적인 직무질문이 될 수 없다는 점을 논거로 한다.

가. 전면적 즉시강제설

직무질문에 수반한 정지명령은 경찰하명권의 행사로서 상대방에게 수인의무가 발생하고 따라서 즉시강제에 따른 정지의 실현이 직접적으로 인정된다는 견해이다(金子芳雄, 2003 : 29).

나. 제한적 즉시강제설

즉시강제라는 것은 사람의 자유를 실력으로서 구속하는 것이므로 사회공공의 질서유지를 위하여 필요한 예외적 경우에 인정된다는 견해이다. 예를 들면 어떠한 범죄를 범하였다는 의심이 짙은 자가 경찰관의 정지요구를 받고 그것에 대항하여 도주하는 경우에 계속적 신병구속에 이르지 아니한 정도의 실력행사를 하여 그자를 정지시키는 것은 긴박성의 요건이 구비되어 강제수단사용이 허용되는 경우이다(宍戶基男, 1999 : 54~55).

② **임의처분설**

가. 규범적 임의처분설

"임의"라는 것을 단순한 심리적 상태로만 파악한다면 불합리한 결과를 초래할 수 있으므로 제도의 취지에 비추어 규범적 고찰태도가 필요하다는 견해이다. 즉 상대방이 질문에 대하여 일단 거부태도를 나타낸 경우 그 이유만으로 질문의 속행이 불가능한 것은 아니고, 강제에 이르지 않을 정도로 번의를 요구하는 것은 당연히 허용되며, 어느 정도의 설득이 가능한가는 수상한 거동 기타에 나타난 의심의 강도와 관련하여 경찰비례의 원칙에 따를 것이라고 한다(백형구, 1998 : 97).

나. 임의처분설

상대방 본인을 기준으로 하여 상대방이 돌아가는 것을 무리하게 막는 것은 허용되지 않는다고 하는 견해(본인의사 기준설)와 (渡辺修, 2001 : 348), 평균인의 의사를 기준으로 강제적으로 심리적 압박을 받고 자유로운 의사결정이 방해되었다고 볼 수 있는 객관적인 사정이 없다면 임의성을 잃지 않는다는 견해(평균인 기준설)가 있다(熊谷弘, 2003 : 49).

(2) 우리 학계의 동향

① **제한적 허용설**

다수설적 태도로서 사태의 긴급성, 혐의의 정도, 질문의 필요성과 수단의 상당성을 고려하여 강제에 이르지 않는 정도의 유형력의 행사는 허용된다고 해석하고 있다. 즉 정지를 위하여 길을 막거나 추적하거나 몸에 손을 대는 정도는 허용된다는 것이다(신동운, 2005 : 74).

② **예외적 허용설**

강제와 실력행사를 구별하는 것은 사실상 불가능하므로 원칙적으로는 실력행사는 부정된다. ① 살인·강도 등의 중범죄에 한하여 ② 긴급체포도 가능하지만 신중을 기하기 위하여 필요한 경우에만 예외를 인정하자는 견해이다(이재상, 2005 : 183).

(3) 소결

전면적 즉시강제설이 긴급성의 요건구비를 불문하고 전면적 실력행사를 허용함은 경찰비례원칙이나 헌법이 보장하는 신체의 자유 등에 비추어도 그 타당성을 인정하기 힘들다. 제한적 즉시강제설과 규범적 임의처분설은 그 한계를 설정하고 있다는 점에서 모두 불심검문의 실효성에 입각하여 강제력 행사를 긍정하고 있다.

그리고 제한적 강제설이 지적하는 긴급성 판단을 경찰관에게 일임한다면 강제력을 제한하려는 본래의 취지는 반감될 것이며 또 불심검문에 응하지 않고 도주하는 자에 대하여는 준현행범체포 등을 활용하여 충분히 목적달성을 할 수 있을 것이다. 그러므로 불심검문은 원칙적으로 임의의 수단이라고 하여야하며, 차후에 불심검문에 불응하여 도주하는 자를 준현행범으로, 불법무기를 소지하고 있는 것이 밝혀지면 그를 현행범으로 인정하고 강제력을 행사하는 것이 타당하다 할 것이다.

반면에 본인의사 기준설은 상대방에게 불심검문정지를 요구할 권리가 있다는 결론에 도달하여 불합리하고, 제한적 허용설은 강제와 실력행사의 구별이 모호하다는 점이 문제이다.

따라서 질문은 임의수단이므로 원칙적으로 실력행사는 허용되지 않고, 다만 살인·강도 등의 중범죄인 경우에 한하여 긴급체포도 가능하지만 신중을 기하기 위한 경우에 평균인의 입장에서 강제력에 이르지 않는 정도의 실력행사를 예외적으로 인정하는 것이 타당하다고 본다. 즉 임의처분설 중 평균인기준설과 예외적 허용설을 결합하여 이해하는 것이 타당하다고 할 수 있다.

2) 경찰관의 질문

불심검문의 핵심은 질문이다. 경찰관은 수상한 거동 또는 범죄혐의유무를 알 필요가 있다고 판단되는 경우 질문을 할 수 있다. 질문은 거동불심자에게 행선지나 용건 또는 성명·주소·연령 등을 묻고, 필요한 때에는 소지품의 내용을 질문하여 수상한 점을 밝히는 방법에 의한다. 이때에도 마찬가지로 법에 정해진 내에서 불심검문의 범위를 넘지 않는 선에서 해야 한다. 질문은 임의적 조항이므로 상대방은 답변을 강요당하지 않는다(경직법 제3조 제7항). 따라서 그 검문의 목적과 이유에 관계되고, 자신에게 불리하지 않다고 생각되는 범위까지 응하고, 경찰은 시민에게 최대한 불편을 주지 않도록 검문을 빠른 시간안에 끝내야하며, 질문만으로도 검문이 충분한 경우에는 불필요하게 신분증을 요구하거나 질문에 앞서 신분증을 요구하여서는 안된다.

3) 임의동행의 요구

경찰관은 그 장소에서 불심검문을 행함에 있어 당해인에게 불리하거나 교통의 방해가 된다고 인정되는 경우 질문을 하기 위하여 부근 경찰관서에 동행할 것을 요구 할 수 있다(경직법 제3조 제2항). 수사상 임의동행이 아닌 경찰행정상 임의동행인 것이다. 따라서 임의동행이라는 말 그대로 강제적인 조항이 아닌 임의적인 조항으로서, 즉시거절 할 수 있으며, 동행요구에 응한 경우에도 임의퇴거 할 수 있다.

(1) 수사 등 강제처분과의 구별

경찰관직무집행법상 임의동행으로 인하여 구속으로 발전하거나 수사가 계속된 경우 그 임의동행의 성격에 관하여 ① 불심검문에 의한 임의동행은 행정경찰작용에 불과하고 이에 의하여 범죄의 혐의가 밝혀질 때 비로소 수사가 개시된다는 견해(차용석, 2004 : 107)와 ② 이러한 경우 형사소송법상 강제수사를 경찰관직무집행법상 처분으로 도피하려는 것을 방지하기 위하여 이를 하나로 관할하여 형사소송법에 따르게 하자는 견해가 있다(熊谷弘2003 : 51). ①의 견해는 다시 행정경찰작용의 위법성이 후에 계속된 사법경찰작용에 승계될 것인가에 대하여 이를 긍정하는 견해(위법성 절단설)와 부정하는 견해(위법성 승계설)로 나뉜다.

생각건대 강제수사 규정의 회피를 방지해야 한다는 점, 불심검문과 수사를 구별하는 기준이 모호하다는 점, 불심검문이 사법경찰작용의 성질을 가진다는 점 등을 고려할 때, 이를 하나로 관할하여 형사소송법 규정에 따르게 하는 ②의 견해가 타당하다고 본다.

(2) 예시규정 또는 열거규정인지 여부

동행요구의 사유로서 "그 장소에서 질문하는 것이 본인에게 불리하거나 교통에 방해가 되는 경우"로 규정하고 있는바, 이를 예시적 규정으로 보아 그 이외의 사유로도 임의동행이 가능하다는 견해와 임의동행사유는 위 두 가지로 한정된다는 견해가 있다.

생각건대 형사소송법상 임의수사로서 임의동행이 허용되고 있으므로 경찰관직무집행법에 의한 임의동행은 법률의 명문규정에 한하고, 그 이외의 사유에 의한 임의동행은 형사소송법의 규율을 받는다고 해석함이 타당하다(渡邊修, 2003 : 356).

4) 소지품 검사

소지품검사는 흉기 기타 물건의 소지여부를 밝히기 위하여 불심검문에 수반여 이루어지는 것으로서, 영장에 의한 강제성을 띤 '수색'과는 다른 것이기 때문에 반드시 시민의 동의를 전제로 해서 이루어져야한다(경찰관직무집행법 제3조 3항). 따라서 ① 소지품을 외부에서 관찰하고, ② 소지품에 관하여 질문하고, ③ 상대방에게 소지품의 내용개시를 요구하고, ④ 개시된 소지품을 검사하고, ⑤ 의복 또는 소지품을 외부에서 손으로 만지고(pat down), ⑥ 몸에 지니고 있는 것 이외의 가방 등의 소지품을 집어올리고, ⑦ 경찰관 자신이 옷의 내부 주머니에 손을 넣거나 가방 등을 열어 (개봉검사)소지품을 집어내어 검사하는 단계적·종합적 처분이라고 할 수 있다.

①은 통상적으로 당연히 할 수 있는 일이므로 특별히 문제되지 않고, ②는 불심검문의 한 모습이고, ③은 임의의 협력을 구하는 설득행위로서 불심검문의 한 부분이므로 문제되지 않는다. ④에 대하여 사실상 소지품검사를 거부하지 않는 분위기 하에서 상대방이 동의의사를 표하지 않는 경우 당연히 동의가 있는 것으

로 볼 수 없으므로 소지품검사가 허용되지 않는다는 견해가 있으나, 최소한 설득에 기한 자유로운 의사결정이 있다고 인정된다면 이론상 적법하다. 따라서 ①, ②, ③, ④의 경우 불심검문의 모습으로 보아 허용되는 것으로 판단할 때, 고유의 소지품검사로서 문제가 되는 것은 ⑤, ⑥, ⑦의 각 단계이다.

(1) 소지품 검사의 허용 여부

① 영장주의 적용 여부

수색이란 국가기관이 형사절차상 특정국민에 대한 불이익처분을 과할 단서인가 아닌가를 판단하기 위한 자료를 수집하기 위하여 본래 국민의 자유에 위임되어 있는 신체, 주거, 소지품, 그 외의 재산에 대하여 일정의 물리적인 힘 또는 인간의 통상의 시청각 능력을 돕는 과학적 힘을 이용하여 외관상 인식되지 않는 물건 내지 정보를 발견하는 강제처분이다.

경우에는⑥, ⑦의 소지품검사의 태양은 당연히 수색개념에 해당하고 ⑤에 관하여도 승낙 없이 행하는 경우 경미하지만 상대방의 신체, 소지품에 실력을 가하는 행위라고 판단될 여지가 있기 때문에 역시 수색이라고 보지 않으면 안된다.

여 헌법상 영장주의가 적용될 것인지 여부는 행정법학의 과제라 할 것인데, 다음의 견해가 주장되고 있다. 즉 i) 영장불요설은 헌법상 영장주의는 본래 범죄수사절차에 있어 형사사법권의 남용을 방지하기 위한 것이므로 행정상 즉시강제에는 적용되지 않는다는 견해이고, ii) 영장필요설은 영장주의를 형사사법권 발동에 한정하게 되면 그 이외 영역에서의 기본권 침해가 방치될 수 있으므로 행정상 즉시 강제에도 적용된다는 견해이고, iii) 절충설은 행정상 즉시강제가 형사소추절차의 전제로서 행하여지는 경우에 영장이 필요하다는 견해이다.

행정경찰작용과 사법경찰작용을 구별하는 입장에서도 행정경찰작용에 연이어 사법경찰작용이 행하여지는 경우 위법성절단설과 위법성승계설이 있음은 전술하였다.

그러므로 범죄의 예방, 진압목적으로 행한 소지품검사의 결과물을 증거로 사용하는 것을 금지할 수는 없지만, 법원은 사후적으로 그 증거가 영장주의와 관련하여 적법한 것인지 여부에 대하여 판단할 수 있으므로 이러한 한도에서 영장주의는 소지품검사도 규제한다고 볼 수 있다.

따라서 ⑤, ⑥, ⑦의 소지품 검사는 사법경찰 작용인지 행정경찰 작용인지를 불문하고 수색의 한 모습으로서 또는 국민의 신체자유를 침해하는 강제처분으로서 영장을 필요로 한다. 단지, 영장주의의 예외를 인정할 수 있다면 상대방의 동의가 있거나 긴급성이 인정되는 경우에 한정될 것이다.

(2) 미국 판례의 검토(Stop and Frisk)

경찰관이 공공의 장소에서 (또는 자동차안에 있는 사람) 수상한 자를 정지시켜서 그 사람의 신원과 그 시각의 행동에 대해서 질문하거나 위험한 무기를 찾기 위해 그 사람의 신체를 수색할 수 있는가 여부는 경찰업무에 있어서 중요한 법적 업무 중의 하나로써, 미국에서는 이것을 Stop and Frisk라고 이름하여 경찰관은 범죄행위와 관련이 있다는 의심에 대한 질문을 위해서 사람을 정지시키고 잠시 억류할 수 있으며, 그 사람이 무장하고 있다는 의심이 있으면 경찰관은 무기에 대해 그를 수색할 권한이 있다고 선언한 판례가 Terry vs ohio, 392 u.s.1(1968) 판례이다.[4)]

① Terry사건

경찰관이 강도의 의심있는 3인을 검문하면서 의복의 외부를 가볍게 만진 결과 권총을 발견하고 경찰서에 연행하여 무기휴대죄로 기소한 사건이다. 이때 3인 중 1인인 Terry는 위 무기의 증거사용금지를 요청하였으나, 1심은 이를 기각하였고 항소심도 그 판결을 지지하였으며 주 최고재판소도 Terry의 신청을 기각하였다. 연방대법원은 체포할만한 상당한 이유가 없는 경우에도 경찰관이 개인을 억류하여 제한된 수색을 행하는 것이 항상 비합리적인지 여부에 대하여 최소한도로 제

4) 이 판례의 다수의견을 살펴보면 다음과 같다. 경찰관이 평범하지 않은 행동을 목격하고 자신이 경험에 비추어볼 때 범죄행위가 진행중이고 그가 대하고 있는 사람이 무장되어있어서 현재 위험하다는 결론에 이르게 되어 이러한 행동을 수사하는 과정에서 먼저 자신이 경찰임을 증명한 후에 합당한 질문을 행하고, 첫 번째 대면 관계에서 자신과 다른사람의 안전에 대한 합리적인 우려를 제거시킬만한 어떠한 것도 발견하지 못한 경우에 경찰관은 그 지역안에서 자신과 다른사람의 보호를 위해 자신을 공격하는데 사용될 수 있는 무기를 찾기위한 시도로써, 그러한 사람의 겉옷을 제한된 수색을 조심스럽게 행할 권한이 있다고 판결하였다. 그러한 수색은 수정헌법 제4조하의 합리적인 수색이며 그 사람으로부터 압수된 무기는 그 사람에대한 증거로써 제출될 수 있다.

한된 범위 내에서 그것이 합리성을 인정하면서 Stop and Frisk도 헌법수정 제4조에 의하여 규율 받으나 이 사건의 경우 경찰관의 조치가 합리적 이었다고 판시하였다(Terry V. ohio, 392 u.s.1, 1968).

Terry 사건은 헌법수정 제4조에 관하여 미연방대법원이 내린 세 가지의 결론에 근거하여 내려진 것이다. 첫째, 길거리에서 사람을 제지하는 것은 억류(seize)에 해당하고 그 의복의 외표를 수검하는 것은 수색(search)에 해당한다고 결론을 내리면서 헌법수정 제4조가 경찰활동의 제약으로서 전적으로 작용하지 않는다는 관념을 배격하였다. 둘째, 여기에서의 경찰활동은 영장이 없고 따라서 그 헌법수정 제4조의 상당한 이유보다는 오히려 합리성을 충족하였다고 하면서 경찰의 수검은 체포와 완전한 수색을 지지하지 못할 사실에 의거하여서도 합법으로 볼 수 있다고 결론지었다. 셋째, 어떤 정지 및 외표수검은 단지 고통을 주려는 부당한 목적으로 행하여진다는 피고인의 주장에 대하여 법원은 증거배제법칙으로서 배제하더라도 경찰이 기소하지 않으려는 사건에서는 아무런 효과도 없고 따라서 모든 정지 및 수검을 금지하여도 그러한 부당한 목적으로 행하여지는 것을 지지 못할 것이라고 하였다.

② Sibron 사건

마약상습자와 식당에서 대화하고 있는 Sibron을 경찰관이 길로 불러내어 호주머니에 손을 넣고 조사하여 헤로인을 발견한 사건이다. 연방대법원은 호주머니에 손을 넣어 수색하는 것은 상당한 방법이 아니므로 헌법수정 제4조에 반한다고 판시하였다(Sibron V.N.Y,, 392 u.s.40, 1968).

Sibron 사건에서는 뉴욕주의 Stop and Frisk법의 합헌성에 대하여 추상적인 기준을 제시하여 결론을 내린 것이 아니라 구체적인 사실내용에 의거하여 경찰의 활동을 위헌이라고 판시하였다.

③ 검토

위에서 살펴본 미국 판례의 입장을 정리해보면 다음과 같다. Terry 사건에서처럼 수상한 자가 무기를 갖고 위험이 절박하다는 것을 합리적으로 추측케 할 만한 경우에 일단 정지시켜 의류의 외표를 더듬어 보고, 무기와 같은 것이 느껴지는 경우에 한하여 그 의복의 안쪽에 손을 뻗는 방어적 수색은 가능하다. 그러나 Sibron 사건에서처럼 증거물의 조사를 위하여 외부로부터 가볍게 만지는 조치도 없이 곧바로 호주머니에 손을 넣는 행위는 허용되지 않는다(백형구, 2002 : 104). 다만 제보자에 의하여 흉기의 정확한 위치가 제시된 경우에는 바로 손을 뻗치는 것은 허용된다고 하겠다. 이는 단순히 사소한 불편과 모욕에 이르는 Stop과 Frisk는 경찰관의 의심에 기초하여 효과적인 법의 집행의 관점에서 시민에게 과해질 수 있다는 것으로 일응 정당화 된다고 할 수 있겠다. 그러나 이러한 경우에도 경찰관의 생명과 신체를 보호하기 위한 목적에만 제한된다고 하겠다(차용석, 1983 : 173).

(3) 소지품 검사의 허용 여부

첫째 고유의 소지품검사 중 ⑤의 행위(pat down)에 대하여 ⑥, ⑦에 비하여 경미한 침해행위라고 할 여지가 있다 하여 불심검문을 행하는 동작의 일환으로서 정당시하는 견해가 있다.

즉 질문은 주로 구두로 하지만 반드시 구두에 한정되는 것은 아니라고 한다. 경찰관은 거동이 수상한 자등 경찰관직무집행법 제3조1항에 규정된 자에 한하여 질문을 할 경우 부수적으로 흉기의 소지여부를 조사할 수 있다. 예컨대 질문의 상대방이 죄를 범하였거나 범하려 한다는 의심이 드는 경우에 그의 상의 호주머니가 이상하게 부풀어 올랐을 때 그것이 무엇인지 혹시 도검류의 물건은 아닌지 의심이 들 때 주머니를 가볍게 만져보는 것은 사회통념상 질문에 수반하는 행위로서 본조의 질문이 내용이 되지만, 더 나아가서 그자의 호주머니 속의 소지품을 검문하는 것은 본조질문의 범위 밖에 있다고 설명한다(宍戸基男, 1999 : 57-58). 그러나 불필요한 신체검색은 불법행위라 할 수 있기 때문에 질문만으로도 검문의 효과가 충분함에도 불구하고 통상 소지품을 가리켜서 무엇인가를 묻는 것과 별도로 신체, 소지품을 손으로 만지는 것은 프라이버시 침해라 할 수 있다. 또한 흉기 등에 한정하지 않고 질문에 수반하여 흉기, 금제품, 총기 등 일반적 검색의 목적으로 전신을 손으로 만져보는 행위를 인정하고 있다고 하지만 법의 명문 규정없이 이러한 폭 넓은 권한이 긍정되는가 하는 의문이 남는다. 따라서 '소지품

검사'는 흉기의 소지여부를 외부에서 관찰하여 의심스러울 경우 '정지시켜서 질문하고 외부에서 만져서 확인하는 Stop and Frisk'것으로 끝나야 한다.

둘째 경찰관직무집행법에 따라 허용되는 정지, 질문을 실효성 있게 하기 위하여 필요불가결의 담보로서의 요청, 즉 불심검문에 수반하는 행위는 아니지만 불심검문의 묵시적 전제로서 경찰관 직무집행법 제3조에 수반된다는 견해이다(田宮裕, 1998 : 112).

이 견해는 헌법의 적정절차의 원칙(due process)에 따른 수사법규제를 행하는 기본적 입장에서 행정작용인 "질문"에 대하여도 사법경찰측면을 도입하여 적정절차의 요청과 인권보장을 위한 합리성의 요청, 즉 사태의 긴급성, 수단의 필요성, 태양의 상당성이라는 한계를 설정하는 법론적 입장을 취하고 있다.

구체적으로 사건을 참조하여 그와 같은 합리성의 범위를 설정하였다. 첫째, 질문자 내지 주위 사람의 신체의 안전을 위하여 필요하지만 그것은 긴급행위이기 때문에 흉기를 소지하고 있다는 정도의 개연성이 있지 않으면 않되고, 둘째, 소지품검사는 흉기소지를 조사하는 것으로 한정되어 있고 일반 소지품검사는 가능하지 않으며 그 범위도 주로 피질문자의 신체에 한정된다는 것이다. 이 견해는 구체적 결론에는 납득되지만 그 전체적인 방법론에는 의문이 있다(渡辺修, 2001 : 366).

셋째 외부에서 손으로 만져서 검사하는(pat down) 행위도 사태의 성질상 이미 불심검문의 범위를 넘는 것으로서 '강제처분'에 해당하여 형사소송법 제215조에 따라 사전에 수색영장을 받아야하며 같은 법 제216조 3항에 따라 긴급한 경우에는 사후 수색영장에 의하는 등 수색과 다름이 없기 때문에, 영장주의의 예외를 인정하는 긴급성이 있는가의 형태로도 논할 수 있다.

현재 상대방이 소지하고 있는 무기를 사용할 위험이 있어 긴급성이 있는 때에도 총포, 도검류 불법소지의 현행범 체포의 집행권한으로서 경찰관직무집행법 제6조의 범죄행위 제지의 한 모습이 될 것이며, 경찰관 자신의 생명·신체에 위험이 있는 때에 해당하므로 범인체포, 범죄억제라는 법 본래 목적을 달성할 의사로 행한 반격행위에 대한 것이라면 그 조문을 채용하는데 무리가 없다. 그러한 긴박, 부정의 침해에 대한 반격적 조치가 최소한 소극적으로는 정당 업무행위 내지 정당방위로서 정당화 될 수 있다. 따라서 흉기에 대한 소지품 검사에 한한다면 경찰관 직무집행법 제3조의 제항의 확대해석이 불필요하다.

넷째 상대방이 동의하지 않았는데도 실력으로 소지품을 개시하여 일시적으로 수거, 검사하는 것이 허용되느냐에 관하여 문제가 된다.

일본에서는 불심검문시 소지품검사와 관련된 하급심 판결이 있다. 내용은 과격파 학생들이 미공군 공군기지를 폭파할 계획이라는 정보에 의거하여 경찰관 4명이 동기지의 주변을 경비하고 있던 중 가방을 휴대한 청년 1명을 발견하고 그 가방의 내용물에 관하여 질문을 하였으나 대답하지 아니하고 그 가방을 스스로 열어 보일 것을 요구하였으나 불응하였다.

경찰관 1명이 그 가방의 지퍼를 열고 그 내용물을 조사한즉 폭발물이 들어 있으므로 이를 압수하고 폭발물불법소지의 현행범으로 체포한 사건에 대하여 1심법원은 불심검문을 하는 모든 행위는 반드시 상대방의 동의를 통해서 이루어져야하기 때문에 이를 넘어서 경찰관이 강제적으로 가방을 열고 그 내용물을 검사한 행위는 명백한 불법행위로 경찰관직무집행법에 의거한 불심검문의 한계를 일탈한 것이므로 이는 강제조치로서의 영장이 필요한 수색에 해당한다 할 것인 바, 그 수색은 영장주의에 위반하였다는 이유로 압수된 폭발물의 증거능력을 부정하였다.

에에 대하여 항소법원인 동경고등재판소는 법질서 전체의 정신과 사회적 타당성을 이론적 근거로 하여 가방의 내용물에 대한 검사행위의 적법성과 그 압수물을 증거능력을 인정하였다(東京高判 昭和 47. 11. 30). 이 판결에 대해서는 일본에서 찬반양론이 대립되고 있다.

그 뒤에 있었던 일본판결은 총 등을 휴대하여 행하여진 은행강도사건의 피의자에 관하여 "소지인의 승낙이 없는 한 소지품검사를 일절 불허한다고 풀이하는 것은 상당하지 않고 수색에 이르지 않는 정도의 행위는 강제성을 띠지 않는 한 허용되는 경우가 있다"고 판시하고, 보호되어야 할 요소는 "소지품검사의 필요성 · 긴박성, 이것 때문에 침해된 개인의 법익과 보호되어야 할 공공의 이익과 균형"을 들고서 불심검문 중 시정되어 열리지 않는 보울링백의 지퍼를 열고 내부를 보고 물건을 발견한 행위를 위법하다고 했다(日最判 53. 6. 20 刑集 32卷).

이 외에 각성제 불법소지사건에 대하여 경찰관이 승낙 없이 피검자의 동의 없이 상의 안 호주머니에 손을 넣어 소지품(각성제 포함)을 집어낸 행위는 "불심검문에 수반하는 소지품검사의 허용한도를 일탈한 것"이라고 판시했다. 그러면서도 그 위법은 반드시 중대한 것이 아니라고 하면서 그 증거능력은 긍정하였다(日最判 53. 9. 7. 判例月報, 901號).

이 견해는 소지품 검사는 불심검문자의 안전을 확보하거나 질문의 실효성을 유지하기 위하여 불심검문에 수반된 행위이므로 흉기이외의 소지품 검사도 경찰관 직무집행법 제3조에 의하여 근거를 가질 수 있으며 또한 그 범위 안에서 허용될 수 있다고 보는 이론에 근거(신동운, 2005 : 78)하고 있다.

또한 경찰관의 소지품 검사에 관한 근거조문으로는 ① 경찰관직무집행법 제3조의 질문에 수반하는 처분이라는 설, ② 그 외에 경찰법 제3조의 경찰임무규정을 첨가하거나, ③ 형법 제20조의 정당행위로서 정당화하거나, ④ 경찰법, 경찰관직무집행법 등을 포함한 법질서 전체의 정신을 근거로 하는 견해가 있으며, ⑤ 헌법상 적법절차규정을 채용하기도 한다.

그러나 위 조문들은 경찰에게 강제력을 사용하여 일반적으로 소지품을 검사할 권한을 부여한 법률이라고 볼 수 없다. 다만 경찰관직무집행법 제3조 제3항은 불심검문을 행함에 있어서 경찰관이 흉기소지의 상당한 개연성이 있는 경우 흉기소지여부를 조사할 수 있도록 허용하고 있으므로 흉기소지 조사에 한하여는 법률의 근거가 있고 필요한 강제력이 허용된다고 보아야 한다.

또한 불심검문시 소지품검사의 대상물건으로서는 흉기로서 제한이 되어 있으나 여기에서 '흉기'의 의미는 칼 등 그 물건의 본래의 성능이 사람을 살상함에 충분한 도구와 가위, 드라이버, 곤봉 등 용법에 따라서는 사람을 살상할 수 있는 모든 것이 포함(총포, 도검, 각성제 등)된다고 할 수 있다. 소지품 검사의 필요성의 요건에 관하여는 그 대상물건과 관계를 구체적으로 논할 필요가 있다. 우선 증거물의 발견이라는 범죄수사의 목적으로 ⑥, ⑦ 태양의 소지품검사가 인정될 것인가, 가방의 개폐행위처분은 그것이 형사재판의 증거보전을 목적으로 하는 것으로 하면 수색에 해당한다고 할 수 밖에 없다. 그러나 현행 헌법, 형사소송법상 증거물의 강제적 보전처분에 있어서는 영장주의가 엄격히 관철되고 인정되고 있는 긴급구속 등 사태의 긴급성과 피의사실의 중대성을 감안하여 인정되는 영장주의의 예외는 수색압수에 관하여는 인정되지 않고 있다. 다만 체포에 동반하는 무영장 수색, 압수가 유일의 예외이다.

결국 체포처분을 할 때 긴급구속을 인정하고 영장주의로 한다 하여 그것에 수반하는 한도에서 수색, 압수처분을 허용하고, 범죄수사의 편의에 양보하는 정도로 그친다고 하는 가치판단이 나타나고 있다고 말할 수 있다. 경찰법, 경찰관직무집행법 등 형사소송법이외의 법률의 해석에 있어서 영장 없이 수색권한을 확대한다는 것은 그 가치판단에 반하여 긴급수색권한을 창설하는 것이기 때문에 인정되지 않는다. 각성제 등 금제품에 대하여도 형사재판의 증거로서 사용되어지는 한 같은 결론이다. 따라서 경찰관직무집행법 제3조 3항을 확대하여 질문을 할 경우 부수적으로 흉기의 소지여부를 조사할 수 있는 권한은 인정된다고 본다. 특히 사회공공의 위험이 큰 경우는 즉시 강제의 법리에 따라 상대방의 승낙이 없는 경우에도 인정된다 할 수 있다.

Ⅳ. 결론

이상 불심검문과 관련된 적법성 한계에 대하여 살펴보았다. 물론 불심검문은 범죄자체가 체포와 범죄의사 사전예방이라는 공공질서를 유지하기위해 필요한 제도이며, 법률적 성격 측면에서도 불심검문은 행정경찰작용이 주된 성질이나 사법경찰작용의 성질도 가지고 있으며 그 본래의 성질이 임의처분임에도 불구하고 실무상의 필요로 말미암아 강제력을 요한다.

그러나 그 강제력에 의한 부적절한 불심검문의 행사로 인해 많은 시민들의 불편함을 초래하고 나아가 법원판결을 통해 국가배상을 해야 하는 사례도 있었다. 불심검문의 본래 목적이 궁극적으로 시민의 기본권보장에 있는 것이기 때문에 위와 같은 사례는 근절되어야 할 사항이다.

또한 실제 현장에서 불심검문을 행하는 경찰관들이 위압적인 분위기를 조성하거나 강제적인 검문을 강요하거나 의사에 반하는 답변을 강요하는 등 공권력 남용의 오해가 없도록 명확한 기준제시와 근무자세에 대한 교육 강화도 요구된다 할 수 있다

특히, 우리헌법에는 (제12조1항) 국민의 신체자유에 관한 기본권 보호를 명시하고 있는바 현재 경찰이 행하고 있는 불심검문의 문제로서 법에 정해진 절차에 따라 직무를 수행하여야 함에도 불구하고 불심검문을 경찰관이 마음대로 행사할 수 있는 권한인 것처럼 인식하여 행정 편의적으로 남용하고 있어 자칫 국민의 인권이 유린당할 수 있는 우려가 있다는 국민들의 불만의 소리가 증가하고 있는 게 현실적 문제점이다.

그러나 앞서 살펴본 것처럼 과여 실력행사에 있어 어떤 상황에서 어느 정도의 강제력을 가하는 것이 적정한 것인가에 대하여 일률적인 답을 도출해내기는 힘들다. 하지만 시민의 기본권보장과 그를 위한 제반수단들의 효율성의 조화라는 관점에서 끊임없이 방안을 도출할 수 있도록 노력해야 한다.

따라서 제도적 측면에서도 사법경찰작용의 규제에 관한 형사소송 관계 법률의 제한을 채용하여 불심검문의 가능성과 한계를 분명히 하는 것이 바람직하다. 그렇게 함으로써 불심검문을 행하는 경찰의 입장에서는 스스로 그 적정성을 가늠할 수 있는 기준을 제시할 수 있게 되고, 불심검문을 당하는 시민의 입장에서도 불심검문을 이의없이 받아들일 수 있는 수용가능점을 인식하게 되어 궁극적으로 국가작용의 적정성이 보장될 수 있을 것이다.

이와 같이 불심검문은 경찰작용의 실체면과 절차면에서 양날의 칼이다. 즉 범죄예방과 시민을 위해 봉사하는 칼이 될 수도 있고 그 오·남용으로 말미암아 시민의 인권을 침해하는 칼이 될 수도 있다. 따라서 헌법에서 보장된 국민의 기본권이 국가 권력의 행위에 의해 침해될 수 있다는 우려가 많은 경찰의 불심검문에 대한 논쟁의 소지를 축소시킬 수 있도록 법률적 요건과 실체적 요건등 양측면을 더욱 보완하고 발전시켜 나가는게 필요하다 할 수 있다.

참고문헌

〈국내문헌〉

강동욱. (2004), "불심검문의 의의와 한계",「수사연구」, 제22권 10호, : 16-24.

강영철. (1982), "즉시강제로서의 불심검문에 관한 고찰",「사법행정」, 제257호, : 8-12.

경찰고시사. (1989), "불심검문 : 개정내용과 효과적인 추진방안",「경찰고시사」, 제295호, 경찰고시사 : 64-73.

경찰고시사. (1982), "불심검문과 순찰의 요령, 불심자를 어떻게 발견 하는가",「경찰고시사」, 제208호, : 101-104.

곽병선. (1996), "불심검문 : 문제점 및 개선방안",「한국공안행정학회부」, 제5권 : 371-408.

김형준. (2004), "불심검문의 허용범위",「중앙법학」, 제6집 제4호, : 139-155.

김태진. (2002), "불심검문의 법적 근거",「공법학연구」, 제4권, : 93.

배성수. (1989), "불심검문",「수사연구」, 제70호, : 50-55.

배제우. (2002), "불심검문에 관한 고찰",「중앙대학교 법정논총」, 제37권 통권 제51집 : 91-108.

신동운. (2005),「형사소송법」, 법문사

신동운. (1993), "경찰관의 불심검문과 교통검문",「고시연구」, 제10월호, : 25-36.

서정범. (2004), "경찰관직무집행법 제3조 불심검문의 내용과 문제점",「수사연구」, 제22권 10호, : 25-30.

이용훈. (1967), "불심검문의 남용",「사법행정」, 제85호, : 41-42.

이영태. (1998), "불심검문, 법대로하자",「노동사회」, 제25권, : 126.

이재상. (2005),「형사소송법」, 박영사

임종수. (2005), "현행불심검문제도에 관한 고찰",「공법논총」, 제1호, : 297-313.

장규원. (2004), "불심검문과 소지품 검사",「고시계」, 제49권 제8호, : 108-115.

조찬영. (1965), "불심검문의 실제문제",「경찰」, 제65호, : 151-155.

조 국. (2000), "불심검문의 한계, 긴급체포와 구속영장 발부의 적법성",「고시계」, 제11월호, : 150-159.

정남휘. (1983), "프랑스의 경찰과 불심검문",「경찰고시사」, 제227호, : 101-105.

정동욱. (1989), "불심검문",「고시계」, 제3월호, : 140-151.

차용석. (1983), "경찰관리의 소지품 검사에 관한 소고",「고시계」, 12월호, : 50.

추미애. (1998), "불심검문제도개선등 경찰의 인권보장의식개선",「'98 국정감사 내무 위원회회의록」.

표성수. (1987), "경찰관직무집행법상의 불심검문과 강제처분에 관한 고찰",「검찰」, 제96호, : 141-218.

〈외국 문헌〉

宍戶基男 (1998),「法解警察宮職務執行法」, 東京 : 成文堂

金子芳雄 (2003),「警察下命・警察許可」第六卷, 東京 : 晃洋書房

渡辺修 (2001),「職務質問の研究」, 東京 : 成文堂

態谷弘 (2001),「任意同行・逮捕の限界, 搜査法大糸」, 東京 : 日本評論社

河上和雄 (2001),「搜索・差押」, 東京 : 立花書房

D.C. : U.S. Department of Justice, National Institute of Justice, 1989).

Eck, John and William Spelman(1987). Problem-Solving (Washington, D.C. : Police Executive Research Forum).

McElroy, Jerome E., Colleen A. Cosgrove and Susan sadd(1993). Community Policing: The CPOP in New York, N.Y. : Sage Publications.

Radelet, Rouis A. and David L. Carter(1994). The Police and The Community (New York : Macmillan College Publishing Company.

Chapter 2 경찰 임의동행의 적법성 한계에 관한 고찰 -경찰 불법수사 논쟁중점-

Ⅰ. 서 론

최근 촛불 시위에 대한 진압과정과 관련하여 시위참가자에 대한 경찰의 임의동행이 불법연행이라 하는 일부 시민 단체들의 비난여론과 항의가 논란의 쟁점이 되기도 하였다. 그러나 형사절차상 수사의 궁극적인 목표는 범인을 찾아내어 공소를 제기하여 유죄처분을 받게 하기 위함이다. 그러기 위해서는 피의사건에 대한 실체적 진실발견이 무엇보다 중요하다 할 수 있으며, 이를 위해서는 피의자의 신병확보가 전제가 되어야 하기 때문에 피의자의 신병을 확보하기 위하여 수사실무현장에 있어서는 우선 피의자를 경찰서 등에 임의형식으로 동행하여 사정을 청취한 후에 체포하거나 보호유치를 통하여 수사의 목적을 달성하려는 관행이 아직까지도 개선되지 않은 채 계속 되고 있는 실정이다. 특히 우리형사소송법에는 신병확보수단으로 긴급체포 및 사전구속영장청구에 의한 강제처분방법을 명시하고 있으나 그 절차와 요건 등이 매우 엄격하게 제한되어 있어 신속성과 기밀성이 요구되는 수사실무의 특성을 감안하여 수사 편의상 임의동행과 보호유치의 방법을 통하여 편법으로 피의자 신병을 확보하려하고 있는 게 실제적인 수사현실이다.

더구나 임의동행은 피의자의 동의라는 형식임도 불구하고 수사기관의 동행요청이 있으면 피의자 입장에서는 심리적으로 위축되기 때문에 사실상 동행요구를 거절하기가 현실적으로 곤란한 경우가 대부분이다, 그러나 수사기관에서는 관행적으로 임의동행을 여전히 활용하고 있는 등 실질적 강제연행의 수단으로 남용되어 불법체포·감금이라는 인권침해를 초래하고 있을 뿐만 아니라 더 나아가서는 불법수사와 가혹행위로도 연결되는 사례가 적지 않는 등 임의동행제도로 인한 인신구속 남용의 위험성은 이미 예전부터 논의되어온 주제로서 많은 논란이 되고 있다. 더구나 우리헌법 제12조 1항에는 '모든 국민은 신체의 자유를 가진다. 누구든지 법률에 의하지 아니하고는 체포, 구속, 압류, 수색 또는 심문을 받지 아니하며, 법률과 적법한 절차에 의하지 아니하고는 처벌, 보안처분 또는 강제노역을 받지 않는다'라고 규정되어있어 신체의 자유에 대한 침해를 방지하도록 명시되어있다.

그럼에도 불구하고 아직까지도 수사기관에 의한 임의동행과 보호유치가 인권문제와 관련하여 논쟁이 끊이지 않을 뿐만 아니라 불법수사의 대표적 사례로 인식되게 된 것은 우리 형사소송절차가 실체적 진실발견을 위한 신병확보에 주력하는 수사기관과 헌법에 명시 된 국민의 기본권인 신체의 자유와의 두 가지 목표 간 조화와 균형의 문제에 있어, 실체적 진실발견 측면보다는 오히려 국민의 기본권인 신체의 자유라는 측면에 더 큰 비중을 두고 있기 때문이 아닌가 생각된다. 아울러 정작 수사실무현장에 있어서의 신병확보의 문제는 엄격한 절차에 의하도록 제한되어 수사의 실효성 측면에서 많은 어려움이 초래되고 있다.

그러므로 국민의 신체적 자유를 국가권력인 수사기관의 침해로 부터 방지하고 보장하기 위해서는 단지 수사권의 억제라는 측면에서만 접근할 것이 아니라 수사권의 행사에 새로운 형태와 방법을 강구하는 방안도 검토하여야 할 것이다.[1)]

따라서 본 논문은 현행법상 임의동행이 이루어지는 법률적 근거를 살펴보고 각각의 법적 성질을 검토한 후 임의 동행·임의조사의 적법성과 관련하여 문제가 되는 법률적 문제점과 임의동행의 적법성의 판단기준과 한계 및 임의 동행의 남용을 막기 위한 절차적 방법이 무엇인지 검토하고 기존의 논의도 정리 하고자 한다.

1) 김기홍, "임의동행과 보호유치", 군사법 논문집, 제12집, 1993, 58면.

Ⅱ. 임의동행에 관한 이론적 고찰

1. 임의동행의 개념 및 적용범위

임의동행이란 수사기관이 범죄 용의자나 피의자의 동의를 근거로 하여 이들과 함께 수사관서까지 동행하는 것을 말한다. 이는 피의자 신문의 목적으로 행하여지는 경우가 많지만, 불구속 피의자에 대한 조사 이외에 보호실유치와 결합하여 구속영장 발부의 대기 및 영장집행을 위한 신병확보의 목적으로 행해지는 경우도 적지 않다. 또한 현실적으로 수사기관이 피의자에 대해 임의동행을 요구하는 경우 피의자는 거부했을 때의 불이익을 우려해 동의라는 형식임에도 불구하고 거의 반강제적이거나 마지못해 동행요구에 응해 왔으며, 더구나 보호실유치도 쉽게 이루어졌다는 점에서 강제수사로서의 측면이 강하여 과연 적법한 임의동행이었는지 여부에 대하여 판단하기가 모호한 경우가 많았다.[2)]

따라서 임의동행에 있어서의 동의는 자유로운 상황아래서의 자발적인 의사를 의미하는 적극적 개념으로 보아야할 것이고 임의성에 대한 객관적 보증이 있어야 할 것이다. 현행법상 임의동행의 근거는 형사소송법에 근거한 임의수사로써 행하는 수사처분의 일종인 임의동행(형사소송법 제200조 1항)과 경찰관직무집행법에 의한 직무질문을 위한 임의동행(경찰관직무집행법 제3조), 주민등록법상의 임의동행(주민등록법 제26조 1항) 등 세 가지 법률에서 인정하고 있다.[3)]

1) 형사소송법상 임의동행

우리형사소송법은 수사 활동에 대하여 자칫하면 기본적 인권의 침해를 야기할 우려가 있으므로, 수사는 원칙적으로 임의수사에 의하고 강제수사는 법률에 명문의 규정이 있는 경우에만 허용하도록 하고 있다. 또한 임의수사라 할지라도 수사상 필요한 한도에서만 허용된다는 점에서 수사 비례의 원칙도 그 내용으로 담고

---

2) 신동운, 형사소송법, 법문사, 2005, 112면.

3) 임의동행에 대한 구체적인 절차는 경찰관직무집행법상의 절차를 따르고 있다. 그것은 형사소송법은 임의동행을 인정할 수 있다라는 규정만이 있고, 절차에 관한 규정은 없으며, 주민등록법은 경찰관직무집행법에 규정된 임의동행의 절차에 상당하는 일부분만을 규정하고 있기 때문이다.

있다.[4)]

임의수사의 대표적인 예는 피의자신문으로 이는 형사소송법 제200조 1항에 "수사기관은 수사에 필요한 때에는 피의자의 출석을 요구하여 진술을 들을 수 있다"고 규정하고 있으나 피의자의 출석을 요구하는 방법은 구체적으로 제한하고 있지 않다. 따라서 수사의 편의나 효율성이라는 측면에서 피의자의 신병을 확보하기 위한 방편으로 피의자의 동의를 얻어 임의동행을 활용하고 있다. 그러나 임의동행이라 할지라도 그 과정에서 강제력이나 심리적 압박이 개입되었을 경우에는 강제수사라 할 수 있어 이는 불법수사로서 논란의 대상이 될 수 있기 때문에 적법한 임의동행이 될 수 있도록 임의성에 대한 객관적 보증확보가 무엇보다 중요하다 할 수 있다.[5)]

2) 경찰관직무집행법상의 임의동행

경찰관직무집행법 제3조 1항(불심검문)에 "경찰관은 수상한 거동이나 기타 주위의 사정을 합리적으로 판단하여 어떠한 죄를 범하였거나 범하려하고 있다고 의심할만한 상당한 이유가 있는 자 또는 이미 행하여진 범죄나 행하여지려고 하는 범죄행위에 관하여 그 사실을 안다고 인정되는 자를 정지시켜 질문 할 수 있다"라고 규정하고 제3조 2항에는 '경찰관은 그 장소에서 불심검문을 행함에 있어 당해인에게 불리하거나 교통의 방해가 된다고 인정되는 경우 질문을 하기 위하여 부근 경찰관서에 동행할 것을 요구할 수 있으며, 이 경우 경찰관의 요구를 받은 사람은 이를 거절할 수 있다'고 명시하고 있다.[6)]

그러나 이것은 수사상 임의동행이 아닌 경찰행정상의 임의동행인 것이다. 따라서 임의 동행이라는 말 그대로 강제적인 조항이 아닌 임의적인 조항으로서 즉시 거절할 수 있으며, 동행요구에 응한 경우에도 임의 퇴거할 수 있다.[7)]

4) 신동운, 앞의책 106.
5) 임의수라로서의 임의동행의 경우, 임의동행의 성질상 수사기관의 동행요구에 대하여 피의자는 동행을 거부할 수 있고 동행한 후에도 언제든지 퇴거할 수 있다.
6) 동행에 승낙한 사람에 대해서도 6시간을 초과하여 경찰관서에 머물게 할 수 없다.
7) 이만종, "경찰불심검문의 적법성 한계에 관한 고찰", 한국공안행정학회보, 제28호, 2007, 182면.

3) 임의동행의 성격에 관한 견해

(1) 형사소송법상 임의동행과의 구별

경찰관직무집행법상 임의동행으로 인하여 구속으로 발전하거나 수사가 계속된 경우 그 임의동행의 성격에 관하여는 ①불심검문에 의한 임의동행은 수사의 단서에 불과하고, 이를 통하여 범죄의 혐의가 인정되는 때에 비로소 수사가 개시되는 것이므로, 불심검문은 범죄수사를 목적으로 사법경찰관의 자격에서 행하는 것이 아니라 행정경찰권 행사의 주체가 범죄의 예방, 진압이라는 행정경찰작용에 의해서 행하는 것이므로 형사소송법에 의한 임의동행과는 그 본질을 달리한다는 견해[8]와 또한 ②이러한 경우 형사소송법상 강제수사를 경찰관직무집행법상 처분으로 대신하여 신병확보의 편의성을 도모하려하는 경향이 있기 때문에 이를 방지하기 위하여 임의동행 근거를 하나로 적용하여 형사소송법에 따르게 하자는 견해가 있다.[9]

그러나 강제수사 규정의 회피를 방지해야 한다는 점, 행정경찰작용에 의한 불심검문과 사법경찰작용의 성질을 가진다는 점 등을 고려하여 볼 때, 임의 동행을 하나로 관할하여 형사소송법 규정에 따르게 하는 ②의 견해가 타당하다고 본다.[10]

(2) 동행요구사유에 대한 견해

임의동행요구의 사유로서 제3조 2항에서는 '경찰관은 그 장소에서 불심검문을 행함에 있어 당해인에게 불리하거나 교통에 방해되는 경우'로 규정하고 있는 바, 이를 예시적 규정으로 보아 그 이외의 사유로도 임의동행이 가능하다는 견해와 근거 규정에 명시된 두 가지 사항에 한정된다는 견해가 대립된다.

그러나 형사소송법 제 200조 1항에 임의수사의 일환으로 임의동행이 허용되고 있으므로 경찰관직무집행법에 의한 임의동행은 법률의 명문규정에 한하고, 그 이외의 사유에 의한 임의동행은 형사소송법의 규율을 받는다고 해석함이 타당하다.[11]

---

8) 김기홍, 앞의논문, 60면
9) 態谷弘, 任意同行·逮捕 限界, 捜査法大系, 本評論社
10) 이만종,앞의논문 182면.

4) 주민등록법상 임의동행

형사소송법이나 경찰관직무집행법상에 근거한 임의동행 이외에 주민등록법상에도 임의동행에 관한 근거가 명시되어 있다. 주민등록법 제26조 1항에는 '사법경찰관리가 범인의 체포 등 그 직무를 수행함에 있어서 17세 이상인 주민의 신원 또는 거주 관계를 확인할 필요가 있는 경우에는 주민등록증의 제시를 요구할 수 있으며, 이 경우 사법경찰관리는 주민등록증을 제시하지 아니한 자로서 신원을 증명하는 증표나 기타 방법에 의하여 그 신원이나 거주 관계가 확인되지 아니한 자에 대하여는 범죄의 혐의가 있다고 인정되는 상당한 이유가 있을 때에 한하여 인근 관계관서에서 그 신원이나 거주 관계를 밝힐 것을 요구할 수 있다'고 규정하고 있다.

그러나 위 규정은 경찰관직무집행법상의 불심검문과의 관계에서 비추어 볼 때 일종의 불심검문으로 보는 것이 타당하다고 생각된다. 따라서 경찰관직무집행법과 형사소송법에 규정된 동행요구의 요건과 절차, 그리고 시간제한의 규정들은 주민등록법상의 임의동행에도 그대로 준용된다고 보아야 할 것이다.[12)]

2. 보호유치의 적용범위

임의동행 한 피의자를 조사를 마친 뒤 귀가시키지 않고 영장발부시 까지 경찰서 보호실에 대기시키고 수사를 계속하는 경우가 많은데 이것을 보호유치라 한다.

그러나 임의동행은 동행에 대한 승낙뿐만 아니라 퇴거의 자유가 보장되어야 하기 때문에 이는 불법강제유치에 해당할 수 있으며, 영장주의에 위반한 처분이라 할 수 있다.[13)]

아울러 경찰관직무집행법 제4조에는 '수상한 거동 기타 주위의 사정을 합리적으로 판단하여 응급의 구호를 요한다고 믿을만한 상당한 이유가 있는 자를 발견

11) 이만종, 앞의 논문, 183면.
12) 신동운, 앞의 책, 117면.
13) 승낙유치 허용여부도 논란이 되고 있다. 승낙유치는 이론상으로는 임의수사에 해당된다고 할 수 있으나 경찰서 보호실에 구금되어 신체의 자유를 박탈당하는 것에 대한 동의나 승낙이란 기대하기 힘든 사항이기 때문에 임의수사의 방법으로 허용될 수 없다고 보아야 할 것이다.

한 때에는 보건의료기관 또는 공공구호기관에 긴급구호를 요청하거나 경찰관서에 보호하는 등 적당한 조치를 할 수 있다'고 규정되어 있으나 이는 정신착란자, 미아, 병자, 부상자, 술 취한 상태로 인하여 자기 또는 타인의 생명 · 신체와 재산에 위해를 미칠 우려가 있는 자를 보호하는 조치를 취하는 보호조치라 할 수 있어 경찰행정상작용으로 수사를 위한 수단이 아니기 때문에 보호조치가 아닌 임의동행 이후 이루어지는 보호유치는 경찰관직무집행법에 의하여 정당화 될 수 없다고 보아야 할 것이다.[14]

Ⅲ. 임의동행 · 보호유치의 문제점

1. 수사와 인권측면

형사절차에 있어서 수사의 기본이념은 진상파악을 위한 실체적 진실발견과 기본적 인권보장이라 할 수 있으며 이 두 가지 이념은 마치 수레의 양 바퀴처럼 불가분의 관계라 할 수 있다. 그 중에서도 피의자에 대한 신병확보절차는 신체의 자유를 일정한 시간동안 제한 할 수밖에 없기 때문에 당사자의 자발적 협조를 얻어 진행되는 임의수사의 성격임에도 불구하고 개인의 인권보장과 실체적 진실발견이라는 형사소송법의 이념사이에서 대립될 수 밖에 없어, 이에 대한 조화로운 적용은 매우 중요한 사항이라 할 수 있다.

특히 오랫동안 우리 수사기관에서는 신속하게 범죄에 대처하여야 한다는 이유로 임의동행이라는 형식의 신병확보수단을 관행적으로 운영하였으나 이에 반해 피의자의 인권보장은 경시한 측면이 많았던 게 사실이었다.

즉 수사현장에서는 현실적으로 구속수사가 오히려 원칙인양 행해지고 요건에 미비한 긴급체포,[15] 영장 없는 체포 · 감금이 벌어지기도 한다. 이처럼 현실의 수

14) 김기홍, 앞의 논문, 60면.

15) 긴급체포의 요건은 (형사소송법 제200조의 3 제1항) 피의자가 사형·무기 또는 장기3년 이상의 징역이나 금고에 해당하는 죄를 범하였다고 의심할만한 상당한 이유가 있는 경우(범죄의 중대성), 지방법원 판사의 체포영장을 받을 수 없는 경우(긴급성) 등이다.

사과정에서 벌어지는 불법체포 · 감금의 전형적인 예가 바로 임의동행 · 보호유치의 이름으로 행해지는 사실상의 강제연행 · 불법감금이라 할 수 있다.[16)]

그러나 효율적인 형사사법의 기능을 구실로 신체의 자유를 일정기간동안 제한하는 것을 용인하던 것은 이제는 인권보장이 최우선이 되어야 한다는 시대적인 분위기에 따라 점차 명분을 찾기가 힘들게 되었다.

더구나 최근(2008) 형사소송법의 개정에 있어서도 인권보장을 위한 제도 개선이 가장 핵심적 쟁점으로 추진된 바 있었다.

〈표 1〉 긴급체포 관련 현황[17)]

연도별	긴급 체포 건수 (A)	영장 신청 건수 (B)	긴급 체포후 석방 건수 (A−B)	영장발부 여부		전체 석방 건수 (A−C)	발부율 (%) (C/B)	미발부율 (%) (B−C)/B	최종 석방율 (%) (A−C) /A
				발부 (C)	미발부 (B−C)				
2004년	61,736	40,553	21,210	33,197	7,356	28,566	81.8	18.1	62.4
2005년	36,749	27,209	9,540	23,307	3,902	13,442	85.6	14.4	36.6
2006년	24,935	19,223	5712	16,512	2,711	8,423	85.9	14.1	33.8
2007년 (1~6월)	13,350	10,433	2,917	8,925	1,508	4,425	85.5	14.5	33.1
계	136,797	97,418	39,379	81,941	15,477	54,856	84.1	15.9	40.1

자료: 국정감사자료, 경찰청, 2007.

또한 우리 헌법과 형사소송법의 가장 중요한 역할은 국민을 위한 보호장치 로

16) 김형태, "임의동행 · 보호조치의 문제점과 개선방안" 현안분석, 제77호, 1999, 3면

17) 지난 4년간(2004년, 2005년, 2006년, 2007년 1~6월) 전국에서 이루어진 긴급체포는 전체 136,797명으로 이중에는 영장신청도 하지 못해 불구속입건이나 무혐의로 석방된 건수가 39,379건이나 되어 전체의 28.8%를 차지하고 있고, 영장이 기각되어 석방된 건수를 모두 합하면 54,856건이나 되어 긴급체포 후 전체 석방된 건수가 차지하는 비율은 40.1%나 됨, 전체 석방률 40.1%는 2명 중 1명의 비율로 석방되어있다고 하는 것인데 이는 그동안 긴급체포를 남용해 왔음을 잘 설명해주고 있음. 긴급체포 건수는 지속적으로 줄어들고 있어 매우 바람직하지만 영장 미발부율 과 최종석방률 은 크게 변화가 없어 피의자 인권보장측면에서 개선해 나가야 할 사항임.

서 국민이 불법감금이나 체포 등 기본권을 침해당하는 경우 이를 구제하거나 혹은 미연에 방지하는 것이다 할 수 있다.

따라서 수사의 합목적성을 강조한 나머지 〈표1〉에 나타난 바와 같이 긴급체포제도를 남용 한다던가 임의동행이 갖는 임의 수사성의 한계를 초월하여 실력이 행사되는 경우나 구속사유에 해당되지 않는데도 보호실에 유치하여 대기시키는 불법적인 수사관행은 형사소송법상 적법절차의 원칙 및 개인의 인권보장적 측면에서 신중하게 고려되고 검토되어야 하겠다.[18]

2. 법률적 측면

오늘날 형사소송구조는 지속적으로 당사자 주의적인 요소를 도입함으로써 수사절차를 당사자 간 상호대립구조로 전환하고자 시도하고 있다. 일례로 2008년 1월 1일부터 시행이 되고 있는 개정형사소송법은 인신구속제도의 개선과 공판중심주의적 법정심리절차를 확립하는 등 수사서류 보다는 공판정에서 직접 공격과 방어의 기회가 보장되도록 공판중심주의와 당사자주의, 그리고 직접주의 중심으로 개정이 되었다.

이와 같은 것은 피의자 및 피고인의 절차상의 권리와 이익을 보장하는 법의 적정절차의 보장이라 할 수 있으며 이는 곧 시대의 흐름이며 요청이라 할 수 있기 때문이다.

그러나 지금까지의 우리의 형사사법관행은 적법절차의 이념보다는 오히려 실체적 진실주의의 이념이 과도하게 전면에 부상하여 국민의 발전하는 법 감정을 도외시한 채 시행되어 온 경향이 있다.

특히 손쉽게 피의자의 신병을 확보할 수 있어 관행적으로 수사상 임의동행을 활용했던 경찰수사관들은 임의동행을 엄격하게 적용하게 되면 수사 효율상 많은 애로가 발생한다고 호소하기까지 하고 있어, 임의동행의 불법성 비판을 차단하기 위해 현재 경찰에서 활용하고 있는 임의동행동의서[19]는 어떻게 보면 인권개선을

---

18) 이만춘, “수사상 임의동행에 관한 연구”, 전주대학교 대학원 박사학위 논문, 2006, 4면.

19) 경찰은 06.7.27 「수사상 임의동행 적법성 확보」 관련 특별지시를 내려 임의동행 대상자에게 ‘동행거부권리’와 ‘동행에 동의한 경우라도 언제든지 퇴거할 수 있는 권리’를 고지한 후 이를 문서화 한

위해서라기 보다는 강제수사에 대한 법적

규제를 회피하거나 수사기관이 탈법적으로 이용하기 위하여 상대방의 동의를 매체로 하는 것이 아니냐는 불신과 비판에 직면해 있는 실정이다.

일반적으로 임의동행·임의조사의 적법성이 문제가 되는 경우로는 3가지관점에서 논란이 되고 있다. 첫째로는 경찰 등 수사관계자가 범죄피의자에게 동의를 받아 수사기관에 데려가 조사하는 이른바 '임의(任意)동행'을 요구하면서 이를 거부할 수 있는 사실을 알려주지 않았다면 불법체포에 해당하는가라는 논의가 있으며, 둘째는 임의동행의 강제적 집행과정에서 임의동행을 거절하고 경찰관에게 폭행을 가한 것이 공무집행방해죄를 적용받게 되는가, 셋째는 임의동행에 계속되는 임의조사 중에 또는 그 후에 신병구속 중에 얻어진 자백 등의 증거에 증거능력이 인정되는가 여부의 3가지의 문제이다. 첫 번째 문제와 관련해서는 경찰이 범죄용의자를 경찰서로 데려가는 과정에서 물리력을 사용하지 않았더라도 "동행요구에 응하지 않아도 된다" 는 점을 사전에 알려주지 않았다면 불법체포에 해당한다는 대법원 판결이 있다. (대법원 2005도 6810) 이는 경찰의 임의동행을 요구받고 경찰서로 가 조사를 받던 중 현금 480만원을 훔친 혐의로 긴급체포 되자 달아났다가 잡혀 도주죄로 기소된 박모씨에게 무죄를 선고한 사례이다.[20]

두 번째 문제는 경찰이 주취자 가 있다는 연락을 받고 주점에 출동하여 주취자를 경범죄처벌법상 무전취식 혐의로 조사하기 위하여 임의동행 하는 과정에서 경찰관에게 폭행을 한 사건에 대하여 피고인에 대한 동행은 적법한 공무집행이라 할 수 없고, 피고인의 행위는 적법하지 아니한 경찰관의 동행요구를 거절하는 소극적인 저항행위에 불과하여 정당행위 또는 정당방위에 해당한다며 무죄를 선고한 바 있다(사건2007고단563상행, 공무집행방해). 세 번째 사항은 증거의 증거능력이 문제가 되는 것으로서 위법수집증거배제법칙에 의하여 절차적 정당성이 확보되지 않은 상태에서 확보된 증거를 인정하는 것은 자칫 수사기관에게는 수

「임의동행동의서」를 받아 수사서류에 편철하는 등 객관적인 임의성 확보를 하도록 하였다.

20) 재판부는 판결문에서 '임의동행은 피의자의 자발적 의사에 의하여 동행이 이뤄졌음이 객관적으로 입증되어야 적법성이 인정된다' 며 '그러나 이 사건에서 임의동행은 피의자가 동행요구를 거부할 수 있고 조사도중 본인의 뜻에 따라 언제든지 돌아갈 수 있다는 사실을 알려주지 않는 채 이뤄져 불법체포에 해당 한다' 고 밝혔다.

사의 효율성만을 우선시하게 되어 인권보장이 담보되기 어려울 수 있으며, 아울러 국민에게는 법적 안정성을 제공할 수 없다는 판례가 있다.[21](2002.6.11, 200도5701, 공2002, 1720)

따라서 국가형벌권의 확립과 실체적 진실을 발견하기 위한 수사기관의 의욕은 자칫 적법절차의 원칙을 외면하게도 할 수 있기 때문에 양자의 비교교량은 구체적 법공동체의 역사적 경험과 현실적 여건을 함께 고려하여 수행되어질 문제라고 할 수 있지만[22] 인간의 기본적인 기본권을 침해하면서까지 행해지는 임의동행은 결국은 인간의 신체적 자유에 심각한 위험과 더불어 수사상 인권문제와도 깊이 관련되기 때문에 임의동행의 적법성확보 와 함께 수사관들의 높은 인권의식 노력도 강구되어야 하겠다.

Ⅳ. 경찰 임의동행의 적법성 한계

1. 임의동행의 허용성

경찰 임의동행이 과연 적법한 것인가 하는 문제에 대해서는 임의동행을 임의수사의 일종으로 적법하다고 보는 견해(임의수사설)와 임의동행을 강제수사의 일종으로 보고 법적근거가 없는 임의동행은 처음부터 위법하다고 보는 견해(강제수사설)로 나뉘고 있다.

이 중 임의수사설 은 수사기관의 강제수사권 남용으로부터 피의자의 기본권 보장을 위해서는 영장주의 원칙 등 적법절차를 준수하여야 하지만 수사의 신속성을 확보하기 위해서는 일일이 검사를 경유하여 법관의 사전영장을 받는다는 것은 많은 시간이 소요되며 복잡하기 때문에 현실적으로 매우 곤란하고 우리 형사소송법에서는 피의자에 대한 출석 요구의 방식을 제한하고 있지 않다는 점을 주요 논거로 하고 있다.

반면에 강제수사설 은 임의동행의 탈법적 인신구속은 헌법과 형사소송법에 명

21) 신동운, 앞의책, 137면.
22) 신동운, 앞의책, 138면.

시한 체포영장제도의 본래의 취지를 유명무실화 시키고 있으며 피의자의 신병확보수단으로 외형상 동행의 형식을 취하고 있다고는 하지만 수사의 편의에 의해 현실적으로 피의자의 신체의 자유를 침해하고 인권을 침해하는 사례가 발생하기 쉽다는 점을 논거로 하고 있다.[23)]

그러나 '모든 국민은 신체의 자유를 가진다' 로 시작되는 헌법 제12조는 모든 기본권 보장의 전제조건이 되기 때문에 아무리 수사실무상 필요성·긴급성의 요청이 있다하더라도 피의자의 신병부터 확보한 뒤 수사를 진행하려는 것은 '적법절차 원칙'을 위반한 것이며 피의자의 승낙과 동의에 의한 동행이라 하여도 동행요청을 받는 피의자의 입장에서는 심리적으로 위축되어 승낙할 수 있으며 또한 임의동행 과정에서 피의자에게 수사기관에 의한 물리력행사 여부도 확인하기 힘들어 진정한 임의수사라 규정하기 어렵다 할 수 있다고 주장하고 있다.

따라서 실체적 자유권을 침해할 소지가 많은 임의동행에 대해서는 엄격한 제한을 가하여 그 남용으로 인한 폐해가 발생되지 않도록 하여야 할 필요성이 있다. 이것은 최근 판례의 입장이기도 하다. 그러나 경찰관직무집행법 제3조는 동행요구를 불심검문의 한 형태로 하고 있으며, 주민등록법 제26조 역시 신원 및 거주확인을 위한 동행요구를 인정하고 있어 필요한 최소범위에서 임의동행의 필요성은 인정되며 허용된다고 보아야 할 것이다.

2. 임의동행의 적법성 한계

1) 임의 동행의 임의성 판단기준

임의성이란 순수하게 자기의 의사와 생각에 의해 행동하는 것으로 자기의 의사와 상관없이 진실 되지 않게 강압에 의해 행동하는 강제에 대한 반대개념이라 할 수 있다.

따라서 임의동행이 형사소송법에 근거한 임의수사로서의 성질을 가지기 위해서는 임의성이 충분히 인정되어야 한다.

따라서 임의동행에 대한 임의성 여부의 판단은 평균인을 기준으로 하여 본인

23) 신동운, 앞의책, 114면,

의 의사로서 동행에 응하였는지 여부를 판단해야 할 것이다. 즉 사회통념에 비추어 임의성이 인정되어야 한다.[24]

또한 임의성 여부의 판단기준으로는 경찰관직무집행법과 주민등록법상에 동행요구의 요건에 관하여 상세한 규정을 두고 있으며 이에 위반한 동행은 적법성이 보장된다고 할 수 없어 위법수사가 된다고 해석하고 있다. 이외에도 ①동행을 요구한 시간, 장소 ②동행의 방법과 태양 ③동행의 필요성 ④조사의 시간, 장소, 방법과 그간의 감시상황 ⑤수사관의 주관적의도 ⑥피의자의 대응상황 ⑦체포장 유무 등의 제반상황 을 보고, 객관적으로 판단하여 임의성을 결정하기도 한다.

2) 임의동행의 적법성 한계

앞에서도 설명한 바와 같이 임의동행은 적법성이 확보되지 않으면 위법한 임의동행이 되기 때문에 그 기간 중에 수집된 증거는 증거능력을 상실하게 된다.

예를 들어 임의성이 없는 동행, 동행사유에 대한 위반, 신분증명에 대한 위반, 동행을 요구하는 이유 · 목적 · 장소의 고지의무위반, 가족 등에게 고지하거나 본인에게 연락기회의 부여의무위반, 변호인의 조력을 받을 권리가 있음을 고지할 의무위반, 동행기간에 대한 위반, 동행장소 에 대한 위반, 임의동행과정에서 강제를 넘는 행사를 한 경우 등이 여기에 속한다.[25]

이 중에서 임의성 없는 동행은 적법성 판단의 가장 주목되는 사항으로서 허용한도를 넘는 유형력의 행사에 따라 당해인이 물리적 또는 정신적으로 동행을 거부, 또는 퇴거 불가능한 상태에 이른 경우에는 위법이라 할 수 있으며, 이에 대항하기 위하여 행사한 폭행 · 협박은 공무집행방해를 구성하지 않는다고 할 수 있다.[26]

아울러 임의동행 이후 영장발부의 대기 등을 이유로 피연행자에 대하여 보호실에 유치하는 사례가 문제가 되고 있는 바, 경찰서 보호유치 역시 신체의 자유를 박탈하는 것이기 때문에 설령 승낙에 의한 유치일 경우라도 영장주의에 위반한 위법한 구금이라고 할 수 있어[27] 경찰관직무집행법상 정신착란자, 주취자, 자

24) 이만종, 앞의논문, 47면.
25) 이만춘, 앞의논문, 95면.
26) 대판 1991.5.10, 91도 453.
27) 대판 1994.3.11, 93도 958.

살기도자 등 응급의 구호를 요하는 자를 24시간을 초과하지 않는 범위 내에서 경찰서 유치장에 보호조치 할 수 있는 것으로만 운영이 제한되어야 한다고 할 수 있다.

Ⅴ. 경찰불법수사 예방을 위한 제언

1. 경찰의 임의동행 적법성확보

경찰은 2006.7.27 「수사상 임의동행 적법성 확보」와 관련하여 각 경찰서에 특별 지시를 하달하여 수사상 임의동행시 임의동행 대상자에게 "동행거부권리"와 "동행에 동의한 경우라도 언제든지 퇴거할 수 있는 권리"를 고지한 후 이를 문서화 한 「임의동행 동의서」에 서명을 받아 수사서류에 편철하는 등 객관적인 임의성을 확보하도록 '임의동행 동의서'제도와 임의동행 대상자에 대한 "권리고지의무"이행을 철저히 하도록 강조한 바 있다.[28]

이는 피의자의 자발적 의사에 의해 동행이 이루어졌음이 객관적으로 명백히 입증되는 경우에 한해 임의동행의 적법성이 인정되기 때문에 임의성의 요건과 한계에 대해 보다 더 명확히 하여 논란을 제거하자는 취지에서 지시된 것이다. 그러나 국정조사결과 정작 전국지방청별로 보관하도록 되어있는 「임의동행 동의서」를 보관하고 있는 경찰청이 한곳도 없다는 사실이 발견되는 등[29] 그동안 오랜 수사 관행으로 수사상 임의동행을 활용했던 수사관들에게는 수사의 효율성을 인권개선요구에 의해 포기할 수 없다고 생각하고 있다고 볼 수 있다. 즉 수사기관의 수사는 국민의 신체적 자유를 보장하고 국민의 재산과 신체를 보호하여야 함에도 불구하고 강제수사에 대한 법적 규제를 회피한 수사방법으로 임의동행을 이용한 경향이 있었다고 할 수 있다. 이는 인권과 가장 밀접한 관계가 있기

---

28) 인권보호를 위한 경찰관직무규칙 제51조(경찰청 훈령 제461호 05.10.4)에는 임의동행 할 때 유의사항으로 ①경찰관은 임의동행을 요구하는 경우에는 상대방에게 동행을 거부할 수 있는 권리가 있으며, 동행에 동의한 경우라 하더라도 원할 경우에는 언제든지 퇴거할 수 있음을 고지하여야 한다. ② 임의동행을 한 경우에도 필요한 확인이 끝나는 즉시 귀가 시켜야 한다고 명시하고 있다.

29) 최인기의원 국정감사 자료집(2007), "경찰청 2007년 국정감사 자료집"참조.

때문에 자칫 불법수사로 흘러가기 쉽기 때문에 논란이 될 수 있는 사항이다. 따라서 임의동행은 형식에만 치우치지 말고 철저하게 임의동행서를 받고 수사관이 고지의무를 충실히 이행하는 등 임의동행의 임의성 확보에 최선을 다하는 것이 임의 동행으로 인한 불법수사 논란을 피해갈 수 있는 것이다.

2. 제도적 보완을 통한 개선

1) 영장발부의 신속화

우리 헌법은 체포·구속·압수 또는 수색을 할 때는 적법한 절차에 따라 검사의 신청에 의하여 법관이 발부한 영장을 제시하여야 한다(헌법 제12조 3항)고 규정함으로써 개인의 인권보호를 국가의 형벌권보다 중요하게 취급하고 있다. 그러나 영장제도는 엄격한 절차로 인해 수사의 신속성과 신병확보 차원에서 어려움이 많기 때문에 수사기관은 영장주의를 이용하는 것보다는 편리한 임의동행의 형식에 의한 강제연행과 이에 따르는 보호유치를 이용하여 수사목적을 달성하려고 한다. 따라서 임의동행 방법에 의한 신병확보 남용을 방지하기 위해서는 영장발부 절차를 간소화하고 영장전담 판사가 신속하게 영장처리를 할 수 있도록 영장전담판사 인원도 증원할 필요가 있다.

2) 경찰행정작용으로서 '보호조치'와 구분

경찰수사과정에서 인권침해 가능성이 가장 '농후한 지역'이 바로 유치장이라 할 수 있다. 그러나 경찰서에 설치되어 있는 보호실은 영장대기자나 즉결대기자 등의 도주방지와 경찰업무의 편의 등을 위한 수용시설로서 사실상 설치·운영되어 왔으나 현행법상 그 설치근거나 운영 및 규제에 관한 법령의 규정은 없다.[30]

그럼에도 불구하고 수사실무상 신병확보를 위한 임의동행은 통상 이후 피의자를 귀가시키지 않은 채 보호실 등에 유치시키고 수사를 계속하는 경우가 있다.[31]

30) 신동운, 앞의책, 117면.

31) 이는 경찰행정작용의 일환으로 경찰관직무집행법에 의거 정신착란자, 주취자, 자살기도자 또는 부상자로 긴급구호를 요하는 자를 24시간을 초과하지 아니하는 범위내 에서 보호조치를 할 수 있는(형

따라서 피의자에 대한 경찰서 보호유치는 자칫 불법구금으로 논란이 될 수 있기 때문에 경찰행정작용으로서 행해지는 '보호조치'와는 엄격히 구별하여 적용할 필요가 있다.

3. 법제 개정을 통한 개선

1) 임의동행의 명시적 규정

수사기관이 피의자의 동의를 얻어 피의자와 수사관서까지 동행하는 임의동행은 형사소송법 제 200조 1항과 경찰관직무집행법 제3조, 주민등록법 제26조 1항에 각각 근거하고 있지만 수사의 편의성에 치우쳐 절차적 규정을 제대로 준수하지 않고 임의성에 대한 객관적 보증도 확보하지 못함으로써 임의동행은 대표적인 불법수사의 사례로 지적되고 있다. 특히 형사소송법에 명시된 임의동행은 피의자의 출석요구를 할 수 있도록 하고 있으나 그 절차나 방법이 명문으로서 명확하게 규정되어 있지 않아 수사상 인권문제와 관련하여 많은 논란의 원인이 되고 있다.

더구나 긴급강제처분으로 현행범체포와 긴급체포제도가 영장주의의 예외로서 규정되어 있지만 요건이 엄격하여 실제수사실무에서는 피의자 신병확보가 복잡하다는 이유로 임의동행의 형식을 빌려 신병을 확보하고 이에 따르는 보호유치를 이용하여 수사목적을 달성하려고 하는 경우가 많다.

따라서 임의동행이 수사실무상 부득이하게 이용될 수 있다는 현실을 감안하여 형사소송법에 임의동행의 절차나 방법을 명시적으로 규정하는 방안을 검토할 필요가 있다. 물론 그 내용은 피의자의 인권이 침해되지 않는 범위에서 고려되어야 하기 때문에 제한적으로 허용하여야 한다.

2) 피의자 조사를 위한 신병확보방안 강구

현행 형사소송법은 현행범인과 긴급체포의 경우에만 영장주의 원칙의 예외에

사소송법 제4조 1,7항)것과는 그 성격이 다르다 할 수 있다.

해당한다고 보았다. 이중 긴급체포 제도는 영장주의 원칙을 고수함으로써 중대한 범죄를 저지른 범인을 놓치는 결과를 방지하여 체포의 긴급한 필요성이라는 공익적 이익을 실현하기 위한 제도이다.

반면에 임의동행의 경우 체포의 긴급성과 범죄혐의의 상당성 측면에는 아직 도달할 수 없으며 긴급체포 경우보다 범죄혐의가 약할 수밖에 없기 때문에 임의성이 없는 동행을 금지하는 것은 위법성 시비를 불식시키는 것으로 타당하다 할 수 있다.

그러나 수사초기 단계에서 피의자의 신병확보는 수사현실에서는 필요하다고 볼 수 있기 때문에 실무상 운용에 부합하도록 피의자 신병확보방안을 강구할 필요가 있다. 아울러 그로 인하여 우려되는 임의동행의 남용문제를 통제하는 방안 역시 강화함으로써 실체적 진실발견이라는 공공이익과 피의자의 인권이라는 사적이익을 조화시키는 방향으로 해결할 수 있을 것이다.

Ⅵ. 결 론

우리헌법과 형사소송법은 형사절차상 피의자에 대한 신체의 자유 등 기본권보장 규정을 명확히 명시하고 있으며, 부득이 이를 제한하여야 할 경우에는 영장주의를 원칙으로 하게 하는 등 적법하고 엄격한 절차에 따라 신중하게 행하도록 규정하고 있다.

이는 헌법상 피의자에 대한 무죄추정의 원칙에 입각한 것이기도 하지만 수사의 속성상 필연적으로 발생될 수 있는 피의자에 대한 인권침해 사례를 방지하기 위한 법적장치라 할 수 있다.

더구나 2005년 대법원에서는 '수사관이 수사과정에서 당사자의 동의를 받는 형식으로 피의자를 수사관서 등에 동행하는 것은 상대방의 신체적 자유가 현실적으로 제한되어 실질적으로 체포와 유사한 상태에 놓이게 되는데도 영장을 요하지 않고 그밖에 강제성을 띤 동행을 억제할 방법도 없어서 제도적으로는 물론 현실적으로도 임의성이 보장되지 않는다'(2005도6810)고 하여 임의동행 형식으로 경찰서에 출석했다가 긴급체포 된 사건에 대해 무죄를 선고한 바 있다. 이는 피의자의 신병을 확보하기 위해 수사기관이 피의자의 주거지 등에서 임의 동행이라는 명분하에 별다른 제한 없이 피의자를 수사관서까지 데려오던 지금까지의 수사관행에 제동을 걸고 임의동행 요건을 명확히 제시하는 계기가 되었다고 할 수 있다.

그러나 실제 수사현장에서는 이론과는 달리 많은 어려움이 있는 실정이다. 즉 일선에서 수사를 행하는 수사관들의 입장에서는 국가형벌권의 실현을 위하여 수사상 필요한 경우 피의자의 신속한 신병확보, 또는 다중의 위험으로부터 일정장소로의 격리 등 수사권 행사를 위해 경우에 따라서는 개인이 가지고 있는 기본권을 부득히 제한하여야할 필요가 요구되고 있는 게 현실이다.

그러므로 경찰 등 수사기관에서는 수사의 편의상 제약이 많이 따르는 형사소송법상 강제처분으로 되어 있는 신병확보 수단을 사용하기 보다는 보다 손쉬운 임의동행과 보호유치 방법을 통하여 피의자의 신병을 확보하려고 하는 경향이 있으며 그런 이유로 인해 신병확보 절차에서 개인의 인권보장과 실체적 진실발견 측면이라는 양자 간에 첨예한 대립이 발생할 수 있다. 더구나 임의동행과 보호유치 문제는 임의성에 대한 객관적 보증을 확보하지 못함으로써 불법수사논란으로 이어질 가능성이 크기 때문에 이에 대한 적법성확보와 함께 수사관들의 높은 인권의식과 체계적 관리도 잘 이루어져야 하겠다. 즉 아무리 불의를 척결해야 한다는 사명감이나 진실에 대한 열정이 강하다하더라도 수사권의 행사는 절제되고 정제된 것이어야 한다.

따라서 피의자에게는 국민의 기본권인 신체의 자유를 보호하는 반면 수사기관에 대하여는 수사의 속성인 기동성과 밀행성원칙 에 부합할 수 있는 새로운 피의자 신병확보방안을 강구할 필요가 있다. 이는 결국 국가권력으로서의 수사기관과 국민이 대립하는 관계가 아니라 상호조화와 균형속에 동화되어 국민전체의 이익을 가져오는 동질성의 관계로 인식되어야 하기 때문이다.[32] 즉 피의자에 대한 임의동행과 보호유치방법이 아무리 수사의 편의성을 도모할 수 있는 방안이라 하더라도 수사편의주의와 성급한 수사실적주의는 법과 원칙을 훼손할 수 있기 때문에 엄격하게 제한되고 새로운 방안 마련도 검토 되어야 하겠다.

32) 김형태, "임의동행 보호유치의 문제점과 개선방안", 국회입법자료, 제77호, 1994, 25면이하.

참고문헌

〈국내문헌〉

김기홍, (1993), "임의동행과 보호유치",「군사법 논문집」제12집 58.

김형태, (1999), "임의동행 · 보호유치의 문제점과 개선방안",「현안분석」제77호, 3.

류지영, (2003), "긴급체포제도의 문제점과 개선방안",「형사법연구」제20호, 8.

배종대, (2001),「형사소송법」4판, 홍문사.

신동운, (2008),「형사소송법」4판, 법문사.

심희기, (2000), "임의동행의 임의성의 판단기준",「형사소송법판례70선」홍문사, 57.

이만종, (2007), "경찰불심검문의 적법성한계에 관한 고찰",「한국공안행정학회보」제28호, 171-191.

이만춘, (2006), "수사상 임의동행에 관한 연구",「전주대학교 박사학위 논문」4-100.

이재상, (2002),「형사소송법」6판, 박영사.

이재석, (2003), "수사와 인권",「비교형사법 연구」제5권2호, 15.

유인창, (2004), "경찰관직무집행법상의 임의동행에 관한 소고",「법학연구」제4집, 8.

진계호, (2004),「형사소송법」2판, 형설출판사.

진계호/이존걸, (2003), "현행법상 임의동행에 관한 연구",「법학연구」제11집, 25.

조준현, (2003), "임의동행과 변호인 접견",「고시연구」30권4호, 53.

〈외국문헌〉

態谷弘, (2001), "任意同行 · 逮捕 限界", 搜査法大系,「本評論社」.

進村政孝, (2005), "任意同行 · 逮捕 限界",「刑事訴訟法判例百選」第8版,

Calaus Roxin, (1995), Strafrerfahrensrecht, 25.Aufl, C.H Beck.

T. kleinknecht/k. Meyer, (1990), Strafproze Bordnung, 39.Aufl, C.H Beck.

Chapter 3 경찰조서의 증거능력에 관한 쟁점 및 검토[1]

[요약]

수사기관(검사 또는 사법경찰관)이 피의자를 신문하여 그 진술을 기재한 조서를 '피의자신문조서'라고 하고 현행법은 이러한 피의자신문조서의 증거능력을 제한하여, 일정한 조건 하에서만 그 증거능력을 인정하고 있다. 이는 수사과정에서 피의자의 인권보장을 위한 것으로서, 검사작성의 조서와 사법경찰관(리)작성의 조서는 각각 증거능력을 인정하는 조건에 차이가 있다. 우선 검사작성의 피의자신문조서의 경우에는, 「형사소송법」 제312조에서 "①검사가 피고인이 된 피의자의 진술을 기재한 조서는 적법한 절차와 방식에 따라 작성된 것으로서 피고인이 진술한 내용과 동일하게 기재되어 있음이 공판준비 또는 공판기일에서의 피고인의 진술에 의하여 인정되고, 그 조서에 기재된 진술이 특히 신빙할 수 있는 상태 하에서 행하여졌음이 증명된 때에 한하여 증거로 할 수 있다.

②제1항에 불구하고 피고인이 그 조서의 성립의 진정을 부인하는 경우에는 그 조서에 기재된 진술이 피고인이 진술한 내용과 동일하게 기재되어 있음이 영상녹화물이나 그 밖의 객관적인 방법에 의하여 증명되고, 그 조서에 기재된 진술이 특히 신빙할 수 있는 상태 하에서 행하여졌음이 증명된 때에 한하여 증거로 할 수 있다."라고 규정하고 있는바, 「조서의 진정성립」이 인정되는 경우에 그 증거능력이 인정된다고 규정하고 있다.

여기서 조서의 진정성립이란, 간인 · 서명 · 날인 등의 조서의 '형식적 진정성립'

과 그 조서의 내용이 원진술자가 진술한 대로 기재된 것이라는 '실질적 진정성립'이 모두 인정됨을 의미하는데, 위 법 규정에서는 실질적 진정성립을 인정하는 방법으로 '원진술자의 진술'과 '영상녹화물 기타 객관적 방법'에 의한 증명을 정하고 있다. 다음으로, 검사 이외의 수사기관이 작성한 피의자신문조서의 경우에는, 적법한 절차와 방식에 따라 작성된 것으로 공판준비 또는 공판기일에 그 피의자였던 피고인 또는 변호인이 그 내용을 인정할 때에 한하여 증거로 할 수 있다(형사소송법 제312조 제3항). 위 규정의 내용에 의하면, 진정성립을 필요로 하는 검사작성의 피의자신문조서와는 달리, 사법경찰관(리)작성의 조서는 공판절차에서 해당 피의자신문조서에 기재된 「내용을 인정」하여야 증거능력이 인정되는 것으로서, 내용을 부인하는 경우에는 그 증거능력이 인정되지 않는다고 할 수 있다.

그러나 수사절차상 실무현장에서 경륜이 많은 사법경찰관보다 검사작성 피의자신문조서의 증거능력을 더 우월한 위치에 두고 있는 현행법 제도 역시 보다 더 신중하게 검토해야 할 사항이라 할 수 있다. 또한 경찰 스스로도 공판중심주의에 적합한 수사 역량 함양에 노력하여야 하겠다. 아울러 사법경찰관 작성 피의자신문조서의 증거능력에 관해서는 여러 가지 측면에서 입법론 상 문제점이 지속적으로 제기되고 있는 사항이니 만큼 수사의 기본 이념인 실체적 진실 발견과 기본적 인권 보장이라는 양 목표가 조화를 이루도록 충분한 검토와 합리적인 해석 및 운영이 필요하다.

I. 서 론

모든 범죄수사의 97%이상이 경찰의 손을 거쳐 처리되고 있는 현실에서 사법경찰관에게도 독자수사권을 인정하고 사법경찰관이 작성한 피의자신문조서에 대한 증거능력을 부여하여 피의자나 참고인이 다시 검찰에서 재조사 받는 번거로움과 소송경제의 문제를 해결해야 한다는 것은 경찰의 계속된 입장이었다.

그럼에도 불구하고 그동안 법과 판례는 사법경찰관이 피의자를 수사하면서 자백을 강요하여 피의자의 인권을 침해할 위험성을 방지하기 위하여 사법경찰관 작성의 피의자 신문조서에 대하여는 증거능력을 엄격히 제한하였다.

그러나 현실적으로 비록 증거능력 인정에 있어 사법경찰관 작성 피의자 신문보다 검사작성 피의자 신문조서에 우월적 지위를 부여하고 있다하더라도 검사작성 피의자 신문조서역시 피의자 인권에 대한 우려는 검찰 역시 근본적으로는 예외가 될 수 없는 상황이라 할 수 있다.

더구나 2008년 개정 후 시행되고 있는 현행형사 소송법 역시 공판 중심주의란 명분을 내세우면서 수사절차상 진술의 증거 능력을 엄격히 제한하고 있어 피의자신문조서의 증거능력문제는 더욱 강화되고 있는 상황이다.

이에 대해 검찰은 현행형사소송법의 공청회와 쟁점에 관한 논의 시부터 법원측이 공판중심주의를 내세우면서 수사절차상 진술의 증거능력을 더욱 부인하려 한다는 주장을 하였고 나아가서는 공판중심주의란 것은 재판 투명화를 위한 공판심리중심화원리로서 수사절차상 증거능력 배제와는 관련이 없는데도 법원 측이 굳이 공판중심주의를 이용하여 증거법의 일반이론에 맞지도 않는 이상한 논리를 전개하는 측면이 있다고 강하게 비판하기도 하였었다.(이완규,2007:747).

물론 위 논쟁사항들은 현행형사소송법이 법안의 개정심의 과정에서 대폭 수정되어 피의자신문조서의 실질적 진정 성립을 원 진술자의 진술뿐만 아니라 '영상녹화 물'이나 그 밖의 객관적 방법에 의해 증명되고 특히 신빙할 수 있는 상태하에서 행하여 졌음이 증명되는 경우에는 인정 할 수 있게 보완되었고 (제321조 2항), 사법경찰관이 작성한 피의자 신문조서의 증거능력 역시 종래에는 피고인이 법정에서 내용을 부인하면 그 조서를 증거로 사용할 수 없었지만 경찰관이 공판정에서 조서의 내용을 증언하면 조서의 내용을 증거로 할 수 있게 하는 '조사자 증언제도'(제 316조 전문 진술)를 새롭게 도입하여 사법경찰관의 증언의 증거능력을 한층 더 보완하게 되었다. 1)

그러나 개정된 형사소송법은 비록 이러한 제도를 도입하여 수사과정에 있어서 영상녹화가 활성화되는 등 수사방식이 종래에 비해 인권 친화적으로 전환되는 계기로 작용하였다고 할 수 있으나 이로 인해 파생된 수사권약화에 대한 우려가 있고, 피의자신문조서의 경우에도 작성 주체에 따라 조서의 증거능력에 대한 차별적 태도와 실무 현장에서의 일부 제도의 운영이 현행증거법과의 개념과 맞지 않는 등 몇 가지의 중요한 문제점이 여전히 남아있다 할 수 있다.

그러므로 그동안 실체적 진실 발견에 보다 큰 비중을 두어 조서 위주의 수사와 재판관행이 이루어졌던 점을 해소하고 이제는 공판중심주의로 인한 공판절차에서의 수사 경찰관의 역할이 과거보다 더욱 중요해졌기 때문에 이에 적합한 경찰의 수사 능력이 제고될 필요가 요구 되고 있다.

따라서 본고에서는 피의자 신문조서 중 사법경찰관 작성조서의 증거능력과 관련해 최근 논의 되고 있는 주요 문제점과 적절성여부에 대하여 재검토함으로써 수사의 근본이념인 실체적 진실 발견과 인권보장이라는 상호 양립되는 두 가지의 측면이 어느 한쪽에 치우치지 않은 상태에서 실무현장에서 효과적으로 확립되고 적용될 수 있도록 보완적 방안을 제시하고자 한다.

---

1) 개정 전 형사 소송법은 피고인의 조서의 내용을 부인하면 피고인을 조사한 경찰관이 공판정에서 증인으로 나와 수사과정에서 피의자였던 피고인이 진술한대로 피의자 신문조서를 작성하였다고 증언해도 피의자 신문 조서의 증거능력은 진정되지 않았다.

Ⅱ. 이론적 배경

1. 현행법상 피의자신문조서 작성과 증거능력 요건

1) 피의자 신문조서 작성근거

수사기관의 피의자신문은 사실 관계의 규명과 피의자에게 자신을 변호할 기회의 제공이라는 두 가지 기능을 가지고 있다. 우리 형사소송법 제 244조에는 "입건된 피의자에 대해서는 사건의 진상파악을 위해 피의자 진술을 신문조서에 기재"하게 하고 있다.

이는 모든 수사행위의 최종목표는 범인에게 유죄의 판결을 내리게 하는 법관의 판단자료라 할 수 있기 때문이다. 따라서 아무리 수사를 잘하였다 하더라도 피의자신문조서에 확인시키지 못하고, 특히 수집된 수사 자료를 무용화시키는 조서를 작성하게 된다면 이는 조사한 수사관의 입장에서는 일종의 수치라 할 수 있기 때문에 피의자신문조서는 '수사의 꽃'이라고 부르기도 한다.(이만종,2007:298).

2) 피의자신문조서 증거능력 인정을 위한 요건

(1) 검사작성 피의자 신문조서의 증거능력 요건

피의자신문조서는 작성주체에 의해 검사작성의 피의자신문조서와 사법경찰관작성의 피의자 신문조서로 구분된다. 그러나 증거능력 요건에 있어서는 작성주체에 따라 다소의 차이를 두고 있다.

형사소송법 제 312조 1항에는 검사작성 피의자신문조서의 증거능력요건을 명시하고 있는바, 주된 요건으로 첫째는 '성립의 진정'을 기준으로 하고 있다.

이는 원 진술자인 피고인이 공판준비 또는 공판기일에서 그 성립의 진정이 인정된 때는 증거능력이 인정 된다는 것이다. 성립의 진정에는 형식적 성립의 진정과 내용적 성립의 진정이 있는데 전자는 서명날인이 진정함을 뜻하는 것이고 후자는 조서의 기재 내용과 원진술자인 피고인의 진술이 일치함을 뜻한다 할 수 있다.

둘째 진술의 '특신 상태'로서 이는 피고인이 된 피의자의 진술을 기재한 조서는 그 진술이 특히 신빙할 수 있는 상태 하에서 행하여진 때에 한하여 그 피의자였던 피고인이 공판 준비 또는 공판 기일에서의 진술에도 불구하고 증거로 할 수 있다는 것이다.

이는 법정에서 피고인이 피의자 신문조서의 내용을 부인하는 경우에도 그 조서에 기재된 진술이 특히 신빙 할 수 있는 상태에서 행해졌다고 인정되면 증거능력이 있다는 의미이다.[2)]

셋째는 피의자신문조서의 성립의 진정이 인정된 경우에도 자백의 임의성에 의심이 있는 때와 피의자신문절차에 중대한 위법이 있는 경우에는 위법수집증거의 배제법칙에 의하여 그 자백을 기록한 피의자신문조서의 증거능력을 부정하고 있다.

(2) 검사이외 수사기관(경찰포함)이 작성한 피의자 신문조서의 증거능력 요건

형사소송법 제 312조 3항에는 검사이외의 수사기관이 작성한 피의자 신문조서는 '적법한 절차와 방식에 따라 작성된 것으로서 공판준비 또는 공판기일에 그 피의자였던 피고인 또는 타인이 그 내용을 인정할 때에 한하여 증거로 할 수 있다'고 명시하고 있다.

'내용을 인정 할 때'를 줄여서 '내용인정'이라 할 수 있는데 피의자 신문조서의 기재내용이 경찰에서 피고인이 진술한 내용대로 기재되어 있다는 것이 아니라 그 내용이 실제사실과 부합하는 것을 의미한다 할 수 있다.[3)]

2) 이는 피고인의 진술과 피의자 신문조서의 기재 내용이 일치하지 않는 경우에 피의자신문조서에 대하여 신용성의 정황적 보장을 요구하고 있는 것으로 볼 수 있다.

3) 대법원 2001. 9. 28. 선고 2001도 3997판결.

2. 피의자신문조서 증거능력에 관한 판례의 입장

1) 대법원 판례의 해석

대법원은 종래「검사가 작성한 피의자신문조서는 그 피의자였던 피고인이 공판정에서 서명. 날인의 진정을 인정한 경우에는 검찰에서의 진술이 특히 임의로 되지 아니하여 신빙할 수 없는 상태에서 작성된 것이라고 의심할만한 사유가 없으면 증거능력이 있다」[4]거나,「원진술자인 피고인이 그 조서에 간인과 서명, 무인한 사실이 있음을 인정하는 검사작성의 피의자신문조서는 그 간인과 서명, 무인이 형사소송법 제 244조 제 2항, 제 3항 소정의 절차를 거친 바 없이 된 것이라고 볼 사정이 없는 한 원진술자의 진술내용대로 기재된 것이라고 추정된다 할 것이[5]라고 하여 형식적 진정이 있으면 실질적 진정을 추정(推定)하고 있으며,「검사 작성의 피고인에 대한 피의자신문조서는 피고인이 공판정에서 진정 성립을 인정하면 그 조서에 기재된 피고인의 진술이 특히 임의로 되지 아니한 것이라고 의심할 만한 사유가 없는 한 증거능력이 있다」[6] 보면서,「진술의 임의성이라는 것은 고문, 폭행, 협박, 신체구속의 부당한 장기화 또는 기망 기타 진술의 임의성을 잃게 하는 사정이 없다는 것, 즉 증거의 수집과정에 위법성이 없다는 것인데 진술의 임의성을 잃게 하는 그와 같은 사정은 헌법이나 형사소송법의 규정에 비추어 볼 때 이례적 사항에 속한다고 할 것이므로 진술의 임의성은 추정된다고 볼 것이라고 하였다.

2) 헌법재판소의 입장

이에 대하여 헌법재판소는 「법 제 312조 본문의 의의는, 공판준비 또는 공판기일에서의 진술에 대신하여 진술을 기재한 서류는 이른바 전문증거로서, 원칙적으로는 요증 사실에 대한 엄격한 증명의 자료로 사용될 수 있는 자격, 즉 증거능력이 인정되지 아니하나, 검사 또는 검사 이외의 수사기관이 피의자 진술을 기재

4) 대판 1983.6.14, 83도647; 대판 1984.9.11, 84도1379; 대판 1986.9.9, 86도1177; 대판 1987.9.8 87도1507.
5) 대판 1994.1.25, 93도1747; 대판 1995.5.12, 95도 484; 대판 2000.7.28, 2000도 2617.
6) 대판 1992.2.28, 91도2337; 대판1995.11.10, 95도2088; 대판 1996.6.14, 96도 865.

한 조서(피의자신문조서)나, 피의자 아닌 자의 진술을 기재한 조서(참고인진술조서), 검증의 결과를 기재한 조서(검증조서)는 그것이 위와 같은 전문증거임에도 불구하고 일정한 조건아래 예외적으로 증거능력을 인정하는데 있으며, 위단서는 검사가 피고인이 된 피의자에 대하여 작성한 피의자신문조서는 1) '피고인이 된 피의자'에 대한 신문조서라는 점에서 피고인이 되지 아니한 피의자에 대한 신문조서나 참고인진술조서, 검증조서에 비하여 증거능력 인정의 요건을 강화하고(성립의 진정이외에도 신빙할 수 있는 상태이어야 함), 2)그것이 '검사'가 작성한 피의자신문조서라는 점에서 검사 이외의 수사기관이 작성한 피의자신문조서에 비하여 증거능력 인정의 요건을 완화하고 있다. 이는 검사가 작성한 피의자신문조서의 경우는, 그것이 피고인이 된 피의자에 대한 것이라면, 성립의 진정함과 진술의 신빙성이 인정되는 한, 피의자였던 피고인이 공판기일에서의 진술여하에 불구하고, 피고인이 내용을 부인하는 경우라도 증거능력이 인정된다는 것이다」[7]라고 판시하여 명시적으로 성립의 진정을 요구하고 있다는 점에서 위의 대법원판례와는 달리 추정을 부정하고 있는 듯하다.

3. 영상녹화물의 증거능력

현행형사소송법에서는 영상녹화 물 을 형사소송법상의 증거법의 한 방법으로 도입하고 있다. 그러나 형사소송법 제 312조에 조서의 진정 성립에 대한 증명수단, 기억 환기용 수단으로 사용하도록 하였으면서 영상녹화 물을 독립된 증거, 즉 본증으로서 사용할 수 있는지에 대해서는 특별한 규정을 두지 않고 있다.

따라서 피의자 진술에 대한 영상녹화 물은 실질적으로 피의자 진술을 기재한 조서와 다를 바 없기 때문에 전문법칙을 적용하여 검사 앞에서 피의자가 진술한 내용에 관한 영상녹화 물은 검사 작성의 피의자신문조서에 관한 현행법 제 312조 제 2항을 적용하고 검사이외의 수사기관 (사법경찰관의 포함)앞에서 피의자가 진술한 내용에 관한 영상녹화 물은 제 312조 제 4항이 적용되게 될 것이다.(유지영, 2008:130).

7) 헌재결 1995.6.29, 93헌바 45.

결국 영상녹화 물은 독립한 증거로서 증거능력을 인정받을 수 없기 때문에 진정 성립을 위한 경우와 탄핵증거로서 사용되는 경우를 제외하고는 증거능력을 인정받을 수 없다고 해석 할 수 있다.

4. 조사자증언(경찰)의 증거능력

새롭게 도입되어 운영되고 있는 조사자 증언제도 경우 피의자신문조서의 증거능력 제한으로 초래될 수 있는 실체적 진실 발견을 보완하기 위한 제도라 생각된다.

개정 전에는 사법경찰관이 작성한 피의자 신문조서는 내용을 부인하면 증거능력이 없었으나, 개정 후에는 조사한 경찰관이 법정에 직접 나와 조서의 내용을 증언하면 그 증언은 증거능력이 인정되게 되었다.

즉 현행 형사소송법의 해석상 기존 판례는 피고인의 진술을 공판정에서 증언하는 자에 사법경찰관은 포함되지 않으며 사법경찰관이 피고인의 진술을 증언하는 것은 피의자 신문조서의 증거능력규정에 따라 판단하여야 한다는 입장이었다.[8)]

그러나 개정 시행되고 있는 현행 형사소송법 제316조 제1항의 증인의 범위에 명시하여 공소제기 전에 피고인을 피의자로 조사하였거나 그 조사에 참여한 자를 포함한다 하여 사법경찰관이 포함됨을 명문화하였다.

따라서 종래에는 사법경찰관이 작성한 조서의 증거능력이 부정되었기 때문에 새로운 방법인 조사자증언제도의 도입은 조사에 임한 사법경찰관의 입장에서는 조사경찰관의 공판정의 직접참여가 가능하여 과거에 비해 사법경찰관이 작성한 피의자 신문조서에 대한 증거능력의 완화라는 측면을 보장해주고 있어 중요한 의미를 갖는다할 수 있다.

8) 대판 2005.1.25,2005도5831;대판 1990.9.28,90도1483.

Ⅲ. 조서의 증거능력과 관련한 논의 및 문제점

1. 공판중심주의에 대한 쟁점의 대립

조서의 증거능력과 관련한 사항은 사법개혁의 일환으로 사법개혁추진위가 2003년 발족 되어 공판중심주의와 관련된 여러 주제 중 하나로 채택되어 논의가 시작되었으나 검찰과 법원 측의 입장이 상호이해관계가 달라 의견이 분분한 상태에서 개정되었기 때문에 아직까지도 몇 가지 쟁점분야에서는 많은 논의와 해결해야할 부분이 남아있는 실정이다.

1) 법원 측의 입장

현행형사 소송법 개정이전인 2003년부터 법원은 '사법개혁위원회'를 조직하여 '공판중심주의'라는 이념을 앞세우면서 재판절차의 변화를 도모하였다. 즉 종래에 형식적으로 운영되고 있던 직접주의, 구술주의를 보다 실질화하기 위하여 지금까지 수사기록을 중심으로 하여 유무죄를 결정하는 '양형 법정심리'가 아니라 오직 수사기록과 법관의 집무실에서 이루어진다는 이른바 '조서재판관행'을 대폭 개선하여야 한다고 주장하였다.(이완규,2007:745).

따라서 지금까지 조서에 중점을 두었기 때문에 이로 야기된 '재판절차의 불투명성'으로 인한 무너진 사법신뢰를 바로 잡기위한 해결 방법으로 수사기록에 대한 피고인의 실질적 접근보장, 조서중심의 증거방법탈피방안, 영상녹화제도, 피고인신문제도 및 공판정좌석 배치 재검토 등 대표적 개선안을 제시하였다. 이중에서 "조서중심의 증거 방법탈피"를 위한 추진 방법으로 수사절차상 진술은 공판정에서 증거 능력을 인정하지 않고 오로지 법정에서 직접 진술한 것만 증거로서 인정하여야 한다고 주장하였다.

특히 검사작성 피의자신문조서의 증거능력 배제를 강력하게 추진하였다. 그러나 이는 개정 입법 과정에서 재검토되어 입법 수정되어 다소 완화된 법률로 개정되었음에도 불구하고 공판중심주의를 강화한다는 명분으로 추진되었던 수사기관의 피의자 신문조서의 증거능력에 관한 문제는 아직도 상호 다른 입장에서 논쟁의 소지가 남아있다.

2) 검찰 등 수사기관 측의 입장

법원 측의 수사절차상 진술은 증거로 하지 말아야 한다는 주장에 대하여 검찰 등 수사기관 측의 입장은 이와 반대되는 입장이다.

즉 법원이 공판중심주의를 빌미로 피의자 신문조서의 증거능력을 인정하지 않는 것은 부당하다며 지적하고 재판투명화라는 이념으로서 공판중심주의는 구두변론주의, 집중심리주의, 변론종결당일 선고원칙 등 시민의 감시와 통제를 가능하게 하는 원리들을 충실히 실현하는데 있는 것이지 조서를 비롯한 수사단계 진술의 현출수단을 일체 막는 것이 공판 중심주의가 아니라고 주장하면서 법원이 오히려 공판 심리의 충실화의 측면은 별로 논하지 않으면서 주로 조서를 중심으로 하는 수사단계 진술의 증거능력만을 제한하거나 배제하는 것을 중점 추진내용으로 삼았다며 반박하는 등(이완규,2005:307-312). 2005년도 사개추의 논의에서는 법원과 검찰 간 첨예한 쟁점이 되기도 하였다.[9]

3) 증거능력에 관한 논의 과정

현행 시행되고 있는 형사 소송법상 피의자신문조서의 증거능력 문제는 처음 사법개혁위원회에서 논의된 뒤 사개추위에 건의 검토되어 개정법의 입법을 추진하게 된 것이다.

그러나 앞에서 설명한바와 같이 당초 법원과 검찰 측의 주장은 주요논점에 있어 대립이 심하였다.

즉 법원 측의 입장은 피고인의 자백여부에도 불구하고 피의자신문조서는 피고인이 공판정에서 내용을 부인하기만 하면 증거능력이 없도록 하였다. 그 뒤 검찰 측의 반발과 실무판사들의 비판적 의견에 따라 현재의 상태로 전환되었음에도 불구하고 조서의 증거능력을 가능한 한 제한하려는 사개추위의 기본입장에 따라 현실적으로 수사단계의 진술의 증거사용은 매우 제한적이며 불안정한 상태로 인정되고 있기 때문에 이는 향후 깊은 논의와 검토가 이루어져야 할 사항이다.

9) 2003. 8. 22 노무현대통령과 대법원장이 사법개혁의 공동추진에 합의를 하고 대법원 산하에 사법개혁위원회를 설치(2003. 10. 28) 출범하게 되었으며, 처음 설치의 동기는 대법원의 개혁에 있었으나 형사사법전반에 관한 개혁으로 발전되었다.

2. 경찰조서의 증거능력과 관련한 문제점

1) 경찰조서의 증거능력 배제문제

현행형사소송법의 중점추진 방향은 공판중심주의 및 조서재판 관행의 극복이라 할 수 있어 수사절차상 피의자의 진술내용을 지면에 작성한 것에 불과한 피의자 신문조서의 증거능력을 부정하는 것은[10] 수사의 신뢰성확보 측면에서 당연한 조치라 하지 않을 수 없다.

그러나 조서의 실질적 진정 성립에 따라 증거능력이 판단되는 검사작성 피의자신문조서에 비해 경찰조서의 증거능력이 배제되고 있는 것은 수사실무현장에 있어서 검찰에 비해 경찰의 입지를 많이 위축시키고 있으며[11] 오랜 시간동안 논란이 계속되고 있는 경찰과 검찰의 중복수사 문제도 해소될 수 없는 것이다.

즉 '내용부인'이라는 한마디로 경찰이 작성한 피의자신문조서는 증거능력이 없어지기 때문에 판사는 그 피의자신문조서를 증거로 제출 받아서도 안 되고 증거로 사용하여 판단하여서도 안 된다. 따라서 사법경찰관은 피의자신문조서 작성보다는 오히려 영상녹화 내지는 조사 경찰관의 법정증언에 보다 더 중점을 두고 대비하여야 할 사항이다.

2) 조서의 진정 성립 개념의 문제

형사소송법 제 312조 2와 동법 제 312조 3에 명시된 검사와 사법경찰관의 조서 증거능력에 있어 '조서성립의 진정'과 '적법한 절차와 방식'의 개념에 대한 해석은 조서의 증거능력인정에 있어서 차이를 나타나게 된다.

조서는 수사단계에서 어떠한 진술이 있었는가를 입증하는 수단에 불과하기 때문에 증거법의 일반이론에 의하면 조서 성립의 진정은 서명날인이나 작성절차의 진정성을 의미하는 것으로 해석하여야 진술의 존재에 대한 입증 수단으로서의

---

10) 최근 법원은 아동성폭력 피해자에 대한 영상녹화에 대해서는 증거능력을 인정하도록 하였다.

11) 경찰에서 자백을 하였더라도 자백 내용이 기재된 피의자신문조서에 대하여 법정에서 '내용부인'이라고 증거의견을 밝히거나 공소사실을 부인하면 이는 경찰이 작성한 피의자 신문조서의 진술 내용을 인정하지 않는 것으로 볼 수 있으므로 피고인의 자백이 기재된 경찰에서의 피의자신문조서는 유죄의 증거로 사용할 수 없다(대법원 2006. 5. 26. 선고 2005도6271 판결).

조서의 증거 능력 취지에 맞다.

따라서 사실 입증 수단으로서의 조서가 형식적 진정 성립을 갖추면 그 조서는 그러한 실제 진술이 있었는지를 인정할 수 있는 자료로서 증거 능력을 인정하고 진술이 없었다고 의심이 되면 실제 진술의 존재를 부정하면 되는 것이다.(이완규, 2007:761).

그러나 형사소송법은 검사이외의 수사기관이 작성한 피의자신문조서(사법경찰관 등)는 '적법한 절차와 방식에 따라 작성된 것'이라고 명시하고 있는바 이는 실제 진술과 조서기재 내용이 동일하여야 된다는 것을 의미하기 때문에 진술의 진정성이 입증되지 않는 한 조서는 무용 할 수밖에 없는 것이다.

그러나 현실적으로 조서가 제출되지 않으면 영상녹화 물 등 다른 현출 방법이 있더라도 판결 과정에서도 어떠한 진술이 있었는지 판단하기 곤란한 상황이 발생 될 수도 있기 때문에 조서의 진성성립 개념에 대한 해석은 좀 더 다양화 할 필요가 있다.

3. 특신상태의 개념문제

검사작성 피의자신문조서는 조서에 기재된 진술이 특히 신빙할 수 있는 상태하(특신상태)에서 행하여졌음이 증명된 때에 한하여 증거로 할 수 있다(형사소송법 제312조 2)고하였으며, 피고인 아닌 자(참고인)의 진술 조서에 대해서는 검찰과 경찰 작성조서 공히 특신 상태 하에서 이루어진 진술인 경우 증거 능력을 인정하고 있다(형사소송법 312조3). 여기에서 특신상태 의 의미 문제가 논란이 되었는바, 개정과정에서 초기 법원의 입장은 특신상태 를 '변호인의 참여하에 이루어진 경우나 이에 준하여 신뢰관계자가 동석하는 경우'로 규정하였으며 이에 대해 현실적으로 변호인이 신문에 참여하는 비율이 극히 적 기 때문에 타당하지 않다는 지적에 따라 개정된 현행 형사소송법에서 특신상태의 의미는 전문 법칙의 일반이론에 따라 '신용성의 정황적 보장(circumstantially)'을 말하는 것으로 해석되었다.[12)]

12) 정황은 진술자가 진술하게 된 경위, 진술자와 사건과의 관계, 진술자가 진술할 당시의 상황(예컨대

4. 사법경찰관의 증언과 관련한 문제

사법경찰관 작성 피의자신문조서의 증거능력을 보완하기위해 도입한 조사자증언제도(형사소송법 제316조)는 과거 경찰작성 조서를 피고인이 공판정에서 부인하면 증거로사용을 못하게 되어 검찰의 이중조사로 인한 피의자의 불편을 조사자 증언을 통하여 해소하자는 것으로 수사기관 조사의 적법성과 투명성이 제고되어 피고인의 인권보호에도 기여 가능하다는 취지에서 매우 진일보한 제도라 할 수 있다.

더구나 사법경찰관은 증언을 잘 못하게 되면 위증죄의 책임을 지게 되기 때문에 이에 대한 부담을 안고 증언을 하게 되고 그렇게 되면 피고인 측은 반대신문을 통해 탄핵이 가능하기 때문에 조사에 참여하였다 증언에 나서는 사법경찰관은 증언을 잘하여야 한다.

아울러 조사자 증언에 증거능력을 부여하고 실체적 진실 발견과 피고인의 방어권 보장 사이에 조화를 도모하고 수사과정에 있어서 영상녹화제도 활성화 등 수사방식이 인권 친화적으로 전환되는 계기로 작용 될 거라는 게 기대 효과라 할 수 있다.

그러나 이제도는 좋은 제도임에도 불구하고 몇 가지 비판과 문제점이 지적되고 있다.

첫째 수사기관 작성조서의 증거능력을 엄격히 제한하고 있는 제 312조를 우회할 수 있는 길을 열어줌으로써 제 312조를 사실상 사문화한 개악이며 '피고인이 부인하면 수사한 경찰관이 법원에 나와 증언해도 증거능력이 없다'는 대법원의 판례(대판 1995. 3. 24. 94도2287)와도 상반된다는 비판이다.

둘째로는 실무상문제점으로 피고인이 자백을 하여도 '자백보강법칙'이라는 증거법상 대원칙으로 인하여 조사자의 증언은 자백의 중복에 불과하고, 피고인이 부

수사기관의 신문의 경우는 신문당시의 분위기), 진술자의 기억력의정도, 지적수준, 진술 내용이 전체적으로 보아 그 사건을 경험한 사람의 진술로 평가할 수 있는지 등의 제반정황을 종합적으로 고려하여(under all circumsrtances)판단하는 것이다. 판례에서도 특신상태의 의미에 대하여 같은 취지로 판시하고 있는 바(1983. 3. 8. 선고82도 3248), '부지불식간에 한 말', '사람이 죽음에 임해서한 말' 또는 '어떠한 자극에 의해서 반사적으로 한 말', '경험상 앞뒤가 맞고 이론정연한 말', '범행직후 자기의 소행에 충격을 받고 깊이 뉘우치는 상태에서한 말'등이 특히 신용성의 정황적 보장이 강하다고 설명되는 경우이다.

인을 한 경우도 조사자 증언만으로 피고인을 유죄로 인정할 수 없다는 것이다. 즉 아무리 증언을 잘하더라도 자백을 보강할 증거가 없으면 아무 필요가 없다는 것이다.

따라서 조사자증언의 문제는 공판중심주의를 목표로 하는 현행형사소송법에서 주목을 받고 있는 사항이니 만큼 이에 임하는 사법 경찰관들의 신중한 자세와 이해가 필요하다고 본다.

5. 증거활용상 경찰과 검찰의 차등문제

지금까지 우리나라의 재판관행을 두고 조서재판이라는 비판이 행해졌던 것은 근본적으로 검사작성의 피의자신문조서가 피고인의 유죄를 입증하는데 가장 기본적이고 중요한 증거로 활용되었다는 사실에 기인한다. 즉 법률상으로 사법경찰관 작성 피의자 신문조서는 피고인이 법정에서 내용을 부인하면 증거능력을 상실하게 하는데 반하여 검사작성 피의자신문조서는 성립의 진정만을 인정하면 증거능력을 갖고 법원역시 불과 얼마 전까지도 형식적 진정 성립만 인정되면 실질적 진정 성립이 추정된다는 태도를 취함으로써 사실상 실질적 진정 성립에 대한 거증책임을 피고인에게 전가시켜 검사작성 피의자신문조서에 절대적인 증거능력을 부여하였다.(김태명,2007:833).

이후 현행 형사소송법에서 검사작성의 피의자 신문조서의 증거능력 부여의 요건을 보다 구체화하여 적법한 절차와 방식에 따라 작성된 것과 피고인이 진술한 내용과 동일하게 기재되어야 진정의 성립을 인정하게 하는 등 과거의 형식적 진정 성립보다 강화하고 있다.[13)]

반면에 검사이외의 사법 경찰관작성의 피의자 신문조서에 대해서는 개정 전의 형사소송법 제 312조 2항과 마찬가지로 피의자가 그 내용을 부인하는 경우에 증거 능력이 인정되지 않고 이를 영상 녹화 물 등의 방법으로 보완하는 규정을 두지 않았다. 즉 영상녹화물이 피의자신문조서의 증거능력을 보완하는 보조증거로

13) 이는 피고인의 극히 주관적인 요건에 의하여 검사작성의 피의자신문조서의 증거 능력이 좌우되는 불합리를 타파하고 대신 객관적인 방법에 의하여 그 근거능력을 합리적으로 부여하도록 보완한 것이다.

사용될 수 있는 것은 검사 작성 피의자신문조서에 제한된다.

따라서 사법경찰관이 작성한 피의자신문조서는 검찰작성 피의자 신문조서에 비해 엄격한 요건이 충족되는 경우에만 증거로 사용될 수 있으므로 수사과정에서 사법경찰관이 피의자신문으로부터 얻어낸 진술 내용은 공판정에서 증거로 현출될 가능성이 그만큼 적어질 수 있어 경찰수사의 무용화의 우려가 되고 있다. (유지영,2008:123).

6. 수사권 약화의 문제

현행형사소송법이 추구하고 있는 공판중심주의는 시대의 흐름에는 맞는 사항이라 할 수 있지만 피의자·피고인의 방어권을 강화하고 수사기관 작성의 피의자 신문조서의 증거능력을 제한함으로 인해 적법한 수사가 다소 제한되는 측면이 우려되고 있다.

즉 적법절차를 지나치게 강조한 나머지 실체진실의 발견과 형사사법의 정의 실현을 소홀히 할 수 있다는 지적이다.

물론 그동안 지나치게 실체진실주의로 기울어졌던 수사방향은 불법과잉수사와 조서재판이라는 부작용을 유발하기도 하였던 게 사실이나, 갈수록 지능화되고 흉포화 되고 있는 범죄현장에서 경찰이 조사하고 검찰의 신문을 거쳐 작성된 피의자신문조서가 법정에서 휴지 조각이 되는 것은 엄청난 낭비이며 이와 같이 수사권이 약화될 경우 ' 경찰과 검찰의 수사역량이 떨어질 것은 불 보듯 하며 그 피해는 고스란히 국민에게 돌아갈 것'이라는 비판이 제기되고 있다. 이는 향후 검경수사권 조정문제와 맞물려 깊은 논의가 되어야 할 사항이다.[14)]

---

14) 최근 용산참사와 관련(2010. 2)하여 유발된 검 경간 갈등과정에서 '공판중심주의'논란이 재 점화된 바 있다. 이는 2008년 개정시행 된 형사 소송법에 의해 피고인의 방어권 보장이란 취지로 공판중심주의가 시행되고 있으나 이를 수사권 약화로 여긴 검찰은 높아진 영장기각률에 불만이 높은 실정이다. 대검찰청과 대법원 통계자료에 따르면 구속영장이 발부된 피의자 수가 공판중심주의 도입 이전 8만~10만여 명에서 도입된 이후 절반 정도로 감소했다. 이런 까닭에 검찰은 여전히 공판중심주의가 검찰의 증거능력 자체를 없애려는 것이어서 보완이 필요하다는 입장으로 최근(2010. 2) 검찰은 총장 산하에 형사정책단을 꾸려 허위 진술시 처벌하는 '사법방해죄', 진술여부에 따라 형량을 조정해 주는 '플리바게닝'도입을 앞당기기 위해 노력 중이다. 또 공판중심주의를 도입하면서 검찰은 기소할 때 공소장만 내는 '증거기록 분리 제출'을 공언했으며, 이렇게 증거기록과 수사기록을 엄격

Ⅳ. 경찰작성조서의 증거능력 향상을 위한 보완 방안

1. 피의자신문 진술과 조서 개념의 분리이해

조서라는 것은 단지 진술의 존재자체를 지면위에 사실대로 작성해 놓은 진술의 존재를 입증하는 수단에 불과한 것이고 공소 사실의 인정 근거가 되는 것은 진술 그 자체이기 때문에 조서와 진술을 분리하여 사고하여야 한다는 것이 증거법의 일반이론이라고 할 수 있다. 즉 조서는 원래 어떠한 진술이 있었는지를 입증하기 위한수단으로서의 의미를 갖는 것인데 어떠한 진술이 있었는지가 입증되어야 조서를 근거로 할 수 있다는 것은 진술의 존재에 대한 입증수단으로서의 조서의 증거능력은 없는 것이 된다. 다만 조서이외의 다른 방법에 의하여 그러한 진술이 있었다는 것이 입증되면 입증된 내용을 전달하기 위한 방법에 불과하게 된다. (이완규,2007:759).

특히 검사작성 피의자 신문조서보다 증거 능력인정 범위가 열등한 경찰작성 피의자신문조서의 경우에는 영상녹화나 조사자증언제도가 보완적으로 작용하기도 하지만 힘들게 작성한 피의자 신문조서가 피고인의 부인 진술 한번으로 무용지물이 될 수 있게 된다면 소송 경제적 측면에서도 매우 불합리한 것이다.

더구나 현행 형사 소송법이 조사자 증언, 영상 녹화 물 등을 진술의 현출 방법으로 도입하고는 있으나 피의자 신문 조서가 제출되지 않게 되면 실무적인측면에서도 어떠한 진술이 있었는지를 찾아내지 못하는 등 적정한 판결에 많은 혼란과 지장을 초래할 수 있다.

따라서 진실을 현출할 수 있는 중요한 자료로 경찰작성 피의자 신문 조서의 증거 능력을 인정하는 것은 제한적 범위 내에서라도 다시 한 번 검토하여야 한다.

히 분리하도록 한 것이 이번 용산참사 사전 수사기록 공개문제를 불러오기도 했다. 검찰의 한 관계자는 "법원의 재판 과정을 투명화하고 공정성을 확보하려는 공판중심주의의 취지가 오히려 조서의 증거능력 폐지와 연결시킨 것이 잘못" 이라고 주장 하고 있다. 따라서 검찰 법원 양 기관이 서로 견제하는 시스템으로 영장 항고 제, 사법협조자 처벌 감면 제 ,중요참고인 구인제 등이 필요하다고 주장한다. 그러나 법원은 다른 나라의 무죄 율이 두 자리 숫자를 기록하는데 우리는 1%도 안 되는 현실이 공판중심주의를 불러왔다는 입장이다. 따라서 공판중심주의의 안착을 위해서는 오히려 증거제시가 우선 선행되고, 피고인 열람을 보장하는 등 공판 중심 준비 절차가 안착되는 것이 중요하다고 지적되고 있다.

2. 피의자신문조서 형태 개선 검토

앞에서도 언급한 바와 같이 피의자신문조서는 사실관계 규명과 자기변호의 기회제공이 목적임에도 불구하고 기록매체가 종이위에 기재하는 것이기 때문에 공판정에서 신문과정을 현출하기는 매우 어려운 실정이다. 따라서 현행형사 소송법에서는 이의 단점을 보완하기 위하여 피의자 진술에 대한 영상녹화(제 244조의2) 제도와 함께 조사자 증언제도(제 316조)를 새롭게 도입하여 수사단계에서 피고인을 조사한 사법경찰관의 증언의 증거능력을 보완하고 있다.

이중 영상녹화 물에 대해서는 '피고인이 그 조서의 성립의 진정을 부인하는 경우에는 그 조서에 기재된 진술이 피고인이 진술한 내용과 동일하게 기재되어 있음이 영상녹화 물 기타 객관적인 방법에 의해 증명되고 그 조서에 기재된 진술이 특히 신빙할 수 있는 상태 하에서 행하여 졌음이 증명된 때에 한하여 증거로 할 수 있다'(제312조 제 2항)고하여 조서의 증거능력을 새로운 매체인 영상녹화물이 보완하도록 하고 있다.[15] 그러나 피의자신문조서는 신문과정을 전체적으로 보여주지 못하는 불안전한 종이 형태이기 때문에 신문조서보다는 진술내용을 보다 객관적이고 정확하게 현출할 수 있는 영상녹화 물 형태의 기록에 보다 우월적 증거능력을 부여하고 종이로 된 조서의 작성방법을 개선하는 등 피의자 신문조서의 형태개선도 전향적으로 검토할 필요가 있다.

3. 경찰과 검찰 간 증거능력 차등해소

현행 형사소송법(제312조)은 피의자신문조서의증거능력을 종래에 비해 많이 제한하였다 하지만 검찰의 경우에는 조서와 영상녹화를 병행하게 되면 검사작성피의자 신문조서를 유효한 증거로서 활용할 수 있게 하고 있는 등 사법경찰관 작성 피의자 신문조서에 비해 여전히 우월적 위치를 부여하고 있다.

15) 개정형사소송법의 취지는 조서재판주의를 지양하고 직접심리주의와 구두변론 주의를 통해 공판중심주의를 강화하겠다는 입장이기 때문에 피의자신문의 두 가지 기능이 영상녹화물에 충족될 수 있음에도 불구하고 불완전한 매체인 피의자 신문조서에 증거 능력을 인정하고 또 그 작성을 의무화하는 것은 소송경제의 측면에서도 비판이 되고 있다.

반면에 경찰이 작성한 피의자 신문조서의 증거능력 경우는 피의자를 조사하는 과정을 영상녹화 하더라도 단지 기억 환기를 위한 증거로서만 활용 할 수 있어 오로지 조사자의 법정증언의 방법만이 유용하게하고 있다. 따라서 현실적으로 대부분의 수사업무를 담당하는 사법경찰관 작성 피의자 신문조서의 증거능력에 차등을 주고 있는 것은 증거 능력 간 불평등을 초래할 수 있기 때문에 경찰과 검찰 간 증거능력부여를 균형화 할 필요가 있다.

4. 영상녹화물의 증거능력 판단강화

현행형사소송법에서 영상녹화 물을 형사소송법상 증거법의 한 방법으로 도입한 배경은 조서의 진정성을 보완하고 수사과정에서 인권침해 등 불법수사를 방지하며 투명성을 확보하기 위한 것이라 할 수 있다. 이는 공판중심주의로 이끌려는 현행법의 취지에 맞는 개선된 제도라 할 수 있다. 그러나 이러한 장점에도 불구하고 영상녹화 물 역시 조서와 마찬가지로 진술의 다른 형태라고 할 수 있으며 비록 영상녹화 물에 나타나는 진술로서 피신문자의 태도가 선명하게 확인될 수 있지만 그것이 바로 진상을 입증한다 할 수 없으며 또한 영상녹화물이 현출된 장면이라 하더라도 자세하게 전체적 사실을 알지 못한 채, 단지 영상물이 보여주는 시청각 효과에 의해서만 배심원과 판사에게 과도한 심증을 형성케 할 수 있는 우려도 고려가 되어야할 문제이다.(유지영,2008:130). 따라서 영상녹화 물에 증거능력을 과도하게 부여하는 것은 현행법상의 소송구조 하에서는 너무 일방적이고 무리한적용으로 보여 지기 때문에 영상 녹화 물에 대한 철저한 검증 등 증거능력 판단을 강화할 필요가 있다고 본다.

5. 물증중심의 과학수사 체계 확립

종래의 조서재판중심주의를 위한 자백위주 수사관행에서 물증 중심의 과학수사체계를 확립 하는 게 공판중심주의에서는 가장 요청되는 사항이다.

객관적인 물증을 확보하여 이를 법정에서 현출하여 배심원과 판사로부터 유죄의 심증을 얻어내야 되기 때문이다. 따라서 경찰수사관은 범죄현장에서 과학적지식과 기술 감식시설 · 장비 · 자재 등을 최대한으로 활용하는 수사능력과 수사체계를 확립하여야 한다.(이만종,2007:298).

이는 육감수사 등 체험적인 육감이나 추리에 의존하는 과거의 수사방식으로는 더 이상 증거의 객관성을 확보하기 힘들기 때문이다. 따라서 경찰단계에서 수집한 증거가 적법한 절차에 따라 수집될 수 있도록 수사관의 전문성 확보와 수사 매뉴얼 작성 등 표준화된 수사절차를 확립하는 것이 필요하다.

아울러 현행형사소송법은 피의자 신문조서의 증거능력을 엄격히 제한하면서 피의자를 조사한 경찰관의 법정증언이 증거로서 활용될 수 있도록 하고(제316조), 피의자 조사과정을 녹음 · 녹화한 영상물을 제작(제244조의2)하도록 하고 있어 경찰의 조서작성의 실효성이 크게 떨어지고 있으며 더구나 조서의 증거능력이 예외적으로 인정된다하더라도 조서의 증거로서의 가치가 낮게 평가되고 있기 때문에 법정증인으로서의 증언에 철저히 대비하고 영상녹화 물 제작에도 관심을 가져야한다.

물론 아직 현행형사법 역시 제 244조의 3 제2항과 제 244조의 제1항등에 조서작성의 필요성을 규정하고 있으나 공판중심주의 하에서의 진술의 신뢰성을 보장하기위해서는 조서작성에만 치중하는 수사관행은 많은 변화가 요구된다.

결국 피의자 신문조서의 증거능력 문제는 본질적으로는 피의자 인권보장이라는 입장에서 제한하는 사항이라 할 수 있기 때문에 지금까지 조서를 중심으로 하는 재판보다는 수사기관의 적법성과 투명성을 기할 수 있는 공판중심주의를 강화하기 위한다는 측면에서도 거스를 수 없는 시대적 요청이라 할 수 있다.

V. 결 론

이상의 논의에서 살펴본바와 같이 현행형사소송법의 개정 전에는 사법경찰관이 작성한 피의자신문조서는 법정에서 피고인이 진술 내용을 부인하게 되면 증거 능력이 인정되지 않는 등 검사가 작성한 피의자신문조서에 비해 증거능력 인정범위가 매우 제한적이었으나 개정된 현행형사소송법경우 사법경찰관 작성 피의자신문조서의 증거능력 향상을 위해 조사자 증언제도와 영상녹화제도 등을 새롭게 도입하여 경찰조서의 증거능력을 보완하고 있어 수사경찰의 역할과 기능을 변화시키고 있다는 평가를 받고 있다.

그러나 아직도 수사실무상 경찰작성 피의자신문조서가 증거능력으로 인정받기에는 해결해야할 많은 어려움이 있는 실정이다. 즉 조서증거능력의 보완 방법으로 도입한 제 316조(전문제도)'조사자 증언제도'의 경우 피고인이 수사과정에서 진술한 내용을 공판정에서 부인하는 것을 방지하여 피의자신문조서의 증거능력을 인정하고자 하는 것이 제도도입의 근본취지라 할 수 있으나 현실적으로는 조사자의 증언만으로는 피고인을 유죄로 할 수 없다는 형사소송법상 '자백보강법칙'과 충돌할 수 있어 이 제도가 법관의 심증 형성에는 다소 도움이 될 수 있을지언정 결정적으로 독립된 유죄의 증거로 할 수 없다는 점에서 제도도입의 실익에 대한 논란과 문제점 지적을 피해갈 수 없기 때문에 이에 대한 적절한 운용이 검토되어야 할 사항이다.

또한 현행 형사소송법의 경우 과거에 비해 공판중심주의 강화로 인해 직접사건을 수사한 사법경찰관의 법정증언이 가능해지는 등 많은 발전적 개선이 있었음에도 불구하고 여전히 피의자신문조서의 증거능력인정 부분에 있어서는 사법경찰관이 작성한 피의자신문조서보다 검사작성의 피의자신문조서에 우월적 지위를 인정하고 있으며, 영상녹화물의 피의자신문조서의 증거능력을 보완하는 보조증거 인정 부분에 있어서도 검사작성 피의자신문조서보다 열등한 위치에 두는 등 차별을 두고 있어 사법경찰관 입장에서는 불합리하고 불공평한 사항이라는 비판을 피해갈 수 없는 실정이다.

이는 검찰에게 부여된 과도한 수사권을 조정하여 국민의 기본권 보장과 적법절차의 준수를 위해 보다 적합한 수사구조를 재확립하여야 한다는 오fot동안의 검·경간 수사권 조정 논의의 취지에도 어긋나는 것이라 할 수 있다.

더구나 최근 대법원에서는 연륜이 없는 젊은 판사와 검사들이 현실과 동떨어진 수사와 재판을 한다는 지적이 계속되면서 국민의 사법부 신뢰를 높이자는 취지로 연륜과 실력을 갖춘 변호사로 판·검사를 충원하는 '법조일원화 방안'이 활발하게 논의되고 있는 시점이기 때문에[16] 이에 비추어 볼 때 수사절차상 실무현

16) 대법원은 2010년 2월부터 대법원장 직속 자문기구인 사법정책 자문위원회에서 지방법원과 고등법원

장에서 경륜이 많은 사법경찰관보다 검사작성 피의자신문조서의 증거능력을 더 우월한 위치에 두고 있는 현행법 제도 역시 보다 더 신중하게 검토해야 할 사항이라 할 수 있다. 또한 경찰 스스로도 공판중심주의에 적합한 수사 역량 함양에 노력하여야 하겠다.

아울러 사법경찰관 작성 피의자신문조서의 증거능력에 관해서는 여러 가지 측면에서 입법론 상 문제점이 지속적으로 제기되고 있는 사항이니 만큼 수사의 기본 이념인 실체적 진실 발견과 기본적 인권 보장이라는 양 목표가 조화를 이루도록 충분한 검토와 합리적인 해석 및 운영이 필요하다.

의 분리선발, 법관직급제 개편, 평생 법관제 도입, 법조일원화 등 법관 인사제도 전반을 검토하기 시작하였으며 대검찰청도 검찰 개혁과제를 비롯해 형사사법제도 개선 등 각종 현안을 연구하고 대응방안을 마련하는'형사정책단'을 검찰총장직속 기구로 신설하여 검찰개혁 과제에 대한 대응방안을 연구하고 있다. 그동안 경력 법조인으로서 법관에 임용된 인원은 2006년과 2007년 각 17명, 2008년 21명, 2009년 27명, 2010년 28명으로 점차 들어나는 추세로 필답시험 성적에 의존해20-30대 어린 나이의 사법 연수원생을 수료와 동시에 법관으로 임용하는 기존 방식의 단점이 보완될 것으로 기대하고 있다.

참고문헌

〈국내문헌〉

국 회.(2006). "국민의 형사재판 참여제도의 도입", 「국회법제 사법위원회 공청회자료」.

김민영.(2005). "시민참여재판 추진 방안에 대한 입장", 「국민의 사법참여 공청회 발표자료」.

김영기.(2005). "일본의 재판원 제도에 관한 소고", 「검찰」제 116호.

김태명.(2004). "재정신청 제도의 의의와 범위의 확대", 「형사법연구」 제 21호.

김태명.(2007). "개정형사소송법과 국민 참여제도의 시행에 따른 경찰 수사의 변화 방향", 「형사정책 연구」 제 18권 제 3호.

배종대/ 이상돈/ 정승환(2008). 「신 형사소송법」. 홍문사.

법원행정처.(2007). 「형사소송법 개정 법률 해설」.

사법제도개혁 추진위원회.(2006) 「형사소송법개정안 설명자료」.

성낙현.(2006). "사법제도 개혁추진위원회만의 증거 개시제도에 대한 검토" 비교형사법 연구 제8권 1호.

엄명용.(2004). "사법경찰관리의 진술증거수집 효율화 방안" 한국형사정책연구원.

성낙현.(2006) "사법경찰관리의 진술증거 수집 효율화 방안", 한국형사정책연구원.

이동희.(2003). "피의자신문의 현황과 개선책", 「형사법 연구」제 20호.

이용규.(2005). "형사소송의 세계화를 위한 공판 중심주의의 합리적 실현 방안", 「저스티스」 제 92호.

이승호.(2007). "개정형사소송법상 전문 증거의 증거능력에 관한 검토", 「형사법학회 추계 학술대회」.

이만종.(2007). 「경찰수사총론」. 청목출판사.

이재상.(2006). "공판중심주의의 활성화 방안", 박영사.

이완규.(2007). "개정형사소송법상 조서의 증거능력 규정논의 경과", 「형사정책 연구」제 18권 제 3호.

이완규.(2005). "공판중심주의에 대한 오해와 개선되어야할 공판운영관행",「사법개혁위원회자료집(VI)」.

이천현.(2007). "국민의 사법 참여와 형사재판 개선방안",「한국공안 행정학회 학술회의 자료집」

유지영.(2008). "형사소송법 제 312조의 영상녹화물의 증거능력",「중앙법학」제 10집 제 4호

정웅석.(2005). "검사작성의 피고인이 된 피의신문조서의 증거능력",「저스티스」83호.

차동언.(2006). "사법제도개혁 추진위원회안의 공판절차에 대한 검토",「비교형사법 연구」제 8권 1호.

차용석.(2005). "사법제도개혁 추진위원회의 형소법 개정시안에 대한 비판적 검토",「법조」통권 586호.

황운하.(2007). "국민의 사법참여와 경찰수사의 환경변화",「국민의 사법참여 연구회」.

〈외국문헌〉

Joel Samaha.(2005). Criminal Procedure, Thomson Wadsworth.

John Sprack.(2004). A practical Approch to Criminal procedure, oxford University press.

Mirelle G. Delmas-Marty.(2002). European criminal procedures, Cambridge University press.

Neil vidmar.(2000). "A historical and comparative on the common Law" World Jury system oxford University press.

Chapter 4 >>> 집시법의 논쟁에 대한 법적쟁점 및 발전방향

[요약]

헌법에 규정된 집회·시위의 자유는 개인의 인격발현의 요소이자 민주주의 척도이며, 특히 다수의 목소리에 가려 자신의 의견과 주장을 집단적으로 표명할 기회를 갖기 어려운 소수자들에게는 여론형성에 영향을 펼치며 자유로운 의사표현이 가능한 중요한 수단이라는 점 등을 고려할 때, 집회시위의 자유 및 이를 통한 자유로운 의견 표명이 보장되어야 사회는 더욱 발전할 수 있다. 따라서 집회 시위의 자유는 가능한 한 폭넓게 인정되어야 할 것이고 헌법 제22조 제 2항은 집회 시위에 대한 허가제를 금지함으로써 집회시위의 자유의 목적과 내용에 따른 자의적인 금지에 위험을 원천적으로 부정하고 있다.

이에 헌법 재판소는 2009년 9월24일 집회 및 시위에 관한 법률 제 10조(옥외집회와 시위의 금지시간)와 이를 위반한 처벌 규정인 제 23조 1호 중 옥외집회에 부분에 대해 2010년 6월30일을 시한으로 집시법의 개정이 이루어질 때까지 헌법 불합치 결정을 내렸다.

그러나 이러한 헌법 재판소의 결정에도 불구하고 개정시한까지 집시법의 개선 입법이 이루어지지 않아 해당조항은 2010년 7월1일부로 사실상 효력을 상실하여 야간 옥외집회의 제한범위가 사라지게 되어 혼란을 초래하고 있다.

특히 야간집회의 경우에는 집회의 자유나 개인의 의사표현보다는 공공의 안녕 질서와 일반인의 평온이 마찰을 빚을 가능성이 크다. 즉 야간이라는 특수한 시간적 상황이 일반인들에게는 휴식과 평온이 요청되는 시간대 이고, 집회 참여자의 입장에서는 자칫 감성적으로 민감해져 자제력을 잃을 가능성도 상당하여 경찰의 입장에서는 폭력적 돌발 상황에 대하여 대응이 어렵게 될 수 도 있으며 일부 극렬 세력의 사회질서 파괴 수단으로 악용될 가능성이 있다는 우려가 깊은 상황이다.

그러나 이러한 점 때문에 집회 주체자 내지 참여자가 누려야할 집회의 자유를 제한한다면 국민의 기본권 또한 침해 될 수밖에 없다.

따라서 집시법 개정방향은 건전하고 바람직한 집회문화가 잘 정착될 수 있게 법체계를 갖추는 방향으로 보다 충분한 검토와 개선논의가 구체적으로 이루어져야 할 것이다.

본고에서는 집시법 논쟁에 대한 법적 쟁점을 중심으로 하여 보완이 필요한 사항과 발전 방향에 대해 살펴보고자 한다.

Ⅰ. 서 론

헌법재판소는 2009년 9월 24일 「집회 및 시위에 관한 법률(이하"집시법")」위헌제청사건에서 해가 뜨기 전이나 해가진 후에는 옥외 집회를 금지한 집시법 제 10조 중 '옥외집회' 부분과 위반한 경우 처벌 하도록 한 집시법 제23조 1호에 대해 2010년 6월 30일을 시한으로 헌법불합치 결정을 내렸다. 현행 법률 조항의 위헌성은 '야간옥외집회를 제한하는 자체에 있는 것이 아니라 광범위하고 가변적인 시간대에 일률적으로 옥외집회를 금지하는 데 있다'면서 법률 조항에는 위헌적인 부분과 합헌적인부분이 공존하고 있기 때문에 적용중지 대신 법 개정 때까지 그 효력을 유지하도록 하였다. 이에 따라 헌법에 합치되지 않는 부분은 2010년 6월 30일까지 입법자가 개정 시까지 계속 적용 되게 하였고 개선입법이 이루어지지 않는 경우 2010년 7월 1일 부터는 그 효력을 상실, 야간 집회를 제한 없이 자유롭게 열 수 있게 하였다.

그러나 이러한 결정에도 불구, 시한이 지난 현재까지도 집시법의 관련조항을 수정한 법안이 만들어지지 않아 결국 아무런 대안 없이 야간 옥외 집회를 규정한 조항은 효력을 상실한 상태다. 집시법이 제정된 이후 47년간 유지해 온 야간 옥외 집회 금지 규정의 효력 상실 이후 집시법위반자에 대해서는 처벌할 수 있는 근거가 없어 무분별한 시위로 타인의 권리 침해가 우려되는 등 이 결정의 법적 효과를 놓고 논란이 일고 있다.

이런 현상과 논란은 비단 법원뿐만 아니라 검찰이나 경찰 입장 역시 혼란스러울 수박에 없다.[1)]

이에 최근 한나라당에서는 오후 10시부터 다음날 오전 6시까지 시간을 명시해 옥외집회 또는 시위를 금지하는 변경된 개정안을 발의 하였고, 이에 대해 야당과 일부 시민단체들은 헌법 제 21조의 '집회자유'를 제약하는 것이라 비판하며 정면 대립하고 있는 상태이다.

최근에는 참여 연대 등, 인권단체에서 헌법재판소가 헌법불합치 판결을 내린

---

1) 거리 행진을 하면서 당초 신고된 목적지가 아닌 경유지에서 해산 집회를 해 5-10분간 도로를 정체 시켰다는 이유로 검찰이 집회 및 시위에 관한 법률 위반 혐의로 기소한 사건에 대해 대법원 3부(주심 안대희 대법관) 가 2011. 1. 6일 "원심판결은 정당하다"며 무죄를 선고했다.

야간옥외집회금지조항을 한나라당이 법 개정으로 뒤집으려 한다며 헌재의 재심을 받아 집시법 10조를 '위헌'으로 확정하자는 재심 청구 운동을 추진하고 있다.[2)]

이처럼 집시법을 둘러싼 논란이 거세질수록 법의 불명확화로 인한 혼란이 불거지고 결국 그 피해자는 국민이 될 수밖에 없다.

따라서 본고에서는 야간옥외집회와 관련된 집시법논쟁에 대한 주요 쟁점을 중심으로 살펴보고 보완이 필요한 사항은 무엇인지도 검토함으로써 우려되고 있는 집시법 개정사항에 대한 바람직한 발전 방향을 제시하고자 한다.

Ⅱ. 집시법 논쟁에 대한 이론적 논의

1. 야간옥외집회금지 심판의 개요와 찬반 주장 요지

1) 심판결정의 개요

헌법재판소는 2009년 9월 24일 '집회 및 시위에 관한 법률 제10조 중 옥외집회 부분 및 제 23조 제1호 중 제10조 본문의 옥외집회 부분은 헌법에 합치 되지 아니한다. 위 조항들은 2010년 6월 30일을 시한으로 입법자가 개정할 때까지 계속 적용된다.'고 하여 '야간 옥외집회 금지' 규정에 대해 헌법불합치 결정을 내렸다. 재판관은 5인의 위헌 의견, 2인의 헌법불합치 의견, 2인의 합헌 의견을 각 제시했는데 위헌결정을 위해서는 6인 이상의 위헌 의견이 있어야 하므로 2인의 헌법불합치 의견까지 포함해 헌법불합치 결정을 한 것이다.

---

2) 인권단체연석회의, 참여연대, 한국진보연대 등은 2010년 7월 1일부터 집시법 10조는 효력을 잃었으며 이는 7 월 1일 이후 환경 단체들이 야간에 개최하였던 '4대강 죽이기 반대 집회'를 개최한 이후 많은 단체들이 야간 옥외집회를 열고 있지만 집회 자체가 불법으로 처벌 받은 사실이 없으며 경찰, 검찰, 한나라당이 주장하는 '야간집회 불가론'처럼 큰 혼란이 오지도 않았다며 헌재가 요청한대로 야간옥외집회가 허용되도록 법률을 정비해 판결의 혼란을 해결하는 문제만 남은 상태라며 재심 청구인단 을 모집하고 있다.

2) 사건의 경과

2008년 5월 전국은 미국산 쇠고기 수입 찬반논의로 뜨거웠다. 당시 검찰은 이 사건 심판 제청 인으로 2008.5.9.19:35경부터 21:47경까지 야간에 옥외에서 미국산 쇠고기 수입반대 촛불집회를 주최한 사람을 집시법 위반 등의 혐의로 기소하였고, 1심 계속 중 피고인은 위의 조항들이 헌법상 금지되는 집회의 사전허가제를 규정한 것이므로 헌법에 위반된다는 이유로 위헌법률심판 제청신청을 했다. 이에 서울중앙지방법원은 그해 10월 헌법재판소에 위 법률 조항들이 당해사건 재판의 전제가 되고 위헌이라고 인정할만한 상당한 이유가 있다며 2008.10.13 이사건 위헌법률심판 제청을 하였고, 헌법재판소는 위와 같이 헌법불합치 결정을 내린 것이다.

3) 위헌/합헌 주장의 요지

(1) 위헌주장의 요지

① 집시법 제 10조는 야간 옥외집회를 금지하고 예외적으로 허용하는데 이는 헌법이 금지하는 집회에 대한 사전허가제에 해당한다는 점 ②옥외집회 금지 시간이 해가 진후부터 해가 뜨기 전까지로 하루의 절반이나 돼 예외라고 보기에는 시간범위가 너무 넓고, 많은 국민들이 주간에 학업이나 생업에 종사하는 상황에서 야간 옥외집회가 금지된다면 집회참여가 어려워 집회의 자유가 유명무실해진다는 점 ③집시법에는 시간제한외에 사전신고제, 불법집회 금지, 집회금지장소 등 여러 규정을 두고 있어 시간제한을 하지 않아도 집회에 대해 적절한 제한을 가할 수 있다는 점이었다.

(2) 합헌주장의 요지

① 야간 옥외집회는 야간이라는 시간적 특수성과 옥외집회라는 장소적 특수성을 고려해 금지하는 것이므로 사전허가제 금지에 반하지 않는다는 점 ②공공의 안녕질서 유지 등 입법 목적이 정당하고, 발생할 수 있는 혼란 및 사고 방지에 효과적인 수단이고, 야간 옥외집회는 일정한 조건 하에 허용되므로 최소 침해 성

원칙에도 반하지 않으며, 사실상 신고제와 같이 운용되고 야간옥내집회는 허용되므로 과잉금지원칙에 반하지 않는다는 점 ③야간의 옥외집회 및 시위는 주간보다 공공의 안녕질서를 침해할 개연성이 높으므로 과도한 제한이라고 할 수 없다는 점이었다.

2. 이 사건 결정상 불합치관련 부분 요지

1) 계속적용 불합치 결정의 법정 의견

"이 사건 법률 조항들이 가지는 위헌성은 야간 옥외집회를 제한하는 것 자체에 있는 것이 아니라, ···광범위하고 가변적인 시간대에 일률적으로 옥외집회를 금지하는데 있다. 즉, 위와 같은 시간대 동안 옥외집회를 금지하는 것에는 위헌적인 부분과 합헌적인 부분이 공존하고 있는 것이다.

그런데 '해가 뜨기 전이나 해가 진 후' 중 어떠한 시간대에 옥외집회를 금지하는 것이 ···입법목적을 달성하면서도 집회 예정자의 집회의 자유를 필요최소한 범위에서 제한하는 것인지에 관하여는 이를 입법자의 판단에 맡기는 것이 바람직하다고 할 것이다.···

따라서 이 사건 법률조항들에 대하여 헌법불합치의 결정을 선고하되, 위 법률조항에는 위헌적인 부분과 합헌적인 부분이 공존하고 있으므로 입법자가 2010.6.30. 이전에 개선입법을 할 때까지 계속 적용되어 그 효력을 유지하도록 하고, 만일 위 일자까지 개선입법이 이루어지지 않는 경우 위 법률조항들은 2010.7.1.부터 그 효력을 상실하도록 한다."하며 헌법불합치결정의 필요성에 대한 법정 의견을 말하였다.

2) 헌법불합치 법률의 적용중지 의견

헌법불합치법률의 적용중지 취지에 대해서는 "헌법불합치 결정이 내려진 법률은 헌법에 위반되는 부분을 포함하고 있는 것이므로 그러한 법률을 계속 적용하는 것은 헌법의 최고 규범력 에 위반되는 법률의 효력을 제거하려는 위헌법률심판제도의 본지에 맞지 아니한다. 헌법불합치결정의 적용중지 효과는 헌법재판소가 특별히 선언하지 않아도 헌법이 위헌법률 심판제도를 마련한 취지와 헌법재판소법 제 47조 제2항에서 당연히 우러나온다고 봄이 상당하다. 따라서 헌법불합치 법률은 개선입법에 의하여 합헌부분과 위헌부분이 명확하게 구분될 때까지 적용이 중지되어야 한다.

헌법불합치 결정의 적용중지 효과는 개선입법에 의하여 헌법불합치 법률의 위헌부분이 특정될 때까지만 한시적·잠정적으로 인정된다. 개선입법에 의하여 헌법불합치 법률의 위헌부분이 구분되면 헌법불합치결정의 효력이 확정되므로 헌법불합치 법률에 대한 적용중지의 효과는 소멸되고 헌법불합치결정에 따른 확정적 효과가 적용된다. 즉, 헌법불합치 법률 중 위헌부분은 헌법재판소법 제47조 제2항에 의하여 효력을 상실하게 되고, 개선입법에 의하여 합헌부분으로 구분된 부분은 법률의 효력을 상실하지 아니하므로 개선입법이 시행되기 전의 사항에 대하여 계속 적용된다. · · ·

3) 이 사건 법률조항들의 적용중지 의견

이 사건 법률조항들 중 위헌부분이 국회의 개선입법에 의하여 구분되면 그 위헌부분은 소급하여 효력을 상실하게 된다. 그리고 이 사건 법률조항들의 위헌성은 국회의 개선입법이 이루어지기 전에도 이 사건 헌법불합치결정에 의하여 불특정인 채로 확정되어 있는 것이다. 따라서 위헌부분이 포함된 이 사건 법률조항들을 헌법불합치 결정 선고 후 개선입법 이전에 계속 적용하게 허용하는 것은 위헌법률의 규범력 을 제거하려는 위헌법률심판제도의 본지에 어긋나고 헌법재판소법 제 47조 제2항에 위반된다고 할 것이다. "이 사건 법률조항들은 형벌에 관한 법률조항이다. 형벌에 관한 법률 조항이 위헌결정을 받으면 소급하여 효력을 상실한다(헌법재판소법 제 47조 제2항 단서).

또한 이 사건 법률조항들에 대하여 헌법 불합치 결정을 하면서 계속 적용하도록 하는 것은, 헌법재판소가 이 사건 법률조항들에 위헌 부분이 포함되어 있음을 선언하였고 그 위헌부분이 국회의 개선입법에 의하여 구분되면 소급적으로 효력을 상실하게 됨에도 불구하고, 그 위헌부분이 포함된 이사건 법률조항들에 의하여 처벌받은 뒤 나중에 위헌부분에 의하여 처벌받았음이 밝혀지면 재심을 청구하여 구제받으라고 하는 것이다. 이는 위헌법률에 기한 형사처벌 을 허용하는 것이고 구체적 규범통제의 필요에 따라 위헌법률의 규범력을 제거하도록 하는 위헌법률심판제도의 사명을 져버리는 것이어서 우리 헌법상 허용될 수 없는 것이다.

그리고 헌법불합치결정은 일부위헌결정의 일종이고 위헌법률에 대해서는 규범력을 부정하려는 것이 위헌법률심판제도의 본지이므로, 헌법재판소가 어느 법률조항이 헌법에 합치되지 아니한다고 결정하는 경우에는 그 법률조항에 위헌부분이 포함되어 있기 때문에 헌법불합치 결정이 있는 날로부터 적용되어서는 아니된다는 내용이 포함되어 있다고 보아야 한다. · · ·

이 사건 법률조항들은 개선입법이 이루어 질 때까지 적용 중지되어야 하고 계속 적용하게 해서는 아니 된다. 고 법률조항들의 적용중지의견을 제시하고 있다.

〈표 1〉 야간시간대의 특정행위 금지 사례

법률명	관련내용
공직선거법	제10조(야간연설 등의 제한)····공개장소 에서의 연설·대담은 오후10시부터 다음날 오전 7시까지는 이를 할 수 없다····
근로기준법	제70조(야간근로와 휴일근로의 제한) ① 사용자는 18세 이상의 여성을 오후 10시부터 오전 6시까지의 시간 및 휴일에 근로시키려면 그 근로자의 동의를 받아야 한다. ② 사용자는 임산부와 18세 미만자를 오후 10시부터 오전 6시까지의 시간 및 휴일에 근로시키지 못한다.
관세법	제306조(야간집행의 제한) ① 일몰부터 일출까지는 검증 · 수색 또는 압수를 할 수 없다. 다만, 현행범인 경우에는 그러하지 아니한다.

자료 : 국회 입법조사처, 「이슈와 논점」 제59호, 2010.4.22참조

3. 헌법불합치결정의 개념

헌법불합치결정(이하 '불합치결정'으로 약칭한다)은 일종의 변형된 결정으로서 법률의 위헌성이 있더라도 위헌성을 인정하면서 위헌결정을 하지 않고, 입법자의 입법형성의 자유를 존중하고 법적 공백으로 인한 법질서의 혼란을 피하기 위하여 당해 법률 또는 법 조항의 효력 상실을 유보하는 결정 형식이다.

따라서 불합치결정의 법적효과는 위헌 무효선언인 경우와는 달리 폐지되는 것이 아니고 입법자가 새로운 입법상태를 창출할 때까지 지속된다.

이러한 불합치결정은 주로 비 형벌 법규를 대상으로 이루어진 게 일반적이었으나 최근에는 형벌 법규에 대한 불합치 결정이 새로운 관심의 대상이 되고 있다.[3] 그러나 불합치결정의 개념을 설정함에 있어 법률의 효력 상실을 일정기간 유예하는 것에 지나지 않는다는 시각에서는 벗어나야 한다. 이런 시각에서 접근하게 되면, 형벌 법규에 대한 불합치 결정을 논의할 실익이 전혀 없게 된다. 구태여 찾는다면, 형벌법규에 대한 잠정적인 계속 적용을 명하고 입법자는 단순히 개선 입법하는 정도에서만 가능할 것이다.

4. 헌법불합치결정의 유형

헌법불합치결정에는 두 가지 유형이 있다. 첫째는 언제까지 법을 개정하고 그 때까지는 효력이 있게 하는 잠정적용명령과 둘째는 언제까지 법을 개정하고, 그 때까지 법적용절차를 중지시키라는 적용중지명령이다.

양자는 기본적으로 헌법재판소가 심판대상이 된 헌법 불합치 성을 확인하고 입법자에게 개선 입법을 촉구한다는 측면에서는 동일하다.[4]

---

3) 형벌법규가 헌법불합치결정이 된 대표적 사례로는 학교 보건법 제 6조 제 1항 제 2호 위헌제청사건(헌재 2004. 5. 27. 2003 헌가1. 2004 헌가[병합], 헌판집 16-1, 670), 영화진흥법 제 21조 제 3항 제 5호 등 위헌제청사건(헌재 2008. 7. 31. 2007 헌가4, 판례집 20-2상 판례집 20-49), 의료법 제 19조의 2 제 2항 위헌확인사건(헌재 2008. 7. 31. 2004 헌마1010-2005 헌바 90[병합], 판례집 20-2상 236-268)이 대표적이다. 최근에는 박연차 게이트 사건으로 징역 6월에 집행유예 1년이 선고돼 직무가 정지된 이 광재 강원도지사가 "법원이 금고이상의 형을 선고만 해도 도지사직무를 부도지사가 대행하도록 한 규정이 무죄추정의 원칙과 공무담임권을 과도하게 침해 한다"며 낸 헌법소원에서 재판관 5(위헌)대 1(헌법불합치)대 3(합헌)의 의견으로 헌법불합치 결정을 내린바 있다.

하지만 그 선고 사유와 법적효과는 법 적용자와 관련하여 서로 달리 나타난다. 독일 연방헌법재판소는 헌법불합치결정을 할 경우 종래의 법적 상태보다도 더욱 헌법적 질서에서 멀어지는 법적 상태의 발생을 방지하기 위하여 예외적으로 위헌 법률의 잠정적 적용을 허용하고 있다. 예컨대 위헌법률의 적용금지로 인하여 공무원의 봉급이 지급되지 않는다든지, 회계연도의 국가재정을 충당하는 세금을 징수할 수 없다든지, 자녀가 국적을 취득할 수 없다든지 하는 경우와 같이 법적 공백으로 인한 이러한 절차의 정지 상태는 헌법적으로 용납할 수 없는 결과를 초래할 수 있다. 또한 헌법재판소가 하는 기본 결정에는 합헌 또는 위헌결정이 있으며 이외 변형결정이 존재하는 바 변형결정에는 한정합헌결정, 한정위헌결정, 헌법불합치결정, 입법촉구결정, 조건부 위헌결정 등 5종류의 변형결정이 있다.[5)]

5. 집회, 시위 장소에 있어 공적 광장 이론

미국의 연방대법원(이하 '대법원')은 1939년 Hague v. comm. for Idus, org 판례[6)]를 통해 모든 사람들의 자유로운 의사표현을 위해 공물(public property)의 소유권자인 정부가 거리와 공원과 같은 공물에 대한 완전한 소유권 행사를 일정한 경우에는 제한하여야 한다는 '공적광장이론'을 주장하였다.[7)] 즉 거리와 공원과 같은

4) 이에 관한 학설로는 첫째, 위헌인 법률은 헌법재판소의 결정과 별도로 그 자체가 무효임을 인정하는 견해(소위 당연무효설)로 헌법불합치결정은 헌법 위반이라는 구석적인 확인이므로 위헌인 법률은 모두 효력을 상실한다고 한다. 둘째, 위헌인 법률은 폐지무효가 가능하다는 입장(소위 폐지 무효설)에서는 위헌인 법률은 적용상의 장애가 있음이 원칙이나 헌법적 이유에서 필요하다면 새로운 법률이 제정될 때까지 효력을 유지한다고 한다. 셋째, 위헌인 법률은 무효로 함이 오히려 법치국가원리에 반하게 되어 완전한 입법의 공백보다는 그래도 위헌인 법률이나마 존재하는 것이 합헌에 가까운 경우가 있다는 입장에서는 법 집행기관이 당해 절차를 신법 제정 시까지 정지할 의무가 있다고 한다.

5) 헌법불합치결정과 입법촉구결정의 구별은 시간개념으로 구분할 수 있다. 즉 헌법불합치 결정은 현재의 위헌적인 법률을 대상으로 비록 그 법률이 위헌성을 가지고 있기는 하나 그 위헌적 법률의 공백시 야기될 사회적 혼란을 고려하여 내리는 결정이지만 입법촉구결정은 지금은 위헌적인 요소 없이 합헌적인 법률이지만, 장차 장래에 그 법률이 위헌으로 도래할 것이 예측되는 경우에 내려지는 결정이라는 점에서 차이가 있는 개념이다.

6) 307 U. S. 496(1939).

7) 표현의 자유에 대한 시간, 장소, 방법상의 제한과 관련하여 정부가 유지, 관리하는 공공시설을 공적광장(도로, 인도, 공원과 같은 공공장소), 준 공적광장(학교, 도서관), 비 공적광장(교도소, 병영, 법정, 공항터미널, 정부청사 등)으로 구분하고 각각에 상응하는 표현의 자유의 보장 정도를 달리하고 이중 공적광장에서의 표현의 자유를 특히 강하게 보장하려는 것이다.

공적광장은 오래전부터 시민들이 생각을 소통하며, 공적문제를 토론하는 결사의 목적으로 이용되었기 때문에 이와 같은 목적으로 거리와 공공장소를 사용하는 것은 시민의 특권이자 권리, 자유이며 면책사유에 해당한다는 것이다. 이 이론은 정부가 필요에 의해 사용을 제한할 수는 있으나 반드시 합리적이고 제한적 이어야 하며 집회시위를 하는 사람들에게 특정한 장소를 이용하고 다른 사람들에게 접근할 수 있는 권리를 보장한다는 게 중요한 특징이다.[8)]

그러나 최근에는 공적 광장이론의 확고하지 못한 이론적 토대에 대해 많은 비판이 제기되고 있고, 대법원에서도 유사사건에서 상반된 판례가 나오는 등 공적광장이론은 유동적이며 생성과정 중에 있는 이론이라 할 수 있다.[9)] 우리나라에서도 최근 헌법재판소는 국회의사당과 각급법원 경계지점 100m이내에서의 집회 · 시위를 전면금지하는 집시법 규정이 헌법에 위반되지 않는다는 결정을 내린 바 있다.[10)]

전통적 공적광장이론의 입장에서 보면 위 판례는 공적장소에서의 집회를 제한하는 위헌조항이라 할 수 있으나 공적광장이론에 대한 비판적 시각에서 보면 위 판결이나 집시법상 주요도시의 주요도로에서의 집회 · 시위를 관할 경찰서장의 판단에 의하여 사전금지 할 수 있도록 한 규정(제12조), G20기간 중 한시법으로 운용된 G20 경호안전특별법상[11)] '경호안전구역'의 지정 및 동지역에서의 집회 · 시위의 금지 (법 제5조 내지 제 8조)와 같은 집회장소 제한조치는 필요 최소한의 합당한 규제로 판단될 수 있다.

이처럼 공적광장이론의 출현은 집회시위의 자유에 보호적 태도를 보여줌으로

---

8) Calrin Massey, "Public Fora, Neutral Governments, and the prism of property", 50 Hastings L. J. 309,(1999)

9) 권혜령, "집회시위의 전제로서 장소개념에 대한 고찰", 「공법학연구」 (제 11권 제 3호), 2010. 8, 6면.

10) 「헌재 2009. 12. 29. 2006 헌바20·59(병합)」및「헌재 2009. 12. 29. 2006 헌바13」

11) 2010년 11월 서울에서 개최된 주요 20개국 정상회의(G20)를 앞두고 경호안전 강화를 위해 제정되어 2010년 10월 1일부터 2010년 11월 15일까지 한시법으로 시행된 법률(제정 2010. 6. 8 법률 제 10362호)이다. 이 법은 대통령실 경호처장을 경호안전통제단장으로 하고 경호안전 업무수행을 위해 집시법 등 다른 법률보다 이 법을 우선 적용(제2조)하고, 통제단장은 경호안전업무 수행 상 필요하다고 판단되는 경우 정상회의 개최장소 주변을 경호·안전구역으로 지정·공고하고(제 5조), 이 구역 내에서의 집회와 시위는 교통소통, 질서 유지 등 필요한 경우 금지할 수 있도록 함(제 8조)으로써 집회의 자유를 광범위하게 제한할 수 있고 특히 법 제 4조에 따른 인력동원에 관한 협조요청대상에 계엄 상황이 아님에도 군대를 동원하도록 하여 법의 위헌성이 심각 하다는 비판이 있었다.

써 장소에 대한 정부의 소유권을 표현의 자유의 촉진을 위해 제한 할 수 있다는 변화를 가져다주는 이론으로서 시사 하는바가 적지 않으나 공적 광장이론을 우리 법 해석에 무비판적으로 수용하는 데에는 한계가 있다.[12)]

이는 최근의 집회·시위의 자유에 대한 장소적 제한도 이와 같은 사항이다. 집단적 시민의 의사표출, 지배적 가치와 다른 생각을 가진 소수자의 의사전달에 대해 집권층의 권력은 질서유지, 공공의 안전을 명분으로 그러한 표현이 광범위하게 보장되어야 할 민주주의 실현과정의 핵심적 공간(예컨대 의회, 법원, 고위공직자의 집무 공간 등)에서의 집회를 절대적으로 금지하고 있다(집시법 제 11조). 따라서 집회는 집회가 목적으로 삼는 공간에서 소외되고 그 결과 집회·시위의 전달능력은 극도로 악화 될 수 있는 것이다.[13)]

6. 불합치결정의 입법시한 도과(徒過)에 대한 효력

헌법불합치결정은 입법자에 의한 신속한 개선입법을 전제로 한다.

헌법재판소가 법률에 대해 헌법불합치로 결정하면서 명시적으로 개선입법의 시한을 정하였을 경우 입법자가 그 시한 내에 개선입법을 하면 아무문제가 되지 않으나 그 시한을 도과해서 입법이 이루어지면 문제가 된다.

입법시한이 도과한 시점에 불합치법률의 효력이 상실됨을 결정주문 또는 결정이유에서 명시하고 이에 따라 그 도과 시점에 위헌결정이 이루어진 것이 되며, 그로인해 법률의 변경이 발생한 것으로 이해되곤 한다.

헌법재판소가 구태여 불합치로 결정한 까닭은 단순위헌으로 결정할 경우 초래될 법적혼란이나 법적 공백상태의 발생을 방지하기 위함이기 때문에 입법시한이 도과되면 불합치로 결정된 법률은 그 효력을 상실한 것으로 파악한다. 따라서 입

---

12) 미국에서 '공적광장'이라는 개념은 공공장소를 정부의 재산권의 객체로 보는 전제에서 이에 대한 시민의 접근·사용 권리를 보호하기 위한 정부소유권의 제한 범위문제를 해결하기 위해 제시 되었다. 그러나 이론이 전개·발전하는 과정에서 공적광장의 판단근거의 불명확성, 적용심사기준의 모호성 등에 대해 많은 비판을 받고 있고, 특히 집회장소의 관련성을 분리시키기 위한 최근의 공간통제가 법원에서 내용 중립적이고 대안적 의사 소통 수단이 보장된 합헌적 규제로 판단 받으면서 공적광장 이론이 표현의 자유의 신장을 촉진시키는 이론 으로서 여전히 유효한지 근본적 의문이 제기되고 있다. 권혜령, 앞의 논문, 22-23면 참고.

13) 권혜령, 앞의 논문, 23면.

법자가 입법시한을 도과하면서까지 개선입법을 지체할 경우 신속하게 개선입법을 하도록 하는 방안이 모색되어야 한다.[14]

7. 집회 · 시위에 관한 규제방식

1) 집회 · 시위의 규제 방식

집회는 집단에 의한 의사표시의 한 방법으로 민주주의 실현을 위해 중요한 수단이다.

또한 소외되기 쉬운 사회적 약자의 의사를 표출하는 방법이 되기도 하기 때문에 중요한 국민의 기본권이라 할 수 있다. 그러나 집회나 시위는 다중이 모인다는 점에서 공공의 질서나 타인의 권리와 충돌하는 문제를 일으키기 때문에 집시법에 근거하여 제한하여 왔던 것이다. 우선 집시법의 주요 제한 규정으로는

① 집회 · 시위를 하기 위해서는 사전에 관할 경찰서장에게 신고를 하여야 하고(집시법 제6조), 집회 · 시위 도중이라도 일정한 요건에 해당하는 경우 관할 경찰서장은 집회 · 시위의 해산을 명할 수 있고(집시법 제20조)[15], 일몰 후 에는 집회 · 시위가 금지되며(집시법 제10조), 이에 위반 할 경우 형사처벌의 대상이 된다(집시법 제 23조). 이 중 제 10조와 제 23조 제 1호중 '옥외집회' 부분에 대해서는 2010년 6월 30일 시한으로 헌법불합치결정이 내려졌으나 개정시한까지 집시법의 개정이 이루어지지 않아 해당조항의 효력이 상실된 상태이다.

그러나 집회 · 시위 신고제가 사전허가제와 유사하게 운영되어 집회 · 시위를 규제하고 있기도 한다. 일례로 집회 · 시위에 대해 경찰서장에게 사전신고를 하더라도 경찰서장이 금지 통고를 할 수 있어(집시법 제8조)이러한 경우 '신고가 수리되지 못했다'는 이유만으로 불법집회 · 시위로 전락할 우려도 있게 된다. 더구나 별

14) 남복현, "헌법불합치결정에서 제시된 입법시한의 도과와 그에 따른 불합치 법률의 효력상실", 「공법학 연구」(제 11권 3호), 2010. 8. 54-56면.

15) 시위는 장소의 이동을 전제로 하는 행진을 수반하는 경우가 일반적이어서 위력이나 기세의 정도가 타인에게 영향을 미치는 정도가 상대적으로 큰 점을 고려할 때 단순히 특정장소에 국한된 집회에 비하여 규제의 범위나 대상이 차이가 날 수 있다. 대부분의 국가에서 행진과 집회를 구별하여 대응하고 있다. 영국의 경우도 공공질서법(public order Act 1986)에서 행진과 특정 장소에서의 집회를 구별하여 규제하고 있다. 그러나 집회의 자유가 헌법상 보호되는 이상 시위 역시 과도하게 제한하는 것은 심사숙고할 사항이다.

도로 경찰청 내부적으로 '집회시위 관리지침'등을 통해 집회시위에 관련된 지시를 하고 있어 헌법상 금지된 허가제와 동일하게 규제 되는 모습을 보이고 있다.

또한 처벌에 있어서도 연행된 집회 단순 참가자들을 훈방하는 등 가볍게 조치하기보다는 형법의 일반교통방해죄, 공모공동정범이론 등을 적용 기소하는 등 강한 형사적 제재를 활용하여 집회·시위를 규제하는 수단으로 활용하고 있다.[16]

2) 외국의 규제 입법례

집회·시위는 합법에서 한 걸음 더 나아가면 심야의 폭도로도 변화 될 가능성도 많기 때문에 개인의 자유 보장이라는 측면만큼이나 사회평화라는 측면도 강조되기 때문에 세계 각국은 야간 옥외 집회에 대한 법과 규정을 두고 있다. 일정한 제한을 두고 있는 나라는 미국, 프랑스, 러시아 등이며 독일, 영국 등에서는 원칙적으로 일정한 제한을 두지 않고 집회의 자유를 인정하고 있다.

〈표 2〉 주요국가의 야간옥외집회규제 사례

구분	국가	내용
제 한	미국	각 주의 법률 또는 형식을 통해 다양한 내용과 시간대를 정해 제한
	프랑스	「집회의 자유에 관한 법률」을 통해 23시 이후 야간옥외집회금지 공공기관근무시간이 23시 이후일 때에는 허용시간 연장
	러시아	「집회·회합·시위·행진·피케팅에 대한 연방법」을 통해 규율 23시부터 다음날 7시까지 금지
미제한	독일	「집회와 행진에 관한 법률」에 근거 집회자유보장
	영국	「공공질서법」을 통해 자유보장, 움직임 없는 집회는 넓게 보호, 이동하는 집회는 제한 가능성을 두고 있음

16) 권정순, "집회·시위의 자유보고서",「연세공공거버넌스와 법」(제 1권 제 2호), 2010. 8, 67면.

Ⅲ. 집시법 관련 주요 논점 및 문제점

1. 입법공백으로 인한 국민적 피해 우려

여야의 의견충돌로 국회가 헌법 재판소에서 헌법 불합치 판정을 받은 법령조항을 제때 개정하지 않아 입법 공백을 초래하는 등 직무유기를 했다는 지적이 제기되고 있다. 헌법불합치는 해당법령이 사실상 위헌이지만 헌재가 즉시 위헌판결을 내릴 경우 법적 공백이 발생하므로 법 개정 시한을 두는 제도이기 때문에 헌법 불합치로 결정된 법 조항이 개선 입법시한을 경과하면 위법성이 있는 사안에 대한 처벌규정이 사라져 법적 공백이 발생하므로 사회적 혼란이 불가피하다. 즉 민생과 밀접한 법 조항이 입법 공백 상태가 되면 그 피해는 고스란히 국민들에게 돌아갈 수밖에 없기 때문이다.[17)]

이 법은 2010년 6월 30일 부로 개정시한을 넘겨 2010년 7월1일 이후에는 언제 어디서 옥외집회를 해도 규제할 수 없는 상황이 지속되고 야간집회로 인해 인근 지역 주민이나 상인들이 정신적 물질적 피해를 입더라도 이를 집시법으로 제소할 수 없다. 검찰 역시 해당 집시법 위반자에 대해서는 법 조항이 효력을 잃음에 따라 공소취소나 무혐의 처분을 하는 등 혼란을 초래하고 있다.

2. 검찰 및 법원의 대응과 문제점

"집회·시위의 자유는 개인의 인격 발현의 요소이자 민주주의를 구성하는 요소라는 이중적인 헌법적 기능을 가지고 있으며, 집회·시위를 통해 개인의 자기결정과 인격 발현을 이루고, 자신의 의견과 주장을 집단적으로 표명함으로써 여론의 형성에 영향을 미칠 수 있고 이를 통해 민주적 공동체가 보다 원활하게 기능할 수 있게 된다." 라고 헌법 재판소가 판시하여[18)] 집회·시위의 자유는 헌법에 명시된 기본권임을 명시하고 있음에도 불구하고 최근 들어 이에 대한 사법적 규제가 지나치게 확대되어 검찰 및 법원이 적용하는 법 규정 및 이론이 과연 적

17) 한국일보, 2010. 12. 1, 5면.
18) 헌재 2003. 10. 30. 선고 2000 헌바67 결정.

절하고 타당한가 하는 점에 의문이 있다.[19]

따라서 헌법에 규정된 집회·시위의 자유가 논란이 되지 않기 위해서는 집회·시위에 대한 행정적, 사법적 규제가 명확하게 적용될 필요가 있는 것이다.

일례로 도로를 점거하여 행진을 하거나 연설의 형태로 이루어지는 집회·시위 참가자 등을 처벌하기 위해 검찰과 법원은 도로점거행위가 형법 제185조에 규정되어있는 '기타방법'에 해당하고 그로 인하여 도로교통을 방해할 위험성이 있으므로 일반교통방해죄가 성립(형법 제 185조)[20]한다는 논리로 일반 교통 죄로 적용 처벌하고 있다. 이에 대해서는 단순히 도로 위를 행진하는 것을 형법 제185조의 '기타방법'에 해당한다고 볼 수 있는지 하는 구성 요건적 측면과 해당법조의 적용이 타당한지에 관한 체계적합성 여부가 논란이 되고 있다.[21]

또한 단순 시위 참가자를 형법상 공모공동정범 이론을 적용하여 형사 책임을 묻는 것 역시 공동정범의 범위를 지나치게 확대하여 처벌하는 것으로 2008년 촛불집회 이후 형사적 제재를 강화하여 집회·시위를 규제하려는 정부의 정치적 의도와 관련 있다는 논란이 되고 있다.

3. 집시법상 야간시위전면규정의 위헌성 논란

2009. 9. 24 헌재는 집시법 제 10조 중 '옥외집회' 부분 및 제23조 제1호 중 '제10조 본문의 옥외집회' 부분은 헌법에 합치되지 않기 때문에 이 조항들이 2010. 6. 30을 시한으로 입법자가 개정할 때까지 계속 적용 된다는 잠정적용 부 헌법불합치결정을 내려 야간 옥외집회에 대한 금지제도의 위헌성을 확인시켜 주었다. 그러나 심판대상을 집시법상 옥외집회에만 한정하여 '야간시위부분에 대해서는 위헌결정을 내리지 않아 집회가 아닌 시위는 여전히 합헌성이 유지되는 결과가 초래되었고, 경찰에서도 이번결정에 포함되지 않은 시위 부분에 대해서는 엄격히 단속 하겠다고 설명하고 있다.

19) 권정순, "집회·시위의 자유보고서", 「연세공공거버넌스와 법」(제 1권 제 2호), 2010. 8, 97면.

20) "육로, 수로 또는 교량을 손괴 또는 불통하게 하거나 기타 방법으로 교통을 방해한 자는 10년 이하의 징역 또는 1천 5백만 원이하의 벌금에 처한다."

21) 권정순, 앞의 논문, 71-83면 참고.

그러나 불합치 결정의 해당사건의 원인이 된 2008년의 촛불집회와 관련한 많은 사건들에서 좁은 의미의 집회뿐만 아니라 시위가 결합된 채 처벌 대상이 되었기 때문에 헌재의 불합치결정에서 시위부분을 제외시킨 것은 헌재의 소극적 태도로 비판의 여지가 있다.

이번 사건의 경우에도 기본적 인권과 민주주의를 신장하기 위하여 야간옥외시위의 경우까지도 위헌결정을 고민해야 하는 것이 바람직하다 할 수 있다.[22]

4. 헌법이 보장하는 기본권 침해 우려

18대 국회에서 논의되고 있는 집시법 개정안은 2011년 2월 현재 ① 질서 유지인 을 두는 경우 원칙적으로 허용하는 개정안(천정배의원안), ② 야간집회에 대한 제한을 폐지하는 개정안(이 정희 의원 안), ③오후 10시부터 다음날 오전 6시까지 금지하는 개정안(조 진형 의원 안)등으로 나눌 수 있다. 이 중 한나라당 조 진형 의원 이 대표 발의한 법률안의 핵심은 문제가 됐던 집시법 제 10조 조항의 기본적인 취지는 유지하되 시간을 구체적으로 명문화 하는 것으로 옥외 집회의 금지 시간을 오후 10시부터 다음날 오전 6시까지로 명시하고 있다는 점에 있다. 한나라당의 기본입장은 야간옥외집회를 무제한 허용할 경우 촛불집회에서 드러났듯이 사회 질서를 파괴해 혼란을 조성하려는 일부극력세력의 파괴수단으로 이용될 수 있다는 것이다.[23]

그러나 헌법이 집회의 자유를 기본권으로 보장하는 이유는 대중매체에 쉽게 접근 할 수 없는 사회적 소수자들이 불특정 다수에게 효과적으로 의사를 전달할 수 있는 유일한 수단이며, 집회가 정부나 지배계층에 대해 항의 적 의사표현을 하기 위한 집단적 권리라는 점 등 그 핵심이 정치적 항의라는 집회의 특성 때문이기 때문에[24] 국가권력이 권력에 항의하고 정부정책에 반대하는 정치적 집회를 통제하고 규제하기 위한 방향으로 집시법을 개정하는 것은 국민의 기본권을 침해한다는 것이다.[25]

---

22) 김종철, “집시법상 야간시위전면금지규정의 위헌성”, 「연세공공거버넌스와 법」(제 1권 제 1호), 2010. 2, 55면

23) 한국경제, 2010. 7. 2, 5면.

24) 김종서, “집회 및 시위에 관한 법률의 위헌성”, 「민주법학」(제 41호), 2009. 11, 35면.

〈표 3〉 조진형 의원 대표발의 개정안 내용

현행	개정안
제10조(옥외집회와 시위의 금지시간) 누구든지 해가 뜨기 전이나 해가 진후에는 옥외집회 또는 시위를 하여서는 아니 된다. 다만, 집회의 성격상 부득이 하여 주최자가 질서 유지인 을 두고 미리 신고한 경우에는 관할 경찰서장은 질서유지를 위한 조건을 붙여 해가 뜨기 전이나 해가 진후에도 옥외집회를 허용할 수 있다.	제10조(옥외 집회와 시위의 금지시간) 누구든지 오후 10시부터 다음날 오전 6시까지는 옥외집회 또는 시위를 하여서는 아니 된다.

5. 야간옥외집회에 관한 견해 차이로 인한 논란 심화

집시법 제10조의 야간옥외집회조항의 개정문제에 대한 입장은 두 가지 이다.

한 쪽 의견은 야간의 옥외집회를 일반적으로 금지하는 것은 그 제도 자체가 헌법에 위반된다는 것이고, 다른 쪽 견해는 야간옥외집회금지는 일반적금지가 아닌 시간적 제한의 한 형태일 뿐이라는 입장이다. 즉 전자가 집회의 자유보장에 중점을 둔 시각인가 하면, 후자는 집회자체를 합리적 통제 대상으로 보는 시각이라 할 수 있다.[26] 양측의 입장은 이견을 좁히지 못하고 있어 개선된 보완 입법의 제정이 이루어지지 않고 있다.

〈표 4〉 야간옥외 집회에 관한 찬·반 입장

견해	이유
찬성 입장	연간 근로시간이 2000시간을 넘는 우리나라에서 야간옥외집회를 금지한다면, 일반근로자들이 집회에 참여할 수 있는 기회가 사실상 박탈 될 수 있음
반대 입장	야간옥외집회가 공공질서에 미치는 영향력이 커서 일반인들의 휴식권 또는 영업권 등을 침해할 소지가 있음
절충적 입장	일정시간대의 야간옥외집회에 대해서는 개인사생활의 평온과 주요국가기관의 안전 확보, 교통소통 또는 소음규제, 야간시간대의 치안유지 또는 폭력행위의 발생가능성에 대한 대처 등을 이유로 일정한 제한이 필요함

* 자료 : 국회 입법 조사처, 「이슈와 논점」 제 59호, 2010.4.22 참조

25) 권혜령, 앞의 논문 , 5면.
26) 부산일보, 2010. 4. 13, 15면.

Ⅳ. 집시법개정안에 대한 발전적 방향

1. 입법시한도과에 대한 근본적 대안 마련

헌법재판소가 2009년 9월 24일 야간옥외집회를 금지하는 집시법에 대하여 헌법불합치 결정을 내리면서 2010년 6월 30일까지 개선입법을 하도록 하였다. 그러나 여야 대립으로 개정안이 처리되지 못해 우려했던 대로 '법 공백' 상태가 현실화 되었다.

이로써 검찰은 해당 법 조항 위반자에 대한 공소취소가 불가피해졌고 법원 역시 이미 처벌받은 자들의 재심청구 등 복잡한 법률적 문제를 떠안게 되었다.[27] 이와 같이 불합치결정을 의도한 원래의 취지는 입법자에게 개선입법 의무의 이행을 제때에 성실히 수행하도록 함이다.

그러나 입법자가 개선입법의 시한을 준수하지 않는 경우에 대해서는 입법자에게만 비난이 가해지고 부담이 지워지고 끝나는 게 아니라 오히려 법 적용자인 경찰, 검찰, 법원에게 부담을 지우는 부작용을 초래하였다. 따라서 헌법재판소는 헌법불합치결정을 선고함에 있어서는 명시적인 개선입법을 제시하는 것에 보다 신중해야하고 또한 입법시한을 도과했다고 해서 불합치법률의 효력이 상실되는 것으로 보아서는 안 된다.[28] 더불어 집시법 개정을 위해 국회는 입법논의과정을 적극 추진하여 개선입법이 더 이상 지체되지 않도록 도모함이 바람직할 것 이다.

2. 법리적, 형사 정책적 측면의 타당성 제고

헌법에 규정된 집회·시위의 자유가 충분히 보장되기 위해서는 집회·시위에 대한 행정적, 사법적 규제가 적절한 것인지 여부를 검토하여, 위법, 부당한 규제는 철폐하여야 할 것이다. 앞에서 살펴본 바와 같이 검찰 및 법원은 집회·시위 참가자가 그 과정에서 도로를 점거하였다는 점을 이유로 형법상 일반교통방해죄(형법상 제 185조)를 적용하고 공무집행 방해 행위 등을 직접적으로 행하지 않는

27) 조선일보, 2010. 7. 1. 10면.
28) 남복현, 앞의 논문, 57면.

집회 주최자 및 단순 참가자들에 대해서도 책임을 지우기 위해 판례에 의해 형성된 공모공동정범 이론을 적용, 형사처벌을 하고 있다.

그러나 일반교통방해죄 적용문제는 설령 헌법재판소의 합헌결정이 있었다 하더라도[29] 통상 집회 · 시위는 도로를 점거하는 방식으로 이루어지는데, 손괴, 불통의 정도에 이루지 않는 단순히 도로를 행진하여 시위하는 행위까지 포함하는 것은 명확성의 원칙에 위배될 수 있으며 조직범죄의 배후를 처벌하기 위해 판례에 의해 형성된 공범이론을 공무집행 방해 행위에 전혀 가담하지 않은 경우에 대해서까지 책임을 져야 한다는 것으로 법원과 검찰의 자의적 법 적용이 가능할 수 있기 때문에 이에 대한 법적 타당성이 검토되어야 한다.[30]

3. 야간시위금지규정의 위헌성에 대한 검토

집회와 시위의 개념에 대해서는 헌법은 넓은 의미에서 집시법에서 정의하는 시위도 집회의 자유의 개념 속에 포함시켜 별도로 구별되지 않고 있다. 헌법 제 21조는 단순히 집회의 자유를 보장하고 있기 때문이다. 그러나 집시법 제 10조는 "누구든지 해가 뜨기 전이나 해가 진후에는 옥외집회 또는 시위를 하여서는 아니된다."고 규정하여 야간집회와 야간시위를 구별하고 있다. 이번 헌재의 불합치결정은 헌재가 심판대상 을 옥외집회로만 한정한 것은 당해사건의 당사자가 오로지 야간집회금지규정위반으로 공소를 제기 하였기 때문이다.

그럼에도 불구하고 위헌 제청된 법률 규정은 제 10조 및 제 23조 제 1호 전체이었다는 점과 그동안 집시법 제 10조가 사실상 집회와 시위의 구별 없이 위헌성이 지속적으로 제기되어왔고, 법 집행 현실 측면에서도 일반적으로 집회와 시위가 결합된 채 처벌대상이 되고 있는 점을 고려할 때 야간집회와는 별도로 야

29) 육로를 불통하게 하거나 기타방법으로 교통을 방해 한 자를 형사처벌 하도록 규정한 부분이 죄형법정주의의 명확성원칙에 반하는 지에 대해 법원은 위헌법률 심판을 제청하였는데, 헌법재판소는 2010. 3. 25. 선고 2009헌가2 결정에서 위 형법규정은 헌법에 위반되지 않는다는 취지의 결정을 하였다. 또한 대법원은 도로를 점거하면서 행진한 집회·시위의 주최자에 대하여 주최자가 집회·시위 자체에는 직접참가하지 아니하였음에도 불구하고 공모공동정범이론을 적용하여 전체 행위의 공동정범으로 취급하여 처벌하였다(대법원 2008. 11. 13. 선고 2006도 755 판결).

30) 권정순, 앞의 논문. 97면 참고.

간시위금지규정을 계속 유지하게 된 사항은 시위부분에 대한 위헌성에 대한 검토가 추가적으로 필요하다 할 수 있다. [31]

4. 집시법 제한은 필요 최소한 원칙 준수

집회·시위가 다수의 사람이 그들의 공동의 의사를 불특정 다수에게 표현하는 특성을 가진 이상 타인의 권리와의 상충을 법률에 의해 제한할 필요성이 있으나 현행집시법은 사전제한, 시간, 장소, 방식규제, 사후처벌 등의 규제 장치로 집회·시위의 자유를 심각하게 제한하고 있다. 당연히 국가는 집회·시위에 대한 엄격한 규제를 통해 효과적으로 정부에 대한 반대와 항의를 억압하려는 입장은 이해하나 이로 인해 자신들의 의사를 집단적으로 표현하고 국가권력과 그 권력에 저항하고자 하는 시민의 자유는 첨예하게 부딪히는 현상을 초래할 수밖에 없다. 2008년의 촛불시위 이후 서울광장 등 전국도심에서 벌어지는 각종 집회를 규제해 온 정부는 국민의 기본적인 집회의 자유를 보장할 헌법적 의무를 다하지 못했다는 비판이 많아지고 있음을 볼 때도 집시법 개정안에서 논의되고 있는 제한의 범위는 필요 최소한에 그쳐야 한다는 것이 우리 헌법의 정신이라 할 수 있다.[32]

5. 신속한 논의와 검토 후 개선입법처리

헌법불합치 판정을 받은 법 조항에 대한 국회의 보완 입법이 제때 이루어지지 않아 2010. 7월 1일부터 야간 옥외집회가 잠정적으로 자유화되었다. 헌법불합치 결정당시 위헌의견을 낸 5명의 재판관 중 2명은 현행법률 조항의 위헌성은 '야간 옥외집회를 제한하는 자체에 있는 것보다 일반적·전면적으로 금지하는 것은 합리적 사유도 없이 광범위하고 가변적인 시간대에 일률적으로 옥외집회를 금지하는 것으로 헌법 제 37조 제 2항에 위반된다고 지적하며 위헌적인 부분과 합헌적인 부분이 공존하고 있기 때문에 적용중지 대신 법 개정 때까지 그 효력을 유지하도록 하였다. 이는 헌법 21조 자체보다는 국민의 기본권 제한을 더 고려한 결

31) 김종철, 앞의 논문, 55면.
32) 권혜령, 앞의 논문, 3-27면 참조.

정임을 알 수 있다. 반면에 일정한 시간을 정해 집회·시위를 못하도록 주장하는 쪽의 주요근거가 심야시위의 폭력성, 공공안전위협, 타인권리침해 등이 우려된다는 점이기 때문이다.[33]따라서 양쪽의 상반된 주장을 잘 조정하여 개선입법을 신속히 처리하여야 한다.

헌재의 결정취지를 반영하면서 공공의 안녕과 질서를 고려하여야 하는 문제가 쟁점으로 남게 된다.

Ⅴ. 결론

야간옥외집회를 원칙적으로 금지하고 부득이한 경우 경찰서장의 허가를 받도록 규정한 집시법 제 10조는 "집회의 자유를 지나치게 침해한다."는 이유로 2009년 9월 헌법불합치 판정을 받았지만 2010. 6월 개정시한을 넘겼다.

헌법불합치는 해당법령이 사실상 위헌이지만 헌법재판소가 즉시 위헌판결을 내릴 경우 법적 공백이 발생하므로 법 개정시한을 두고 개정시한까지 법의 효력을 인정하는 제도이기 때문에 헌법불합치로 결정된 법 조항이 입법시한을 경과하면 위법성이 있는 사안에 대한 처벌규정이 사라져 법적공백이 발생하게 되므로 사회적 혼란이 불가피해진다. 집시법을 둘러싼 논란이 거세질수록 법의 불명확화로 피해자는 국민이 될 수밖에 없다.

결국 현재의 상황은 이미 입법개정시한이 경과되어 이 법 조항의 효력이 상실돼, 언제어디서 옥외집회를 해도 집시법으로 제재할 수 없는 입법 공백 상황이 초래되고 있는 것이다.[34]

---

33) 경찰청은 2010년 3월 20일부터 22일까지 조사 기관 '리서치 앤 리서치'에 의뢰하여 전국 16개 시·도 19세 이상 성인 남녀 1000명을 대상으로 전화조사(CATI)를 실시하였다. 야간 옥외집회 허용에 대한 조사결과는 시간, 장소 등 상황을 고려하여 허용여부를 판단해야 한다는 의견이 60.5%로 가장 높게 나타났고, 절대적으로 불허해야 한다는 의견이 23.4%, 전면 허용해야한다는 의견이 13.8%로 나타났다. 야간옥외집회를 허용할 경우, 일정시간대를 정해 금지할 필요성이 있는지에 대해서는 금지가 필요하다는 의견이 75.1%, 금지할 필요가 없다는 의견이 19.3%, 무응답이 5.6%로 나타났다(국회입법 조사처, 이슈와 논점 제 59호, 2010. 4. 22 참조).

34) 한나라당에서는 오후 10시부터 다음날 오전 6시까지 시간을 명시해 옥외집회 또는 시위를 금지하는 변경된 개정안을 발의하였고, 이에 대해 야당과 일부 시민 단체들은 헌법 제 21조의 '집회자유'를 제약하는 것이라 비판하며 해결이 미루어지고 있는 상태이다.

더구나 이 법에 대한 개정안을 놓고도 시민의 기본적인 인권을 침해하게 될 가능성이 높다며 우려의 목소리가 높아지고 있다. 일부 인권 시민단체들이 국회에 제출된 개정안을 위헌적 법안이라 주장하며 즉각 철회할 것을 주장하고 있어 집시법 개정안 재논의는 앞으로도 상당한 어려움이 있을 것으로 보인다.

무엇보다도 집회·시위의 자유는 헌법에서 보장하고 있는 사항으로 민주주의 척도라고 할 수 있으며 민주주의의 요체는 가치의 다원성에 있기 때문에 여론형성과 소수자의 정치적 입지를 보장하는 최후의 보루로서의 집회 및 시위의 자유의 의미는 필요하다 할 수 있다.

그런 측면에서 정치적 집회의 경우 다른 자유에 비해 더 우월성을 가지게 되며 집회의 규제 필요성이 인정되는 경우에도 그 방법과 정도에 있어서는 규제최소화의 원칙과 예외적 규제의 원칙이 적용되어야 한다.[35]

그러나 집회를 어느 정도까지 허용할 것인가의 문제는 결코 결정하기 힘든 사항이다.

다만 야간옥외집회에 대해 치안이나 공공의 안녕질서, 일반인들의 평온을 위한 특정한 사유로 인한 불가피한 경우에는 제한적으로 이를 금지하는 방법을 택하여야 할 것이다. 따라서 향후 입법논의과정에서는 다음과 같은 사항을 착안하여 충분한 검토가 이루어져야 할 것이다.

첫째, 입법시한 도과에 따른 근본적 대안을 마련하여야 할 것이다.

집시법개정문제는 헌재가 그 시한까지 명시한 사안이다. 옥외집회를 규정한 관련 조항이 없는 상황에서 야간집회나 시위에서 불상사가 발생한다면 그 책임을 누가 질것인가 고민하여야 한다. 입법권을 갖고 있는 국회가 그 책임을 더 이상 방기하지 말아야 한다.

둘째, 법 해석분쟁을 사전적으로 해소하여야 할 것이다.

헌재의 야간옥외집회에 관한 헌법불합치결정은 집회의 자유 원칙적 보장이라는 헌법정신이 제자리를 찾는 계기가 되었다. 그러나 야간시위부분에 대해서는 여전히 금지하고 있어 이에 대한 논란이 계속될 수밖에 없다. 따라서 야간옥외집회와 시위에 대한 명확하고 구체적인 개념규정과 허용범위가 직접 법률에 명기

35) 김종철, 앞의 논문, 58면.

되어야 할 것이다.

셋째, 과도한 규제보다 최소 침해의 범위에서 검토되어야 할 것이다.

헌재의 헌법불합치결정의 중요한 이유는 야간집회제한이 불필요한 것이 아니라 너무 광범위하게 제한하는 바람에 사실상 집회의 자유가 제대로 보장이 안 된다는 것이다.

그러나 한나라당이 내놓고 있는 개정안은 오후 10시부터 다음날 오전 6시까지 금지하는 방안으로 이는 민주당과 시민단체의 의견과는 많은 차이가 있어 합의가 쉽지 않아 보인다. 따라서 광범위한 집회수단의 규제보다는 보다 완화된 절충 방안을 논의 하는 게 좋을 듯하다.

넷째, 시의에 맞는 입법노력을 보여주어야 한다.

실제 미국의 일부 주나 도시, 프랑스, 중국, 러시아에서도 야간집회에 대하여 일정한 제한을 하고 있다. 영국이나 독일 등 선진국에서 금지규정이 없는 것은 우리처럼 심야 시간대의 집회가 거의 없기 때문이다.

최근의 강력범죄 기승, 남북관계 등 우리의 사회적 입장은 심야에 무제한으로 이루어지는 야간집회는 자제되고 통제될 필요가 있는 것이다. 따라서 여야가 당리당략을 떠나 시의에 맞는 입법노력을 보여 주어야 한다.

반면에 집회 및 시위의 자유는 전체주의 국가와 자유 민주 국가를 구별하는 결정적 단초가 되며 결국 자유 민주 적 기본질서는 집회 및 시위의 자유와 같이 정치적 의사 표현의 자유가 원활히 시행될 때 제대로 된 의미를 가질 수 있다.

따라서 현행 집시법 개정의 방향은 당연히 헌재의 결정을 준수함이 적합하나 그 범위는 위헌성을 해소하는 필요최소한의 범위 내에서 집회·시위의 자유를 제한함이 타당하다 하겠다.

즉 야간옥외집회를 허용함으로써 국민들의 자유를 최대한 보장해야한다는 측면과 그로 인해 발생할 수 있는 공공질서와 안전에 대한 위해성을 최소화해야 한다는 측면을 조화시키는 노력이 있어야 할 것이다. 여야 정치권 역시 충분한 논의와 검토 이후 개선 입법을 처리함이 필요하다. 입법공백 상태가 더 이상 장기화 되어서는 안 된다.

참고문헌

권정순. (2010). "집회 · 시위의 자유보고서", 「연세공공 거버넌스와 법」, 제1권 제1호.

권혜령, (2010). "집회 · 시위의 전제로서 장소개념에 관한 고찰", 「공법학 연구」, 제 11권 제 3호.

김종서. (2009). "집회 및 시위에 관한법률 상위헌성", 「민주법학」, 제 41호.

김종철. (2008). "평화시위구역제도에 대한 헌법적 검토 - 집회 및 시위의 자유의 본질론 을 중심으로", 「경찰법연구」, 제 8권 제 2호.

______. (2009). "집회의 자유와 입법자 및 경찰권", 「헌법학 연구」, 제 15권 제 3호.

______. (2009). "영국의 집회 및 시위의 자유 - 야간집회금지와의 관련성을 중심으로", 「서강법학」, 제 11권 제 1호.

______. (2010). "집시법상 야간시위 전면금지규정의 위헌성", 「연세공공 거버넌스와 법」, 제1권 제11호.

김철수. (2008). 「헌법학 (상)」, 박 영사.

남경국. (2009). "집회의 자유의 보장과 제한가능성의 경계 - 독일 헌법 제 8조와 집시법의 충돌과 그 해결과정을 중심으로", 「서강법학」, 제 11권 제 1호.

남복현. (2010). "헌법불합치 결정에서 제시된 입법시한의 도과와 그에 따른 불합치 법률의 효력 상실", 「공법학연구」, 제11권 제3호.

박상기. (1994). 「공모 공동정범론」, 고시계.

박용상. (2002). 「표현의 자유」, 현 암사.

오동석. (2009). 「일본의 야간집회 관련 법제」, 서강대법학연구소 · 민주주의 법학연구회 · 법과사회이론학회 공동주최 학술대회 〈야간지회금지의 위헌성〉 자료집.

이재상. (2003).「 형법총론 제 5판」.박 영사.

이정념.(2010). "야간옥외집회허용문제의 바람직한 논의방향",「국회입법조사처

이슈와 논점」, 제59호.
이희훈. (2006).「집회의 자유의 보호와 제한에 관한 연구」, 연세대학교 박사학위 논문.
전광석. (2003). "집회 및 시위의 자유와 자율, 그리고 경찰개입의 한계",「延世法學硏究」, 제 9권 제 2호.
정성근. (1990).「공모 공동정범 론 재론」, 고시계.
조병인. (2002).「집회 및 시위의 보장과 규제에 관한 연구」,한국 형사정책 연구원.
주용기. (2007). "집단범죄대책으로서 공모공동정범이론에 관한 고찰",「법과 정책연구」, 제 7집 제 2호.
최대권. (2009). "헌법불합치결정에 관한 몇 가지 생각",「서울대학교 법학」, 제 50권 제 4호, 2009.
한동훈. (2008). "프랑스법상 집회와 시위에 관한 소고",「법제연구」, 통권 제35호.
한수웅. (2004). "集會의 自由와 集會 및 示威에 관한 法律集會禁止場所規定에 대한 위헌성 판단을 겸하여",「저스티스」, 제 37권 제 1호.
한인섭. (2009). "일반교통방해죄와 집회시위에의 그 적용을 둘러싼 문제",「형사법연구」, 제 21권 제 1호 통권 제 38호.
헌법재판소. (2008). 헌법재판실무개요(제 1개정증보판).
2008헌가25 청구인 의견서
2008헌가25 법무부장관 의견서
2008헌가25 참고인 김종철 의견서
민중의 소리, 집회시위 관리지침 2009년
(http://www.wop.co.kr/A00000252178.html) 2009. 5. 14. 입력.
뉴스 앤 뉴스, '최루탄 사용예정', 2009. 2. 10. 입력,
(http://www.viewsnnews.com/article/view.jsp?seq=46396).
부산일보, '야간옥외집회 개정 어떻게 되나', 2010.4.13자 제하기사
조선일보, '집시법실종 누가 야간질서 지켜주나', 2010.7.1자 제하기사
한겨레, '40여명 연행', 2008. 7. 27.자 제하기사.

한국일보, '헌법 불합치 나 몰라라', 2010.12.1자 제하기사

한국경제, '야간 옥외집회 막아야하나', 2010.7.2자 제하기사

YTN, '촛불 1주년 시민단체 항의', 2009. 5. 4. 입력
http://search.ytn.co.kr/ytn_2008/view.php?s_mcd=0103&key=200905041713249744&q=%C3%D0%BA%D2+1%C1%D6%B3%E2+%BD%C3%B9%CE%B4%DC%C3%BC

Chapter 5 자치 경찰법 제정 법안에 관한 주요쟁점 고찰

[요약]

우리나라는 1995년부터 지방자치를 전면적으로 실시하면서 중앙집권적인 권력구조가 지방분권적으로 변화하고 있다. 이에 부응하여 치안행정의 지방자치와 민주적·분권적인 경찰제도로의 개혁을 위하여 자치경찰제도에 대하여 많은 논의를 해오고 있다. 자치경찰제는 경찰의 정치적 중립과 민주성을 확보하고 지역실정에 맞는 경찰서비스를 구현하며 치안행정에 대한 주민참여를 확대할 수 있다는 점에서 도입의 필요성이 인정되나 지방자치가 미성숙한 우리나라에서 자치경찰제가 가져올 폐해 또한 무시하기 어려운 상황이다.

따라서 바람직한 자치경찰제의 도입과 성공적인 운영을 위해서는 자치경찰제의 필요성에 관한 국민적 공감대와 자치경찰제의 외국사례에 대한 주도면밀한 연구를 바탕으로 우리 치안실정에 맞는 독자적인 자차경찰제 모형의 도입이 필요하다. 이를 위하여 자치경찰제에 대한 도입범위, 경찰사무의 배분, 자치경찰제의 구성·조직·재정 등에 대한 충분한 연구·검토와 의견수렴이 있어야 할 것이다.

따라서 본 장에서는「자치경찰법안」에 대해 구체적으로 몇 가지 쟁점별 도입 방향을 논하면서 한국적 자치경찰제의 방향을 논의 하고자한다. 특히 자치경찰제 모형과 관련해서는 한국적 현실을 감안할 때 경찰의 민주성과 합법성, 봉사성과 전문성 등을 동시에 지향할 수 있는 모델이 바람직하며, 시민 또는 지역주민 중심으로 자치경찰제의 모든 사항들이 논의될 때 본질적으로 큰 무리 없이 도입에 성공할 수 있을 것으로 판단된다.

즉 관련 주체들이 배타적이고도 이기주의적인 주장들을 고집하지 않고, 자치경찰제를 시행하는 근본이유가 궁극적으로 주민안전을 위한 시민을 위하여 존재해야함을 인정하고 제도화를 고민한다면 한국적인 경찰지방자치의 성공적 도입정착이 보다 쉽게 가능할 것이다. 아울러 논쟁이 되고 있는 미시적 차원에서의 문제점 보다는 현재의 지방자치제도의 정착상태, 사회적 민주화의 정도, 우리의 정치 수준, 경찰·검찰 등의 형사 사법체계의 권한분배 및 균형정도, 자치단체장들의 능력과 청렴성 정도 등 자치경찰제 실시에 영향을 미치고 있는 환경적 요인들을 진지하게 검토하여 향후 적실성이 있는 자치경찰 시행 법안이 마련되어야 할 것이다.

Ⅰ. 서 론

본 장에서는 05년 11월에 국회에 제출 되어 행자위 법안소위의 법안 병합심의(07.4.13) 후 현재 국회에 계류상태인 자치경찰법 제정 법안에 대한 문제를 몇 가지의 주요 논점으로 나누어 고찰하고자 한다.

본고가 자치경찰법 제정안에 대한 타당성과 적합성 여부를 고찰하고자 하는 이유는 그 동안 지방분권과 자율이라는 측면에서 도입이 논의되고 진행되었던 자치경찰제도가 보다 더 주민생활과 밀착된 지역 치안 서비스 체계를 구축하고 국민의 권익을 보호하는 방향으로 시행 발전되었으면 하는 바람이기 때문이다. 주지하는 바와 같이 자치경찰제는 지방자치단체가 자기의 권한과 책임으로 치안행정을 수행함으로써 온전한 지방자치를 실현하는데 필수적인제도로서, 지방자치제가 정착된 선진 민주국가에서는 모두 자치경찰제를 실시하고 있다.

우리나라 역시 그 동안 역대 정부에서 자치경찰제도입을 추진해왔으나 논의단계에서 무산되고 말았었지만 지난 참여정부에서는 지방분권 특별법(2004.1월 제정)에 자치경찰제 도입을 국가의 의무사항으로 까지 명시하여 역점적 으로 추진하여왔으나 결국 자치경찰에 대한 각 정책집단의 입장차이로 인해 최종 입법화가 되지 못하고 다시 새 정부가 들어서면서 국정과제에 포함 참여정부 방안을 제로베이스 개념에서 재검토하여 보다 발전된 방안으로 새로이 입법화가 진행되고 있다.[1)]

그러나 최근에 검토되고 있는 자치경찰 법안은 그 동안 자치경찰제도에 대한 특성과 체계적인 자치경찰법 체계를 충분히 고려하였다고 하지만 명분과 도입단위 예산문제 등으로 관련기관 간 완전한 합의에 도달했다고 할 수 없어, 정권이 교체되었기 때문에 다시 바꿔야 된다는 생각으로 접근하게 되면, 자칫 여러 방안을 혼합한 무원칙적이고 비효율적인 입법을 양산할 우려가 있다고 생각된다. 따라서 현재 재검토 추진되고 있는 자치경찰 법안은 지방분권 이념에 바탕을 두고 지방자치단체의 권한과 책임 하에 지역주민의 의사에 따라 치안임무를 자주적

1) 17대 대선 시 한나라당에서는 '자치경찰제 확대'를 선거공약(07.12)으로 하였으며 대통령당선 후 인수위에서 법무행정 분과 자치경찰제 T/F팀을 구성·운영(08.1)한 후 새 정부 에서는 「5대국정지표, 193개 국정과제」에 자치경찰도입을 명시(08.2.5)하였다.

으로 수행하는 제도로서의 취지와 현 치안시스템이 가지고 있는 장점을 균형 있게 고려하여야 한다는 것을 대전제로 하여 그 필요성과 운영상의 효율성 및 사무의 배분, 조직·예산 등에 대한 추가적인 검토와 의견수렴이 선행되어야 할 것으로 판단된다. 또한 경찰이란 국민의 위험 발생을 예방하고 이미 발생한 위험을 단속, 제거하여 공공의 안녕과 질서를 보호 하는 것을 주 임무로 하는 조직이기 때문에 지역 실정에 맞는 경찰 서비스를 구현하며 주민의 참여를 바탕으로 한 치안행정이 구현 될 수 있다는 점에서 필요성에 공감하나 우리나라 경우 지방자치가 아직은 성숙한 상태라고 할 수 없어 자치경찰제가 가져올 부작용과 폐해에 대하여도 보다 신중한 접근이 필요할 것으로 생각된다.

따라서 본 논문에서는 자치경찰제와 관련 현재 입법 추진 중인 자치경찰 법안의 주요 내용에 대한 문제점과 적절성여부 에 대하여 검토함으로써 보다 합목적적인 자치경찰제가 시행될 수 있도록 현재 재검토 되고 있는 자치경찰 법안에 대한 효율적 입법의 방안을 제시하고자 한다.[2)]

Ⅱ. 자치 경찰제도 추진 배경 및 논의

1. 자치경찰제 이해

경찰의 개념에 대해서는 대륙법계국가와 영미법계 국가가 각자 다른 개념을 가지고 발전되어 왔다, 대륙법계 국가에서 경찰은 국민의 생명과 신체, 재산의 보호에 국한하지 않고 국가통치권에 기초하여 국가권위의 대변자로서의 역할까지도 포함된 개념인 반면, 영미법계에서 경찰은 시민에 대한 외부의 침해·침략에 대응하여 시민고유의 권한을 지키기 위하여 시민자체의 자위권행사 일환으로 발전되어온 개념이다. 이러한 경찰 개념에 대한 인식의 차이는 경찰제도에도 그대로 영향을 미쳐, 영미법계의 자치경찰제도와 대륙법계의 국가 경찰제도로 형

2) 본 내용의 입법 방안에 대한 사항들은 논문작성 이전까지의 추진사항에 대한 개인적인 견해로서 논문작성 이후 확정된 내용과는 다소 차이가 있을 수 있다.

성 · 발전되었다.3)

따라서 국가경찰제도란 경찰권이 중앙국가 권력의 일부로서 행사되는 제도를 말하는 것으로 개인의 생명, 신체 및 재산의 보호뿐만 아니라 국가시책을 추진하기 위한 행정까지 포함하는 역할을 담당하는 국가권위의 대표라고 할 수 있으며 프랑스, 터키, 한국의 경찰제도 를 들 수 있다.

이에 반해 자치경찰 제도란 지방분권의 정치사상에 따라 지방자치 단체에 자치권을 인정하여 경찰을 지방자치행정의 일부로 생각하며, 경찰권의 설치 · 운영이 지방자치 단체에 귀속되어 있는 제도로 경찰권의 행사 방법도 주민의 자유와 권리의 철저한 보호를 목적으로 적법절차를 거쳐 경찰권의 남용을 방지하는 등 소극적이다.4)

2. 자치경찰제도 추진 배경 및 경과

우리나라는 1995년 지방자치제가 본격 개막되면서 그동안 중앙 집권적이었던 권력구조가 지방분권적으로 변화 하고 있다. 이에 부응하여 치안행정 분야 역시 지방자치와 민주적 · 분권적인 경찰제도로의 개혁을 위하여 자치경찰제도 도입이 본격적으로 논의되기 시작 하였다.

논의 과정에서는 찬 · 반론 주장이 제기 되었는바, 도입을 찬성하는 논거는 해방이후 계속되는 남북대치 상황이라는 안보상황과 민주화 시위 등 정국불안, 사회 혼란이라는 특수한 여건으로 경찰 활동이 주로 정권유지 수단과 사회 안정 기능에만 치중하여 정치적 중립성과 민주적원리가 결여되었다는 인식에서 비롯되어 지방자치이념에 부합되고 지역실정에 맞는

경찰 서비스의 구축, 치안행정의 전문화 · 간소화, 재정 지출의 효율성 제고, 치안에 대한 주민 참여의 확대 등 측면에서 자치 경찰제도 도입을 주장하였다.

이에 반해 자치경찰제 도입에 반대하는 입장은 남북 분단이라는 안보상황과

---

3) 김종후·이승준, "지방자치제 하의 경찰제도의 발전 방향에 관한연구", 「군산대학교 지역개발연구」, 제XI집, 1999. p.68.

4) 김건식, 「자치경찰제 도입에 관한 법제적 고찰」, 국회보고서 2003-12,(서울 : 국회사무처 법제실, 2003),P.5.

좁은 국토, 지방자치의 폐해 및 지방 세력과의 유착[5], 지방정부의 재정부담 및 경찰서비스의 차등화 경찰활동의 능률성 및 조직관리 의 효율성 저하 등을 근거로 자치경찰제가 우리 실정에 맞지 않거나 시기상조라는 주장을 하여 왔다.

이에 따라 지난 참여정부에서는 '자치경찰제도입'을 대선 공약 사항중 지방분권화의 일환으로 지정하여 참여정부 출범 후 추진로드맵을 발표하고(03.7), 이어서 2004년 1월 16일 '지방분권특별법'을 제정. 이법에서 자치경찰제의 도입을 국가의 의무사항으로 명시하였었다.[6]

이외에도 17개의 시범실시 지역을 선정(2005.10.21)하였으며[7] 「제주특별자치도법」에 의거 제주 자치경찰을 우선적으로 시행(2006.7.1) 운영하고 있으나 한나라당 유기준의원은 광역단위 도입안을 주장 별도의 "자치경찰법안"을 대표발의 하여 행자위에 상정(2006.2.15) 되어 있기도 하다.[8]

그러나 국회에 제출 되어 2년 동안 계류 중 이었던 자치경찰 법안은 그동안 정책과정에 참여하는 관련기관간의 갈등과 입장차이로 인하여 최근(2008.5) 자동폐기가 되어 새 정부에서는 국정과제에 자치경찰 도입을 명시, 기존 경찰인력의 조정·활용 방안 및 정부부담 최소화 방안을 함께 강구하여 추진할 것을 강조하여[9] 현 치안시스템의 근간을 유지하면서도 지방분권 취지를 조화롭게 구현하는 방안을 중점(인수위안)으로 2010년 전면 실시를 목표로 새로운 정부시안이 현재 마련되고 있는 실정이다.

---

5) 지역정당화, 정치의식의 미성숙 등 지방정치의 폐해가 경찰권 행사에 영향을 미쳐 자치단체장, 지방의원들의 선거목적에 경찰이 이용되는 등 불편부당 하고 공정한 법집행이 곤란한 상황이 초래 될 우려가 있으며, 지방토호세력내지 지방 엘리트가 경찰과의 유착관계를 형성하게 되어 경찰업무의 원활하고 공정한 수행이 저해 된다는 게 반대론자들의 주장이다.

6) 지방분권특별법은 제10조 제3항에 "국가는 지방행정과 치안행정의 연계성을 확보하고 지역특성에 적합한 치안서비스를 제공하기 위하여 자치경찰제를 도입하여야 한 다" 고 '국가의 의무사항'으로 규정하고 있다.

7) 17개 시범자치단체 현황은 서울 강남구·서대문구·부산서구·대구달서구·인천부평구·광주동구·대전유성구·울산울주군·경기포천시·과천시·강원정선군·충북충주시·충남서산시·전북전주시·전남강진군·경북의성군·경남남해군 등이다.

8) 유기준 안은 도입단위를 시·도(경찰본부), 시·군·구(자치경찰대)로 하고 경찰사무범위는 국가 수사, 정보, 외사, 보안을 제외한 모든 부분으로 하며 재정부담은 법률에서 정하는 사항에 대해 국가부담을 의무화(강행규정)하는 등 광역단위 기능강화를 주장하고 있다.

9) 행정안전부에서는 2008.3.20 장관주재 국정과제 보고회의시 강조한 한바있다.

3. 자치경찰제 도입 논의

우리나라에 자치경찰제 도입에 관한 논의는 정부수립 시부터 수차례에 걸쳐 논의되어 왔으나[10] 남북 분단이라는 안보논리에 의해 별다른 진전이 없다가 1990년대 지방자치제가 실시되면서 활발하게 논의되기 시작하여 주민들의 생명·신체·재산에 대한 안전과 질서유지 등 경찰의 본래적 기능문제를 자치단체가 제공하는 공공서비스 차원에서 해결하려는 주장이 제기되기도 하였으며[11] 70년대부터는 경찰 내부적으로도 자치경찰제 도입방안을 모색하여 발전 방향이 연구 논의되기도 하였으나 구체적인 방안을 제시되지 않았다. 그 후 참여정부 이전에도 자치경찰제 도입추진 안이 꾸준히 제시되었으나 각 정당간의 입장 차이와 여건의 미성숙으로 인해 도입이 성공하지 못하였다가, 참여정부에서는 대통령선거 공약사항이기도한 자치경찰제 논의를 활성화하여 「주민생활중심의 자치경찰제」 도입방안을 확정 하였으며, 이에 대해 새 정부에서도 「자치경찰제 확대·강화」를 강조 법제화 논의가 진행되고 있다.

Ⅲ. 자치경찰법(안)제정 방향 및 주요내용

1. 법안 제정의 기본원칙과 방향[12]

1) 기본원칙

적은 비용으로 우수한 치안 서비스를 제공하고 있는 현 국가경찰 시스템의 장점과 근간을 유지하면서도 지방분권의 취지를 조화롭게 구현하여 국가전체의 치안역량을 궁극적으로 향상 시킬 수 있는 방안을 모색하여야 한다는 것으로 이를

10) 1948년 정부 조직법제정 시부터 수차례에 걸쳐 자치경찰제도 도입이 논의되고 경찰법안 등이 상정되기도 하였으나 폐기되었다.

11) 행정 안전부, 「자치경찰제 추진중간보고서」,2008. pp. 29-31.

12) 행정안전부, 「자치경찰제 추진중간 보고서」, 2008, P.82

위해서 통합기본 법인 '자치경찰법'이라는 별도의 법률을 신규제정 하여 '자치'와 '경찰'을 적절히 조화 시키고 자치경찰제도의 상징성을 고려하자는 것임.

2) 제정방향

자치경찰은 경찰행정과 활동에 있어 주민의 참여와 통제가 보장되어야 하기 때문에 창설과 폐지에도 주민의사가 반영되어야 하며[13] 자치경찰에게 자치단체의 법집행력을 실질적으로 확보할 수 있도록 필요한 권한을 부여하고 주민과 친화적인 지역치안활동을 전개, 국가경찰과 유기적 협력관계를 유지 일정범위 내에서 공동으로 지역치안 사무를 수행하되 구체적인 역할 분담은 경찰서장과 자치단체장이 협약으로 정하는 것으로 하였다. 또한 소요경비는 원칙적으로 자치단체가 부담하는 것으로 하되 정착 시 까지는 국가가 일정부분을 지원하도록 하고, 전면실시에 앞서 17개 자치단체에서 우선시범 실시하여 문제점 및 개선 방안을 도출 하고자 하였다.[14]

〈표 1〉 시범실시 자치단체 현황

서울	부산	대구	인천	광주	대전	울산	경기	강원	충북	충남	전북	전남	경북	경남
강남 서대문	서구	달서구	부평구	동구	유성구	울주군	포천 과천	정선	충주	서산	전주	강진	의성	남해

* 자료 : 행정안전부

이외에 새 정부 인수위에서는 ①국가경찰과 자치경찰의 역할분담에 의한 국가 전체적인 치안역량은 강화(국가 · 자치경찰 이원적 도입) ②광역 자치단체의 법집행력 을 보강하기 위하여 시 · 도지사에게 일부사무에 한해 자치경찰대 통합운용

13) 프랑스 · 스페인 · 이태리 모두 자치단체의 자유로운 선택이나 재정형편에 따라 실시여부를 선택 할 수 있도록 하고 있다. 프랑스 경우 총36,763개 꼬뮨 중 에서8.7%에 해당하는 3,150개 꼬뮨 에서만 운영하고, 스페인의 경우에는 총 7,800개 기초 자치단체 중에서 70% 해당하는 5,500여개 기초단체에서만 자치경찰제를 설치 · 운영하고 있다.

14) 시범지역은 관광레저지역, 산업지역, 해안지역 등 유형별로 선정, 이를 통해 전국 234개 시· 군·자치구 자치단체에 적용할 수 있는 유형별 표준모델을 정립하였다.

권 및 특별 사법경찰 사무의 지원 · 조정권 부여(시 · 도 치안 행정위원회를 통해 기초자치 단체장 권한 남용견제) ③시 · 도에 '치안행정 위원회' 산하에 별도의 사무기구설치 ④자치경찰대장 임명은 '자치경찰위원회'의 동의를 얻어 시군구청장이 행사(제도 정착시 까지는 국가에서 행사) ⑤현 치안 시스템의 근간을 유지 하면서 지방분권 이념을 조화하는 방안 등을 추가사항으로 하여 방향을 제시 하였다.

2. 법안의 부문별 주요내용

참여정부에서 마련하였던 자치경찰법은 총 8장 36개 조문으로 구성되었는바, 이 법은 국가 경찰의 조직 · 작용 · 인사에 관한 「경찰법」·「경찰공무원법」·「경찰관직무집행법」과 지방행정의 조직 · 인사에 관한 「지방자치법」·「지방공무원법」을 각각준용 또는 적용하면서 특례를 두었다.

1) 자치경찰대 설치 운용

자치경찰대의 도입단위를 주민과 가까운 '시 · 군 · 자치구'기초단위에 직속기관으로 설치 및 폐지 할 수 있도록(선택적 실시가능) 규정하고 자치경찰이 수행하는 사무의 구체적인 범위와 수행 방법은 국가경찰과 상호협약으로 정하도록 함.

2) 사무의 내용

자치경찰이 수행하는 사무는 주민생활과 밀접한 분야의 치안서비스로 주민생활안전을 위한 순찰, 안전사고 및 재해 · 재난 등으로 부터의 주민보호, 아동 · 청소년 · 노인 · 여성 등 사회적 약자보호, 기초질서 사범단속 등 주민의 생활안전활동에 관한 사무, 교통안전 및 교통소통관리 · 교통법규위반 지도 단속 등 지역교통 분야, 시 · 군 · 구의 공공시설 및 지역행사장 등 지역경비분야와 「사법경찰관리의 직무를 행할 자 와 그 직무범위에 관한 법률」이 정하는 바에 따라 자치경찰공무원의 직무로 규정하고 있는 사법경찰관리의 직무, 현 자치단체 보유 환경 · 위생 · 식품 등 17종의 특별사법 경찰사무를 처리할 수 있도록 규정하였다.[15]

3) 주민에 의한 참여 및 통제

시 · 군 · 구에 '자치경찰대'를 설치하고 주민참여기구(심의 · 의결)로 시 · 도에 '치안행정위원회' 및 시 · 군 · 구에 '자치경찰위원회(지역치안협의회)'를 설치, 자치경찰의 운영과 활동이 지역주민들의 참여와 자율적 결정에 따라 이루어지며 단체장의 자의적 운영 폐해도 방지 할 수 있도록 하였다.[16]

4) 직무권한과 장비사용

자치경찰은 관할구역 내에서 경찰관직무집행법에 의거 직무를 수행 할 권한이 있으며 법집행을 위해 필요한 장비를 사용 할 수 있으며 (무기휴대는 지방청장승인) 일반범죄수사권은 없으나 현행범인은 검거 국가 경찰에 인계할 수 있다.

5) 신분보장

자치경찰공무원의 신분을 '치안'이라는 특수한 사무를 수행하기 때문에 특정직 지방공무원으로 소속기관장인 시장 · 군수 및 구청장이 임용권자로서 임명 · 휴직 · 면직과 징계 등 모든 인사권을 행사하게 된다.[17] 또한 자치경찰의 확고한 정치적 중립성을 확보할 필요성에 따라 "자치경찰공무원 인사위원회"를 별도로 설치 운영하도록 하였으며 신규임용은 국가 경찰공무원과 유사한 방식으로 채용하도록 하고 한 지역 에 장기간 근무로 인한 폐해를 방지 하기위하여 매년 소속 자치경찰 공무원 정원의 100분의 5이상이 국가 경찰 또는 타 자치경찰대에 근무 할 수 있도록 인사교류를 의무화 하였다.[18]

---

15) 자치경찰법안 제 6조 제 1항 참조.

16) 자치경찰법안 제 7조, 제9조 ~제11조 참조.

17) 자치경찰법안 제 24조(임용권한) 참조.

18) 자치경찰의 계급구조는 자치순경에서 자치총경까지 7단계로 하였으며, 최초로 자치경찰대를 설치하는 경우 자치경찰 공무원으로 특별 임용되는 국가경찰공무원에 대하여는 우수자원 확보차원에서 해당계급의 차상위 계급으로 임용할 수 있도록 하였으며, 계급정년은 없고, 자치경정이상 60세, 자치경감 이하 57세로 규정하였다.

6) 재정지원 및 감독

현재 대부분의 지방자치단체의 재정자립도가 미약하기 때문에 제도가 정착시 까지는 국가는 자치단체에 필요한 경비의 일부를 지원 할 수 있도록 하였으며 자치경찰 사무에 대한 일반적인 지도·감독은 지방차치법의 규정에 의하여 실시하도록 하였다.[19]

7) 시범실시

자치경찰제의 시행은 자치경찰법의 공포 후 6월의 범위 내 에서 대통령령이 정하는 날부터 시행하는 데 이러한 규정에도 불구하고 자치경찰제의 운영상황을 미리 점검하고 문제점을 사전에 발굴하여 보완하기 위하여, 일부 시·군·구에 대하여 법 시행일로부터 1년이내의 기간을 정하여 시범실시를 할 수 있도록 특례를 규정하였음.[20]

Ⅳ. 자치경찰법안의 주요쟁점 및 과제

1. 자치경찰제 도입단위 관련

자치경찰제는 도입단위에 따라 기초단위, 광역단위 또는 기초와 광역단위에 동시 실시하는 방안으로 구분할 수 있다. 각 방안은 장단점을 가지고 있는바, 첫째 시·군·구 기초 단위 도입방안은 현지 실정에 적합한 주민 근접치안 행정 실현과 지방행정의 종합성구현이 가능하지만 지역토착세력과의 부조리 조장과 광역치안 수요 대응 미흡, 자치단체 간 재정편차로 인한 치안 불균형이 우려된다는 지적이 있다. 둘째 시·도 광역단위 도입방안은 사건·사고의 광역기동화에 대응이 용이하고 자치와 분권이념에 보다 충실한 것처럼 보이지만 주민생활과 밀착

19) 자치경찰법안 제20조~제22조.
20) 자치경찰법안 부칙 제1조, 제2조.

된 치안수요에 대응이 미흡하다는 단점이 있다.[21] 셋째 광역 및 기초단위 모두에 도입하는 방안은 치안의 현장성과 광역성 을 동시에 충족하고 지방행정과 치안행정의 연계성 확보가 용이하다는 장점은 있으나, 경찰이 국가, 광역단체, 기초단체에 혼재함으로써 기능이 중첩되어 효율적이지 못하고 국가 전체적 치안 역량이 저하할 우려가 있다고 지적되고 있다.

〈표 2〉 주요 자치경찰법안 3개안 비교표

구분 \ 방안	〈방안1〉 주민생활중심의 자치경찰 창설	〈방안2〉 광역 단위 경찰위원회 설치	〈방안3〉 기초자치단체 단독 자치경찰 운영
주요 이념	• 민주성 • 주민 대응성	• 정치적 중립성 • 효율성	• 민주성 • 주민 대응성
실시 단위	• 시·군·구 기초단위	• 시·도 광역단위	• 시·군·구 기초단위
조직 형태	• 독임제(자치단체장) • 자치단체 보조기관	• 경찰위원회제 • 시·도지사 직속기관	• 독임제(자치단체장) • 자치단체 직속기관
인사 관리	• 자치단체 일반 인사위원회	• 지방경찰위원회	• 지방경찰인사위원회
책임자 임명	• 단체장이 임명	• 지방경찰위원회 제청으로 대통령이 자치경찰장 임명(국가경찰위원회·경찰청장 의견)	• 지방의회 동의, 단체장이 자치경찰서장 임명
경찰 신분	• 특정직 지방공무원	• 국가공무원(경정이상) • 지방공무원(경감이하)	• 경찰서장 및 고유사무처리자 는 지방공무원 • 국가사무처리자는 국가공무원
제정	• 일반회계	• 특별회계	• 일반회계
통제	• 자치단체장 및 지방의회	• 국가경찰위원회, 경찰청장	• 자치단체장 및 지방의회

21) 한나라당 유기준의원안은 국가경찰과 자치경찰을 분리하고 대부분의 경찰사무를 자치단체로 이양하여 일반적인 수사권, 정보수집권 을 포함한 포괄적인 경찰사무를 자치경찰이 수행하자는 안으로 '자치와 분권'측면에서는 타당하나, 현 치안시스템의 급격한 변화로 인해 국민의 불안초래와 안정된 치안기초가 흔들릴 수 있다는 지적이 되고 있다.

수행 사무	• 고유사무 • 지역교통, 기초질서 유지환경 · 위생 등 행정경찰사무	• 국가사무, 고유사무 병행 • 생활안전, 수사, 경비, 정보, 교통 기타 공공안녕과 질서유지	• 고유사무(主) 기관위임사무(從) • 생활안전, 교통, 주민안전, 기초질서
장점	• 주민 대응성 및 치안 만족도 제고 • 지방행정의 종합성 구현	• 효과적 광역치안수요 대응 및 균질의 치안행정 기능 • 정치적 중립성, 업무수행의 공정성 확보	• 책임과 권한 소재 명 확 • 이상적 지방자치 실현 방안 (책임과 권한의 일치)
단점 (비판)	• 지역간 치안불균형 우려 • 상호갈등 시 치안공백 발생 우려	• 행정 책임소재 불명확 • 주민에의 근접성 부족	• 광역치안수요 대응 미흡 • 단체장의 권한 비대화

* 자료 : 행정안전부, 2008「자치경찰제 추진중간보고서」,

2. 사무배분 관련

국가경찰과 자치경찰 간 담당하여야 할 업무의 범위에 관한 것이 또한 주요 논쟁이 되고 있는 사항으로 두 가지 의견으로 첫째 수사권을 포함한 모든 형태의 경찰기능을 자치경찰이 광범위하게 수행하여야 한다는 주장은 치안자율권 향상 측면에서 주장하는 사항이며 둘째 자치경찰은 수사권을 제외한 환경 · 위생 등 특별사법경찰임무와 지역교통, 기초질서 유지 위주의 사무를 수행하여야 한다는 것으로 광범위한 경찰의 사무를 국가 경찰과 자치경찰에 각각 어떻게 배분하느냐의 문제이다.

참여정부 시 만들어진 자치경찰법시안 은 지역교통 · 지역방범 · 지역경비를 자치경찰사무로 하고 있다.

3. 자치경찰기구의 관리 및 조직형태 관련

자치경찰기구의 관리를 정치적 중립성과 독립성을 보장하고 주민들의 참여를 보장하기 위해 위원회에 의한 합의제로 관리하는 방안과 단일책임자의 직접적인 통제로 강력하고 일사 분란한 경찰임무 수행을 가능하게 하는 독임 제 형태로 할 것인가 역시 주요쟁점이 되어있다. 또한 자치경찰기구의 조직형태도 직무상 독립성이 보장된 독립기관으로 설치 할 것인지, 아니면 자치단체장의 지휘 · 감독을 받는 보조기관으로 설치할 것인가도 논란이 되었다. 현재의 방안은 독임제 · 직속기관 방안이다.

4. 자치경찰 인사 관련

인사권은 조직관리 와 통제에 있어서 제일 중요한 요소라 할 수 있기 때문에 인사권의 소재는 매우 의미가 있는 사항이다. 따라서 자치단체장이 인사권을 단독으로 행사하는 방안과 경찰 일부에 대하여 인사권을 행사하는 방안이 논의 되었다. 또한 국가경찰과 자치경찰 간 인사 교류를 통하여 역량을 향상 시키고 상호 업무협조를 원할히 하기위한 방안이 검토되어 매년 일정한 인원이 (100분의5 이상) 상호교류 하는 것을 의무화 하였다.

5. 자치경찰 재정 문제

자치경찰운영에 소요되는 경비를 지방자치단체가 부담하여야 하는지 국가에서 어느 정도 부담해야 하는지에 관한 문제이다. 매우 중요한 문제이나 우리나라 지방 자치단체는 재정이 빈약한 실정이며 자치단체 간에도 재정편차가 심해 안정적인 자치경찰 제도 정착을 위해 국가 지원 범위에 대한 확정이 필요한 문제이다.

6. 자치경찰권 남용 문제

정당의 지역편중이 심하고 정당공천제가 실시되고 있는 우리나라의 정치현실에서 지방자치 경찰제도가 도입되면 자치단체장이 주어진 권한을 넘어 경찰권을 자의적으로 운용할 수 있으며 이로 인해 자치경찰의 정치적 중립성이 훼손될 수도 있다. 물론 이를 차단하기 위하여 지역주민위주로 치안행정위원회와 지역치안

협의회를 구성하여 자치경찰 운영에 주민이 직접 참여하고 통제할 수 있도록 하였으나 현재에도 너무나 많은 권한을 가진 자치단체장에게 경찰권까지 주게 되면 제왕적 단체장이 될 우려가 있다며 우려하고 있는 문제이다.[22)]

7. 교통안전시설 운영권 이관 문제

현재 국가경찰이 수행하고 있는 지방자치단체 사무인 교통안전 시설운영권을 자치경찰로 넘길 것인가 아니면 국가경찰이 계속 수행할 것인가도 큰 쟁점사항이다.[23)]

V. 주요쟁점에 관한 보완 방안

1. 광역자치단체의 법집행력 보강

자치경찰제는 '국가 전체가 아닌 국가 내의 일부지역에 소속되어 그 지역과 지역주민의 치안과 복리를 위해 활동하는 경찰' 개념이라 할 수 있다. 따라서 자치경찰제도는 시 · 군 · 구 등 기초자치 단체 단위로 실시하는 방안이 타당하다. 물론 '유기준 안'과 시도지사협의회에서는 광역단위의 자치경찰제 시행을 요청하였지만, 재정, 인력 등 감안해야 할 변수가 많기 때문에 시 · 군 · 구를 중심으로 우선실시 한 뒤 점진적으로 보완해 나가야한다. 그러나 광역자치단체의 법집행력을 보강하기 위하여 시 · 도지사에게 일부 사무에 대해 자치경찰대통합 운용권 및 특별사법 경찰사무의 지원과 조정권을 부여하는 방안을 검토하고, 시 · 도지사에게 일정기간 동안 자치경찰 대장의 추천권을 부여하는 방안도 고려해 봄직하고, 시 · 도 치안행정위원회를 통해 기초 자치단체장의 권한 남용을 견제하는 장치를 마련하는 등 광역 단위기능과 체계를 보강할 필요가 있다.

---

22) 행정안전부, 「자치경찰제추진경과 및 과제」, 2008. P.25.
23) 현재 교통안전 시설운영은 1995년부터 국가경찰이 수행하고 있다. 그러나 이에 대한 운영비는 년 2000억 정도를 지방자치단체가 국가 경찰에 지불하고 있다.

2. 국비지원 확대

자치경찰제는 지방분권 이념에 따라 지자체에 경찰권을 부여하는 것으로 해당 지방자치단체가 소요되는 경비를 부담하는 게 원칙이다. 그러나 지방자치단체의 재정이 열악하고 자치단체 간 편차가 심하기 때문에 이로 인해 치안 서비스의 불균형이 초래 될 우려가 있다.

현재 시범실시하고 있는 제주 자치경찰(2006.7.1 출범) 경우 예산부족으로 인하여 결원인력 미채용(44명), 국가경찰과의 업무 협약사무일부를 수행하지 못하는 등 벌써부터 운영에 차질을 발생 하고 있어 자치경찰 사기저하의 원인이 되고 있다.

물론 이를 해소 하기위하여 국가경찰의 탄력적 재배치와 국고보조금 · 지방교부세 등을 지원할 계획이지만 나누어 먹기식 으로 쪼개어 사용하는 것은 옳은 해법이라고 볼 수는 없으며, 국가전체 세입예산에서 자치경찰 예산을 독립적으로 배정 받는 것이 가장 타당한 해결책이라고 보기 때문에 제도 정착 시 까지 예산부처 등 유관기관 간 좀 더 면밀한 검토와 협의가 필요하다고 본다.[24)]

〈표 3〉 제주자치경찰 국고보조금 지원액

년 도 별	요구액	지원액	비 고
'06년	69억	22억 5,300만원	32%
'07년	64억	20억 1,700만원	31%
'08년	77억	29억 6,300만원	38%

* 자료 : 행정자치부

3. 경찰권의 적정화 운영

자치경찰제 도입반대론자들의 주장은 지역주의 폐해가 심한 현실에서 자치경

24) 행정안전부, 「자치경찰제 추진경과 및 과제」, 2008. P.24.

찰은 자칫 지역정치세력의 영향력 증대로 정치적 중립성 약화와 지역세력 과의 유착가능성이 높아져 경찰의 부정부패가 심화되는 등 현재에도 많은 권한을 가진 자치단체장에 의해 경찰권이 자의적으로 운용될 것이라고 우려하고 있다. 물론 이에 대해서는 사무배분의 조정과 주민에 의한 통제가 가능하도록 치안행정위원회와 지역 치안협의회의 설치 등 방안을 강구하였다. 그러나 제도적 통제수단만으로는 자치단체장들의 권한남용과 제도 악용을 저지하기는 힘들다. 따라서 자치경찰이 지방정치권에 예속되어 정치적 중립성이 훼손되지 않도록 그 역할과 권한이 법으로써 명확하게 규정되고 견제 될 수 있도록 추가적인 연구·검토가 필요하다.

4. 자치경찰에 대한 개념 정립

지역주민의 참여와 의사에 의하여 지역의 치안을 유지하는 자치경찰제 도입은 지방자치역사에 큰 의미를 지닌다. 그러나 이를 이해함에 있어서 자치와 경찰을 혼돈하여 오히려 '경찰의 자치'로 생각하여 자치경찰은 국가경찰과는 아무런 상관이 없어야 한다는 의견도 나오고 있다. 이는 중앙집권화 된 경찰권을 지방으로 이양하여 지역주민 본위의 봉사치안을 구현하자는 자치경찰에 대한 오해의 소지를 낳을 수 있다. 결국 자치경찰은 국가경찰과 함께 경쟁과 협력을 하여야 만이 치안의 사각지대가 해소되고 주민에게도 보다 높은 수준의 치안서비스가 제공될 수 있음을 명심하여야 한다.

5. 사무배분의 명문화로 치안역량 강화

자치단체에 대한 사무배분은 지방분권 특별법의 보충적 원칙 에 의해 기초 자치단체에 우선배분 하여야 하며 자치경찰사무는 주민생활 접근성이 뛰어난 기초단위에서 시행하는 것이 합리적으로 보인다. 특히 우리보다 자치경찰제도의 오랜 역사를 가진 스페인, 프랑스의 경우 자치경찰에게 주어지는 특별사법경찰업무가 대부분 교통법규위반과 관련된 매우 제한 된 권한만 주어져 행사하는 데 반해 현재 자치경찰제를 시범적으로 실시하고 있는 제주특별자치도의 경우는 무려 17종의 특별사법경찰업무를 수행하고 있는 관계로 너무 과중한 권한과 의무가 부과 되어있는 실정이다.[25)]

따라서 자치경찰사무는 주민생활중심 치안서비스를 제공하기 위한 지역생활안전, 지역경비, 지역교통(국가경찰과 별도조직으로 공동 사무수행) 및 현재 자치단체에서[26)] 수행하고 있는 식품, 위생, 환경, 보건, 건축 등에 대한 특별 사법경찰사무수행을 담당하고 수사, 정보, 외사 와 같은 전국적 규모로 수행하여야하는 사무에 대해서는 국가경찰이 담당할 수 있도록 하는 등 사무배분의 명문화로 국가 경찰과 자치경찰의 역할분담에 의한 국가 전체적인 치안 역량이 강화 될 수 있도록 하여야한다(국가 · 자치경찰 이원적 도입).

6. 자치경찰기구와 정원의 합리적 운용

현재 제주특별 자치도 에서 실시하고 있는 자치경찰제도는 아직 제도 초기단계로 많은 문제점이 발생하고 있다. 이중 자치경찰 단장은 자치총경, 자치경찰대장은 자치총경 또는 자치경감으로 규정되어 있어(제주특자도법 제 107조, 제 109조) 타부서의 실 · 국장과의 직급차이로 대등한 업무협조가 곤란한 실정으로[27)] 직급의 상향조정이 필요하다. 또한 자치경찰직제가 “과”와 “계”의 중간인 “팀”체제로 편성되어있어 과 담당(팀)체제로 개편, 타실국과의 형평성유지와 국가 경찰과의 대등한 협조체제가 유지 될 수 있도록 검토할 필요가 있다.[28)]

---

25) 신현기·안영훈, 제주자치경찰의 인력확보대책에 관한 고찰, 「한국경찰연구」 제7권 제1호, 18편
26) 행정안전부, 「자치경찰제 추진경과 및 과제」, 2008, P.23.
27) 총경과 경정은 4급, 경감은 6급이나 국장급 직급은 2-3급으로 규정되어 직급조정이 필요하다.
28) 제주자치경찰단, 「제주자치경찰운영실태 및 애로사항」, 2008.

Ⅵ. 결 론 및 제 언

이상의 논의에서 살펴본 바와 같이 지방자치의 완성이라는 차원에서 진행되고 있는 자치경찰법 제정 추진 방향은 참여정부안인 '주민생활중심의 자치경찰제'를 주요 골자로 하여 현행국가 경찰조직 · 운영 시스템은 그대로 유지하면서 시 · 군 · 구청장 소속하에 직속기관으로 자치경찰대를 설치하여, 자치경찰은 방범순찰, 사회적 약자보호, 교통안전 및 단속, 기초질서유지, 지역시설 · 행사경비, 특별사법 경찰사무 중 주요사항 등 실제적으로 주민 생활에 밀착된 치안서비스를 수행하도록 하는 것으로 이는 현 국가경찰제의 장점과 지방분권의 취지를 조화롭게 구현하기 위한 것이라 할 수 있다.[29]

그러나 현재 진행되고 있는 자치경찰제 추진방안은 풀뿌리 민주주의의 정착을 위해서는 경찰권역시 지방자치단체가 자기의 권한과 책임으로 치안행정을 수행하여야 한다는 분권과 자율이라는 원칙에만 지나치게 집착하여 우리나라의 중앙집권적 전통과 좁은 국토, 남북분단, 범죄의 광역화, 검찰위주의 수사구조 등 치안 여건에 맞지 않고 특히 지방자치제도가 완전히 성숙되지 않은 상태에서 경찰까지 자치화 되면 지금보다 심각한 지방자치제의 병폐가 발생할 것이라는 회의적인 시각[30]에 대한 고려가 미흡하다는 의견이 여전히 대두 되고 있는 실정이다.

이는 참여 정부에 이어 새 정부에서도 「5대국정지표, 193개 국정 과제」에 자치경찰제 도입이 명시되어 법제화 작업이 추진 중인 현재까지도 여전히 큰 부담으로 작용되고 있다. 또한 2005년 국회에 제출 계류 중이었다가 최근(2008.5) 자동 폐기 된바있는 참여정부 자치경찰법안에 대하여도 새 정부가 들어서면서 자치경찰도입의 필요성은 인정하지만 도입단위, 예산문제, 사무분담 문제에 있어서 아직까지도 완전한 합의에 도달하지 못하고 있어 행정안전부가 최근 새롭게 마련하고 있는 자치경찰제 추진로드맵은 앞으로도 많은 차질이 있으리라 예상된다. 또한 2006년부터 시범 실시되고 있는 제주특별자치도의 자치경찰제 역시 시행 초

29) 행정안전부, 「자치경찰제 중간 보고서」, 2008.

30) 김건식, 「자치경찰제 도입에 관한 법제적 고찰」, 국회보고서 2003-12,(서울 : 국회사무처법제실, 2003), P.29.

기의 문제점이 많으리라는 점을 감안한다 하더라도 인력 및 재정, 전문성, 근무 형태 등 운영상의 여러 가지 어려움이 많이 도출되고 있어 과연 성공적으로 정착될 수 있을지 우려 되는 사항이다.

따라서 현재 진행되고 있는 자치경찰법 제정방향은 지정학적 조건 및 범죄의 광역화 등 우리가 처한 치안환경을 고려 국가경찰과 자치경찰의 역할 분담에 의한 국가 전체적인 치안역량이 강화 될 수 있는 혼합형 자치경찰제, 즉 국가·자치경찰제의 이원적 도입이 마련되어야 하겠다.

이는 이미 작성된 법안에 광역기능을 보강하고, 사무의 조정과 배분 등이 추가로 검토 되면 가능하리라 생각 된다. 아울러 시간적으로 촉박한 면이 있으나 추진일정에 맞춰 성급하게 추진하는 것보다는 시간을 가지고 이에 대한 개편방안도 효과와 실효성을 적극적으로 분석하여 보다 완벽한 방안을 마련하여 시행하는 것이 오히려 바람직하지 않는가 하는 생각이다.

결론적으로 자치경찰제는 경찰의 중립성과 민주성을 확보하고 지역실정에 맞는 경찰서비스를 제공하며 지방자치단체의 법집행력 보강을 통한 종합행정성을 제고 하여 성숙한 지방자치를 구현할 수 있다는 점에서도 어느 형태로 든 도입하여야 된다는 공감대가 형성되었기 때문에 자치경찰 법안의 내용은 국가 경찰과 자치경찰의 상호협력을 통한 주민에 대한 치안서비스의 질제고가 되는 방향에서 좀 더 진지하게 추진하는 노력이 필요하다 즉 시간과 명분에만 쫒겨 정하여진 틀에만 억매여 졸속으로 제정하게 되어 얼마 뒤에 다시 개정을 추진하는 방안 보다는 처음부터 기존 경찰인력의 조정·활용 방안 및 정부부담 최소화 방안을 함께 고려하여 현 치안시스템의 근간을 유지 하면서도 지방분권취지를 조화롭게 마련하는 것이 가장 타당한 방안이라 생각된다.

≪주제어 : 자치경찰, 발전방향, 설치, 조직, 쟁점≫

참고문헌

김건식, 「자치경찰제도입에 관한 법제적 고찰」, 국회보고서. 2003-12, 서울 : 국회사무처 법제실, 2003.

김종후 · 이승준, “지방자치제하의 경찰제도의 발전 방향에 관한 연구”, 「지역개발연구」, 제XI집, 군산대학교(1999).

김남진, “지방자치와 경찰법; 경찰작용법 을 중심으로”, 「공안행정논총」,제4호, 동국대학교 공안행정 연구소, (1989).

김상호 외 8인, 「경찰학개론」, 법문사, 2006.

박병식, “자치경찰 도입을 위한 입법사항의 검토 :일본의 경찰법을 중심으로”, 「수사연구」, 제21권 5호, 수사연구사(2003).

박진현, “우리나라 자치경찰 도입방향에 관한 실증적 연구”,「한국공안행정학회보」,제9호, 한국공안행정학회 (2000).

박창호 외, 「비교수사제도론」, 박영사, 2005.

신현기, “우리나라 자치경찰제 도입에 관한 연구”, 「교수논총」, 제17호, 한세대학교 (2001)

______, 「자치경찰론(3판)」,웅보출판사. 2007.

______, “제주자치경찰제의 실태분석과 개선방안에 관한 연구”, 「한국경찰연구」, 제6권 제2호, 한국경찰발전연구학회, 2007.

신현기 · 안영훈, “제주자치경찰제의 인력확보대책에 관한 고찰”, 「한국경찰연구」,제7권 제1호, 한국경찰발전연구학회, 2008.

이기우, “경찰지방자치의 바람직한 방향”, 「지방행정」 제52권, 대한지방행정공제회 2003.

이윤근, 「비교경찰제도론」, 법문사, 2001

이만종, 「경찰수사총론」, 청목출판사. 2007

안영훈, 「자치경찰 인적자원 확충 및 능력개발 방안」, 서울 : 지방행정연구원, 2007

양영철, “참여정부의 자치경찰 창설과 운영방안”,「한국사회와 행정연구」,제15권 제4호, 서울행정학회, (2005).

이주희, “자치경찰제도의 도입 방향”,「지식과 정책」, 제143호, 서울대학교 행정대학원 (2004).

최응렬, 「지역경찰제의 정착화를 위한 과제」: 치안정책연구소 보고서 2005-08, 서울 : 경찰청, 2005.

최종만, 「자치경찰제 추진경과 및 과제」:자치경찰 어디까지 와 있는가?, 자치경찰제 추진평가 토론회 결과 보고서, 서울 : 행정자치부, 2007.

최종술, “바람직한 자치경찰제모형에 관한 연구”,「한국행정학보」,제33권 제2호, 한국행정학회(1999).

______, “자치경찰제에 대한 논의의 중단과 원인에 관한 연구”, 「한국공안행정학회보」, 제12호, 한국 공안행정학회(2001).

허경미, “경찰청 자치경찰제안의 문제점 및 대안”,「한국공안행정학회보」,제16권, 한국공안행정학회(2003).

경찰청, 「각국의 자치경찰제」,2004.

______, 「경찰백서」,2003.

경찰청, 「지역경찰 업무지침」,2003.

경찰혁신기획단 자치경찰추진 팀, 「자치경찰 용역연구」,2003.

______________________________, 「선진외국의 경찰제도」,2003.

국회행정자치위원회, 「유기준의원 자치경찰 대체법안 토론회 자료」,2006.

행정자치부, 「자치경찰제 어디까지 와 있는가?」,자치경찰제 추진평가 토론회 주요결과, 2007.

행정자치부 자치경찰제실무추진단, 「자치경찰법안 공청회」,2005.

______________________________ , 「자치경찰제실무추진단 주요업무 추진일지」, 2005.

http://www.mopas.go.kr (행정안전부 홈페이지)

http://www.wgmp.go.kr (자치경찰제 실무추진단 홈페이지)

Chapter 6 >>> 안보위협과 경찰의 역할

[요약]

한국은 지금 대·내외적으로 많은 요인들로 인해 다양한 상황에 직면해 있다. 외부적으로는 한·미동맹의 새로운` 전환, 미군사력의 감축과 후방지역으로의 철수, 북한 핵문제 및 중동문제로 인한 고유가 시대, 반미감정과 안보불감증에 따른 안보위협 등 많은 어려운 문제들이 산재해 있다.

게다가 국가안보의 개념이 경제·사회·문화 등 전 영역에 걸쳐 다변화되고 있기 때문에, 현 경찰의 냉전형 국가안보 대응시스템을 유동적이고 세계화된 국제안보에 효과적으로 대응할 수 있도록 기능간 조정과 개편이 필요한 상황이다.

따라서 본고의 목적은 국내·외 안보환경의 현황을 살펴보고 이에 대응중인 현 경찰의 안보시스템의 문제점을 파악하여 향후 나아가야할 비교적 구체적인 발전방안을 제시하고자 하는데 에 있다. 그 발전방안으로는 경찰의 대테러 현장대응역량의 강화와 헌법수호를 위한 보안경찰의 정비, 안보관련 조직과 기능을 전면적으로 개편하는 구체적인 정책의 마련 등을 제시할 수 있다. 국가안보는 주권국가가 지향하는 이념이나 가치의 전제조건이다.

그것은 국가안보 체계가 한시적인 정권의 조직이 아닌 국가 그리고 국민의 안보기구가 되는 것을 의미하는 것이고, 구체적으로는 법치주의와 민주주의의 이념하에 국가안보의 확립을 위하여 효율적이고 민주적으로 기능하는 국가안보 체계로의 혁신을 도모하는 것을 의미한다. 이에 초국가적 안보위협세력이라는 변모된 국가안보 환경에서, 국·내외를 초월한 범죄가 발생한 경우에 과연 현재의 국가경찰력으로 대처할 수 있는지에 의문을 제시하면서, 국가안보 체제의 구축이라는 차원에서 경찰의 역할을 논의하고자 한다.

Ⅰ. 서론

한국경찰체제는 해방이후 60여년에 이르는 세월이 흐르는 동안 우여곡절을 거치면서도 '민중의 지팡이'(제 성호, 2008: 129)로서 열린 경찰, 투명하고 정직한 경찰, 친절한 경찰, 임무에 충실한 경찰이 되기 위해 부단한 노력을 거듭해왔다. 그간 한국의 경찰은 정부수립, 한국전쟁, 4.19혁명까지의 혼란기를 거쳤고, 박정희 정권과 신군부 정권이 지나는 동안 강한 정치적 성향을 나타내기도 했고, 남북분단에 따른 대간첩작전(간첩 및 무장공비 등이 육상, 해상, 공중으로 침투하는 것을 봉쇄하고, 침투한 적을 조기에 색출하여 섬멸하는 작전)에도 적극 참여하는 등 국가안보 확립을 위한 활동을 전개해왔다. 또한 최근에는 북한이탈주민 신변보호 및 정착지원 활동에도 적극 참여하고 있고 테러와 관련해서 대테러의 예방 및 진압대책의 수립 · 지도의 임무(박 준석, 2009: 109)를 맡고 있기도 하다.

이러한 역사적 상황 및 발전과정 속에서 한국경찰은 경찰의 본연의 임무는 물론 시대적 요구에 따라 확대된 다른 임무와 역할을 다하기 위해 노력해야 할 과제를 안고 있다. 즉 사법적 · 행정적 역할을 충실히 이행하기 위한 정치적 중립의 확보, 지방 분권화의 확립, 수사권 배분의 적정화라는 문제 등이 제기되기도 하며 경찰의 민주화와 선진화를 확립하기 위해서는 경찰정신의 확립이라는 본질적인 목표도 함께 달성해야 한다는 지적도 나오고 있다(김진혁, 2004: 63-84).

또한 향후 통일을 대비한 경찰체제 수립(이백훈, 1993.4: 57-65)의 과제가 강조되기도 한다. 남북이 군사적으로 대치하고 있는 작금의 분단 현실 속에서 북한의 어떠한 군사적 및 테러의 위협에 대해서도 철저한 억제 · 예방 · 사후대응태세를 유지함은 물론 남북한 평화정착 및 더 나아가 통일대비를 힘으로서 뒷받침해줄 수 있는 대비태세를 구축해나가는 일은 우리군의 본연의 임무이기도 하지만 또한 국가안보는 우리경찰에게도 부여된 중요한 임무와 역할 및 과제가 아닐 수 없다. 더구나 향후 북한이탈주민 신변보호 및 정착문제, 남북교류 활성화 및 대규모 민간인 왕래 성사 가능성 혹은 급변사태 발생에 따른 급작스런 통일실현 등에 있어서도 자유민주주의체제 유지를 위해 경찰의 치안확보문제가 새로운 임무로서 등장하고 있는 것이 현실이기도 하다.

본고는 북한의 안보위협 증가 에 따른 경찰의 역할을 분석하기 위한 것이다. 이를 위해 경찰의 개념과 역할, 북한의 대내외 정세와 군사안보위협, 안보개념의 확대와 경찰의 임무·활동·과제의 순서로 살펴본 후 결론을 도출해 보기로 한다.

Ⅱ. 경찰의 개념과 역할

1. 경찰의 개념과 발전

경찰(police, Polizei, 警察)이란 사회의 일반적인 법질서를 유지하기 위한 정부의 행정 활동, 또는 그러한 목적을 위해 조직된 국가기관을 말한다. 대부분의 나라에서 경찰은 공무원에 속한다. 따라서 경찰은 국가 행정기관을 뜻하는 말로도 흔하게 쓰이며, 이를 위한 행정 활동은 공권력이라고 표현한다(위키백과, "경찰"). 경찰의 목적은 국민의 자유와 권리의 보호 및 사회 공공의 안녕과 질서를 유지하는 것을 목적으로 한다.

경찰의 어원은 그리스어의 '폴리 테 이 아(politeia)'라는 말이 라틴어로 전화한 것으로서, 고대부터 중세에 이르기까지는 이상적인 상태, 국가·헌법 또는 국가활동 등을 의미하는 다의적(多義的)인 말이었다. 15·16세기에 이르러서는 교회활동에 대응한 국가작용의 일체를 가리키는 말로 사용되었으며, 17세기에는 국가작용이 분화되기 시작하여 외교·재정·군정·사법 등 각 특수 행정 분야가 분리되고 그 나머지의 모든 행정, 즉 오늘날의 내무행정(치안작용과 복리작용을 합한 것)에 축소되어 경찰은 보안경찰과 복리경찰을 의미하였으며, 18세기 전반까지의 경찰국가시대에 있어서도 계속 유지되었다.

그러나 18세기 중엽 이후 근대 시민적 법치국가가 성립함에 따라 국민의 자유활동을 보장하기 위하여 '야경국가(夜警國家)사상'에 따라 소극적인 치안유지만을 임무로 하는 보안행정만을 경찰이라고 하는 근대 법치국가적 경찰개념이 성립되었다. 그 후 19세기 말부터 20세기에 걸쳐 국가가 공공복리의 증진을 위한 활동을 광범위하게 전개하게 됨에 따라 국가는 일반 공안의 유지 외에 복리증진에 수반하는 질서유지를 위한 권력적 활동을 다시 그 임무로 하게 되었다. 그리하여 학문상으로 경찰개념을 종래와 같이 보안목적을 위한 권력 작용에 한정할 것이냐, 그렇지 않으면 복리목적을 위한 권력 작용도 포함할 것이냐에 관하여 견해가 갈라졌으며, 이 점에 관하여는 각국의 실정법 제도상으로도 차이가 있다.

이러한 각국의 제도상의 차이는 대체로 대륙법계 국가와 영미법계 국가 사이에서 찾아볼 수 있다. 대륙법계 국가에서는 종래 경찰이 국가적 권위를 대표하는 것으로 생각하고 중앙집권적 · 관료적인 국가 경찰제도 를 유지하는 경향이 있었다. 이에 대하여 영미법계 국가에서는 경찰은 민주경찰로서 공안유지는 국민자치의 사상에 따라 국민자신의 임무로서 지방분권적인 자치제경찰을 원칙으로 한다.

경찰의 목적 또는 사명에 있어서도 대륙법계 국가에서는 경찰이 보안목적을 위한 권력 작용에 한하지 않고 복리증진상의 질서유지를 위한 권력 작용도 포함하는 것으로 제도화한 국가가 많았으며, 사법경찰사무를 사법작용에 속한다고 하여 행정경찰에서 분리시키고 있다.

이에 대하여 영미법계 국가에서는 경찰의 사명을 엄격히 일반 공안유지에 국한하여 국민의 생명 · 신체 · 재산의 보호, 범죄의 예방과 수사 및 범인체포 등의 사법경찰사무만을 담당하며, 산업 · 경제 · 문화 · 위생 등의 복리목적을 위한 명령 강제작용을 포함하지 않고 그러한 작용을 실제로 다른 행정기관의 소관으로 함이 원칙이다(NAVER백과사전, "경찰의 개념").

서구적 의미의 경찰이 우리나라에 도입된 시기는 갑오경장이후이다(임상곤, 2003: 122). 우리나라의 경우 현행법상으로는 일반경찰권도 행정권의 일부인 까닭에 대통령을 수반으로 하는 정부에 속하고 있으며, 대통령과 국무총리의 통할 아래 행정안전부장관(경찰청장)이 관할하고 있다. 현실적으로 경찰권행사의 사무를 관장하는 기관은 경찰위원회(심의 · 의결기관)와 경찰청이다(NAVER백과사전, "한국의 경찰제도").

2. 경찰의 분류와 역할

1) 경찰의 분류

경찰은 여러 가지 기준에 따라 나눌 수 있다. 첫째는 기능별 분류를 들 수 있다. 그 기능에 따라 보안경찰 · 사찰경찰 · 교통경찰 · 사법(司法)경찰 · 소방경찰 · 해양경찰 · 전투경찰 · 풍속경찰 · 위생경찰 · 선거경찰 · 외사(外事)경찰 · 위험물경찰 · 집회결사경찰 · 재해경찰 등으로 분류한다. 이것은 학문상의 분류는 아니고, 다른 행정기관의 권한과 구별함을 요한다. 예컨대, 도로교통경찰사무는 일반경찰기관의 권한에 속하지만, 도로운송차량 · 자동차운수사업에 대하여는 건설교통부나 그 관하기관의 권한에 속하는 것과 같다.

둘째는 보안경찰과 사법경찰의 분류이다. 이 분류는 원래 프랑크제국에서 유래하여 프랑스 법에 계승되어 유럽대륙에 전파된 것으로서, 보안 경찰만이 고유한 경찰에 속하고, 사법경찰은 실질적으로 경찰이 아니라고 하는 것이 대륙법계의 종래 통설이다. 이에 반하여 영미법계에서는 원래 실질적으로나 제도적으로 양자의 구별을 인정하지 않고 사법경찰사무는 일반경찰기관의 고유사무 · 주 임무로 이해되고 있다.

한국에서는 조직상으로는 일반경찰기관으로 하여금 사법경찰사무를 겸하게 하고 있지만, 관념상으로는 양자를 구별하고 있다. 그리하여 보안경찰은 사회질서유지를 사명으로 하고 특히 그 중에서도 질서교란의 가장 큰 요인인 범죄의 예방을 주 임무로 하는 데 대하여, 사법경찰은 범죄가 실행된 후에 범죄수사 · 범인체포 등을 목적으로 하고, 그 직무는 형사소송법에 의하여 수행되는 형사사법권의 작용이라고 이해되고 있다.

셋째는 국가경찰과 자치제경찰의 분류이다. 경찰유지의 직권(조직 · 인사 · 경비부담 등)이 국가에 있느냐 아니면 지방자치단체에 있느냐를 기준으로 한 구별이다. 중앙경찰과 지방자치경찰이라고도 한다. 다시 말해서 국가경찰(중앙집권적 경찰)은 경찰유지의 권한과 책임을 국가가 가짐에 비해, 지방자치경찰(지방분권적 경찰)은 경찰유지의 권한과 책임을 자치단체가 가지고 있는 것을 말한다. 한국의 경찰은 중앙집권적 국가경찰이 원칙이다. 지방경찰은 서울특별시장 · 광역시

장·도지사 등 지방자치단체의 장에게 국가위임사무로서 위임되어 있다. 다만 현행법상 제주 특별 자치도 에 자치제경찰이 있다.

넷째는 비상경찰과 평시경찰의 분류이다(홍정선, 2004: 400). 헌법과 계엄법에 의하여 국가 비상사태 하에서 전국 또는 지방에 계엄이 선포된 경우, 계엄의 목적에 따라 군사적 필요에 의한 군사계엄과 공안유지를 위한 행정계엄이 있는데, 행정계엄이 여기서 말하는 비상경찰에 해당한다. 이는 성질상 군령(軍令)의 작용이 아니라 경찰작용의 일종이기 때문이다. 다만 평시에도 대통령의 비상조치에 의하여 비상경찰이 발동되는 경우가 있다. 평시경찰은 평시의 경찰법규와 경찰조직에 의하여 행해지는 경찰을 말한다(NAVER백과사전, "경찰의 종류").

다시 말해서 일반경찰기관이 일반경찰법규에 의하여 행하는 경찰작용을 평시경찰, 군대에 의한 경찰작용을 비상경찰이라 한다. 사회공공의 안녕과 질서 유지는 일반경찰기관에 의하여 행해지는 것이 원칙이고, 천재지변이나 전시, 사변, 기타의 비상사태에는 군대가 이를 행한다(헌법 제76·77조, 위수령 제12조)(DAUM백과사전, "경찰의 종류").

끝으로 예방경찰과 진압경찰(경찰권 발동시점에 따른 구분)의 분류이다. 범죄의 발생을 예방하기 위하여 행해지는 경찰을 예방경찰, 범죄가 발생한 후에 범죄를 수사하고 피의자를 체포하기 위하여 행해지는 경찰을 진압경찰이라고 한다.

2) 경찰의 역할

경찰의 주요직무로는 현행법상 순찰·경비 등 범죄의 예방, 교통단속, 총포·화약 등 위험물의 단속, 고물상·전당포 등 특수영업에 대한 단속 등이 있다. 이밖에 경찰기관이 아닌 다른 행정기관이 관장하는 보건·위생행정, 시·군·구청 등 보통행정기관이 관장하는 무허가 및 위험건물 등에 대한 단속 등이 있다.

오늘날 법치국가에서는 질서유지를 위한 행정권, 즉 경찰권을 무제한으로 발동할 수 없다. 언제나 법률의 근거를 필요로 할 뿐 아니라 질서유지의 목적에 비추어 필요한 최소한도에 그치지 않으면 안 되는 조리 상(條理上)의 한계가 있다. 이 한계를 넘어서는 경찰권의 발동은 위법이 된다. 경찰권에 대한 조리 상의 한계는 경찰소극목적의 원칙, 경찰책임의 원칙, 경찰공공의 원칙, 경찰비례의 원칙 등으로 나타나고 있다(DAUM백과사전, "경찰의 종류").

경찰임무에 관하여는 일반적 규정으로는 「경찰법」 제3조에 규정되어 있다. 즉 "국가경찰은 국민의 생명 · 신체 및 재산의 보호와 범죄의 예방 · 진압 및 수사, 치안정보의 수집, 교통의 단속 기타 공공의 안녕과 질서유지를 그 임무로 한다."는 규정이 바로 그것이다. 그 외에 경찰공무원법 · 경찰관직무집행법시행령 등에서 국민의 생명 · 신체 · 재산의 보호, 범죄의 예방 · 진압 · 수사, 교통 기타 공공의 안녕과 질서의 유지에 국한하고 있으므로 한국의 제도적 경찰의 사명은 영국식으로 일반 공안유지에 제한되어 있는 것으로 해석되고 있다(형식적 경찰개념의 축소). 「경찰관직무집행법」 제2조는 경찰관의 직무의 범위를 ①범죄의 예방 · 진압 및 수사, ②경비 · 요인경호 및 대간첩작전수행, ③치안정보의 수집 · 작성 및 배포, ④교통의 단속과 위해의 방지, ⑤기타 공공의 안녕과 질서유지 등으로 규정해 놓고 있다(박 주현, 2004: 110). 이를 중심으로 경찰의 역할을 정리해보면 다음과 같다(NAVER백과사전, "한국의 경찰제도").

첫째는 범죄의 예방, 진압 및 수사(crime prevention, suppression and investigation; 수사계, 형사계, 조사계)이다. 여기서 먼저 예방은 순찰지구대를 통해 지역사회 경찰활동을 말하며 경찰은 주민의 문제 해결 자 및 사회봉사자로서 범죄 피해를 막고, 근본적인 원인을 제거하는 목적에 충실해야 한다. 다음으로 진압은 집단적 범죄를 미연에 방지 또는 범죄 사후 발생 시 확대를 방지하고 종식시키는 것을 말하는데, 집단적 범죄의 진압은 예방과 수사를 뜻한다. 끝으로 수사란 범죄사실을 발견 시 증거수집, 조사, 보존 등의 수사기관의 일련의 활동을 말한다.

둘째는 경비, 요인경호 및 대간첩작전의 수행(경비 과)이다. 먼저 경비는 인명, 재산을 인위적 그리고 자연적 위해로 부터 보호하기 위해 특정시설의 경계, 순찰을 하는 것으로서 비상사태발생 우려가 있을 때 경찰이 조직적 부대활동으로 대처하는 것을 말한다. 다음으로 요인경호는 국내 외 신변에 대해 직 · 간접적으로 가해지는 위해를 방지하여 안전을 도모하는 것을 말한다. 끝으로 대간첩작전은 간첩 및 무장공비 등이 육상, 해상, 공중으로 침투하는 것을 봉쇄하고, 침투한 적을 조기에 색출하여 섬멸하는 작전을 말한다.

셋째는 치안정보의 수집, 작성 및 배포(정보과)이다. 이것은 국가의 안전을 침해하는 개인(또는 단체)의 위해행위를 예방·수사하기 위해 수집된 첩보를 평가, 분석, 종합, 해석하여 얻어내는 것을 말한다. 국민의 자유와 권리를 침해하는 것이 아니라면 예컨대 경비정보, 범죄정보, 외사정보, 기타정도 등 정보수집 범위와 대상에 제한이 없다.

넷째는 교통의 단속과 위해방지(교통과)이다. 도로에서 발생하는 위해(즉, 교통사고)를 방지하고, 교통법규의 위반에 대한 지도 및 단속을 실시하여 교통의 안전과 원활한 소통을 도모하는 활동을 말한다. 예컨대 위반행위에 대한 통고처분, 운전면허 정지 또는 취소, 형사입건 등이 바로 그것이다.

끝으로, 기타 공공의 안녕과 질서유지(전체 부서)의 역할을 들 수 있다. 이것은 경찰이 사회생활의 평온상태가 인적·물적 현상에 의하여 파괴되는 것을 예방하고 또한 경찰상위해가 발생한 경우에는 이를 제거하는 것을 말한다. 경찰상의 위해는 범죄행위뿐만 아니라 적법한 행위, 자연현상, 사고에 의해 발생할 수도 있으므로 구체적으로 나열하지 않고 포괄적으로 표현될 수 있다. 요컨대 경찰은 '안정유지자'의 기능(질서유지, 범죄통제)과 '변화담당자'기능 (사회변동문제 해결)의 역할을 해야 한다고 볼 수 있다(NAVER BLOG, "경찰의 학문적 접근: 분류·역할").

Ⅲ. 북한의 대내외 정세와 군사안보위협

1. 북한의 대내외 정세

1) 대내

북한은 주체사상과 선군사상을 내세워 사회주의 국가를 표방하는 노동당 일당독재체제이다. 1990년대 이후 사회주의의 구조적 문제, 경제난 악화, 국제적 고립 등으로 체제 불안정이 가중됨에 따라 북한정권은 선군정치노선을 강화하고 총역량을 결집하여 2012년 '강성대국 건설'을 꾀하고 있다(하영선, 2010). 2008년부터 김정일 국방위원장의 건강이 악화된 후 후계체제의 안정적 구축을 위해 대규모의 인사와 조직 개편을 단행하여 체제를 결속하는 데 주력해왔으며, 2010년 9월 28일 44년 만에 개최된 당대표자회를 계기로 김정은 3대 세습체제를 공식화하였다.

북한은 2002년 7·1조치 이후 사회주의 경제체제를 고수하면서 제한적인 개혁·개방정책을 추진하였으나 경제를 회생시키지 못하였다. 더욱이 2차 핵실험과 미사일 발사에 대한 국제사회의 대북제재조치로 경제난이 더욱 가중되고 국가재정난이 심화되어 사회주의 계획경제 자체의 존속위기에 직면하게 되었다. 이러한 위기를 극복하기 위해 2009년 시행한 '150일 전투'와 '100일 전투' 등 총동원방식의 경제회생노력도 실질적인 성과를 거두지 못하였다. 북한은 2009년 11월 화폐개혁을 전격적으로 단행하였으나 급격한 물가상승, 경제활동 위축, 민심이반 등으로 실패하여 오히려 사회적 불안을 가중시키는 결과를 초래했다.

자본주의 등 외부 사조의 유입으로 주민들의 사상이 이완되고 정권에 대한 충성도 약화되었으며 접경지역 탈북자가 늘어나는 등 체제불만이 증가하고 있다. 그러나 북한당국이 김정일 후계체제를 안정적으로 구축하기 위해 주민동원과 사상학습 등 주민통제조치를 강화하고 있어 체제불만세력이 김정일 체제에 저항할 만큼 조직화되기는 어려워 보인다(대한민국 국방부, 2010.12.31: 20-21).

2) 대남

북한은 2000년 남북정상회담 이후 '6·15공동선언'과 '10·4선언'의 이행을 계속 주장하면서 '우리 민족끼리' 정신을 내세워 남한으로부터 경제적 실리를 취해왔다. 그러나 이명박 정부 출범 직후부터 북한은 우리의 대북정책을 적대정책으로 간주하고 일방적으로 남북대화를 중단하는 등 대남강경정책을 지속하였다.

북한은 2008년 초반부터 개성공단 남북경제협력사무소 우리 측 당국자의 일방적 추방(2008.3.27), 판문점 직통전화 단절(2008. 11.12), 군사분계선 육로통행 차단(2008.12.1) 등 강경한 조치를 취하였다. 이어서 북한은 2차 핵실험을 실시했던 2009년 상반기까지 전면대결태세 선언(2009.1.17), 정치·군사합의 무효화 선언(2009.1.30), 서울 불바다 발언(2010.6.12) 등 대남 위협과 강경조치를 지속하였다.

북한은 2009년 하반기에 국제사회의 대북제재로 인한 경제난을 해소하고 고립을 탈피하기 위해 유화적 태도를 보이기도 했으나 소기의 목적을 이루지 못하자

대남강경정책으로 선회하였다. 그 결과 대청해전(2009.11.10), 서해 NLL(북방한계선) 항행금지구역 설정 및 해안포 사격(2010.1), 금강산 남측 자산 동결(2010.6.12) 등의 도발과 강경조치를 자행하였다.

북한은 2010년 3월 26일 백령도 서남방 2.5km의 우리 영해에 초계 작전 중이던 천안 함을 어뢰로 공격하여 침몰시켰다. 우리 해군장병 46명이 전사한 이 도발로 인해 한반도와 동북아의 안보위기가 고조되었고, 7월 9일 유엔안전보장이사회는 천안 함을 규탄하는 의장성명을 채택하였다. 그러나 북한은 국제사회와 공조한 우리의 대북조치에 대해 전면전, 제3차 핵실험을 운운하면서 위협하였다. 같은 해 11월 23일에는 연평도의 해병부대와 민간인 거주지에 무차별로 170여발의 포격을 자행하였고, 우리 군은 K-9 자주포로 즉각 대응사격을 실시하였다. 이 도발로 해병대원 2명이 전사하고 16명이 중경상을 입었으며, 민간인 2명이 사망하고 다수의 부상자가 발생하였다. 미국, 일본 독일, 영국, 러시아 등 많은 나라들이 민간인까지 살상한 북한의 만행을 규탄하였다.

이와 같이, 북한은 전 한반도 적화통일을 목표로 우리 내부의 국론분열과 한미동맹관계의 갈등을 조장하고, 핵개발을 포함한 대남 군사적 위협을 지속하면서 한반도 긴장완화와 평화정착을 위한 군사적 신뢰구축 노력은 보이지 않고 있다(대한민국 국방부, 2010.12.31: 20-21).

3) 대외

북한은 핵을 포함한 대량살상무기를 체제생존수단으로 인식하고 있다. 2009년 5월 2차 핵실험에 따른 유엔의 안전보장이사회를 결의한 1987호 채택과 대북제재에도 불구하고 북한은 핵카드를 최대한 활용하여 국제사회를 대상으로 벼랑 끝 전술을 구사하면서 체제유지에 주력하고 있다. 그러나 국제사회의 경제지원 중단으로 북한의 경제난은 가중되었으며, 북핵문제해결을 위한 6자회담도 2008년 12월 이후 중단상태에 있다.

북한은 중국의 지원에 의존하여 체제생존과 경제회생의 기회를 마련하기 위해 부심하고 있다. 북한은 2009년 10월 원자바오 중국총리의 방북, 2010년 5월과 8월 김정일 국방위원장의 방중 등을 통해 중국과 전통적 동맹관계를 강화하고 있다.

북한은 미국에 핵보유국 지위 인정과 미 · 북 양자회담을 통한 체제보장을 동시에 요구하고 있으나, 대화와 제재를 병행하면서 북 핵 폐기를 요구하는 미국의 일관된 입장에 부딪혀 소기의 성과를 거두지 못하고 있다. 러시아와는 안보상의 전략적 이익확보와 경제적 실리획득을 위해 상호관계를 유지하고 있다. 북한이 일본인 납치문제에 대해 불성실한 태도로 일관하고 핵실험을 강행함에 따라 일본의 더 강화된 대북제재를 초래하게 되었다.

북한은 역내 국가들 이외에도 아프리카 · 중남미 등 비 서방 권 국가들과의 교류협력을 모색해 나가면서 유럽 국가들과 대북투자확대를 위한 노력도 계속하고 있다(대한민국 국방부, 2010.12.31: 22).

북한은 지난 2009년 4월 5일 '장거리 로켓(장거리 미사일)'의 발사(2009.4.5) 및 제2차 핵실험(2009.5.25) 등의 도발행위를 통해 대내외적으로 긴장을 조성하였으나, 2009년 8월 클린턴(Bill Clinton) 전 미국대통령의 방북을 계기로 대미 · 대남관계에서 정치 · 경제적 실리를 얻고자 적극적 유화공세로 돌아섰다. 하지만 북한은 핵보유 의지를 포기하지 않고, 북한의 함정이 서해상 북방한계선(NLL) 침범(2009.11.2) 등에 이어 46명의 우리해군병사의 목숨을 앗아간 천안 함 폭침(2010.3.10), 그리고 우리의 해병대 병사 2명과 민간인 2명의 목숨을 앗아간 연평도 포격의 도발을 자행하여 한반도는 물론 세계적으로도 큰 파문을 불러 일으켜 왔음은 주지하는 바와 같다(권 순우 · 신 창목, 2010: 427).

2. 북한의 군사위협

1) 군사전략과 군 지휘구조

북한은 '조선노동당규약'에 명시된 한반도 적화통일전략을 고수한 채 이를 실현하기 위해 대규모의 군사력을 유지하고 있다. 북한의 군사정책은 ① 전국토의 요새화, ② 전인민의 무장 화, ③ 군장비의 현대화, ④ 전군의 간부화라는 4대 군사노선을 근간으로 하고 있으며, 경제난의 심화에도 불구하고 선군정치의 기치 아래 국가자원을 군사부문에 우선 배분하여 군사력을 지속적으로 강화하고 있다(김강녕, 2010: 75).

북한은 주체사상을 명분으로 '국방에서의 자위' 원칙을 주장하면서 군사력 증강을 지속해왔다. 북한은 1962년 4대 군사노선을 채택한 이후 군사우선정책을 유지해왔으며, 김정일이 권력을 승계한 이후에는 선군정치를 내세워 대남우위의 군사력 유지를 최우선과제로 삼고 있다.

북한의 기본목표는 대남적화통일로서 김정일·김정은 체제 가 유지되는 한 변화가능성은 희박하다. 이를 구현하기 위해 북한군은 기습전, 배합 전, 속전속결을 요체로 하는 군사전략을 유지하면서 우리 군의 첨단전력과 현대전의 특성을 고려하여 다양한 전술의 변화를 모색하고 있다. 북한은 대량살상무기, 특수부대, 장사정포, 수중전력, 사이버전 능력을 포함한 비대칭전력의 집중적인 증강과 재래식전력의 선별적인 증강을 추구하고 있다. 특히 북한군의 비대칭전력은 평시 국지도발은 물론 전시 핵심공격수단으로서 우리 군에게 심각한 위협이다.

북한의 군사지휘구조는 어떠한가? 북한의 최고 국방지도기관은 국방위원회로서 국가의 전반적 무력과 국방 건설 사업을 지도한다(북한 사회주의헌법 제106조, 제109조). 김정일은 국방위원장과 당 중앙군사위원장, 당정치국 상무위원을 겸직하면서 총정치국, 총참모부, 인민무력부 등의 군사조직을 지휘·통제하고 있다.

김정일 국방위원장이 직접 지시를 내리는 군 조직으로는 호위사령부와 보위사령부가 있다. 호위사령부는 김정일 일가와 노동당 고위간부의 경호, 평양 내 핵심시설 경비임무 등을 수행하고, 보위사령부는 반(反) 김정일 세력을 단속하는 군내 비밀경찰 역할을 수행한다. 총정치국은 군의 당 조직과 정치사상 사업을 관장하고, 총참모부는 군사작전을 지휘하는 군령권을 행사한다. 인민 무력 부는 군 관련 외교, 군수, 행정, 재정 등 군 정권을 행사하면서 대외적으로 군의 대표성을 가지고 있다(대한민국 국방부, 2010.12.31: 22-23).

2) 군사능력

먼저 지상군의 능력은 어떠한가? 북한은 최근 군사적으로 경 보병 부대의 증편과 야간·산악행군훈련 등 특수 전 수행능력을 강화하고 신형 지대지·지대함 미사일 등 다양한 미사일 개발과 잠수함정 건조 등 비대칭전력 강화에 주력하고 있다(대한민국 국방부, 2010.12.31: 25). 또한 지휘자동화체계 구축, 사이버전에 대비한 해킹전문요원 양성 등 현대전 능력을 보강하고 있으며, 모의 · 교란 장비를 배치하고 공군 항공기의 지하 발진 기지를 건설하는 등 전시생존성 보장대책을 강구해 나가고 있다. 특히 북한군은 경제난에도 불구하고 군수물자 공급을 최우선적으로 보장해 계획된 군사훈련을 정상적으로 실시하고 있다.

지상군은 총참모부 예하 9개의 정규 군단, 2개의 기계화 군단, 평양방어사령부, 국경경비사령부, 11군단(구 정보교도지도국), 미사일지도국 등 총 15개 군 단급 부대로 편성되어 있다. 북한은 평양-원산선 이남지역에 지상군 전력의 약 70%를 배치하고 있으며, 그 일부는 북방한계선 일대에 준비된 갱도진지에서 기습공격을 감행할 태세를 갖추고 있다. 특히 170밀리 자주포와 240밀리 방사포 전력은 지속적으로 유지되고 있으며, 현재 배치된 진지에서 수도권에 대한 기습집중사격이 가능하다.

기갑 · 기계화 부대의 주축은 T-54/55 전차와 T-62 전차를 개량한 천마 호 전차이며, T-72 전차를 모방한 신형전차(폭풍 호)를 개발하여 작전배치 하였다. 신형전차(폭풍 호) 배치에 따라 교체된 노후 전차는 후방부대에서 운용하고 있다. 이처럼 주요 기동부대의 기동력과 타격력을 대폭 보강하여 작전 적 융통성을 증가시키고 단기 속전속결태세를 유지하고 있다.

북한은 이라크전 등에서 나타난 전쟁의 경험요소를 도출하여 북한군이 갖고 있는 약점과 강점들을 잘 보완할 수 있도록 새로운 전술을 구사해왔다. 이러한 전술을 뒷받침하기 위해 북한은 이미 경 보병사단을 전방군단에 편성하였고 전방사단에 경 보병연대를 추가 편성하는 등 특수 전 능력을 지속적으로 강화하고 있다. 이들 특수 전 병력은 현재 20만 여명에 달하는 것으로 평가된다. 이들은 땅굴 · AN2기 등을 이용하여 우리의 후방지역으로 침투 후 주요 목표타격 · 요인암살 · 후방교란 등의 배합작전을 수행할 것으로 판단된다. 북한 지상군이 보유하고 있는 주요 장비는 전차 4,100여대, 장갑차 2,100여대, 야포 8,500여문, 방사포 5,100여문, 도하장비(K-61/S형 부교) 3,000여대 등이다(대한민국 국방부, 2010.12.31: 24).

다음으로 해군의 능력은 어떠한가? 해군은 해군사령부 예하에 2개 함대사와 13전대 40여개 기지, 특수작전을 수행하는 2개의 해상저격여단으로 구성되어 있다.

북한 해군전력의 큰 변화는 없으나 잠수함 전력과 신형 어뢰 등의 개발이 지속되고 있는 것으로 추정된다. 해군전력도 약 60%가 평양-원산선 이남에 전진 배치되어 있어 기습공격이 가능하나 독립된 해군작전보다 지상군작전과 연계하여 지상군의 진출지원과 연안방어 등의 임무를 수행할 것으로 추정된다.

수상 전력은 유도탄정, 어뢰정, 소형경비정, 화력지원 정 으로 구성된 수상전투단 또는 단독 함정에 의한 대함공격능력을 보유하고 있다. 그러나 대부분 소형 고속함정 위주로 구성되어 있어 기상 악화 시 기동성이 약화되고 원해작전능력이 제한된다.

수중전력은 로미오 급·상어 급 잠수함과 연어 급 잠수정 등 70여척으로 구성되어 있으며, 기뢰부설, 수상함 공격, 특수 전 부대의 침투지원 임무 등을 수행한다. 천안 함 피격사건에서 보듯이 북한은 무기체계가 월등히 앞서는 우리 군함을 신형 어뢰로 공격하는 등 비대칭전력에 의한 전술을 계속 발전시킬 것으로 보인다.

상륙 전력은 1970년대 초반이후 건조된 공기부양 정, 고속상륙정 등 총 260여척과 소해정 30척으로 구성되어 있다. 해상저격여단과 해군정찰대대는 은밀히 레이더와 해군기지 등 주요 시설을 타격하고 상륙해안의 중요지역을 확보하여 대형 상륙함이 필요 없는 단거리 기습상륙작전을 지원할 것으로 판단된다. 북한 해군이 보유하고 있는 주요함정으로는 수상 전투함정 420여척, 잠수함정 70여척, 상륙함정 260여척, 수해 정 30여척, 기타 30여척 등을 들 수 있다(대한민국 국방부, 2010.12.31: 25).

공군은 공군교육사령부 예하에 4개 비행사단, 2개 전술수송여단, 2개 공군저격여단, 방공부대 등으로 구성되어 있다. 1980년 이후 도입한 항공기를 제외하면 대부분 항공기는 매우 노후 되어 있으나, 신형 전투기 도입 등의 전력변화는 없는 것으로 추정된다.

북한공군은 전쟁초기에 기습공격을 감행하여 우리의 방공자산, 보급로, 사업 및 군사시설, 국가기반시설 등을 타격할 것이다. 특히 AN-2기와 헬기를 이용하여 아군 후방 깊숙이 특수 전 부대를 침투시킬 수 있는 능력을 갖추고 있다.

북한의 방공체계는 공군사령부 예하에 항공기, 지대공 미사일, 고사포, 레이더 탐지부대 등으로 통합 구성되어 있다. 북한 영공은 4대 구역으로 분할되어 있으며 1차적인 방공임무는 비행사단에 위임되어 있다. 평양지역과 주요 군사시설지역에는 SA-3, 휴전선 일대와 해안지역에는 SA-2와 SA-5 지대공미사일을 다중으로 배치하였다. 전술 고사포는 지상군 기동부대를 방호하고, 전략 고사포는 주요 도시, 항만, 군수산업시설 등을 방호하기 위해 집중 배치되어 있다.

지상관제요격기지, 조기경보기지 등의 레이더 운용부대는 북한 전역에 분산 배치되어 있어 한반도는 물론 중국의 일부지역까지 탐지할 수 있다. 또한 자동화방공체제를 구축하여 대응시간을 단축하고 정확도를 높였다. 북한 공군이 보유하고 있는 항공기에는 전투기 820여대, 정찰기 30여대, 공중기동기 330여대, 헬기 300여대, 훈련기 170여대 등이 있다(대한민국 국방부, 2010.12.31: 26).

예비전력은 어떠한가? 예비전력은 60만 여명의 교도부대(남자 17-50세, 여자 17-30세), 570만 여명의 노농적위대(향토예비군 성격), 100만 명의 붉은 청년근위대(중학교 군사조직), 40여만 명의 준군사부대(호위사령부, 인민보안성, 군수동원지도국, 속도전 청년돌격대) 등으로 구성되어 있으며, 14세부터 60세까지 전인구의 약 30%가 전시동원 대상으로 총 770만 여명에 달한다.

이중 교도부대는 핵심 예비전력으로 편성과 훈련 면 에서 정규군에 준하는 수준이며, 정규군의 장비현대화로 교체되는 주요 장비들을 인수하여 전력을 보강하고 있다. 유사시 정규전 부대의 전투력을 보강할 수 있도록 평소 강도 높은 훈련을 실시하고 있다(대한민국 국방부, 2010.12.31: 27).

전략무기를 살펴보자. 북한은 전략무기를 확보하기 위해 핵, 탄도미사일, 화생무기를 지속적으로 개발하고 있다. 북한은 1960년대 영변에 핵시설을 건설하였으며, 1970년대에는 핵연료의 정련, 변환, 가공기술을 집중 연구하였다. 1980년대 이후 5MWe 원자로를 가동하여 얻은 폐연료봉을 2009년까지 4회에 걸쳐 재처리하여 약 4kg의 플루토늄을 확보한 것으로 추정되며, 2006년 10월과 2009년 5월 핵실험을 실시한 바 있다. 2009년 4월 외무성 대변인 성명을 통해 우라늄 농축개발을 시사한 이후 2010년 11월 우라늄 농축을 위한 원심분리기 2,000여개를 가동중이라고 주장한 것으로 볼 때, 고농축우라늄(HEU) 프로그램을 추진 중인 것으로 추정된다.

북한은 1970년대부터 탄도미사일 개발에 착수하여 1980년대 중반 사정거리

300km의 SCUD-B와 500km의 SCUD-C를 생산하여 작전 배치하였다. 1990년대에는 사정거리 1,300km인 노동미사일을 작전 배치하였으며, 2007년 사거리 3,000km 이상의 중거리 탄도미사일(IRBM) 개발에 착수하여 1998년 대포동 1호, 2006년에 대포동 2호를 시험 발사하였으며, 2009년 4월에는 장거리 로켓을 발사하였다(대한민국 국방부, 2010.12.31: 27-28).

미국 의회 산하 의회조사국(CRS) 보고서는 대포동 2호 미사일에 대해 길이 35m의 2단계 미사일로 700~1,000kg의 탄두를 장착할 경우 사거리가 3,750㎞이지만 3단계 로켓이 추가될 경우 사거리를 6,700㎞까지 늘릴 수 있다고 밝힌 바 있다. 미국 의회 산하 의회조사국(CRS)의 최근 보고서에 따르면, 북한은 2006년까지 모두 20기의 대포동 2호 미사일을 생산한 것으로 알려지고 있다. 지난 2008년 4월 영국의 세계적인 군사 컨설팅업체인 제 인스 그룹이 발간한『제 인스 국가별 안보평가보고서』도 북한의 미사일 능력과 관련, 북한은 스 커드 단거리미사일 600~800기, 노동미사일과 같은 중거리 미사일 150~200기, 기타 50기의 장거리 미사일 등 1,000여 기의 미사일을 실전배치했다고 주장한 바 있다(국방일보, 2009. 3.5: 7).

북한은 약 2,500~5,000톤의 다양한 화학무기를 보유하고 있으며 전국에 분산 저장하고 있는 것으로 추정된다. 또한 탄저균, 천연두, 콜레라 등의 생물무기를 자체적으로 배양하고 생산할 수 있는 능력을 보유하고 있는 것으로 추정된다.

또한 북한은 전쟁지속능력과 군수동원능력을 유지하기 위해 에너지난과 경제난에도 불구하고 군수산업을 우선적으로 육성하고 있다. 북한은 300여개의 군수공장을 보유하고 있으며 이외에도 전시전환 군수공장으로 지정된 민수공장은 단시간 내에 전시동원체제로 전환될 수 있다. 대부분의 전쟁물자는 갱도 비축시설에 저장하고 있으며, 약 2~3개월 분량을 확보하고 있는 것으로 추정된다. 그러나 외부로부터 추가 구입과 지원이 없을 경우 장기전 수행은 제한될 것이다(대한민국 국방부, 2010.12.31: 28-29).

Ⅳ. 안보개념의 확대와 경찰의 임무 · 활동 · 과제

1. 안보개념의 확대

안보(security)란 '위협이나 위험으로부터의 자기의 안전을 지키고, 공포나 불안, 근심걱정이 없도록 하는 것'(한동만, 2002)으로 과거 냉전시대의 안보개념에서는 주로 국가적 안보개념에 치중되어 군사적 무력사용(전쟁)이나 무력사용의 위협에 대한 대응이 강조되었다.

그러나 최근에는 '포괄적 안보개념'이 대두되어 무력사용의 위협뿐만 아니라 정치적 민주주의, 경제적 시장경제체제, 사회적 공동체 유지, 안전한 생존환경 유지 등 비군사적 취약성 제거와 같은 매우 광범위한 안보개념이 등장하고 있다(최종철, 2007: 7-8). 특히 냉전종식 이후의 포괄적 안보개념은 국가간 전쟁의 분야에 국한되던 안보의 개념을 종족이나 종교갈등으로 인한 난민발생, 경제적 고통과 인권침해 등의 문제로 확대시키면서 인권, 마약, 환경, 난민 등(한동만, 2002)과 같은 문제들을 안보의 주요 이슈로 부각시키고 있다. 따라서 안보개념은 기존의 군사안보(military security) 이외에 정치안보(political security), 경제안보(economic security), 사회안보(societal security), 환경안보(environmental security), 인간안보(human security) 등 가히 상상을 불허할 정도로 확장되고 있다.

여기서 정치안보란 국가의 안전을 위한 내적위협에 대응하기 위한 민주주의 확립, 도덕적 정치적 리더십의 확보, 국가안보에 대한 초당적 리더십의 확보 등을 말한다. 경제안보란 안정적 에너지 공급과 자원에 대한 자유로운 접근을 보장하고, 경제적 활동의 자유를 보장하는 금융제도를 확립하는 것이다. 그리고 사회안보는 마약, 조직적 범죄, 종족간 갈등, 테러리즘 등의 사회적 불안정을 해소시키는 것이며, 환경안보는 최근 국가안보를 심각하게 위협하는 인구문제, 식량부족과 에너지 자원고갈, 환경오염, 온난화 현상, 각종 질병 등의 위험요소를 개별국가가 아닌 초국가적 노력을 통해 해결하는 것을 의미한다(한용섭, 2002: 201-208). 끝으로 인간안보(human security)란 냉전시대의 '안보'가 '국가안보'에 중점을 두었던데 비해 인간중심의 새로운 시각을 가져야 한다는 논리들이 제기되면서 나오게 된 개념이다. 인간안보란 안보의 궁극적인 대상을 인간으로 보고 경제적 고통으로부터 개인의 자유, 삶의 질, 인권 등을 보장해야 한다는 것을 의미한다(남재성, 2008: 66-67).

2. 보안경찰의 개념과 임무

앞서 일반경찰의 개념과 역할에 관련해서 살펴보았지만, 여기서는 안보개념의 확대와 결부시켜 보안경찰의 개념과 임무를 살펴보기로 한다.

1) 보안경찰의 개념

보안(保安, security)이란 그 개념을 일의적으로 논하기가 쉽지 않다. 그러나 가장 기본적인 사전적 의미로서의 보안의 개념을 살펴보면, "보안이란 국가안전보장수단으로서 모든 보안활동, 즉 인원, 문서, 시설, 지역, 통신 등에 대한 보안대책을 비롯하여 검문, 검색, 측정, 감사를 포함한 총체적 방어수단"이라 할 수 있다. 또한 "국가안전에 관한 문서나 자재, 시설, 인원 및 지역 등을 보호하기 위하여 취해지는 일체의 수단과 방법"(행정안전부, 2007: 5)과 관련된 의미로 사용되기도 한다.

보안의 개념은 보안경찰, 국가보안법, 보안관찰, 보안처분, 보안사범, 산업보안, 통신보안, 보안장비 및 설치, 민간경비의 보안유지, 보안검열, 보안요원 등의 용례에서 보듯이, 매우 포괄적 의미(임준태, 2006: 149)로 사용되기도 한다. 그리고 과거 협의의 보안개념으로 사용되던 전술한 의미 이외에 광의의 의미로서 국가안전을 위협하는 다양한 분야에서 간첩, 태업, 전복활동을 경계 및 탐지, 제거하는 적극적 방첩업무(김충남, 2006: 494)도 또한 보안의 개념에 포함된다고 볼 수 있다.

따라서 보안경찰이란 사회 공공의 안녕과 공공의 질서를 유지하기 위한 경찰의 본질적 작용의 일환으로 국가의 기본을 구성하는 체제, 질서, 국민, 재산 등의 국가적 법익을 여러 위해들로부터 보호(김상호 외, 2004: 759)하기 위해 이루어지는 경찰활동으로 사전예방적 기능과 사후진압적 기능을 동시에 내포하고 있다(허경미, 2008: 468). 이러한 관점에서 볼 때 한국의 보안경찰은 주로 전통적인 국가안보의 개념에 바탕을 둔 경찰활동이라 할 수 있다(남재성, 2008: 69-70). 하지만 최근에는 보안의 개념 자체가 매우 확대되고 있기 때문에 종래의 한국의 보안경찰에서 수행하고 있는 전통적 역할보다 매우 확대된 보안과 보안경찰의 개념정의가 요구된다고 할 수 있다. 특히 기존의 국가안보 개념을 넘어 개인안보 및 사회전반에 걸친 포괄적 보안의 개념이 강조되고 있는 새로운 패러다임 속에서 보안경찰은 다양한 위해요소로부터 국가뿐만 아니라 사회전반, 그리고 개인에 대한 보안까지 역할이 확대되는 새로운 개념으로 정의될 필요가 있을 것이다(장노순 · 남재성, 2009: 125).

2) 보안경찰의 법적 근거와 기본적 임무

보안경찰활동의 기본적인 법률적 근거와 토대는 전술한 바와 같이, 먼저「경찰법」제3조와「경찰관직무집행법」제2조에서 찾아볼 수 있다.「경찰관직무집행법」제2조 제5호에서 각각 "기타 공공의 안녕과 질서유지를 명시하고 있는데, 이는 보안경찰의 활동을 위한 일반법적 근거로 인정되고 있다(조철옥, 2007: 723). 그것은 위 법률들에서 명문화되고 있는 내용이 공공의 안녕의 유지대상으로서 국가의 존립과 기능유지를 포함하고 있음은 물론이고(임준태, 2006: 150), 다양한 위협요소들을 사전에 예방하고, 제지하는 것이 보안경찰의 가장 기본적인 임무라는 것을 고려할 때 일반법적 근거로 제시될 수 있기 때문이다.

그리고 보안경찰활동은 기타 개별법적인 근거를 통해서도 이루어질 수 있다. 즉「형법」,「국가보안법」,「보안관찰법」,「북한이탈주민의 보호 및 정착지원에 관한 법률」,「국가정보원법」 등의 법률과「정보 및 보안업무기획 · 조정규정」,「보안업무규정」 등의 다양한 하위법령에서도 보안경찰활동의 주요한 법적토대를 이루고 있다. 하지만 보안경찰의 임무는 법과 현실에서 약간의 차이를 보이는 면도 있어 조직의 기본적 임무를 일의적으로 논하는 것에는 한계가 있으며, 이에 따라 양자의 측면을 모두 고려한 임무정의가 요구된다고 할 수 있다.

실제로 보안경찰의 가장 기본적 관련 법률인「경찰관직무집행법」제2조에서는 '대간첩작전의 수행'이라는 제한된 역할이 규정되고 있는 반면에「경찰청과 그 소속기관 등 직제」 제15조에 따르면 보안경찰의 기본적 직무영역은 ①보안경찰업무에 관한 기획 및 교육, ②보안관찰에 관한 업무지도, ③북한이탈주민관리 및 경호안전대책업무, ④ 간첩 등 보안사범에 대한 수사의 지도·조정, ⑤보안관련 정보의 수집 및 분석, ⑥남북교류와 관련되는 보안경찰업무, ⑦ 간첩 등 중요 방첩수사에 관한 업무, ⑧중요좌익사범의 수사에 관한 업무 등으로 보다 확대 규정되고 있다.

그러나 최근 보안경찰기관에서는 위의 법률규정에 따른 전통적 보안경찰활동뿐만 아니라 시대적 상황에 따라 새롭게 대두되고 있는 문제들까지 직무범위를 확장시키고 있음을 볼 수 있다. 즉 방첩활동, 보안수사, 보안관찰업무, 경호안전활동 등과 같은 전통적 직무영역이외에 북한이탈주민의 신변보호, 국내선 공항보안활동, [1] CIQ(Customs Immigration Quarantine)보안업무,[2] 경제안보사범 수사[3] 등을 새로운 직무영역으로 포함시키고 있다(남재성, 2008: 70-71).

3. 경찰의 국가안보를 위한 주요활동과 향후과제

1) 국가안보 확립을 위한 임무와 활동

전술한 바와 같이,「경찰관직무집행법」 제2조 제5호는 경찰이 행해야 할 직무중의 하나로 기타 공공의 안녕과 질서유지(전체 부서)를 규정하고 있다. 이것은 경찰이 사회생활의 평온상태가 인적·물적 현상에 의하여 파괴되는 것을 예방하고 또한 경찰상위해가 발생한 경우에는 이를 제거하는 것을 말한다. 보안경찰은 시민안보, 인간안보 차원에서 대테러방지 보안활동 업무를 수행하는 것이 타당하

1) 보안경찰은「항공안전 및 보안에 관한 법률」제15조(법률 제7926호)에 의거, 공항 내에서의 범죄의 수사 및 공공의 위험 등을 예방하기 위해 김포공항을 비롯한 전국 15개 국내선 공항에서 지속적인 보안업무를 수행하고 있다(장노순·남재성, 2009: 126).

2) CIQ는 세관(Customs), 출입국관리(Immigration), 검역(Quarantine) 등을 일컫는 용어로서 수출입물품 효율적 통관관리, 내외국인의 출입국 관리, 반출입되는 물품의 검역 등을 통칭하는 용어이다(통일부, 2004:65).

3) 경찰에서는 이미 지난 2006년에 경제안보의 영역을 보안경찰 중점추진전략 과제로 채택한 바 있으며, 같은 해 11월에는 경제안보수사 전담팀을 편성(15개팀 61명. 2007년 7월 이후에는 69명으로 증원)하여 적극적으로 대처하고 있다(장노순·남재성, 2009: 126).

다. 그러나 인력 및 예산 부족 등으로 대테러업무에 효과적으로 대응하고 있다고 보기 힘들다. 테러와 관련해서는 주로 사후대응 및 국제협력 등에 국한되고 있는 면도 있는바, 보안경찰이 방첩관련 대테러 예방활동, 테러발생시 대공상황 판단 및 수사를 담당하는 것이 타당하며,[4] 앞으로 이 분야의 업무를 강화하는 것이 필요하다. 특히 테러방지법이 제정될 경우, 보안경찰의 독자적인 역할을 확립하는 한편, 유관부처들 간의 효율적인 대응체계 구축에 만전을 기해야 할 것이다(제성호, 2008: 141).

국가안보 확립을 위한 경찰의 임무 및 활동은 다음과 같이 정리해 볼 수 있다. 첫째, 국가안보 위해세력의 근절을 위한 활동을 들 수 있다. 북한의 대남정책이 본질적으로 달라지지 않는 한 즉 대남적화전략을 지속적으로 추구하는 한 경찰의 간첩 등 안보위해사범의 색출·검거를 위한 수사활동은 지속적 강화를 늦출 수 없는 것이 우리의 안보현실이다. 경찰은 최근 안보위해세력들이 사회 각 분야에 침투하여 사회혼란을 획책할 우려에 대비하여 '안보위해사범 100일 수사계획'을 수립·추진하는 등 안보위해세력을 색출 검거하기 위한 활동을 한 바 있다. 그 결과 지난 2009년 북한의 투쟁지침을 접수하여 국내에 전파하는 등 대남혁명 선봉대 역할을 수행해오던 이적단체로 규정한 「범민련 남측본부」 핵심간부를 포함한 안보위해사범 총 70명을 검거하여 사법처리 한 바 있다(대한민국 경찰청, 2010.8.1: 257-258).

둘째, 사이버 공간에서의 안보활동을 들 수 있다. 최근 사이버공간(Cyber Space)을 활용한 국가안보위해 활동이 가속화되고 있다. 북한 및 국내 안보위해 세력들은 '정보의 바다'라고 불리어지는 인터넷(Internet)공간을 그들이 추구하는 사회주의혁명을 달성하기 위한 수단의 일환으로 활용하며, 이른바 사이버투쟁을 강화하고 있는 것이다. 이렇게 국가안보위해세력들이 사이버공간에서의 투쟁에 열을 올리는 이유는 국내 사이버 인프라가 세계적 수준이기 때문이다. 국내 인터넷 사용인구가 3,400여 만명에 달하고(세계 9위, 인구비례로는 세계5위), 초고속인

---

4) 북한이 2008년 10월 11일 미국의 테러지원국 지정으로부터 해제되었기는 하지만, 북한의 대남테러 가능성은 여전히 존재한다고 보아야 할 것이다. 이와 관련해서 요도호 테러범의 비호라든가 제3세계 국가들에서의 테러교관 파견 등 북한의 테러관련 행위는 여전하다. 1945년부터 1980년 북한의 대남테러 등 각종 도발행위에 관해서는 내외통신(1980) 참조.

터넷 가입자율이 1,500만여명(세계4위)을 돌파하여 대다수 국민이 이의 영향권에 있기 때문이다. 이런 상황에서 북한 및 국내 안보위해세력들은 사이버공간을 '적화혁명의 해방구'로 유용하게 활용하고 있는 것이다(유동렬, 2008).

국내 인터넷 포털사이트 및 종북 좌파 단체 홈페이지에 북한의 주체사상 · 선군정치 · 김일성부자 찬양 및 자유민주주의체제를 부정하는 안보위해 불법문건이 지속적으로 증가함에 따라 경찰은 사이버 보안활동을 강화해 나가고 있다. 경찰은 지난 2009년 한해동안 사이버 공간을 이용한 안보위해사범 검거에 주력하여 18명을 검거, 사법처리하였으며 불법문건 14,439건을 삭제하고 불법사이트 18개를 폐쇄한 바 있다(대한민국 경찰청, 2010.8.1: 258).

셋째, 산업기밀 · 전략물자 불법수출 단속을 들 수 있다. 세계적 수준인 우리나라의 「3T(IT · NT · BT)」 첨단분야 등은 외국의 기술유출 타깃(Target)이 되고 있으며 해마다 산업기술 유출사건이 급증 막대한 국익 손실을 초래하고 있는 실정이다(NAVER BLOG, "당신도 산업스파이의 표적이 될 수 있다"). 경찰은 경제안보 차원에서 첨단 산업기밀 유출사범 단속활동등 국가의 중요기밀 · 시설 · 요인 보호임무 등을 수행하고 있다. 다시 말해서 경찰은 산업기밀 유출에 대비하여 경제안보 차원에서 국가 핵심기술이나 기업의 영업비밀의 유출방지에 노력하고 있다. 경찰은 2009년 한해 동안 최첨단 국가 핵심기술 유출사범 23건, 60명을 검거하여 3조 6,915억원 상당의 국익손실을 예방하는 효과를 거두었다.

전략물자란 전쟁 수행시 필요한 무기류 또는 그와 관련된 민 · 군겸용 물품 및 기술을 지칭하는 것으로 이러한 전략물자가 분쟁지역 · 국가 · 테러집단 등에 유입되지 않도록 많은 나라에서 수출통제제도(Export Control)를 시행하고 있다. 특히 2001년 발생한 9 · 11테러사태 이후 수출통제제도는 더욱 강화되는 추세로 우리나라도 국제사회의 요구에 부응하여 국제적 수준에 맞는 전략물자 수출통제제도를 운영하고 있다. 만약 허가를 받지 아니하고 물자를 수출할 경우 「대외무역법」에 의한 무역제재 뿐만 아니라, 약 50여개 회원국과의 무역에 있어서 제한을 받게 되고 국제적 분쟁으로 비화될 수 있다. 경찰은 지난 2009년 군의 통신장비, 화학무기 원료와 중간재 생산에 사용될 수 있는 반응용기(vessel) 등을 적성국에 불법수출한 대표 등 8명(4건)을 검거한 바 있다(대한민국 경찰청, 2010.8.1: 258-259).

넷째, 남북교류에 따른 보안활동을 들 수 있다. 특히 2000년 6월 남북정상회담 이후 남북교류의 증가가 이전에 비해 크게 증가해왔다. 2009년 현재에도 개성공단을 중심으로 한 남북간 경제교류는 꾸준히 이어졌지만, 남측의 통행제한조치와 '금강산 관광객 피살'에 따른 관광사업 중단 등 남북관계 경색에 따라 방북인원은 2008년에 비해 35.3% 감소하였다. 경찰은 남북출입사무소 통과인원에 대한 보안검색 강화, 남북교류행사 관련 주요인사에 대한 근접보안활동 등을 실시하였다. 이것은 안보위해요소의 반·출입은 물론 미신고 접촉행위, 침투공작 기도 등을 차단·예방하기 위한 것이다. 최근 5년간 남북출입 사무소(CIQ: Customs Immigration Quarantine, 해외도항수속) 출경인원은 〈표 4-1〉과 같다.

〈표 1〉 최근 5년간 남북출입 사무소(CIQ) 출경인원

구분	2005년	2006년	2007년	2008년	2009년
경의선	66,772	99,131	714,615	263,807	166,708
동해선	325,343	258,297	340,977	218,732	3,279

출처: 대한민국 경찰청, 「2010 경찰백서」, 2010.8.1, p.260.

다섯째, 올바른 국가관 정립을 위한 경찰의 안보홍보 활동을 들 수 있다. 경찰은 최근 국가안보의 중요성을 널리 알리고 올바른 안보관을 정립하기 위해 미래의 주역인 청소년들과 새로운 환경에서 정착하고 있는 북한이탈주민 등을 대상으로 맞춤형 홍보활동을 전개해왔다. 특히 감상적 통일론 확산으로 해이해진 안보의식을 바로 잡고 올바른 국가관과 통일관을 정립하기 위해 안보홍보책자 발간배포, 청소년 안보현장 견학 및 안보순회 사진전 개최 등 다양한 안보홍보 활동을 전개하고 있다. 경찰청은 지난 2009년 12월 14일부터 안보홍보만화 「지용이의 시간여행」 15만부를 제작하여 청소년들이 안보관련 상식을 쉽게 접하고 이해할 수 있도록 하는 활동을 전개한 바 있다. 또한 「또한 우리가 지키는 대한민국 안보가 없으면 대한민국도 없습니다」라는 안보홍보영상물을 제작하여 경찰관서 및 유관기관에 배포하여 교육자료로 활용하였으며, 공익전광판 광고를 통

해 국민들이 안보의식 고취에 기여할 수 있도록 안보홍보 활동을 전개한 바 있다(대한민국 경찰청, 2010.8.1: 260). 북한의 변함없는 안보위협 그리고 보안수요의 급증에 따라 경찰이 본연의 임무와 함께 국가안보 확립을 위한 임무와 활동에 소홀함이 없어야 함은 아무리 강조해도 지나치지 않을 것이다.

2) 보안경찰 역량강화의 추진

주지하는 바와 같이, 작금의 한반도는 남북정상회담과 북핵위기 등 탈냉전적 화해기류와 냉전적 대결 및 갈등의 기류가 혼재하는 불안한 안보정세를 보이고 있다. 이런 와중에서 탈북자 및 해외교포 등으로 위장한 북한의 우회침투 가능성은 높아지고 있다. 또 북한은 남북교류협력과 공간을 통일전선전술의 구사 및 대남공작의 공간으로 활용하는 한편, 인터넷을 통한 대남 정치선전 및 국가보안법 무력화가 전개되고 있다. 2009년 7월 7일과 2011년 3월 4일 두 차례에 걸친 DDoS(분산서비스거부)와 2011년 4월 농협 서버공격 등 최근 북한의 사이버 테러 수준도 더욱 대담해지고 있다(문순보, 2011.5.4: 1). 그 결과 보안수요가 줄어들기는 커녕 오히려 늘고 있는 실정이다.

더불어 향후 남북교류 활성화 및 대규모 민간인 왕래 성사 혹은 급변사태 발생에 따른 급작스런 통일실현 등에 있어 자유민주주의체제 유지를 위한 치안확보문제가 새롭게 등장하고 있다. 이런 상황이 벌어질 경우 안보차원에서 다수의 보안경찰인력이 소요될 것으로 예상된다(제성호, 2008: 136-137).

그럼에도 그간 급변하는 국내 안보환경과 그 여파로 인해 유독 보안경찰 인력은 계속 축소되어 보안경찰의 전문성의 저하 및 국가안보체제 약화의 우려된다는 지적이 나온 바도 있다(제성호, 2006.4.17). 그러다가 최근 들어 보안경찰의 중요성이 새롭게 인식되고 있다. 경찰청은 안보위해사범 수사역량 강화, 보안정책 자문위원단 운영, 보안사이버 수사역량 강화 등의 노력을 통해 보안경찰의 역량 강화를 추진해나가고 있음은 그나마 다행이다.

첫째는 안보위해사범 수사역량의 강화이다. 지난 1996년부터 운영하던 보안경과제가 2003년 이후 신규인원을 선발하지 않으면서 사실상 유명무실해짐에 따라 지난 2010년에는 기존의 보안경과자(경찰 중에 보안수사만 전담하는 인력)에 대한 일제정비를 실시하고 보안관련 전문지식과 소양을 갖춘 우수요원 856명을 새로 선발하여 보안요원을 정예화 · 전문화하였다. 보안경과자를 중심으로 보안수사대에 전문 수사인력을 배치하고 북한이탈주민 관련업무 등 보안수요에 따른 경찰서간 인력을 재배치하여 지역별 공조수사체제를 구축하는 등 수사체계를 강화한 바 있다. 또한 공판중심주의 강화 등 사법환경의 변화에 따른 증거위주 과학적인 보안수사를 위해 첨단과학 장비를 지속적으로 보강하고, 안보위해환경 변화에 따른 수사기법을 개발하여 수사에 활용하고 있다. 이와 함께 전문교육을 강화하는 등 보안경찰의 역량강화를 위해 노력하고 있다.

둘째는 보안정책자문위원단 운영을 들 수 있다. 경찰은 북한의 급변사태 발생과 국내의 새로운 안보위해요소의 등장 등 신안보환경 변화에 대비한 보안정책 수립을 위해 2007년부터 북한의 정치 · 군사 · 법제도 등 관련 전문가로 구성된 '보안정책 자문위원단'을 운영하고 있다.

자문위원단의 전문지식과 현장 보안활동 근무자들의 일선경험을 결합한 경(警) · 학(學) 공동연구를 추진함으로써 효율적인 보안역량강화 방안을 발굴하였다. 2009년의 경우 정기회의(3회), 특별회의(3회)를 개최하여 다양한 안보 현안 · 이슈에 대한 자문활동을 한 바 있다.

셋째는 보안사이버 수사역량 강화를 들 수 있다. 경찰은 변화하는 사이버상의 안보환경에 효율적으로 대처하기 위해 경찰청 소속의 '보안사이버 분석계'를 '보안사이버 수사대'로 확대 개편하였고, 지방경찰청에는 '보안사이버 전담팀'을 운영하고 있다. 또한 IT분야 민간 전문가 5명을 특별채용하여 첨단 IT기법 개발과 활용을 통해 범죄흔적 및 증거를 확보하고, 북한의 사이버전 수행능력 향상에 대응하는 등 기술역량을 제고하는데 노력해왔다(대한민국 경찰청, 2010.8.1: 260-262). 그러나 아직 보안수요를 충족시키기에는 부족한바, 지속적인 보안경찰 역량강화의 추진이 요구된다고 볼 수 있다.

3) 북한이탈주민 신변보호 및 정착지원 활동의 강화

최근 북 핵 위기, 미국의 대북한 경제재제의 강화, 김정일 독재체제 세습갈등 등 '북한의 불안한 정세 지속 또는 악화 등으로 향후 대량 탈북자 발생이 예상되고 있다. 이와 같은 상황이 발생할 경우, 고위층 탈북자에 대한 보호 및 일반 북한이탈주민의 안정적 정착을 지원하는 한편, 북한이탈주민의 수용과정에서 벌어질 수도 있는, 남한사회 내의 연쇄적인 동요·갈등을 사전에 예방해야 할 것이다. 특히 북한이탈주민에 대한 체계적 관리로 위장간첩에 의한 남한사회 교란 및 이적행위에 대한 철저한 감시체제를 구축해야 한다. 그간 경찰청은 북한이탈주민 관리업무 및 합동신문 기능 등을 수행해왔는데, 앞으로 남북통일시대에 맞게 이러한 업무를 더 강화할 필요가 있다고 볼 수 있다(제성호, 2008: 140).

북한이탈주민의 국내입국은 1994년 김일성 사망 이후 연간 50여 명 이상으로 급증하면서, 1999년 148명이 입국한 이후 매년 수백명씩 증가, 2002년에는 1,000명대로 증가하였다. 2009년 말 현재 총 17,984명이 입국하였으며 이중 여성입국자가 약 68%를 차지하고 있다. 이처럼 북한이탈주민의 입국이 증가하고 있는 것은 북한내부의 경제사정 악화와 남한사회에 대한 동경, 제3국에서의 불법체류에 따른 신분불안, 국내에 입국한 가족·친지의 도움 등이 복합적으로 작용한 것으로 보인다. 입국경로도 기존에 중국을 경유하던 방법에서 태국 등 동남아 국가들을 경유하는 방법 등으로 다양화되었다. 2010년 11월 현재 탈북자는 2만명을 넘어섰다(이귀원, 2010.11.15).

북한이탈주민은 일정기간 사회적응교육을 받은 후 정착 주거지에 정착하게 되는데 이때부터 경찰이 이들에 대한 신변보호를 위해 활동하게 된다. 관련 법령에 따라 경찰은 북한이탈주민에 대한 신변보호 임무와 북한이탈주민이 대한민국에서 안정적인 삶을 영위할 수 있도록 조기정착을 위한 노력을 병행하고 있다. 이는 북한이탈주민들이 사회적응에 실패하여 범죄의 길로 들어서거나 범죄피해자가 되는 것을 방지하기 위해서다.

경찰은 통일부, 지방자치단체 등 관련 기관과 유기적인 협조체제를 구축하고 있으며, 법률·의료 등 민간차원에서 실질적인 도움을 줄 수 있도록 변호사·의사·교육자 등 다양한 분야의 전문가로 '경찰서 보안협력위원회'를 구성하여 매분기 북한이탈주민과의 간담회를 가지면서 법률·생활상담 등 정착에 필요한 이웃도우미 역할을 하고 있다.

'경찰서 보안협력위원회'는 2006년 9월 북한이탈주민 50명 이상이 거주하는 31개 경찰서에 구성된 이후, 2009년 현재 북한이탈주민이 거주하는 216개 경찰서

중 211개 경찰서에 구성·운영하고 있다. 또한 경찰서 보안협력위원회에서는 북한이탈주민들이 거주지에 전입한 후 6개월 이내에 정서적인 안정을 찾고 문화적 이질감을 극복하여 순조롭게 정착할 수 있도록 북한이탈주민과 지역주민 간 '한가족 결연사업'도 추진하고 있다(대한민국 경찰청, 2010.8.1: 262-264). 탈북자의 행렬은 끊이지 않고 이어지고 있으며 앞으로도 그러할 것으로 예상되는바 북한이탈주민 신변보호 및 정착지원 활동이 지속적으로 강화되어야 함은 지극히 당연한 귀결이라 할 수 있다.

V. 결론

우리가 처한 안보환경은 가변성, 유동성, 불확실성을 띠고 있다. 세계적인 탈냉전에도 불구하고 북한의 대남전략이 아직 불변한 가운데 한반도의 경우 냉전과 탈냉전의 교차 및 화해와 갈등의 혼재 속의 불안정이 지속되고 있다. 북한은 선군정치를 앞세우고 강성대국 건설을 목표로 국제제재와 경제난에도 불구하고 세계 4위의 재래식 군사력과 핵을 비롯한 대량살상무기 개발을 지속함으로써 군사적으로 우리를 심각하게 위협해왔음은 주지의 사실이다. 이러한 북한의 대남군사안보위협을 포함하여 북한과 관련한 안보환경은 다음과 같이 요약해 볼 수 있다.

첫째, 남북정상회담 개최와 이후 다방면의 교류·협력으로 북한이 다소의 변화조짐을 보여온 것도 사실이나, 다른 한편으로 핵보유 선언, 2차 핵실험 등에 의한 북한의 벼랑끝 외교(brinkmanship diplomacy) 전술로 미국을 비롯한 일본, 중국, 러시아 등 주변국을 자극함으로써 한반도 긴장은 계속되고 있다. 여기에다 최근에는 북한의 천안함 폭침(2010.3.10) 및 연평도 포격도발(2010.11.23)이 겹쳐 남북관계가 경색국면에서 벗어나지 못하고 있다. 둘째, 식량부족 및 경제난(생필품난, 외화난, 에너지난) 등으로 탈북자의 행렬이 지속되고 있다. 북한의 내부사정에 따라서는 향후 대량탈북이 발생할 가능성도 전혀 배제할 수 없다. 일각에서는 북한 내 급변사태 발생가능성을 점치기도 한다. 셋째, 중국 등을 통한 북한이탈주민의 대량입국과 동시에 탈북자로 위장한 불순세력의 잠입가능성이 상존하고 있다. 공안기관에 따르면, 북한이 대남전략의 일환으로 탈북자 위장 귀순이란 신종수법을 구사하는 것으로 파악되고 있다. 넷째, 중국과의 인적·물적 교류의 활성화로 조선족 밀입국이나 해외교포로 위장한 북한의 우회침투 가능성도 있어 이에 대비한 보안활동의 수요도 점차 증대하고 있다. 다섯째, 남북화해·협력의 측면과 관련하여 북한에 대한 대남전략에 대한 경계심이 이완되는 한편 민족주의에 편승한 감상적·낭만적 통일론도 나오고 있는 것도 사실이다(제성호, 2008: 132-133).

이러한 안보환경 속에서 대한민국의 경찰 특히 보안경찰의 경우, 과거와 다른 새로운 치안과 안보환경에 부응하는 보안경찰 중요성과 역할의 재정립이 필요함은 물론이다. 북한의 군사적 외침으로부터 국토와 국민의 생명을 보호하는 '전통적 안보개념' 이외에도 대테러, 산업보안, 사이버안보, 위기관리 등을 강조하는 '포괄적 안보개념'으로의 어의의 확대와 변화에 따라 경찰 특히 보안경찰의 임무와 역할의 확대가 요구됨은 물론이다. 이를 위한 방안으로는 ①현재 한반도의 현실상 전통적 안보위협에 대한 대응을 위한 정보지향적 방첩기능의 강화, ②최근의 안보 패러다임의 변화에 따른 새로운 역할과 기능의 수행의 필요에 따른 인간안보 실현을 위한 북한이탈주민 지원활동의 활성화와 더불어 CIQ(Customs Immigration Quarantine)활동이나 경제특구지역 보안수요 등 남북교류 확대에 따른 신종 보안수요에의 대응역량 강화, 사이버공간에서의 역할 확대, ③전통적인 역할과 새로운 안보환경에 부합하는 보다 효율적이고 전문성을 향상시킬 수 있는 경찰조직으로의 발전을 위한 노력과 지원, ④새로운 안보개념의 대두나 국민의식에 대한 이해를 바탕으로 다양한 신국가안보 관련의식을 고취할 수 있는 다양한 안보계도 활동의 활성화 등을 들 수 있을 것이다(장노순·남재성, 2009: 123-152).

요컨대 우리의 경찰은 경찰의 본연의 임무수행은 물론 대결과 화해노력이 혼재하는 남북분단의 현실 속에서 북한의 온갖 안보위협에 슬기롭게 대처함은 물론 남북한 통일시대에도 대비해 나가기 위한 효율적인 역할정립과 능력배양에 최선의 노력을 다해야 할 것이다. 특히 보안경찰은 국민의 신뢰와 사랑을 회복하고 맡은 바 소임을 충실히 수행하기 위해 현재에 만족하지 않고 계속해서 변화와 개혁을 위한 프로그램을 개발하고, 일관성 있게 추진해 나가야 할 것이다. 이와 관련하여 경찰청 지휘부의 보안경찰요원에 대한 많은 관심은 물론 이들이 소신껏 일할 수 있는 여건과 풍토의 조성이 요구된다고 할 수 있다.

참고문헌

권순우 · 신창목. (2010). 「SERI 전망 2011」. 서울: 삼성경제연구소.
김강녕, 「한반도 주변정세와 남북한」. 경주: 신지서원,
김상호 외. (2004). 「경찰학개론」. 서울: 법문사.
김진혁. (2010). "한국경찰제도의 발전과정 및 향후과제(Korean Police System Process and Its Future Course)". 한국경찰학회. 「한국경찰학회보」. 제7권. 2004.
김충남. (2006). 「경찰학개론」. 서울: 박영사.
남재성. (2008). "인간안보와 보안경찰의 북한이탈주민 지원활동". 「한국경찰연구」. 제7권 제4호: 63-94.
내외통신. (1980). 「북괴의 대남도발사(1945.8-1980.4)」.
대한민국 경찰청. (2010.8.1). 「2010 경찰백서」.
대한민국 국방부. (2010.12.31). 「2010 국방백서」.
문순보. (2011.5.4). "북한의 사이버 테러와 대화제의의 진정성". 세종연구소. 「세종논평」. No.217.
박준석. 2009. "뉴테러리즘의 대응방안과 전략에 관한 연구". 한국공안행정학회. 「한국공안행정학회보」. 제34호.
유동렬. (2008.10.30). "국가안보와 사이버 공간". KONAS net.
이귀원. (2010.11.15). "국내 입국 탈북자 2만명 돌파". 「연합뉴스」.
이백훈. (1993.4). "통일시대를 대비한 경찰의 역할". 치안문제연구소. 「치안문제」. 제141권.
임상곤. (2003).「정보분석론」. 서울: 백산출판사.
임준태. (2006). "보안경찰의 바람직한 발전방향". 「경찰개혁론」. 서울: 법문사.
장노순 · 남재성. (2009). "한국적 신안보 패러다임과 보안경찰의 역할(A New Security Paradigm for the Korean National Police and the Role of Security Police)". 한국경찰연구학회. 「한국경찰연구」. 제8권 제2호.
제성호. (2008). "통일시대의 보안경찰의 역할". 자유민주연구학회. 「자유민주연구」. 제3권 제2호.

제성호. (2006.4.17). "안보전선에 경보음이 울리고 있다". 「문화일보」.

조철옥. (2007). 「경찰학개론」. 서울: 대영문화사.

최종철. (2007). 「21세기 한국의 국가안보전략」. 2007년도 국회 국방위원회 정책 연구용역과제 연구보고서: 7-8.

한동만. (2002). "국제정치에서의 안보개념의 변화". 「다자안보의 이론과 실제」, 외교통상부 외교정책실 안보정책과 연구보고서: 66-132.

한용섭. (2002). "안보개념의 변화와 국방정책". 「국방대 교수논총」제27집: 201-236.

행정안전부. (2007). 「보안업무편람」. 서울: 행정자치부.

허경미. (2008). 「경찰학개론」. 서울: 박영사.

하영선. (2010). 「북한 2032」. 서울: 고려대 동아시아연구원.

홍정선. (2004). 「행정법 특강」. 서울: 박영사.

「국방일보」. (2009.3.5). "2006년 대포동 2호 20기 생산".

「NAVER백과사전」. "경찰의 개념". http://100.naver.com/100.nhn?docid=11338(검색일: 2011.4.23).

「NAVER백과사전」. "경찰의 종류". http://100.naver.com/100.nhn?docid=722583(검색일: 2011.4.23).

「NAVER백과사전」. "한국의 경찰제도". http://100.naver.com/100.nhn?docid=722585 (검색일: 2011.4. 23).

「위키백과」,"경찰". http://ko.wikipedia.org/wiki/%EA%B2%BD%EC%B0%B0(검색일: 2011.4.23).

"경찰의 학문적 접근: 분류 · 역할". http://blog.naver.com/churi0321?Redirect=Log&logNo=20036338972(검색일: 2010.4.23).

"당신도 산업스파이의 표적이 될 수 있다". http://blog.naver.com/e_podori?Redirect=Log&logNo=1000 71907032(검색일: 2010.4.24).

Chapter 7 경찰의 대테러체계 재정비방안 고찰

[요약]

냉전이후 정치적·경제적 환경 등의 변화에 따라 전통적 국가안보개념인 군사적 위협에 대한 인식은 변화되었다. 군사적 도발에 의한 전면전의 가능성은 낮아진 반면 비정규전의 가능성은 점차 높아지고 있다. 즉 군사적 위협보다 다양한 형태의 테러가 더 심각해지고 있다. 때문에 국가안보 대비의 방향성은 매우 불확실하다. 더구나 테러는 예측하기 어렵고 사후조치 위주로 진행되기 때문에 효과적인 테러 대비 체계 구축과 작전수행방안을 설정하기가 어려운 실정이다. 특히 대테러 활동을 위해서는 테러발생시에 정보를 수집하고 수집된 정보를 토대로 용의자를 바로 지목하고 수사에 착수하여 범인을 검거하게 될 때 비로소 대테러 대응책을 마련했다고 볼 수 있다. 따라서 중요한 것은 테러발생시 최초대응자의 역할은 물론 정보 수집과 분석, 그리고 유기적인 공조체제 구축이 중요하다.

이러한 맥락에서 대테러 활동에 대응하기 위해서 대응시스템을 구축해야 하며 이를 위해서는 정보수집이 제대로 이루어져야 하며, 수집된 정보를 데이터베이스화하여 서로 공유할 수 있어야 한다. 정보수집이 제대로 이루어지려면 최초 대응자 및 순찰기관 등은 안일한 태도가 아닌 사소한 정보가 테러를 방지할 수 있다는 신념하에 교육과 훈련을 통하여 정보를 수집할 수 있어야 하며, 객관적이고 합리적인 증거의 데이터베이스를 구축 및 공유할 수 있는 시스템을 통하여 테러용의자를 식별하고 예방할 수 있어야 한다.

만약 테러사태가 발생하게 되면 국가적인 위기상황으로 인식하고 국가의 전 역량을 집중하여 이를 사전에 예방하고 그 피해를 최소화 하는데 노력을 경주해야 한다. 따라서 변화하는 안보위협에 국가안보의 핵심수단인 경찰이 대테러작전을 적극적으로 수행하는 발전방안을 논의하고 대테러체계를 재정비하는 방안을 검토함은 매우 필요하다.

Ⅰ. 문제의 제기

위험사회(Risk Society)의 도래와 함께 2001년 미국의 9·11테러 이후 나타나는 다양한 테러단체의 활동양상은 특정국가와 지역을 초월하여 전 세계적으로 확산되고 있고, 테러의 대상 또한 무고한 불특정 다수의 일반시민으로까지 무차별화되고 있는 실정이다. 더구나 최근 급진 수니파 무장단체인 이라크-레반트 이슬람국가(Islamic State of Iraq and the Levant: ISIL), 자생테러(Homegrown Terrorism) 등 테러위협 증가와 유럽의 프랑스, 벨기에 등에서와 같은 국제적 테러사건이 빈발하는 추세이다.

국내의 경우도 북한의 핵개발과 미사일 발사 실험과 함께 후방 테러위협과 비대칭전력으로서의 테러공격은 전면전(全面戰)보다 오히려 그 위험성이 증폭되고 있어 다른 어느 때 보다도 국가적 차원의 테러대응체계 강화에 대한 필요성이 대두되고 있다. 더구나 우리나라는 미국의 대테러전략에 동참하고 있기 때문에 IS와 같은 반미 이슬람테러조직의 테러공격가능성을 배제할 수 없는 상태이다.

이처럼 이제 전 세계는 테러가 일상화 되고 있는 불안과 공포의 시대 살고 있으며, 테러 행위는 세계 곳곳의 여러 분쟁지역에서 불특정 다수를 겨냥한 무차별 게릴라 테러나 무장 공격 등의 비대칭 전력으로 자리매김 되었으며, 치명적인 민간인 피해를 속출하고 있다.

그러나 한국경찰의 테러대응체계를 살펴보면 2016년 [국민보호와 공공안전을 위한 테러방지법](이하 '테러방지법'이라함) 제정과 시행으로 범정부적 차원의 테러대응체계가 정비되어 테러 발생 시 현장에서의 기관 간 혼란이 정비되고, 체계적 테러대응시스템 구축이 가능하게 되었지만, 아직도 실재 현장에서 필요한 체계적이고 조직적인 대응체계는 여전히 미흡한 상황이다.

따라서 최일 선 에서 국민의 안전 및 인권보장과 법집행 담당 하는 경찰의 현장 대응능력을 보다 더 향상하고, 경찰이 대테러 활동의 중심이 될 수 있는 테러대응체계를 위한 법령, 조직, 임무에 대한 재정비 방안이 필요하다.

이를 위해서는 경찰의 대테러활동 및 대테러 정보 수집을 위한 일반조항 신설 및 개정이 필요하고, 나아가 경찰 주도의 테러대응체계 입법을 위해 우선 현재 경찰의 테러대응체계 문제점을 진단하여, 향후 경찰의 테러대응체계를 설계하여야한다. 특히, 테러리즘에 대한 사전적 정보활동을 위한 정보공동체(IC: Intelligence Community) 사회에서 대테러 활동은 매우 중요한 사항으로 유관기관간의 협치를 통한 거시적인 접근이 반드시 필요하기 때문에 정보기관의 역할과 법집행기관인 경찰의 역할은 더욱 강화되어야 한다.

따라서 본 연구에서는 주요 국가의 경찰테러대응체계에 대한 철저한 이해를 바탕으로 국가 테러대응체계상 법집행기관 및 정보기관의 효율적이고 바람직한 임무·권한관계를 비교 분석하여, 우리경찰의 테러대응체계 개편에 따른 조직, 임무·권한, 기관 간 재정비방안 등을 제시하고자한다.

Ⅱ. 주요국 경찰의 대테러정보체계, 관련법 비교와 시사점

1. 미국

1) 미국의 대테러정보공동체(IC)와 국가정보실(ODNI)운영

미국은 9.11이후 2004년 정보개혁법을 제정하여 정보기구를 개편하는 대테러정보공동체 운영을 규정하였다. 그 핵심은 정보 분석 취합기능을 CIA에서 떼어내는 것이었다. CIA에 집중된 정보 분석 기능이 정보실패를 가져왔다는 판단 때문이었다. 대신 정보취합분석을 전담할 국가정보국장실(ODNI)을 신설하고, 해외 정보 수집은 CIA(중앙정보국)과 DIA(국방정보국), 국내 정보 수집과 수사는 FBI(연방수사국), 전자신호 정보 수집은 NSA(국가안보국), 영상정보 수집 및 분석은 NRO(국가정찰국), NGA(국가공간정보국)등으로 각 정보기구의 역할을 전문화하였다.

국가정보국장실은 CIA, FBI 등16개의 정보기관을 소속시키고, 모든 정보공동체의 예산과 인력을 총괄 조정할 수 있는 장관급으로 이들 정보기구들을 포함한 총 17개 부서(보통 intelligence community)에서 올라오는 각종 정보를 취합하여 분석하고 데이터베이스를 축적하는 국가독립기구로서 대통령과 NSC(국가안전보장회의), 국토안보부를 보좌한다. 정보 수집/분석 기능과 조사/수사 기능도 각각 분리되어 있다. 해외에서 군사작전 중에 체포된 '적 전투원'에 대해서 일부 CIA와 DIA가 수사하지만, 대부분의 조사 및 수사 기능을 FBI가 담당한다.

특히, 잠재적인 테러 위협을 조사하고 대비하기 위해 FBI 산하에 테러리스트조사센터(The Terrorist Screening Center)를 별도로 운영하는데 이 센터는 FBI 산하 기구이지만 법무부, 국무부, 국방부, 국토안보부 등이 협력하여 운영한다. 세부적으로 미국의 16개 정보공동체는 중앙정보부(CIA), 국가안보국(NSA), 국가정찰국(NRO), 국방정보국(DIA), 국가지구공간정보국(NGA), 국토안보부(DHS), 육군 · 해군 · 공군 · 해병대 정보부대, 국무부 정보조사국(INR), 연방수사국(FBI), 해안경비대 정보실(USCG), 법무부 마약수사청(DEA), 재무부 정보지원실(OIS), 에너지부 정보실(IN)으로 구성되어 있다.

국가정보장(DNI)은 기존 CAI국장이 겸임하고 있던 중앙정보장(DCI) 직제를 폐지하고 신설된 것이기 때문에, CIA의 위상과 역할이 한 단계 강등된 것이라고 평가되기도 한다. 그렇다 하더라고 CIA는 여전히 미국에서 가장 중심적인 역할을 하는 정보기관이다. 정리하면 미국의 경우 정보통합을 위한 컨트롤 타워는 국가정보국(DNI)이며 여기에 국가대테러센터(NCTC: national counter terrorism center)를 두고 모든 테러관련 정보를 통합하여 운용하고 있다.

흔히 잘 알려진 중앙정보국(CIA)은 정보공동체 구성기관의 하나로 국가안전보장국(NSA), 국방부정보국(DIA), 연방수사국(FBI) 등과 함께 DNI의 정보통합체제로 통합된다. DNI는 여러 정보기관의 정보를 일원화하고 국가급 테러리즘 관련 정보를 분석해 대테러 안보정책을 제안하는 것이다. 반면에 범죄수사 및 체포를 핵심으로 하는 법집행 활동은 논쟁의 여지는 있지만 국토안보부(DHS: Department of Homeland Security)를 컨트롤 타워로 하고 있다.

국토안보부(DHS)는 2001년 9.11 테러사건을 계기로 부시 대통령이 22개 정부기관들을 통합하는 정부조직 개혁을 단행, 테러위협으로부터 국토를 수호하는 것을 주요 임무로 2002년 11월 25일 신설되었다. 미국 내 법집행기관 · 정보기관들의 첩보는 물론 기타 연방정부, 주 및 지방정부 기관과 민간 분야의 첩보를 개척, 수집, 분석하고 테러 방지 등의 목적을 위해 이들을 통합 · 분석하여 국토안보부

내 또는 관련 연방 정부기관에 배포하는 역할을 담당하고 있다. 2016년 10월 현재, 직원 216,000명이며, 예산규모는 551억 달러 정도였다. 세월 호 이후 조직된 한국의 '국민 안전 처'와 비교되기도 하지만 일종의 모델이었지 그 임무는 다르다.

주목할 점은 국토안보부는 법집행 활동 컨트롤 타워로서 DNI등 정보 분야 컨트롤 타워 구성단위에 대한 지휘권을 가지며, 반대로 정보부문 컨트롤 타워는 법집행 부문 컨트롤 타워 활동을 지원하는 역할을 한다는 점이다.

미국의 정보공동체(IC: Intelligence Community)는 국가정보실(ODNI: Office of the Director of National Intelligence)을 제외한 16개의 정보기관으로 구성되어 있으며, 국가정보실(ODNI)은 정보공동체(IC)에서 취합된 테러정보를 비롯하여 모든 국가 차원의 정보를 관리·보고하고 주도적으로 운영하지만 정보공동체(IC) 구성목록에는 포함되지 않는다.

미국의 정보공동체(IC) 구성기관을 아래 〈표 1〉에서 살펴보면, 먼저 독립기관으로 중앙정보국(CIA)이 있다. 법무부(DoJ) 소속하의 연방수사국(FBI)과 마약수사국 및 국가안보정보실(DEA/ONSI), 에너지부(DoE) 소속하의 정보실(OICI), 국토안보부(DHS) 소속하의 정보분석실(I&A)과 해안경비대 정보국(CGI), 국무부(DoS) 소속하의 정보조사국(INR), 재무부(DoT) 소속하의 테러금융정보실(TFI), 국방부(DOD) 소속하의 국방정보국(DIA), 국가안보국(NSA), 국가지리정보국(NGA), 국가정찰국(NRO), 공군정보감시정찰국(AFISRA), 육군정보보안사령부(INSCOM), 해병정보국(MCIA), 해군정보국(ONI)으로 구성되어 있으며, 각 분야별로 수행되는 정보활동은 정보공동체(IC) 구성기관으로서의 정보로 활용되고 있는 실정이다.

이와 같이 미국사회에서도 대테러 정책의 거시접인 접근을 위해 정보개혁 및 테러방지법(IRTPA)을 제정하고, 이에 근거한 대테러 컨트롤 타워 역할을 담당하는 기구를 창설하여 국가적 차원의 테러예방정책을 전개해 나가고 있다.

〈그림 1〉 미국의 정보공동체(IC) 구성도

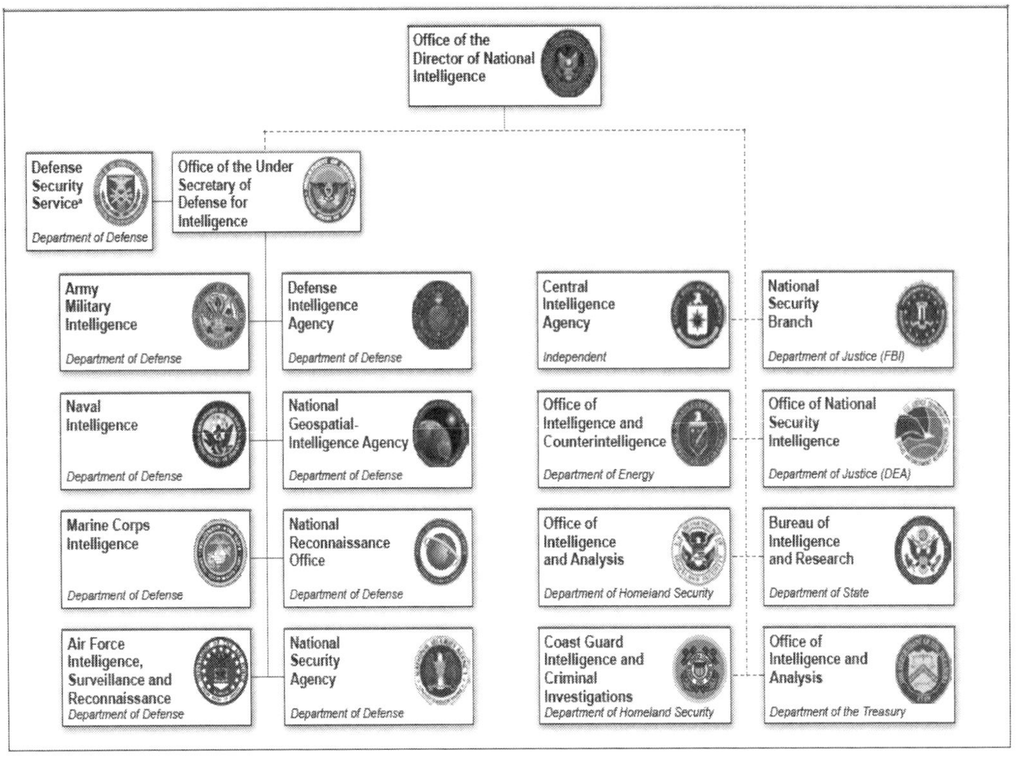

자료: U.S. GAO, Intelligence Community Personal: Strategic Approach and Training Requirements Needed to Guide Joint Duty Program, GAO-12- 679.

2) 국가정보실(ODNI)의 설립배경 및 기능

역사가 흘러온 오랜 시간만큼 스파이활동도 상존하였지만, 정보기관은 항상 새롭게 조직될 수밖에 없다.[1] 특히 테러리즘에 대한 정보(intelligence)는 범죄의 사전예방과 진압을 위해 적시성과 비소모성·가치의 다양성 및 비표출성 등의 특성을 가진 효과적·잠재적 도구임에는 틀림없다. 이렇듯 오늘날의 위험사회(risk society)에서 전통적인 범죄가 아닌 테러리즘과 같이 초국가적인 범죄에 대한 정

1) Knightley, P. The Second Oldest Profession: Spies and Spying in the Twentieth Century. London: Penguin, 1986; Philip H. J. Davies, "Intelligence and the Machinery of Government: Conceptualizing the Intelligence Community", Public Policy and Administration, Vol. 25, No. 1, 2010, p.29.

보의 가치는 범죄 예방적 차원에서도 상당히 중요한 부분을 차지하고 있다. 그럼에도 불구하고 대테러정보의 부적절한 남용은 사회 구성원들의 법익을 침해하는 부작용이 노정되어 있는 것은 사실이다.

2001년 9·11테러 이후 전 세계 질서경찰의 역할을 자처했던 미국의 국격은 상당 부분 실추되었고, 이로 인해 미국의 정보공동체(IC: Intelligence Community)는 커다란 변화를 가지게 되었으며, 이 가운데 국가정보실(ODNI: Office of the Director of National Intelligence)의 창설과 대표적 산하 조직인 국가대테러센터(NCTC: National Counterterrorism Center) 역할의 의미는 다시 한 번 대테러정보의 중요성에 대한 현대적인 해석을 요구하게 되었다.

알카에다의 2001년 9.11테러공격에 대한 전 국가적인 수사는 미국의 정보공동체(IC)에 있어서 전면적인 변화를 제시하였고,[2] 그 결과 2004년 의회는 정보개혁 및 테러방지법[3](IRTPA: the Intelligence Reform and Terrorism Prevention Act)을 통과시켜 미국의 핵심적인 16개의 정보기관을 통솔하기 위하여 국가정보실(ODNI)을 창설하였다. 국가정보실(ODNI)은 국가안보와 관련된 정보공유와 전략증진, 재량권 통합 그리고 국가정보관리에 대해 전반적인 개혁을 추진하여[4] 정보공동체(IC)에서 대테러정보활동을 위한 컨트롤 타워로서 새롭게 태어났으며, 상당한 권한을 부여받게 되었다.

국가정보실(ODNI)은 그들 스스로를 '미국인의 삶과 이익 나아가 미국의 가치를 보호하기 위해 일상적인 목적을 가진 혁신적인 정보의 통합조직'(a unified enterprise of innovative intelligence professionals whose common purpose in defending American lives and interests, and advancing American values)이라고 언급하고 있다. 미국의 핵심적인 16개의 정보기관으로 구성된 정보공동체(IC)라는 확장된 메커니즘은 미국사회가 지향하는 민주주의제도와 다양성, 지식과 기술적 기량의 성장으로 인해 탄생하였다고 본다. 이러한 정보공동체(IC)라는 요구에도 불구하고, 의회는 직무특성과 관련된 완전한 권한을 국가정보실장(DNI: the Director of National

2) National Commission on Terrorist Attacks Upon the United States, The 9/11 Commission Report, Washington, DC: U.S. Government Printing Office, 2004, p.400.

3) U.S. Pub. L. No. 108-458 (2004) (relevant sections codified at 50 U.S.C. § 435b).

4) Office of the Director of National Intelligence, ODNI Fact Sheet, 2011, p.1.

Intelligence)에게 부여하는 것을 견제도 하기 때문에 아직까지는 미국 정보공동체(IC)의 발전에 있어서는 여전히 안정된 균형성을 유지하지 못하고 있다.[5)]

이와 같이 국가의 대테러정보관리 및 주도권이라는 핵심적인 권한을 필요에 의해 관련 기관을 창설하여 부여하고, 적절한 의회의 견제와 감시기능을 통해 헌법적 가치를 유지하려는 미국사회의 대테러정보활동은 대테러기본법이 부재한 국내의 상황에서 시사 하는바가 크다 하겠다.

국가정보실장(DNI)은 미국 정보공동체(IC)의 수장으로서 대통령과 국가안보회의(NSC: National Security Council) 그리고 국토안보회의(HSC: Homeland Security Council)에 국가안보와 관련된 정보를 조언・보좌해주는 등의 일정한 책무와 권한을 가지고 있다.

아울러 국가정보프로그램을 실행하고 이와 관련된 예산을 집행하며, 정보공동체(IC) 영역 내에서 효과적인 정보수집과 생산을 위한 통합 및 협조를 주도 할 수 있다. 또한 국가정보실장(DNI)은 상원의회의 동의하에 대통령이 임명하며, 국가안보와 관련된 정보의 수집・분석・생산・배분에 대한 우선결정권을 보유하고 있다. 아울러 정보획득의 절차와 협조, 법적・행정적 지원에 대한 권한을 보유하는 등의 정보공동체(IC)에 대한 전반적인 책임을 지고 있다.[6)]

2004년 국가정보실장(DNI)의 직위를 신설한 정보개혁 및 테러방지법(IRTPA)은 국가정보실장(DNI) 산하에 정보실행기구인 중앙정보국(CIA)을 직접 가지고 있었던 중앙정보국장(DCI) 체제와 달리 어떠한 정보기구도 통솔하지 못하게 하였다. 정보개혁 및 테러방지법(IRTPA)은 정보공동체(IC)의 구성기관들을 통솔하고, 정보공동체(IC)에 대한 조정・감독의 임무수행을 담보해주기 위해 국가정보실장(DNI) 임명 시에 중요한 의견개진권과 정보예산배분권을 부여했다.

그리하여 국가정보실장(DNI)은 매년 국가정보예산을 통합하여 정보공동체(IC)의 전체 예산을 결정하며, 의회로부터 예산이 승인되면 모든 정보공동체(IC)의 개별 정보기구들에게 정보예산을 분배한다. 또한 정보개혁 및 테러방지법(IRTPA)상 국

5) Omand, D. "Creating Intelligence Community", Public Policy and Administration, Vol. 25, No. 1, 2010, p.107.

6) DNI, An Overview of the United States Intelligence Community for the 111th Congress, 2009, pp.1-2.

가정보실장(DNI)의 권한과 임무는 모든 국가정보에 대한 접근권, 예산배분권, 정보공동체 업무조종 및 감독권, 정보우선순위결정 및 조정권으로 정리할 수 있다.7)

따라서 국가정보실장(DNI)은 거시적 차원에서 국가안보와 관련된 정보처리의 투명한 프로세스와 관련된 일관된 정책을 개발하는 중책기관으로서의 책임을 지고, 국가안보 상태와 관련된 현안 및 지침을 제공하지만, 명백하게 정책을 정의하여 제공하는 기관이 아니라 안보투명성이 요구되어 결정될 경우에 적절한 정보를 제공하는 기관으로서의 역할을 담당한다.8)

3) 국가대테러센터(NCTC)의 기능 및 주요업무

〈표 1〉 NCTC와 대테러업무 공조 지방경찰기관

담당기관	소 속
Police Department	Abington Police Department (PA)
	Albquerque Police Department (NM)
	Arlington Police Department (TX)
	Aurora Police Department (CO)
	Boston Police Department (MA)
	Las Vegas Metropolitian Police Department (NV)
	Washington, DC MPD
State Police	Illinois State Police
	Indiana State Police
	New Jersey State Police
	Washington State Police
County Sheriff	Oakland County Sheriff's Office (CA)
	Orange County Sheriff's Department (CA)
	Hennepin Sheriffs Department (MN)

7) IRTPA, Sec. 102A.

8) U.S. GAO, Security Clearances: Agencies Need Clearly Defined Policy for Determining Civilian Position Requirements, GAO-12-800, 2012, p.10.

특별구역 담당경찰	Oneida Indian Nation Police (NY)
기타 기관	City of Phoenix Fire Department Arizona Counterterrorism Information Ctr. Director of Public Safety/ Little River Band of Ottawa Indians Fairfax (VA) Florida Department of Health Houston Fire Department (TX) Nebraska Health and Human Services AZ Law Enforcement Seattle Fire Department (WA) Washington, DC Fire & EMS Department

자료: NCTC(www.nctc.gov/jcat/jcat_current_members.html).

미국의 정보공동체(IC)에서 공유되는 기본적인 6개의 정보재원은 신호정보(Signals Intelligence: SIGINT), 영상정보(Imagery Intelligence: IMINT), 계측 및 기호정보(Measurement and Signature Intelligence: MASINT), 인재정보(Human- Source Intelligence: HUMINT), 공개출처정보(Open-Source Intelligence: OSINT), 공간영상정보(Geospatial Intelligence: GEOINT) 등이 있다.[9] 이러한 정보재원들의 포괄적이고 적극적인 활용을 위해 9.11테러 이후 국가안보에 대한 국가적 합의가 형성되어 국가정보실(ODNI)이 창설되었고, 거대한 예산과 인력 및 업무 등이 집결되었으며, 이후 국가대테러센터(NCTC)가 설립되었다. 이러한 대테러정보기관의 심층적인 변화는 연방수사국(FBI)뿐만 아니라 연방법집행기관의 변화에도 상당한 영향을 미쳤다.[10]

2001년 9.11테러공격 이후 미국 정부는 한 번 확인된 테러리즘 정보공유에 있어서 극적인 진전이 있었지만, 불명확한 테러리즘 정보가 나왔을 때 다양한 기관에 산재된 이질적인 테러정보에 대한 지속적인 확인을 하였다. 국가대테러센터

9) Interagency Threat Assessment and Coordination Group, Intelligence Guide for First Responders, 2011, pp.6-7.

10) NSS, The National Security Strategy of the United States, Washington, D.C.: The White House, 2006, p.43.

(NCTC)는 미국 국내테러리즘(domestic terrorism)을 제외하고는 정부에 의해 획득·소유된 모든 국제적 대테러정보를 통합하고 분석하기 위한 주된 조직이라 할 수 있다.[11] 또한 국가대테러센터(NCTC)는 테러리즘과 무관한 정보라 할지라도 국가안보와 관련하여 정부기관에 의해 기존에 합법적으로 수집된 정보에 대해 접근하고 분석하고 있다. 이를 테면 외국인 비자 발급 대상자와 난민 그리고 여행자들은 명확하지는 않지만 테러리즘과 잠재적인 연관성이 있기 때문에 연방기관은 상시 관련 정보와 데이터를 보유해야만 하고, 국가대테러센터(NCTC)는 국가안보에 대한 미확인 위협과 이질적인 정보를 연관시켜서 종합적인 정보시스템에 접근·사용할 수가 있는 것이다.[12]

2004년 대통령령 제13354호(Executive Order 13354)에 의해 설립된 국가대테러센터(NCTC)는 정보개혁 및 테러방지법(IRTPA)[13]에 구체적인 사항에 대해 규정되어 있으며, 대통령령 제13354호 규정에 따른 국가대테러센터(NCTC)의 기능은 다음과 같다.[14]

첫째, 국가대테러센터(NCTC)는 순수한 국내 대테러정보를 제외한 테러리즘 및 대테러리즘과 관련하여 미국정부에 의해 소유 또는 획득된 모든 정보통합과 분석을 위한 정부기관으로서의 업무를 담당하고 있고, 연방정부와 주정부 그리고 지방정부 기타 기관에 대한 대테러정보의 생산과 배분역할을 하고 있다.[15] 둘째, 대테러활동에 대한 전략적 운용계획을 생산하고, 외교·금융·군사·정보·국토안보를 포함한 모든 국가공권력 수단의 통합과 기관 내에서의 정보활동 등을 담당하고 있다.[16] 셋째, 대테러활동과 관련된 법률과 전략계획을 지원·운영하는 책임을 지고, 대테러활동에 필요한 정보접근과 수취권을 가지고 있다. 또한 대테러활동의 계획과 협조에 의해 배분된 그 어떠한 목적과 기획에 있어서 국토안보위원회(HSC)와 국가안보위원회(NSC)에 보고한다. 넷째, 국제적 테러집단의 목적과 전략, 능력, 구성원 간의 접촉과 지원 네트워크에 대한 정보와 지식을 공유하

11) IRTPA, Sec. 119(i).
12) NCTC, Mission Justification Fact Sheet, 2013.
13) IRTPA, Sec. 1021. National Counterterrorism Center.
14) U.S. Executive Order 13354. Section 3. Functions of the Center. (a)-(e).
15) IRTPA, Sec. 119(d)(1).
16) IRTPA, Sec. 119(d)(2).

는 업무를 담당하고 있다.[17] 다섯째, 대테러활동 계획 또는 독립적 업무수행, 대안 분석에 대한 모든 정보재원에 대한 접근과 자료수령 권한을 가지고 있다.[18]

이와 같이 국가대테러센터(NCTC)는 국가정보실(ODNI) 산하의 핵심적 역할을 하는 센터로서 미국 정보공동체에서 국외 대테러정보 분석에 주도적인 역할을 담당하고 있으며, 국가대테러센터(NCTC)장은 상원의 동의하에 대통령이 임명하지만 실질적인 집행부서로서의 업무를 수행하지는 않는다.[19]

또한, 국가대테러센터(NCTC)장은 국가정보실(ODNI)에게 국가대테러센터(NCTC) 운영에 필요한 예산과 프로그램, 국가안보와 관련된 정보업무를 담당하는 기관 및 국가대테러센터(NCTC) 산하기관에 대한 감독, 정보공동체(IC) 구성기관을 위해 운영하는 정보생산 등의 업무를 보고하고, 대통령에게는 통합대테러운영계획에 대해 보고를 하고 있다.[20]

2. 영국

1) 대테러관련법현황

영국은 9.11이전에도 북아일랜드 'IRA 소탕'을 빌미로 무려 7개의 '테러방지법'을 만드는 등 가장 많은 테러관련법을 제정한 나라이다. '북아일랜드 법안(Northern Ireland Act', 1973)', '테러방지법(The prevention of Terrrorism Act, 1974)', '정보국법(The intelligence Service Act, 1994)', '신테러방지법, The Prevention of Terrorism, 1996)', '경찰법(Police Act, 1997)', '형사정의법(Criminal Justice Act, 1998)', '반테러법(Anti Terrorism Act, 2000)'등이다.

이와 같은 법률을 통해서 영국은 자의적으로 북아일랜드 '테러'와 관련돼 있다고 볼 만한 사회단체들을 꼽아 이들의 활동을 금지하는 막강한 권한을 경찰에 부여했다. 그 권한으로 경찰은 주거지 수색과 통신의 자유 제한이라는 무소불위의 힘을 가질 수 있게 되었다. 배심원에 의한 재판 제한, 특정금지단체 가입의

17) IRTPA, Sec. 119(d)(6).
18) IRTPA, Sec. 119(d)(4)-(5).
19) IRTPA, Sec. 119(a)-(b).
20) IRTPA, Sec. 119(c)(1)-(3).

처벌 등의 조치들은 북아일랜드에만 효력 인정했다가 영국 본토로 점차인권을 침해할 소지가 로 확대되었다.

"합리적 의심이 있을 경우"라는 수식어는 그리고 9.11 테러 발생 후에도 새로운 반 테러법이 제정되었다. 2001년에는「반테러리즘과 범죄 및 보안법(Anti-Terrorism, Crime and Security Act 2001)」을 제정, 기존의 「테러리즘법」 보다 더욱 강력한 제재와 출입국관리 등을 시행하게 되었다. 2006년에는 2005년에 발생한 7.7 런던 지하철 테러를 계기로 보다 강화된 「테러리즘법(Terrorism Act 2006)」 을 제정하기도 하였다.[21)]

최근(2016.6.7.)에는 영국정부가 발의한, 일명 '스파이 헌장(Snoopers' Charter)'이라 불리던 '수사권 강화법안(사이버테러방지법)'이 영국하원 표결에서 압도적인 표차로 통과되기도 하였다.

이 법안은 테러 예방 활동을 하는 경찰, 정보기관들이 테러 조직원이나 용의자들이 테러를 저지르기 전부터 감시할 수 있도록 권한을 준다는 것이 핵심이다. 영국 정부가 이 같은 법안을 만든 것은 2014년과 2015년 계속된 유럽 전역에서의 무차별 테러, 수백만 명이 넘는 북아프리카와 중동 난민 가운데 테러조직원이 있을 수 있다는 국민들의 우려 때문이다.

2) 조직 현황

영국, 독일, 프랑스 같은 유럽강국들은 전통적으로 정보기관에 힘을 실어주기를 꺼려하는 경향이다. IS등 무슬림 극단세력들의 테러가 이어져도 '프라이버시 우선주의' 를 내세워 '인터넷 감청' 등에 관한 건에 대해서는 예민한 반응을 보여 왔었다.

특히 2013년 에드워드 스노든 이 미국 감청기관인 NSA가 우방국인 유럽 각국을 상대로 감청해왔음을 폭로한 이후, 더욱 냉소적인 분위기가 형성되었다. 그러나 최근 프랑스, 독일 등에서 발생한 연쇄 테러사건은 인터넷 감청을 무조건 '불법적 사찰'로 규정하고, 나아가 프라이버시 보호 위주로 전개해온 그간의 정책을

21) Home Office, Office for Security and Counter Terrorism, Legislation, Anti- Terrorism, Crime and Security Act 2001 (www.security.homeoffice.gov.uk/legislation/current-legislation/acsa-2001).

수정하기 시작 하였다. 이는 계속되는 인근 유럽지역의 테러 사건 발생이후 영국도 결코 예외 가 될 수 없다는 일종의 '포위의식 (a sense of siege)' 때문이다. 또한 영국의 대테러리즘, 정보 및 안보관련 대응은 전통적으로 국내 및 국외 위협으로 구분하고 있다.[22)]

1909년부터 2차 세계대전 전후에 걸쳐 정보기구는 국외 위협에 대처하는 '비밀정보국(SIS: Secret Intelligence Service, MI6)'과 국내 테러리즘에 대처하는 '보안부(Security Service, MI5)'를 중심으로 운영되고 있다. MI5의 정식 명칭은 영국 정보청 보안부(Security Service: SS)로 군 정보청 제5과(Military Intelligence Section5: MI5)의 줄인 표현이다. 이들은 주로 국내 정보를 담당하는 비밀기관으로 16세기 엘리자베스 1세때 창설된 비밀첩보부가 전신이다.

1936년에는 합동참모본부의 소위원회로 '합동정보위원회(Joint Intelligence Committee: JIC)가 설립되어 군에서도 정보 분석 업무를 수행하였다. 그러나 1950년대부터 수상실(Cabinet Office)이 조정 역할을 수행하면서, 1957년부터 합동정보위원회(JIC)가 수상실로 이관되어 국방, 안보 및 테러리즘 정보 관련 사항에 대한 자문역할을 수행하고 있다(House of Commons, Home Affairs Committee, 2009: 5).

영국은 2003년에 16개 정부 부처와 기관의 대표로 구성된 합동테러리즘분석센터(Joint Terrorism Analysis Centre: JTAC)와 2007년에 보안 대테러리즘국(OSCT)을 창설하였고, 포괄적이고 체계적인 대테러리즘 전략을 발전시키고 있다. 이중에서'합동테러리즘분석센터'는 '보안부에 설치되어 국내외 테러리즘에 대한 통합된 정보 분석과 평가와 아울러 위협 단계 평가와 경보 발령 등의 역할을 수행하고 있다.

또한 2008년부터 수상실의 대테러리즘 위기관리 업무에 대한 조정과 통제를 강화하고 있다. 그럼에도 불구하고 과격한 극단주의자의 위협은 증가하고 있고, 당분간 급격하게 감소하지는 않을 것이다. 향후 영국은 알카에다 지도부와 그 분파, IS와 연계된 테러조직, 자생적 테러연계망 등의 위협에 대한 정보기관과 경찰간의 대테러리즘 정보, 감시 및 대응 업무를 위해 원활한 협조와 협력을 강화해야 할 것이다.

22) 윤태영, "영국의 대테러리즘 위기관리 체계와 전략: 실제, 문제점 및 정책적 함의", 한국위기관리논집 제6권 제1호, 97-99면.

또한 2007년 2월 보안부의 통제 하에 설립된 '국가기반보호센터(Centre for the Protection of National Infrastructure: CPNI)'는 국가핵심기반 시설에 대한 정책조언과 테러 및 기타 위협으로부터 취약성을 감소하기 위해 노력하고 있다.[23)]

비밀정보부(SIS)는 외무장관의 통제 하에 국외 정보 및 대테러리즘 관련 업무를 수행하고 있다. 또한 외무장관 통제하의 신호정보를 담당하는 '정부통신본부(GCHQ: Government Communications Headquarters)'와 국방장관 통제하의 '국방정보참모부(DIS: Defence Intelligence Staff)'는 보안부 및 비밀정보부와 함께 대테러리즘 업무에 관해 협력하고 있다(House of Commons, Home Affairs Committee, 2009: 8).

3) 영국경찰의 대테러리즘 역할

정보공동체가 대테러리즘 정보 수집과 평가를 수행한다면, 일상의 대테러리즘 활동은 경찰이 국가대테러리즘 네트워크(National Counter-Terrorism Network)를 구축하여 수행하고 있다.

수도경찰청(MPS)은 런던 광역지역 내의 대테러리즘 활동을 책임지고 있지만, 대테러리즘 활동에 있어 국가적 차원에서의 조정과 지도적 역할도 수행한다. 대테러 담당부서는 특수작전국(Specialist Operations)으로 대테러리즘본부(SO15/CTC: Counter Terrorism Command), 경호본부(Protection Command), 경호보안본부(SO2: Protective Security Command)로 구성되어있다.

대테러리즘본부(CTC)는 2005년 7월 테러공격 이후 2006년 10월 반테러리스트처(SO13: Anti- Terrorist Branch)와 특수처(Special Branch)를 통합하여 포괄적 테러리즘 위협에 대응하는 단일화된 조직으로 창설되었다(House of Commons, Home Affairs Committee, 2009: 8).[24)]

둘째, 4개의 '대테러리즘처(CTU: Counter-Terrorism Unit)'가 서요크셔경찰청(리즈), 맨체스터광역 경찰청(맨체스터), 서중부경찰청(버밍험), 테임즈벨리경찰청(서

23) Centre for the Protection of National Infrastructure (http://www.cpni.gov.uk); Humberside Police, "Centre for the Protection of National Infrastructure(CPNI) (http://www.humberside.police.uk)

24) Metropolitan Police, "Structure of Policing in London,"(http://www.met.police.uk); "Specialist Operations," (http://www.met.police.uk/so).

버크셔)에 각각 설치되어 대테러 조사 및 수사 활동을 하고 있다.

셋째, 5개의 '대테러리즘정보처(CTIU: Counter-Terrorism Intelligence Unit)'가 더비셔경찰청, 에섹스경찰청, 서섹스경찰청, 서웨일즈경찰청, 에본·서머셋경찰청에 각각 설치되어 대테러 정보활동을 하고 있다.

이렇게 대테러리즘본부(SO15/CTC), 대테러리즘처(CTU), 대테러리즘정보처(CTIU)는 국가 대테러리즘 네트워크(National Counter-Terrorism Network)를 형성하며 경찰의 대테러리즘 업무를 수행하고 있다(HM Government, 2009: 63; Gwent Police Authority, 2008: 2; Parliament, Home Affairs Committee, 2009).

넷째, 2002년 경찰에 창설된 '국가 대테러러리즘 보안국(NaCTSO: The National Counter Terrorism Security Office)'은 다중밀집지역 보호와 테러리스트 공격에 대한 복구능력 향상 업무를 수행하고 있다.[25)]

3. 프랑스

테러리즘에 관한 특칙으로는 형법에 테러행위에 대한 형의 가중이나 수사당국에 협력하는 테러리스트에 대한 형의 감면 등에 관한 규정이 있었으며, 형사소송법에는 테러행위에 관한 공소시효연장, 배심제의 적용제외, 경찰유치의 제한시간 연장 등에 관한 규정이 포함되어 있었다.

9·11 테러 후, 2001년 '일상의 안전에 관한 법률'에서 새로운 대책 조치를 규정하였는데, 프랑스는 치안, 정보기관의 통신감청권한을 규정한 통신·전화 감청법을 1991년에 제정하기도 하였다.

또한, 본 법률은 당초에는 비행, 범죄대책의 일환으로 검토된 것이었지만, 심의중에 미국 동시다발테러사건이 발생하면서 상당한 변경이 이루어졌다. 제5조에서는 테러대책을 강화하는 규정을 신설하였는데, 주로 사법 및 경찰의 조사권 강화를 다루었으며, 구체적으로는 공용도로에서의 차량 내의 강제수색, 주택수색 및 물건압수의 제한을 완화하고, 공공시설 등에서 신변 등의 검사권한의 강화, 테러

25) The National Counter Terrorism Security Office, "NaCTSO-Who we are, what we do and how we do it,"(http://www.nactso.gov.uk/index.php)

리스트의 자금조달억제를 위한 범죄 구성요건과 형벌 등이 신설되었다.

12월에는 같은 해 7월의 런던지하철 테러사건을 계기로 공공장소에 있어서 감시카메라의 설치, 수사기관에 의한 인터넷·전화의 통신기록의 열람권한 강화, 테러에 관여한 테러조직의 지도자에 대한 징역을 20년에서 30년으로 연장하는 등을 규정한 신테러 대책법안도 모색되었다.[26]

1) 법적 현황

프랑스는 1980년대 이후 테러범죄가 증가하면서 이에 대한 효율적 제재를 위해 테러대응체계를 마련하게 되었는데 1986년 9월 9일 제정된 「테러방지 및 국가안전에 관련 죄에 관한 법률」과 「신원조사 및 확인법」을 통해 경찰청 산하에 테러대책조정기구를 설치하였고, 테러 정보수집 기관으로서 내무성 통합정보국 및 대외치안총국 테러대책과를 마련하였다.

특히 국제테러 관련 정보 수집은 '국토감시국 테러대책과'에서 담당하여 왔는데 현재는 경찰청 산하 국내중앙정보국(DCRI, Direction Centrale Du Renseignement Interieur)에서 이를 통합 수행하고 있는데, 국내외 테러 정세 파악 및 테러 정보 수집을 위해 1982년 이후 통합전산망을 구축하고 있음.

「테러방지 및 국가안전에 관련 죄에 관한 법률」 제1조 및 제2조에 따라 주요 도로 및 공공장소에 CCTV 설치가 가능하며, 관계 대테러 담당 공무원에게는 원자력 발전소 및 대규모 공장시설, 역 등 중요시설에 CCTV 설치 권한을 부여하였고, 제5조에서는 테러혐의자가 가입하였거나 접속하였던 전화번호의 전체 통신내용이나 위치, 인터넷 관련 정보도 전기통신사업자에게 요청할 수 있는 권한을 대테러기관에 부여하였다.

아울러 제8조에서는 필요한 경우 주민등록 및 운전면허, 여권 관리시스템은 물론 해외에서 프랑스로 입국하여 체류 중인 외국인에 대한 개인정보 열람도 가능하게 하였고, 제7조에서는 국경지역 및 공항만 에서 감시 등을 위해 차량정보 수집 장치 설치 등을 허용하고 있음.

---

26) 윤해성, "대테러 활동에 관한 수사시스템 정비방안", 연구총서 11-04, 2011, 77-81면.

9·11 테러 이후 2001년 11월 15일에는 「일상 안전에 관한 법률(Relative a la securite quotidienne)」의 제정을 통해 대테러활동을 강화하였는데, 이 법에서는 공공장소에서의 검문검색 강화 및 차량·가택에 대한 경찰의 수색권 등도 규정하였다.

2) 형법상 테러리즘의 의미

프랑스의 경우 「형법」 제421-1조(테러행위)에서 제422-7조(테러행위와 기타 범죄의 피해자보장기금)까지 테러행위에 관한 죄에 대해 명시하고 있다.

먼저, 테러행위라 하면 개인 또는 집단의 획책 아래 의도적으로[27] 위협 또는 공포에 의하여 공공질서를 현저하게 방해할 목적으로 행해지는 범죄를 테러행위로 규정하고, 이와 관련하여 사람에 대한 중죄 및 경죄에 규정된 고의에 의한 생명 및 사람의 완전성에 대한 침해, 약취, 감금 및 항공기, 선박 기타 모든 수송수단의 탈취, 재물에 대한 중죄 및 경죄에 규정된 절도, 강요, 손괴, 훼손, 효용상실 및 정보처리, 무장단체에 관련한 범죄와 관련하여 범인은닉 등의 원조행위, 공문서위조, 위조한 공문서소지 및 행사, 공문서부정발급행위, 자금세탁행위에 대해 규정하고 있다.

또한 국방법전(le Code de la défense)상의 무기, 폭발물, 핵물질에 관련된 범죄 및 이와 관련하여 비롯된 산출물의 은닉행위, 재정통화법전(le Code monétaire et financier)상 자신의 금융시장과 관련한 업무, 지위, 특수정보를 이용하여 투자자의 이익과 금융시장의 투명성을 해치는 행위에 대해 규정하고 있다.[28]

아울러 준테러행위라 하면, 개인 또는 집단의 획책 아래 의도적으로 위협 또는 공포를 주어 공공질서를 현저하게 방해할 목적으로 사람이나 동물의 안전을 해하거나 자연환경에 위해를 가하는 성질의 물질을 대기, 지상, 지하, 음식물 또는

27) 법무부, 프랑스 형법, 2008, 235면; 1996년 7월 22일자 법률 제96-647호에 의거하여 고의범에 한한다는 범죄의 구성요건을 강화하기 위해 "의도적으로"라는 부분이 첨가되었다.

28) Code p nal, Article 421-1. Des actes de terrorisme. Constituent des actes de terrorisme, lorsqu'elles sont intentionnellement en relation avec une entreprise individuelle ou collective ayant pour but de troubler gravement l'ordre public par l'intimidation ou la terreur, les infractions suivantes.

음식물의 재료 안,[29] 수중 및 영해에 투여 또는 방출하는 행위도 테러행위를 구성한다.[30]

위와 같은 규정들이 언급한 테러행위의 구체적인 사실에 의해 특징적으로 나타날 수 있는 준비를 하기 위해 마련된 합의체 또는 형성된 모임이나 단체에 참여하는 행위도 테러행위를 구성한다. 또한 테러조직을 위해 주식이나 경제적 가치를 발휘하는 재산 등을 결합 또는 관리하거나 이러한 목적을 달성하기 위해 조언을 해주는 것이 부분적으로건 전체적으로건 그러한 재산들의 증식에 결국 유용할 것이라는 것을 알면서 테러행위를 발생시키려는 의도로 도운 행위도 테러행위를 구성한다.[31]

그리고 테러단체로부터의 금품수수자 즉, 테러행위를 획책하는 자와 일상적인 관계를 맺으면서 자신의 생활형편에 해당하는 수입원을 증명할 수없는 행위는 7년의 구금형과 100,000유로의 벌금에 처하고,[32] 이와 관련하여 테러행위를 구성하는 때에는 이들 범죄에 대해서는 최하 3년 이하의 구금형은 형기의 2배, 30년의 징역형은 무기징역으로 가중처벌 한다.[33]

3) 테러단체 및 처벌의 특칙

단체형태의 테러준비는 형법 제421-2-1조에 규정된 모임이나 단체 또는 합의체가 다음 각 호와 같은 준비를 목적으로 할 때 20년의 징역형과 350,000유로의 벌금에 처한다.

제421-1조 제1호에 규정된 사람에 대한 중죄, 제421-1조 제2호에 규정된 폭발물 또는 화재가 다수인의 사망을 초래할 수 있는 시간과 장소에서 발생하는 경우의

29) 법무부, 프랑스 형법, 2008, 236면; 2004년 3월 9일자 법률 제2004-204호에 의거하여 첨가된 조항으로 사람이나 동물의 안전을 해하거나 자연환경에 위해를 가하는 성질을 띤 물질투여의 가능한 범위를 넓힌 것이다.

30) Code pénal, Article 421-2. Des actes de terrorisme.

31) Code pénal, Article 421-2-1~421-2-3.

32) 법무부, 프랑스 형법, 2008, 237면; 2003년 5월 18일자 법률 제2003-239호에 의거하여 첨가된 부분으로 테러단체구성원으로 부터의 공작금에 해당하는 금품수수행위가 있을 경우 이에 대한 해명이 없을 경우 처벌을 하려는 입법의지이다.

33) Code pénal, Article 421-3.

파괴, 다수인의 사망을 초래할 수 있는 형법 제421-2조에 규정된 테러행위, 이러한 모임이나 단체 또는 합의체를 지휘하거나 조직하는 행위는 30년의 징역형과 500,000유로의 벌금에 처한다.[34)]

또한, 테러행위를 시도한 자가 행정기관 또는 사법기관에 이를 제보하여 범죄의 실현을 미연에 방지하게 하고 필요시 범인의 신원을 확인할 수 있도록 한 때에는 그 형을 면제한다. 테러행위를 범한 정범이나 공범이 행정기관이나 사법기관에 이를 제보하여 다른 범인으로 하여금 범행을 중단하도록 하거나 사람의 사망이나 중대한 장애의 발생을 피하게 하고 필요시 다른 범인의 신원을 확인할 수 있도록 한 때에는, 자유형의 기간을 2분의 1로 감경하며, 법정형이 무기징역형인 때에는 20년의 징역형으로 감경한다.[35)]

유죄가 인정된 자연인에 대하여는 공민권 및 민사상, 친족법상의 권리행사 금지, 어느 활동의 수행 중 또는 이를 기화로 범죄를 범한 경우 제131-27조의 규정에 따른 그 공무 또는 직업·사회활동의 수행금지, 체류금지 등 추가로 보충형을 선고할 수 있고,[36)] 유죄가 인정된 모든 외국인에 대하여는 영구히 또는 10년 이하의 기간 동안 프랑스 국내입국금지형을 선고할 수 있다.[37)]

아울러, 테러행위로 유죄가 인정된 자연인과 법인에 대하여는 동산, 부동산, 분할, 공동에 상관없이 전부 또는 일부의 재산에 대한 몰수의 보충형을 선고할 수 있다.[38)] 한편, 테러행위로 유죄가 인정된 자에 대하여 부과되는 재산적 제재에서 비롯된 산출물은 테러행위와 기타 범죄의 피해자보장기금[39)]에 충당된다.[40)]

34) Code pénal, Article 421-6.
35) Code pénal, Article 422-1.
36) Code pénal, Article 422-3.
37) Code pénal, Article 422-4.
38) Code pénal, Article 422-6. Dispositions particuli res. Les personnes physiques ou morales reconnues coupables d'actes de terrorisme encourent galement la peine compl mentaire de confiscation de tout ou partie de leurs biens quelle qu'en soit la nature, meubles ou immeubles, divis ou indivis.
39) 법무부, 프랑스 형법, 2008, 241면; 1986년 9월 9일자 법률 제86-1020호는 테러행위 피해자의 피해보상을 위해 마련되었고, 1990년 7월 6일자 법률 제90-589호에 계승되어 피해자 보상체계를 단일화하지 않은 채 개정되었다. 물론 그전에도 범죄행위로 인한 피해를 보상받기위한 방법이 마련되어있었으나 소송을 통해 손해배상을 청구할 경우 무상 또는 유상으로 사법적 지원을 받기위한 피해자의 월수입에 따른 단계적 기준이나 제한은 있었다(형소법 제706-3조 이하). 결국 이 두 법률을 기반으로 보장기금인 '테러행위와 기타 범죄의 피해자보장기금(les fonds de garantie des

Ⅲ. 경찰의 대테러체계 정비방안

1. 경찰의 대테러활동에 대한 법적 평가와 개선방안

1) 경찰의 대테러활동에 있어 현행 법제상 문제점

경찰의 대테러활동에 있어서 현행 법제에서 가장 큰 문제점으로는 테러범죄에 대한 수사 및 예방을 일반범죄의 수사 및 예방절차와 같게 취급하는 것이 문제, 자체적인 대테러 정보활동 범위의 미미, 국정원의 대테러 정보활동과의 연계가 원활하지 못하여 테러발생시 사후대응적 활동에 치중할 수밖에 없다는 점과 나아가 경찰뿐만 아니라 대테러 대응기관 모두 테러 관련 법률이 없다는 것이 가장 큰 문제라는 의견에 대부분 동의하는 것으로 나타났다.

반면, 대테러활동을 위해 경찰이 주체적으로 움직이질 못하고, 집행 권력으로만 반응하고 운용된다는 점에 대해서는 의견이 상반되는 것으로 나타났다.

결국, 테러방지법이 제정되었으나 대테러활동의 주체에 대해서는 조금 더 심층적인 논의가 필요하며, 아울러 대테러활동 권한의 기준이나 범위 및 행태에 대해서도 국가차원의 거시적인 접근이 요구된다.

---

victimes des actes de terrorisme et d'autres infractions)'의 알선 하에 재산보험에 의해 확립된 보험료와 부담금, 벌금수입과 테러행위자에 선고된 보충형인 몰수를 기초로 범죄피해보상을 받을 수 있다(형법 제422-7조). 보험법전(le Code des assurances) 제L. 126-1조, 제L .422-1조, 제R. 126-1조, 제R. 422-1조로 채택된 1986년 9월 9일자 법률의 내용을 보면 범죄피해자의 국적에 관계없이 프랑스 내에서 벌어졌거나, 외국에 거주하는 프랑스인이 테러로 피해를 입은 경우에 테러범죄행위로 부터 기인한 심리적인 피해까지를 포함하는 신체피해의 완전한 보상을 가능케 한다. 피해보상을 요구한 한 달 이내에 보장기금은 테러행위 피해자나 피해자의 사망 시 직계가족 등의 권리승계인에게 지불예치금을 지불하여야한다. 그러나 위 법률에 의하면 신체적 피해가 아닌 물질적 피해와 정신적 피해의 보상은 제외되지만 물질적 피해보상의 경우도 만약 재산보험에 가입이 된 경우에는 보상을 받을 수 있다(RENUCCI J.-F., L'indemnisation des victimes d'actes de terrorisme, D. 1987, chr. 187.) 범죄피해자에게 피해보상금을 우선적으로 지불한 후 보장기금은 실제 테러범죄에 책임을 지는 자에 대해 피해자를 대위한다(COUVRAT P., La loi du 6 juillet 1990 relative aux victimes d'infractions, Actualit l gislative Dalloz, 1990.143.).

40) Code pénal, Article 422-7. Dispositions particuli res. Le produit des sanctions financi res ou patrimoniales prononc es l'encontre des personnes reconnues coupables d'actes de terrorisme est affect au fonds de garantie des victimes des actes de terrorisme et d'autres infractions.

2. 효과적인 대테러 정책 방안

1) 경찰내의 대테러 조직구조변경

최근(2016.10) 경찰청은 테러 위협에 효과적으로 대처하기 위해 '대테러 위기관리실' 신설을 추진한다고 발표한 바 있다. 테러방지법 제정에 따라 경찰 내의 대테러 담당 조직구조 개편과 관련하여 먼저, 경찰의 테러감시활동 및 위험예방과 위험진압활동에 초점을 맞춰 체계적이고 전문화된 인적·물적 준비가 충분히 갖춰진 조직으로 재정비해야 하고, 대테러작전에 대한 명확한 법적근거가 마련된 만큼 더욱 실전적으로 테러상황에 대비할 수 있도록 관련 인력 충원 등을 검토해야 한다는 의견은 이미 주장되었던 사항이다. 늦은 감이 있다.

경찰청 대테러계를 대테러과로 승격 및 대테러요원들의 전문성을 강화하는 방안, 경찰청 내 대테러본부를 두고 지방경찰청에 관련기구의 신설을 통해 체계적 관리를 하는 방안, 경찰청 외사국과 경비국, 정보국 등에 산재되어 있는 경찰 대테러 정보수집 및 작전기능을 모아서 대테러국을 신설하는 방안, 현재 대테러의 위협과 위기감을 공감하지 못하고 있으므로 독립된 특별팀으로 편성하는 것이 바람직하다는 의견이 제시되었던 의견이었다. 연구자가 경찰관들을 대상으로 실시한 설문조사결과(2016.6)에는 이외에도 사이버테러국으로의 승격과 더불어 일반테러 담당부서의 보완 및 승격도 검토되어야 한다는 의견, 테러 발생 시 경찰특공대 지휘권 등의 권한을 부여하는 방안과 경찰청 수사국 내 별도의 과 단위 조직을 신설하는 방안에 관한 의견도 나타난 사항 이었다. 에 대해서는 의견차이가 있는 것으로 나타났었다.

2) 대테러활동을 위한 구체적인 정책방안강구

먼저, 현재 대테러 업무 담당자들의 작전수행 능력을 제고할 수 있는 정책이 필요하며 세부적으로는 전문적인 대테러 훈련시설의 설치, 대테러작전에 관한 훈련강화, 국정원 등으로의 위탁교육, 국내외 대학으로의 위탁교육, 대테러업무에 관한 인식 전환이 필요하고, 경찰이 테러예방과 대응에서 대테러활동을 적절히 수행할 수 있도록 예산과 인력지원에 대한 정책적 뒷받침이 필요하며 전문가와 유관기관과의 긴밀한 협조, 대테러 전담인력의 육성 및 유관기관으로의 인력 파견, 전국적인 네트워크를 보유한 경찰 정보 기능을 활용한 경찰청 고유의 지역별·단체별 '대테러 정보지수'를 개발하여 테러의 사전예측을 위한 구체적 기법을 개발할 필요성도 검토할 사항이다.

또한 경찰의 대테러활동을 위해 소방 및 의료기관과의 협력체계와 업무분장, 대테러작전을 위한 해외 안보위협세력 등에 대한 각종 대테러정보를 수집 및 분석할 수 있도록 관련 분야 조직의 확대가 필요, 테러수사권과 관련하여 전자감시권, 강제수사에 관한 영장주의의 완화, 테러정보 수집과 관련하여 출입국 보안업무의 강화, 테러자금 세탁방지를 위한 감시체계 강화가 필요, '테러대응센터(가칭)'와 경찰특공대 간의 관계 및 기능 설정이 필요하며, 대외 정보 수집을 위한 기구설치 및 대내외 유관기관과의 협력체계 구축이 필요하다. 경찰의 순찰기능과 정보수집활동을 대테러 정보활동과 통합하고 테러수사시 경찰이 주도적인 역할을 해야 한다는 점에 대해서도 검토가 필요한 사항이다.

2. 사이버테러 수사한계를 극복할 수 있는 부분의 기본법반영

지금까지 논의된 사이버테러 방지법(안)에서도 국가 차원의 사이버테러 방지 및 관리 주체, 활동, 기관, 업무 등 전반적으로 구체적인 논의가 있었지만, 실제 사이버테러를 수사하기 위한 절차법적 특례규정은 전혀 언급이 되어 있지 않기에 실질적으로 사이버테러 수사상의 한계를 극복할 수 있는 부분이 기본법에 반영되어야 한다.

절차적 특례조항과 관련하여 사이버테러방지법이 제정된다면 영장주의의 예외에 해당하는 부분에 대해 사이버테러의 개념과 범위를 명확하게 설정하고, 사이버테러 관련 범죄의 예비나 음모 행위까지도 고려하여 구체적으로 명시해야 한다. 반면, 사이버테러방지법이 제정되지 않거나 장기간 지연될 경우 「형법」 상에서 사이버테러행위 규정을 신설할 수도 있고, 이 경우 영장주의를 관철할지라도 사이버테러라는 잠재적이고 추상적인 위험성을 적극 고려하여 예외조항으로 해석하는 것이 바람직할 것이다.

사이버테러의 효과적인 대응은 무엇보다 사전적 예방활동이 중요하다는 점은 아무리 강조하여도 무색하지가 않다. 이를 위해 실정법상 사이버테러라는 범죄의 구성요건에 해당하는 행태 이전의 위험 단계에서도 정보기관과 법집행기관 간의 정보공유가 원활하게 이루어져서 대응해야 한다. 나아가 사이버테러에 대응한 최첨단 수사기법이라 할지라도 최일선에서 법을 집행하는 기관의 활동에 제약이 있다면 정보기관과 법집행기관의 협업체계는 무용지물이 될 것이다.

따라서 사이버테러에 대한 일선에서의 대응활동과 관련하여 일반론적으로 경찰상 강제조치 또는 경찰권 발동요건을 비교적 넓게 허용할 필요성이 있다. 그러나 구체적인 정황이나 판단에 의한 경찰권 발동이 아닌 경찰권 남용이 되어서는 안 된다. 향후 사이버테러로 인한 국가안보를 위협하는 상황 등을 미연에 방지하기 위해서는 국가 전체의 사이버위기관리를 총괄할 수 있는 법률 체계 구축은 반드시 필요하지만, 그러한 경우에도 컨트롤타워의 역할을 하는 기관에 대한 민주적인 감시와 통제장치는 필요하다.

이러한 경우에도 사이버테러공격과 같이 국가안보 및 초국가적인 범죄예방과 진압을 위해 법률로써 국민의 기본권을 부분적으로 제한할 수는 있지만, 기본권의 본질적인 내용까지 제한할 수는 없기 때문에 구체적인 내용과 명확한 범위를 설정하여 법집행의 절차적 정당성을 확보해야만 국민들과 함께 법의 고귀한 합목적성을 공감할 수가 있다.

3. 국제협력 및 대테러작전수행 관련 규정강화

국제적 치안수요 확대에 따른 국제협력관계 증진의 필요성이 고조됨에 따라 범죄수사와 형사소추에 대해서는 「국제형사사법공조법」에 구체적인 규정이 있으나, 경찰작용의 일반법에는 대테러활동을 위한 근거 규정이 마련되어 있지 않아 실질적인 경찰조치를 취하는데 어려운 실정이다.

이에 국제협력 및 대테러작전수행 관련 규정을 "직무의 범위"에 추가하고, UN 결의안(제1267호)이나 FATF의 대테러자금 권고사항 등과 같이 국제기구와의 협력을 위한 개별적 수권조항을 마련하는 등 현행 경찰작용의 법적 근거를 명확히 하여 국민의 권리를 더욱 충실히 보장하여야 한다.

UN(2013)의 대테러보고서에 의하면, 일반적으로 테러리즘(Terrorism)이라 하면, "사회적·이념적·종교적·정치적 또는 이와 유사한 목적으로 정부와 일반시민들에 대해 의도적으로 공격하거나 위협을 주는 행위를 함으로써 심각한 손상을 야기 시키는 행동"을 의미한다. 최근 세계적으로 테러에 대한 위험이 증가하고 있고, 우리나라도 국제적인 테러조직의 목표가 되고 있는 상황이다.

또한 테러는 무차별·극단적으로 자행되는 전쟁수준의 양상을 보이고 있어 기존의 대응체제로는 테러에 효율적·체계적으로 대처하기 어려우므로 국가대테러대책회의의 구성, 대테러센터의 설치, 테러에 대한 수사 및 처벌 등 테러의 예방과 대응에 필요한 사항을 정함으로써 테러로부터 국가의 안전을 확보하고 국민의 생명과 재산을 보호하려는 것이다.

테러와 관련된 정확한 정보수집과 수집된 정보의 종합적 판단에 근거한 일관되고 효율적인 대응 시스템을 구축하고, 테러의 예방 및 발생에 따른 구조, 수사, 처벌 등에 관하여 필요한 사항을 규정함으로써 테러로부터 국가의 안전을 보장하고 국민의 생명과 재산의 보호를 목적으로 하여야 한다.

결국, 현재 경찰은 테러라는 범죄는 여러 판단기준으로 보더라도 일반적인 범죄라고 보는데 무리가 있으므로 이를 최일선에서 담당하는 경찰이 기존 법체계로 활동하는 것은 분명히 어려움이 존재한다. 따라서 개정이 안 된다면 경찰의 대테러활동이 축소되고 경찰 스스로도 대테러활동을 함에 있어서도 위축되는 부작용을 가져올 수도 있다.

3. 경찰의 테러대응체계 재정비

1) 경찰청 단위의 테러전담부서 설치

경찰청 내 직제에서 테러전담부서는 경비국소속의 위기관리센터아래에 '대테러계' 일 뿐이다(사이버테러 전담부서별도). 전국의 지구대 경찰활동 및 타 경찰기능과 연계하여 국가중요시설에 대한 대테러활동 또는 이와 관련된 첩보 수집 및 분석을 통해 실효적 테러예방활동을 수행하여야 한다.

지구대 및 여가 기능을 통해 수집된 테러관련 첩보를 실시간으로 전송, 일괄

관리할 수 있는 정보보고시스템 구축과 관련해서는 테러정보 수집 · 작성 · 배포, 분석 및 기획 등을 총괄하여 전담할 조직이 필요하다. 테러방지법 제정됨으로 대테러 작전에 대한 명확한 법적근거가 마련된 만큼 더욱 실전적으로 테러 상황에 대비할 수 있도록 관련 인력 충원 등을 검토하고, 테러 감시활동 및 예방활동에 초점을 맞춰 인적, 물적 준비가 충분히 갖춰진 조직으로 정비해야 한다.

또한, 경찰청 내 대테러 업무를 담당하는 경비국 산하 위기관리센터에는 작전계, 위기관리계, 대테러계, 치안상황실이 있지만, 이 중에서 대테러계가 경찰의 대테러 전담부서라고 할 수 있음. 대테러 전담조직의 실태를 대테러 업무를 주도적으로 담당하는 외국 경찰 사례와 비교해보면 열악한 수준으로 선진 외국의 대테러 전담부서는 국(Bureau)이나 부(Command)단위 부서로 운영되면서 그 속에는 각 기능별과나 계가 각자의 역할을 분담하여 테러에 관련된 기획, 대응, 정보 및 수사업무를 담당하는 시스템으로 운영되고 있는데 반해 우리나라 경찰청의 위기관리센터의 대테러계는 기획정도의 업무를 취급하는 수준에서 머물고 있어서 대테러의 전문기능이 미흡하다.

경찰청 대테러계를 대테러과로 승격 및 대테러요원들의 전문성을 강화하는 방안 또는 대테러업무를 전담하는 국가경찰의 독립조직이 창설되어 이에 정보, 수사, 위기관리 대응 등의 업무를 집중시키고, 현재 대테러의 위협과 위기감을 공감하지 못하고 있으므로 독립된 부서로 편성할 경우 대테러부 또는 경찰청 수사국 내 별도의 과 단위 조직 신설 수준으로 편성하는 것이 바람직하다.

테러리즘은 초국가적이고 추상적인 범죄에 해당하므로 대테러업무는 국가경찰사무로 인식되기 때문에 국가경찰사무를 집행하는 과정에서 지방경찰과의 협력, 직무응원 또는 업무의 조정을 신속하고도 원활하게 행 할 수 있도록 중앙경찰차원에서 조정과 통제를 할 수 있는 방안이 필요하다. 이러한 목적을 달성하기 위하여 지방청 단위에서는 관련부서 신설을 통해 체계적으로 관리해야 하고, 대테러업무는 경찰의 모든 기능을 융합적으로 작용시켜 대응해 나갈 수밖에 없다. 기본적으로 국내외 테러조직 파악을 위한 외사 · 보안경찰, 테러범에 대한 형사적 절차를 위한 정보 · 수사경찰, 테러리즘에 대한 통합적인 관리를 위한 대테러기획, 테러사건 발생 시 현장 통제 및 피해확산 방지를 위한 경비경찰 그리고 지역경찰의 역할이 유기적으로 작용해야 하는 점을 반드시 고려하여야 한다.

결국, 가칭 대테러운영과에는 테러정보·수사계, 테러외사·보안계, 대테러기획계, 테러진압계를 설치하고, 비상지원과에는 장비계, 위험물취급계, 폭발물처리계, 인질협상계를 설치하며, 테러통합센터 하에 연락관실을 설치하고, 경찰특공대는 진압부서로서 지방경찰청의 특공대와 협력하도록 조직 개편이 필요하다.

2) 지방경찰청 단위의 테러전담부서 설치

경찰조직이 대테러업무에 있어 주요 역할을 담당하기 위해서는 지방경찰청 단위의 대테러 관련 전담부서를 설치하여 운용할 필요성 있다. 대테러 업무는 국가사무이기 때문에 경찰청과 지방경찰청간의 정보의 교류, 훈련, 조정, 지원, 다른 전문기관과의 네트워크 형성이 필요하며, 테러리즘의 사전예방과 신속한 사후대응을 위해서 지방경찰청 내에 계단위의 대테러 전담부서를 설치할 필요가 있다. 그러나 테러방지법제정 에도 불구하고 2016,10월 현재 전국 17개 지방경찰청 중 대테러 전담 부서(경비 과 소속 대테러 작전 계)가 있는 곳은 서울, 인천, 경기남부, 경기 북부 4군데에 불과하다.

지방경찰청의 경찰특공대를 지방경찰청 대테러 부서와 통합하여 운영하게 함으로써 기획, 정보, 대응이 일원화 되어서 테러예방과 진압의 효율성을 기할 수 있고 주도적인 대테러 활동이 가능한 환경을 조성할 수가 있으며, 지방경찰청 단위에는 지방경찰청장 하부의 경비과 내에 기존 부서 외에 대테러계와 경찰특공대를 소속시켜서 대테러 업무를 전담하게 하는 방안도 고려 대상이기도 하다.

지방경찰청 대테러부서 설치(안)

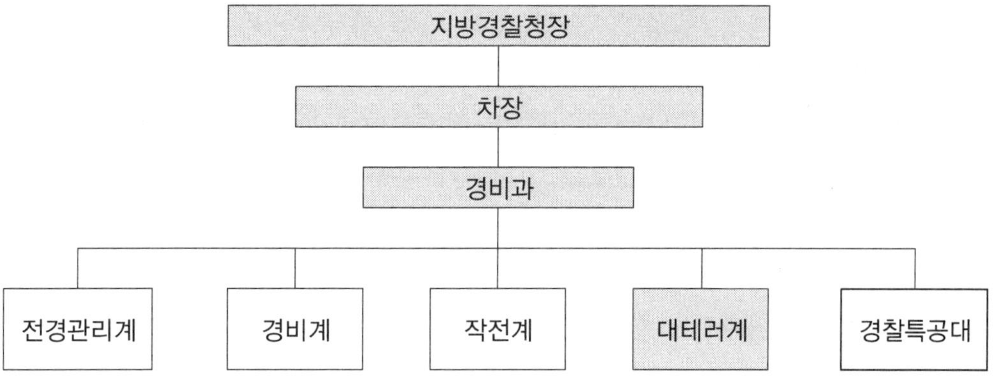

Ⅳ. 결론

본 연구에서는 미국, 영국, 프랑스 등 선진 외국경찰의 테러대응체계에 관련하여 근거법과 제도를 중심으로 살펴보고, 현재 우리 경찰의 대테러활동을 위한 개선 방안에 대해 살펴보았다. 다음과 같은 사항이 보완적으로 검토 되었으면 한다.

첫째, 경찰의 대테러활동과 관련하여서는, 테러방지법과 시행령에 근거하여 위험방지나 진압위주의 경찰작용이 아닌 예방경찰 작용을 수행할 수 있는 세부적 근거 규정을 마련하여 적시성 있고 실질적인 경찰조치를 취하도록 노력하여야 한다.

또한 국가나 지방자치단체 그리고 외국정부의 권한행사를 방해하거나 의무 없는 일을 하게 할 목적으로 또는 공중을 협박할 목적으로 사람을 사상(死傷)에 이르게 하거나 체포·감금·약취·유인하는 등의 행위를 저지하고 진압하기 위한 일련의 대응 작전, 즉 대테러작전 역시 국가경찰작용으로 수행하고 있지만 법문언상 이에 대한 구체적이고 명확한 근거 조항이 마련이 필요한 실정이다.

따라서 대테러활동을 보다 효율적이고 체계적으로 통할할 수 있는 주체나 기관의 구성이나 업무범위에 대해 지금보다 더 면밀히 검토하여한다. 동시에 국민의 인권 침해를 최소화한다는 전제하에서 경찰의 대테러활동을 유기적으로 총괄·조정하고, 현재 경찰조직의 제반 사항을 구체적으로 고려하여 설계되어야 한다.

둘째, 경찰은 대테러활동을 수행함에 있어 부득이 하게 수반되는 기본권 제한이나 침해가 발생할 수가 있기 때문에 국민에 대한 기본권 제한은 최소한 그치도록 노력하여야한다. 이는 과잉금지원칙 즉, 목적의 정당성, 방법의 적정성, 피해의 최소성, 법익균형성, 이중기준원칙 등에 의해 심사되어져야 한다. 기본권의 본질적인 내용까지 제한하는 것은 기본권을 침해하는 행위이기 때문에 구체적인 내용과 범위를 명확하게 설정하여 법집행의 절차적 정당성을 확보해야만 한다.

세째, 테러는 국가 비상시의 경우로 한하거나 공공의 법익을 훼손할 경우 보충적으로 적용해야 하고, 외국 및 국제경찰기구와의 협력체계라고 명시되어 있는데, 외국이라고 함은 어떤 국가를 의미하는지에 대해 좀 더 명확하게 할 필요가 있으며, 외국의 정보기관인지 행정기관인지 대테러 담당 기관인지에 대해서도 구체적으로 명시할 필요가 있다.

다음으로는 테러범죄 수사를 위한 정보 및 수사기관의 협치가 이루어지도록 노력하여야한다. 경찰의 대테러활동은 국민의 생명과 신체 그리고 재산보호 및 공공의 안녕과 질서·치안유지를 위한 직무활동 일환으로 행하여지고 있기 때문이다.

선진 외국경찰의 대테러활동에서 살펴보았듯이, 대테러임무가 성공하기 위해서는 무엇보다도 거시적 차원의 대테러활동 일환으로써 정보기관과 수사기관의 치밀하고 밀접한 공조시스템이 마련되어야한다. 이는 각자 기관이 본연의 임무에 충실해야 이루어 질수 있는 사항이다.

아울러 경찰의 주도적 대테러활동을 위한 직제운영과 장비의 보강이 필요하다. 테러발생 일선현장에서 효과적인 테러예방 활동과 진압을 할 수 있는 것은 지휘 및 통제할 수 있는 대테러역량을 키우고 , 테러발생시 진압에 필요한 적합한 장비 확보가 이루어져야 한다. 2017년 정부의 대테러 장비 도입 예산은 256억 원으로 98억 원보다 2016년에 비해 2.5배 이상 증가하였으나. 정작 경찰청 대테러 예산은 지난 2014년 특공대운영 예산 62억5500만원에서 2015년 49억원으로 오히려 감소되었다.

마지막으로 전담부서 구축과 함께 전문적인 예방과 진압, 수사 활동을 전개하여야 한다. 테러방지법제정 에도 불구하고 2016,10월 현재 전국 17개 지방경찰청 중 대테러 전담 부서가 있는 곳은 서울, 인천, 경기 남부, 경기 북부 4군데에 불과하다. 이외 13개 지방청의 경우 경비교통과 직원 1~2명이 대테러 업무 등을 수행하고 있다. 부산경찰청과 제주경찰청의 경우는 1명이 다른 업무와 함께 대테러 업무를 맡고 있는 실정이다.

이는 테러방지법이 제정 시행되고 있지만 경찰의 테러 예방대책은 매우 미흡한 상태로, 현재 상태의 운영과 인력 수준이라면 실효성 있는 테러 방지대책을 내놓기 어려울 것이다. 또한 지금까지는 경찰이 진압위주의 대테러활동을 전개해 나갔다면, 이제는 테러범죄의 초국가성이라는 특성을 고려하여 주요국의 경찰활동처럼 정보기능과 외사 및 보안기능 등 다양한 기능을 종합하여 경찰이 주도적으로 대테러활동을 전개해 나가도록 하여야 한다.

참고문헌

〈국내문헌〉

권영성, (2003)「헌법학원론」, 법문사.

국회정보위원회, (2009)「수석전문위원 검토보고서」.

윤태영, (2010) "영국의 대테러리즘 위기관리 체계와 전략: 실제, 문제점 및 정책적 함의",「한국위기관리논집」 제6권 제1호.

윤해성, (2011) "대테러 활동에 관한 수사시스템 정비방안",「연구총서 11-04」, 한국형사정책연구원.

이만종,(2015) "주요국 대테러활동에 대한 경찰의 정책적 대응방안 고찰",「한국테러학회보」 제8권 제1호.

이만종,(2014) "경찰의 테러대응체계 법제에 관한고찰",「한국테러학회보」 제7권 제2호.

이철호, (2011)「경찰행정법」, 대영문화사.

표명환, (2004.) "경찰행정법상의 개괄적 수권조항에 관한 헌법적 고찰",「공법학연구」 제5권 제3호.

〈외국문헌〉

ACPO, Practice Advice Introduction to Intelligence-Led Policing, 2007.

Bureau of Justice Assistance, Intelligence-led Policing and the Bureau of Justice, Washing, D.C.: Author, 2007.

Carter, L. David, & Carter, G. Jeremy, "Intelligence-Led Policing: Conceptual and Functional Considerations for Public Policy", Criminal Justice Policy Review 20, 2009.

Clarke, C. "Proactive Policing: Standing on the Shoulder of Community-Based Policing", Police Practice and Research Vol. 7, No. 1, 2006.

Colonel, J. R, New Jersey State Police Practical Guide to Intelligence led Policing, 2006.

DNI, An Overview of the United States Intelligence Community for the 111th Congress, 2009.

Fagin, J. A., CJ 2011, Prentice Hall, 2012.

Gonzales, A. R., Schofield, R. B., & Herraiz, D. S. Intelligence-Led Policing: The New Intelligence Architecture, U.S. Department of Justice, 2006.

Ratcliffe, J. H, "The effectiveness of police intelligence management: A New Zealand case study", Police Practice and Research 6, 2005.

National Commission on Terrorist Attacks Upon the United States, The 9/11 Commission Report. Washington, DC: U.S. Government Printing Office, 2004.

NCTC, Mission Justification Fact Sheet, 2013.

NSS, The National Security Strategy of the United States, Washington, D.C.: The White House, 2006.

Office of the Director of National Intelligence, ODNI Fact Sheet, 2011.

Omand, D. "Creating Intelligence Community", Public Policy and Administration, Vol. 25, No. 1, 2010.

《기타 자료》

국회의안정보시스템(http://likms.assembly.go.kr/bill)

세계법제정보센터(http://world.moleg.go.kr/)

영국 수도경찰청(www.met.police.uk/)

일본전자정부 정보창구(www.law.e-gov.go.jp/)

퀸즈랜드 주경찰(www.police.qld.gov.au)

헌재 1992.2.25. 89헌가104.

헌재 1996.12.26. 96헌가18.

Chapter 8 >>> 고위공직자 비리조사처 설치법안에 관한 쟁점 및 검토*[41]

[요약]

고위공직자 비리조사처 설치문제는 참여정부 이전부터 설치 필요성이 강조되었으나 그동안 진전이 되지 않다가 최근들어 전·현직 판검사, 대통령 측근 인사들이 연루된 대형비리 사건들이 연이어 터지면서 설치논의가 재점화 되고 있다. 이는 비단 스폰서검사와 같은 검찰 등 법조 비리에 그치지 않고 고위공직자 본인과 가족들 사이에서 주기적이고 고질적으로 발생하고 있는 비리 관행을 근절하기 위해서는 반드시 외부의 견제장치가 필요하다는 국민적 지적에 의한 공감대 형성의 결과이기도 하다. 특히 검찰비리에 대한 수사는 검찰에 맡겨서는 제대로 조사가 이루어지지 않기 때문에 검찰에 대한 국민적 의혹내지 불신을 해소하기 위해서는 반드시 정치적 독립성을 가지고 부패를 척결할 수 있는 고위공직자 비리조사처를 신설하는 방안이 검토되어야 한다는 여론이 기관설치의 필요성을 강조하고 있다. 그러나 고비처가 설립되기 위해서는 기구의 법적인 지위와 조사의 권한, 실질적인 행정수단 및 처벌의 결정이 심의를 거쳐 법률안으로 통과되어야 하는 절차적 문제와 관련기관과의 업무조정 등의 사전검토와 여야 정치권의 합의가 충분이 이루어져야 한다. 따라서 본고에서는 최근 재논의 되고 있는 '고위공직자비리조사처' 설치와 관련된 이론과 중요쟁점, 설치의 적절성 여부를 재검토 하고 이에 대한 보완적 방안에 대하여 고찰하고자 한다.

* 본 논문은 2012년도 호원대학교 교내학술 연구조성비에 의해 연구되었음
** 호원대학교 법경찰학부 교수(법학박사), 원광대학교 경찰학 연구소 연구위원

Ⅰ. 서론

국제투명성 기구(Transparency International, TI)는 2011년 국가별 부패인식지수(Corruption perceptions Index,n, CPI)발표에서 우리나라는 10점 만점에 5.4점으로 세계 182개국 중 43위에 머무른 것으로 발표 하였다. 이는 OECD 가입 34개국 중에서 하위권에 머무르고 있는 점수이다.[1] 특히 2011년은 고위공직자 부패정도가 2000년 이후 가장 심각한 해였다. 더구나 최근 국무총리실 공직 복무점검단이 공직사회 비리사례를 적발한 것을 살펴보면 단순히 공직근무기강에만 그치지 않고 공금횡령과 금품수수 등이 주를 이루고 있다. 더 문제가 심각한 것은 MB정부 들어서는 중앙부처 국·과장 이상 공직자 및 장·차관의 부패정도가 도를 넘고 있다는 것이다.[2] 특히 알선, 청탁, 이권 개입과 금품·향응수수, 예산의 목적 외 사용 등과 같은 비리 행위가 계속 증가하는 경향이다.

2010년 이후에도 스폰서 검사 사건(2010),저축은행비리사건(2011)등 검찰, 감사원, 금융감독원, 국세청에 이르기까지 공직 사회를 감시하는 사정기관들의 연이은 비리사건이 발생되고 있어 공직부패의 심각성에 대한 국민의 우려와 실망은 더욱 커지고 있다. 더구나 2012년은 MB정부의 마지막해로서 MB정부의 레임덕 현상은 역대 정권의 말기증상처럼 더욱 심해질 수밖에 없고 이는 고위 공무원의 정치권 줄서기, 눈치 보기와 직무태만으로 연결될 수 있으며 아울러 인사 청탁이나 금품수수행위도 계속발생 할 수밖에 없을 것 이라는 우려를 낳고 있다.

역사적으로 보면 새롭게 출범하는 정부마다 국가의 도덕성 확립을 위해 나름대로 공직사회의 부정부패 척결을 국정의 최우선적 과제로 제시하고 해결을 위해 제도적 장치를 마련하고 공직사회 집중 점검에 나서기도 하였으나 정작 공직사회 집중점검은 정권초기의 용두사미로 끝난 결과가 되었으며 특검제도 역시

1) 국제 투명성 기구의 부패인식 지수는 공무원과 정치인 사이에 부패가 어느 정도로 존재하는 지에 대한 인식의 정도를 말하며, 조사대상 국가들에 거주하는 전문가를 포함하여, 전 세계의 기업인과 애널리스트 등의 견해를 반영하고 있다. 0점부터 10점까지 점수가 높을수록 청렴하다라는 것을 의미한다. OECD평균은 6.92점, 이태리 3.9점, 그리스는3.4의 수치를 나타냈다.

2) 국민권익위 자료에 의하면 노무현 정부에서는 2005년 공무원 행동 강령위반 건수가 937건에서 2006년 678건, 2007년 679건으로 줄어들었으나 이명박 정부에서는 정권 첫해인 2008년 764건 (12.5%증가), 2년차인 2009년에는 1089건(42.5%증가)으로 점차 증가

조사기관의 실효성 한계를 드러낸 전형적인 봐주기 수사로 비추어 져 실효성측면에서도 제도의 한계를 보여주고 말았었다.

특히 특검제도의 취약점을 보완하고 대통령 친인척 및 고위공직자 비리를 상시적으로 감시하고 통제하기 위하여 국회 사법제도 개혁 특위가 중심이 되어 노무현정부 때부터 추진하였던 고위공직자 비리 조사 처 신설문제는 지금까지도 지연 되면서 정치권에 대한 국민의 불신은 더욱 깊어지고 있는 게 현실적 상황이다.

우리사회가 체결한 '투명사회협약' 관련 법안을 살펴보면 고위공직자들의 부정부패 혐의에 대하여는 중립적, 독립적으로 수사할 수 있는 기관을 설치하는 것이 시급하다고 명시 되어있다. 따라서 이를 위한 방안으로 기존의 검찰과는 달리 상설특검제를 도입하든지 고위 공직자 비리조사 처를 설치하든지 국회의원과 판, 검사 및 고위공직자에 대한 성역 없는 수사권과 기소권이 보장되는 별도의 전담 수사기관을 설치하는 방안을 적극 검토할 필요성이 강조 되고 있다. 이는 단지 선언적인 의미의 부정부패 척결이 아니라 입법론적 측면에서도 제도적인 장치를 만들어 깨끗한 공직문화의 일대 전환을 가져올 수 있는 계기를 마련하자는 것이다. 거론되고 있는 방안 중에서 '고위공직자 비리 조사 처 설치안'은 가장 필요한 대안으로서 지속적으로 학계와 시민단체가 중심이 되어 설치의 필요성이 제기되고 있는 방안이다.[3] 그러나 이기구가 설립되기 위해서는 기구의 법적인 지위와 조사의 권한, 실질적인 행정수단 및 처벌의 결정 등이 심의를 거쳐 법률안으로 통과되어야 하는 절차적 문제와 감사원, 검찰 등 관련 기관과의 업무조정 등의 사전검토가 필요하며 정치권역시 공직 부정부패와 비리를 없애기 위한 여야를 막론한 합의가 이루어져야한다. 그러나 지금처럼 국회, 검찰 등 관련 기관들 이 소극적으로 대응하고 반대하면 그 필요성에도 불구하고 좌절될 수밖에 없는 것이다.

따라서 본고에서는 '고위공직자 비리조사 처' 설치와 관련해 최근 재 점화되어

---

3) 고위공직자 비리조사처는 고위공무원들의 뇌물이나 직권남용을 전문적으로 수사하는 기관으로 우선적인 목표는 부정부패의 추방이다. 그러나 최근 국회 사법제도 개혁 특별위원회가 제안한바 있는 특별수사청 신설안은 고위공직자 비리조사처의 축소판이라 할 수 있으나 판사와 검사 및 검찰수사관의 직무관련 범죄와 그 관련 사건, 국회의결로 의뢰한 사건을 담당하는 조직으로서 대검찰청 소속으로 되어있는 한계가 있어, 단순히 판사와 검사만을 수사대상으로 하는 조직이 아닌 핵심고위공직자들의 뇌물이나 직권 남용 등 비리를 전문 조사하는 기관으로서 '고위공직자 비리조사처'신설이 주장되고 있는 것이다.

논의 되고 있는 중요쟁점과 설치의 적절성 여부에 대하여 재검토함으로써 우리 사회의 고질병인 고위공직자 비리문제와 부패문제를 감소시킬 수 있는 보완적 방안을 제시하고자 한다.

Ⅱ. 고위공직자 비리 조사처 설치에 관한 이론적 고찰

1. 고위 공직자의 개념과 범위에 관한 규정 및 논의

1) 공직자의 개념과 범위

공직부패의 개념이 무엇인지를 논의하기 위해서는 무엇보다 우선적으로 점검 대상으로서의 공직자에 대한 개념 정의 또는 범위에 관하여 알아볼 필요가 있다. 「공직자 윤리법」 제3조와 「부패방지 및 국민권익위원회」의 설치와 운영에 관한 법률 (약칭 '권익위법') 제2조 3항에 공직자의 개념과 범위에 관한 규정이 명시되어 있다. 그러나 공직자 윤리법의 제정목적은 공직자의 부정한 재산증식을 방지하기 위하여 재산형성과정과 재산을 등록 하는 것으로 고위공직자가 대상이라 할 수 있으며 권익위법은 공무원의 부패를 예방하고 규정한 것으로 그적용대상이 차이가 있으며 또한 각 법률의 목적 달성을 위하여 공직자 범위를 정하고 있는 것이기 때문에 고위공직자 비리조사처가 신설되어 확대된 범위의 공직자 비위 등에 대해 조사권을 갖고자 한다면 법률에 보다 명확한 근거조항이 명시되어 있어야할 것이다.

즉 '고위공직자'라는 개념은 2006. 7월부터 국가 공무원법 제 2조의 2의 개정으로 시행된 고위 공무원 단으로서, 정부의 주요 정책결정 및 관리에 있어서 핵심적 역할을 담당하는 실·국장급과 이에 준하는 공직자라고 볼 수도 있으나, 일반적 의미에서는 공직자윤리법 제3조에서 재산 등록의 의무자로 정한 4급 이상의 공무원으로 보는 것이 타당하며, 이에 추가하여 「부패방지 및 국민 권익위원회의 설치와 운영에 관한 법률」에서 고발 및 재정 신청의 대상으로 정한 고위 공직자가 이에 해당한다 할 수 있다.[4)]

〈표 1〉 고위공직자 개념 및 범위 관련 근거 규정5)

공직자 윤리법 (법률 제1098호, 2011.7.29개정)	부패방지 및 국민권익위원회의 설치와 운영에 관한 법률(법률 제9968호2010.01.25 개정)
제3조 1. 대통령, 국무총리, 국무위원, 국회위원 등 국가의 정무직 공무원 2. 지방자치단체 의장. 지방의회 의원 등 지방자치단체의 정무직 공무원 3. 4급 이상의 일반직 국가 공무원 및 지방공무원과 이에 상당하는 보수를 받는 별정직 공무원 4. 대통령령으로 정하는 외무 공무원과 4급 이상의 국가정보원 직원 및 대통령실 경호공무원 5. 법관 및 검사와 헌법재판소 연구관 6. 대령 이상의 장교 및 이에 상당하는 공무원 7. 교육공무원 중 총장, 부총장, 대학원장. 학장 및 전문대학 학장과 대학에 준하는 각종학교의장, 특별시, 광역시. 도, 특별자치도의 교육감, 교육장 및 교육위원 8. 총경이상의 경찰공무원과 소방정 및 지방소방정 이상의 소방공무원 9. 공기업의 장.부기관장 및 상임감사, 한국은행총재, 부총재, 감사 및 금융통화위원회의 추천직 위원, 금감원 원장, 부원장 및 감사, 농협 중앙회, 수협중앙회의 회장 및 상임감사 10. 공직유관 단체의 임원 11. 그밖에 국회규칙, 대법원 규칙 및 대통령령으로 정하는 특정 분야의 공무원과 공직 유관 단체의 직원	제 2조3 1. 「국가공원법」 및 「지방공무원법」 에 따른 공무원과 그 밖의 다른 법률에 따라 그 자격, 임용, 교육훈련, 복무. 보수, 신분보장 등에 있어서 공무원으로 인정된다. 2. 제1호 과목에 따른 공직 유관단체의 장 및 그 직원

4) 공직자 윤리법은 공직자 및 공직후보자의 재산등록, 등록재산 공개 및 재산형성 과정 소명과 공직을 이용한 재산취득의 규제와 퇴직 공직자의 취업제한 등을 정한 법률이며, 부패방지 및 국민권익위원회의 설치와 운영에 관한 법률은 국민권익위원회를 설치 고충민원처리, 불합리한 행정제도 개선, 부패의 발생을 예방하며 부패행위를 규제하여 국민의 기본적 권익을 보호하고자 제정된 법률이다.

5) 국민권익위원회(2009), 대한변협과 공동주회한 반부패 심포지엄(2009.12.7)

2) 고위공직자 비리의 법률적 해석

일반적 의미에서 '고위공직자비리'라고 함은 고위공직자가 도리에 어긋나는 일을 하는 것을 말하는 것으로 국민의 입장에서는 고위 공직자 비리를 권력비리로 받아들인다. 또한 '부정부패'는 통상 정치윤리나 공직윤리에 저촉되는 일탈행위를 말하므로 고위공직자 비리는 권력비리나 고위공직자의 부정부패와 동일한 의미로 볼 수 있을 것이다.[6]

그러나 넓은 의미에서 고위공직자에 의하여 행해지는 일체의 불법 부당행위로서, 공직자로서의 의무위반행위 뿐만 아니라 개인적인 불법행위 또는 비윤리적인 행위까지도 고위공직자 비리에 포함 시키고 있다. 반면에 좁은 의미로는 고위공직자의 직무위반 행위를 말하는 것으로서, 고위공직자가 직무상 의무에 반하여 사익을 추구하거나 공익을 침해하는 일체의 행위를 뜻하고, 이에는 형벌법규 위반행위 이외에도 행정법규 또는 공공기관 내부규정에 의하여 징계를 가할 수 있는 행위까지도 포함 한다고 할 수 있다. 또한 가장 좁은 의미로는 공무원의 직무에 관한 범죄행위만을 의미하는데, 이에는 형법상의 직무범죄에 한하지 않고 특별 형법상의 직무범죄도 포함한다고 할 것이다.[7]

그리고 통상 공무원 비리에 관하여는 '부패'라는 용어를 사용한다. 구부패방지법 제 2조 제3호에서는 부패행위에 대해 "공직자가 직무와 관련하여 그 지위 또는 권한을 남용하거나 법령을 위반하여 자기 또는 제 3자의 이익을 도모하는 행위, 공공기관의 예산사용, 공공기관 재산의 취득· 관리· 처분 또는 공공기관을 당사자로 하는 계약의 체결 및 그 이행에 있어서 법령에 위반하여 공공기관에 대하여 재산상 손해를 가하는 행위"를 부패라고 말하고 있으며, 나아가 "공직자가 업무처리 중 알게 된 비밀을 이용하여 재물 또는 재산상의 이익을 취득하거나

6) 국민권익위원회(2009), 대한변협과 공동주최한 반부패 심포지엄(2009.12.7)

7) 더 넓은 의미의 비리해석 사례로서는 과거 국무총리 후보자등 고위공직 후보자들에 대한 인사청문회에서 나타난 바와 같이 국회 인사청문회의 대상이 되는 고위공직자 후보들의 자녀, 국적, 병역, 자신의 재산 형성과정 및 학위논문 등 도덕성과 윤리성의 문제도 고위공직자의 비리에 포함되는 것으로 받아들이는 실정이다. 이처럼 우리가 말하는 일반적인 의미에서 고위공직자 비리란 고위공직자가 갖추어야 할 공직자윤리에 위반된다는 의미로서 자기 또는 제3자의 부당한 이익을 위해 권한을 오남용하는 일체의 행위로서 정치적· 윤리적 의미의 비리까지도 포함 하는 등 범위를 보다 넓게 해석한다고 할 수 있다.

제 3자로 하여금 취득하게 하는 행위"까지도 포함된다고 말하고 있다.

따라서 고위공직자의 비리개념에 대하여 좁은 의미로서 제한적으로만 해석한다면, 우리 사회에서 발생하고 구조화된 부패현상에 대하여 체계적으로 대응 하는 것은 불가능 할 것이다. 이는 일반국민은 부패의 범위를 고위공직자 본인뿐만 아니라 친인척 또는 측근 비리까지도 포함하는 것으로 받아들여지고 있기 때문이다.

또한 대법원은 포괄적 뇌물죄를 인정하면서 "뇌물죄는 직무집행의 공정과 이에 대한 사회의 신뢰에 기하여 직무행위의 불가 매수 성 을 그 직접의 보호법익으로 하고 있고, 직무에 관한 청탁이나 부정한 행위를 필요로 하지 아니하여 수수된 금품의 뇌물성을 인정하는 데 특별히 의무위반행위나 청탁의 유무 등을 고려할 필요가 없으므로, 뇌물은 직무에 관하여 수수된 것으로 족하고 개개의 직무행위와 대가적 관계에 있을 필요는 없으며, 그 직무행위가 특정된 것일 필요도 없다. 또 정치자금, 선거자금, 성금 등의 명목으로 이루어진 금품의 수수라 할지라도 그것이 정치가인 공무원의 직무행위에 대한 대가로서의 실체를 갖는 한 뇌물의 성격을 잃지 않는다."라고 판단하였던 바가 있다(대법원 1997. 4. 17 선고96도3378 판결 참조).

2. 고위공직자 비리의 일반적 유형

2011년 발표한 대검찰청 범죄통계분석(2010년 기준)에 의하면 전체 공무원 범죄자 13,581명 중 공무원 직무 범죄자는 2,176명이고, 이중 4급 이상은 155명, 2급 이상은 16명이다. 즉 5급이하 하위직 공무원에 비해 비율은 적으나 인원비율에 비해서는 많은 비율이다.

또한 고위공직자의 비리 유형을 획일화하는 것은 어려운 일이지만, 그 원인을 기준으로 살펴보면 생계형, 치부형, 권력형으로 분류할 수 있으며 이를 생계형 비리는 공무원의 보수만으로는 기본적 생활을 영위하는데 곤란함이 있어 부정한 소득으로 가계를 이어나가는 형태로 주로하위직 공무원에서 발생하며 치부형 비리는 공직을 치부와 축재의 수단으로 삼아 상대방을 협박한다거나 뇌물을 수수하는 비리를 의미하는 형태를 말하고 있다.

이외 권력형 비리는 국민의 평등권을 침해함으로서 열심히 노력한 보통 사람들의 기회를 박탈하기 때문에 국민들의 분노를 사고 정치적 불신과 계층 간 불화를 조성 할 수 있는 해악으로서 대통령, 국무총리, 장관, 국회의원 등 그야말로 고위직 공무원이 직접적·간접적으로 그 직무와 관련하여 자신의 공직을 이용하여 치부와 축재를 하거나, 자기와 관련된 타인의 이익을 위해서 자신의 공직을 이용하는 것을 말한다. 최고통치자인 대통령의 친인척이나 측근이라는 신분을 악용하여 부정과 이권에 개입하는 것도 이 유형에 속한다.

현 정부 역시 정권 초기에는 과거와 같은 권력형 비리는 없을 것이라 단언하였으나 최근 들어 부산 저축은행사건, 카메룬 다이아몬드 광산 개발사기사건등 권력형 비리가 계속되고 있는 실정이다.

과거에는 공무원들도 박봉으로 생계형이 많았으나 지금은 규모와 내용면에서 축재형 비리가 많이 발생하고 있다. 부패에 따른 국가와 사회의 리스크를 제대로 관리하려면 공직자의 부문별 부패유형 파악을 통해 공직사회의 잠재적 부패요소를 파악하는 것이 우선이다.[8] 정부에서는 횡령, 알선수재 등 21개 공무원 비리에 대한 판결문을 참고하여 공무원 범죄에 대한 유형분석과 양형 등을 조사하기도 하였다. 또한 공무원 비리의 유형은 크게 주체와 수단에 따라 구분하고 있다. 먼저 행위주체로 인한 분류로서 정통성이 결여된 정권이 행하는 정권주체의 부패와 비현실적인 행정규제에 의해 야기되는 행정기관 주체의 부패, 정치인·고위관료가 포함된 권력부패와 관료부패로 나누어질 수 있다. 이중 부패수단에 의한 분류로서 친한 사람에게 우선하거나 유리한 결정이나 조치를 구실로 금품 등을 강요하는 위협 형이 있는바 이는 공무원의 재량이 너무 지나치거나 비현실적인 행정기준이 이를 야기하게 되며, 그 이외에 공직자가 지위를 이용하여 사기나 횡령 등을 행하는 사기 형, 어떤 행정적 조치나 묵인의 대가로 받는 거래형 등으로도 구분 할 수 있다.

8) 일반적으로 생계형 비리는 주로 하위직 공무원에서 발생하는 것이지만, 얼마 전 참여정부 시절의 청와대 홍보수석이 노 전 대통령이 박 연차 회장으로부터 받은 경제적 후원행위는 권력형이 아니라 생계형 범죄에 연류된 것이라고 하여 거센 여론의 비판을 받기도 하였다.

〈표 2〉 역대정권의 대표적 권력형 비리유형

제1공화국	중석 불하사건, 국방부원면 사건, 산업금융·농업금융채권 사건	김영삼 정부	한보그룹 특혜대출사건, 김현철 사건, 경성그룹 특혜대출사건
제3.4공화국	4대의혹사건, 3분폭리사건 금융특혜사건	김대중 정부	린다 김 사건, 옷 로비사건
제5공화국	전두환 비자금사건, 새마을 운동 비리사건, 명성사건, 일해재단설립비리	노무현 정부	박연차 태광실업 회장사건, 노건평 세종증권 인수관련사건, 변양균·신정아사건, 최도술 등 청와대 관계자 이권개입사건
노태우정부	노태우 비자금사건, 수서비리사건, 율곡비리, 슬롯머신 비리	이명박 정부	박연차 회장 세무조사 관련사건, 공정택 서울시 교육감 사건

3. 역대정권의 반부패 정책

정권이 교체되면 반드시 새로운 정권의 주도로서 반부패 정책이 제기되고 있다. 이는 부정부패 문제는 국정운영의 가장 중요한 변수가 될 수 있기 때문이다. 현 MB정부 역시 정권의 출범을 전후하여 부패방지와 관련한 대책을 제시하고 반부패에 대해 천명하였으나 임기말 정권의 분위기는 오히려 국민들에게 심한 불신만을 초래하고 있다. 이와 같은 관점에서 역대 정부의 반부패 정책을 살펴볼 필요가 있다.

1) 제1공화국에서 4공화국까지의 반부패정책

제1공화국 제2공화국에서 중앙정부의 공무원 사정체계는 회계감사는 심계원이, 직무감찰은 감찰위원회가 담당하였다. 제3공화국과 제4공화국에서는 '국가재건비상조치법'을 기반으로 한 '부정축재처리법'으로 비리 척결의 범위를 확장하고 공직자 비리에 대해 강도 높은 처벌이 가능하도록 하고 심계원과 감찰위원회를 통합하여 감사원을 설치하였으며, 정권의 주도하에 대대적인 반부패운동인 서정쇄신운동을 추진하였다.

2) 제5공화국과 노태우 정부의 반부패정책

1979년 10.26사건으로 박정희 대통령 사망 후 탄생한 군부정부로서 물가안정, 서울올림픽대회유치 등의 업적을 남겼으나, 부정부패와 민주화운동탄압, 고문 등의 인권행위로 국민적 비판의 대상이 된 정부이다. 제5공화국에서는 공직윤리와 관련한 대표적인 법인 '공직자윤리법'을 제정하였고, 사회정화위원회가 반부패운동을 주도하였다. 노태우 정부에서는 '정부합동 특검 반' 을 설치하였고, 후원회의 기부한도를 정한 정치자금법을 개정하였으며 수뢰금액 및 법정형을 강화하는 '특정범죄가중처벌법'을 강화하기도하였다. 이 시기는 주로 운동, 구호 중심의 정책으로 교화적인 수단에 치중하였다고 평가된다. 정권이 끝난 후인 1996년에 검찰은 전두환 · 노태우 비자금 수사결과를 발표하는 등 오히려 부패된 정권의 전형이 되었다.

3) 김영삼 정부의 반부패정책

김영삼 정부에서는 민간인 출신인 14대 대통령이 취임함으로써 직선제에 의한 문민정부가 탄생 하였다. '신한국창조'를 국정지표로 제시하고 '위로부터의 개혁'을 선언하였다. 일체의 정치자금을 받지 않겠다고 선언하였으며 '공직자윤리법'을 개정하여 1급 이상 공직자의 재산공개를 의무화 하였다. 또한 금융실명제를 실시하고 부동산실명제를 실시하였으며, 돈안드는 선거를 위해 '공직자 선거 및 선거부정방지법'을 비롯하여 정당법, 정치자금법 등을 개정하였으며 부정방지대책위원회를 설치하였고, 특정범죄가중처벌법을 강화하였다. 이 시기는 부패문제를 국정운영의 최우선 과제로 인식하고, 법과 제도 중심의 반부패 정책을 수행하였으며, 과거 부패에 대한 사정과 정치자금 등 정치부패에 집중하여 역대 대통령 중에서 부패방지와 관련하여 가장 활발한 활동을 하였다고 할 수 있으나. 1997년 1월 한보철강이 부도나면서 5조원이나 되는 불법 정치자금조성이 나타나 아들인 김현철이 구속되는 등 문민정부가 취한 개혁 작업은 법치가 아닌 민치라는 비판을 받았고 제도의 수용여건이 미흡하여 상당부분이 형식화되거나 제대로 시행되지 못하였다고 평가된다.

4) 김대중 정부의 반부패정책

김대중 정부에서는 부패방지를 표방하며 정부가 출범하였다. 이시기의 반부패 정책은 부패통제를 정책적인 문제로 인식하고 국회 인사청문회 제도가 도입되어 장관에 대한 청문과정에서 각종 도덕성 문제가 부각되는 등 고위공직자의 도덕성과 윤리에 대한 중요성이 강조되기 시작하였다. 특히 부패방지법과 공무원행동강령을 제정하였고, 부패방지위원회를 설치하고 내부고발자 제도를 운영하였으며 '범죄수익은닉의 규제 및 처벌 등에 관한 법률'을 제정하였고, 특정범죄가중처벌법을 강화하였다. 한마디로 부패통제를 위한 포괄적인 접근 방법의 기초를 만련하였다는 점에서 긍정적인 평가를 받을 수 있다.

즉 이전의 정부와 비교하여 부패방지 및 윤리성 제고에 있어 다양한 법과 제도를 통하여 대응하였고, '돈세탁방지법'을 제정하여 음성적인 자금의 유통을 막기 위한 제도적 장치를 마련한 것은 의미 있는 부패방지의 노력이 있었다고 평가된다. 그러나 역대정권과 마찬가지로 임기 말에 불거진 두 아들과 측근들의 비리를 막지 못함으로써 도덕성과 국민의 신뢰도가 크게 떨어졌다. 고위직 보다는 하위직 통제에 집중하고 돈세탁방지법의 규제대상에서 정치자금을 제외시킨 것은 문제였으며 정치개혁과 비리척결에 실패했다는 평가를 받는다.

5) 노무현 정부의 반부패정책

인수위시절부터 권력형 비리 고위공직자 비리척결과 고위공직자 비리조사처, 한시적 특별검사제 상설화, 부정부패사범 공소시한배제 · 연장을 골자로 하는 범정부차원의 '반부패시스템' 구축을 참여정부의 핵심과제중 하나로 설정하였다. 또한 많은 영역에서 부패방지를 위한 법과 제도가 만들어지고 개정되었다. 또한 부패방지와 관련된 중장기계획이 수립되고 부패방지 관련정책을 총괄 조정협의하기 위한 조직으로 대통령 소속으로 '반부패관계기관협의회'가 설치 · 운영 되었고, 부패방지 통합정보시스템이 구축되어 종합적인 정보관리와 분석이 가능하게 되기도 하였다. 특히 시민사회단체가 함께 참여한 '반부패투명사회협약'은 부패척결이라는 측면에서 완결성을 갖는 사회적 협약이었다 할 수 있다. 그러나 사회협약이라는 공적인 약속이 실질적인 시스템으로 작동하기 위해서는 그 합의를 강제하기위한 수단이 필수적으로 뒤따라야 하는데 충분하지 못하였고 재벌개혁, 비정규직 노동자차별 철폐 문제 등에서는 미흡하였다고 평가받고 있다.

〈표 3〉 역대 정부고위공직자부패정도[9)]

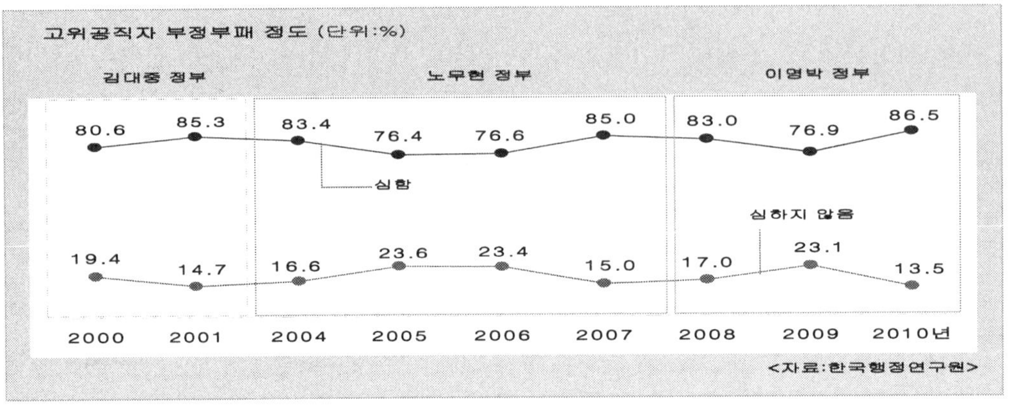

4. 공직부패에 대한 인식

1) 국제투명성기구의 부패인식지수(CPI)발표 순위

국제적인 부패감시 민간단체인 국제투명성기구(TI : Transparency International)가 지난 2011년 12월 발표한 부패인식지수(CPI)에서 우리나라는 10점 만점에 5.4점으로 2010년 비해 4단계 하락하였다는 것이다. 이는 조사된 세계 182개국 43위에 이르는 것으로 2010년 순위인 39위(5.4점) 이는 OECD가입 34개국 중에서는 27위로 하위권이라 할 수 있다.

부패인식지수는 공무원과 정치인 사이에 부패가 어느 정도로 존재하는 지에 대한 국민의 인식 정도를 말하는 것으로서, 대상 국가의 전문가를 포함하여 국제기업인과 투자분석가 등의 의견을 반영해 만든다.[10)] 2011년도 1위는 4.5점을 받

9) 이와 같이 고위공직자 비리가 일상화된 것은 전체 국민의 도덕성이나 시민의식의 성숙도와도 관련되는 것이기는 하지만, 정권과 고위공직자를 감시하고 견제하는 제도가 결여되거나 제대로 작동되지 아니함으로써 고위공직자 비리가 발생하지 않도록 하는 제도의 개선이 이루어지지 못하였던 데에 가장 큰 이유가 있다는 것이 일반적인 평가이다.

은 뉴질랜드였으며, 덴마크와 핀란드가 9.4점으로 공동2위, 스웨덴이 4위, 노르웨이가 5위를 차지하였으며 새롭게 포함된 북한은 소말리아와 함께 1.0점을 받아 최하위인 182위를 기록하였다.

이에 대하여 우리나라의 부패인식 수준이 하락한 것은 최근 우리사회의 부패현실에 기인하는 것으로 여겨지며 각종 반부패정책이 실종되었던 것을 반증하고, 지난해 국가청렴위원회의 통폐합, 자발적 합의에 의해 추진한 투명사회협약의 파기, 현 정부 초기에 친 기업정책을 시행하면서 반부패를 일종의 규제로 인식하고 정책적으로 강조하지 않았으며, 교육비리, 특권층 비리, 사정기관의 부패 스캔들 등 권력 상층부와 고위공직자의 관행적이고 지능적인 비리가 지속적으로 밝혀지고 있는 것 등이 그 원인 이라는 지적이 제기되기도 하였다.

이처럼 우리나라의 부패인식지수는 OECD평균에도 못 미치는 5점대에 불과하다. 우리나라의 국제적 위상과 목표 청렴수준에 도달하도록 국가적 인식과 노력이 필요하다.

2) 한국 투명성 기구와 국민권익위원회의 평가

한국부패지수의 하락원인에 대해 한국 투명성 기구는 "부패인식지수 하락은 부패에 대한 현 정부의 인식·정책의 부재 속에서 스폰서 검사 등 특권층 부패, 대통령 측근 비리 등이 반영된 것"이라고 하였다. 반면 국민권익위원회는 한국순위가 지난해보다 떨어진 것은 "2011년도에 추가된 바하마 등 3곳 나라가 한국보다 높은 점수를 받았으며, 국제 경영개발원 (IMD)·정치 경제위험자문공사(PERC)등에서 기업인을 대상으로 벌인 부패인식조사 결과 순위가 하락한데 기인 한다"고 말하며 특히 고위공직자등 부패사건에 대한 언론의 집중보도 역시 한국의 부패인식을 악화시킨 것으로 보인다고 평가하였다. 이에 시민단체 의견은 MB정부 들

10) 1995년 4.29점으로 출발, 2000년 4.00점 48위(101개국), 2001년 4.20점 42위(91개국), 2002년 4.50점 40위(102개국), 2003년 4.30점이었으나 2005년 5.0점, 2006년 5.1점, 2007년 5.1점(43위), 2008년 5.6점, 2009년 5.4점(39위), 2010년 5.4점(39위)으로 2008년 이후부터 부패지수가 낮아지고 있다. 그 점수가 10점에 가까울수록 청렴도가 높다는 것을 의미하고 선진국들이 보통 7점 이상인 반면, 우리나라는 2005년에 5점대에 이르러 정체상태에 있다. 공직자에 대한 국민의 부패인식 정도는 선진국 수준과는 그 격차가 상당하므로 세계 10위권의 경제력을 자랑하는 나라로서는 부끄러운 수준이 아닐 수 없다.

어서자마자 과거 국가 청렴위원회와 국민 고충처리위원회, 행정심판위원회를 통폐합 한 것과 무관하지 않다는 주장이다. 기관들의 통폐합에 대해서는 독립적인 부패방지기구의 설치를 규정하고 있는 유엔 반부패협약 제 5조와 제6조의 의무사항을 무시하면서 국가 청렴위원회를 없애고 탄생시킨 국민권익위원회는 기능과 성격이 상이한 기관을 인위적으로 통합함으로써 반부패 권리구제기능이 약화되었다고 평가하고 있다. 그러나 부패문제는 기관의 통폐합도 원인이 될 수 있지만 이보다는 우리사회에 만연한 부패 현상과 고위공직자와 정치권의 부패인식에 대한 불감증이 더 큰 원인으로 보여 진다.

또 국민권익위원회는 매년 청소년, 공무원, 일반 국민들을 대상으로 부패인식도 조사를 해오는데 2010년 국내 거주 외국인을 대상으로 한 조사결과에서는 한국사회의 부패 발생 원인에 대해서 '부패에 관용적인 사회문화'(34.5%)가 가장 큰 원인이고, 다음으로 '각종 부패를 유발하는 법 · 제도와 행정규제'(18.5%)라고 응답하였다.[11)]

〈표 4〉 우리사회의 전반적인 부패인식 수준

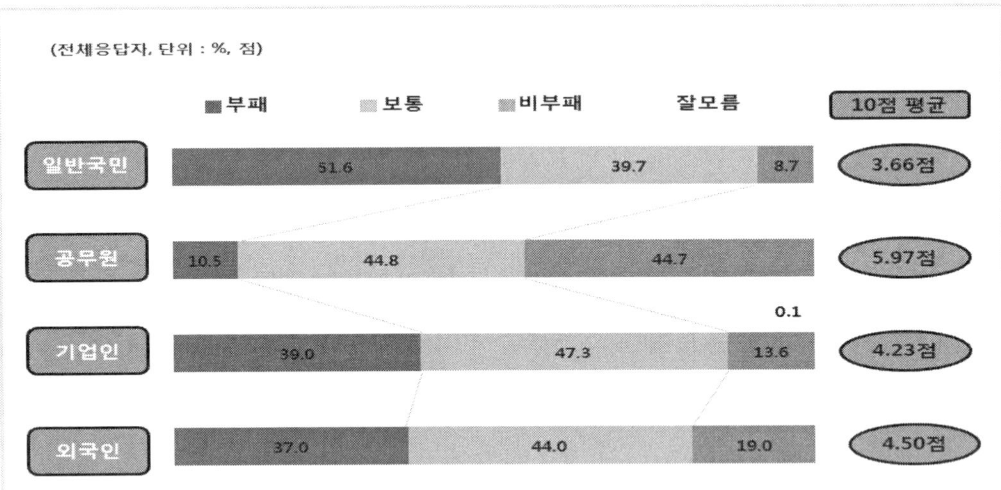

* 자료 : 2010년 국민권익위원회 부패인식지수

11) 국민의 51.6%가 '사회가 부패하다'고 인식하고, 기업인은 39.0%, 공무원은 30.5%만이 부패하다고 인식하고 있다는 것이다. 공직부패와 관련해서는 가장 많은 부패유형이 '직위를 이용한 알선·청탁'(33.0%)', '금품수수'(18.0%)라는 것이고, 일반국민 2.5%, 기업인 19.3%가 지난 1년간 공무원과 업무관계에서 '금품, 향응· 선물'을 제공하였다는 것이다.

부패 제공의 형태로는 '유흥접대'(39.3%) '상품권'(36.3%) '현금'(35.6%)순으로 응답하였고, 금품을 제공하게 된 동기로 일반국민은 '관행상 필요하다는 주위 권유에 의해서'(34.3%)가 가장 많았고, 기업인은 '원만한 관계유지를 위해'(34.8%)가 가장 많았다. 우리 사회의 부패발생의 원인으로 일반국민은 '부정부패에 대한 관대한 처벌'(29.4%), 기업인은 '부패를 유발하는 법 · 제도와 불합리한 행정규제'(19.1%)라고 응답하였다.

그리고 공무원들의 전반적인 부패수준은 40.8%가 부패하다고 응답하였고, 입법 · 정치 분야의 부패가 67.8%로 가장 높았다. 공직사회의 부패발생의 가장 큰 원인으로 '부패에 관용적인 사회문화'(15.7%)를 지적하여 국내 거주 외국인의 조사결과와 동일하였다.

3) 공직자 비리 인식도 추이

'정의롭고 공정한 사회'의 구현은 무엇보다 공직자들의 부정부패가 근절되는 곳에서 출발된다 할 수 있다. 최근 국민권익위원회가 모범 · 우수 공무원을 대상으로 한 공직자 비리인식조사에서 공직자에 대한 부정 비리는 10년 전에 비해 많이 줄었다는 응답이 나왔다. 그러나 공직자 비리에 대한 인식에는 국민과 공무원들 간의 차이가 많다. 앞에서 설명한 것처럼 대다수 국민들은(85%)공직사회의 부패가 가장 심각하다고 인식하고 있는 반면에 공직자를 대상으로 한 조사에서는 21.8%의 공직자만이 공직부패가 심각하다고 인식하고 있는 실정이다. 특히 알선과 청탁 부분에 대해서는 특정인의 사익을 추구하고 공익을 침해하는 행위이기 때문에 공정성을 저해하는 사항으로 대가성 여부에 관계없이 부패로 인식하고 이에는 반드시 금품과 향응 등 불법적인 대가가 수반되는 것으로 평가하고 있다.

이에 공직자들의 낮은 윤리의식 개선과 함께 우리 국민들의 기대수준에 부응하는 정부의 투명성 향상 의지가 필요하다는 것이다, 이를 위하여 부패관련 공직자에 대한 엄정한 처벌체계의 확립과 국민들이 부패하다고 인식하는 취약분야의 제도개선 등 사전 부패방지시스템의 강화에 역점을 두어야 한다는 입장이 표명되고 있다. 특히 공직자들에 대한 인사문제가 정당하게 이루어져야한다. 고위공직 후보자들의 부패, 권한남용, 부동산투기, 위장전입, 병역, 탈세관련 의혹이 제기되고 있어 적격성 검토와 인사검증 시스템이 강화되어야 하고 특채의혹, 낙하산, 회전문 인사에 대한 문제가 발생되지 않아야 한다. 그 이외에 제도적인 측면에서 재선거, 보궐선거의 원인을 제공한 정당의 공천 금지, 법조인 등 직능단체의 윤리강령 내실화 등의 정책제도 보완도 제시되고 있다. 검찰, 감사원 등 사정기관의 실추된 권위회복을 위해서도 사정기관에 대한 총체적 점검과 개혁도 필요하다.

5. 주요국의 공직자비리수사기구[12)]

1) 미국의 OGE, OSC, CIGIE

미국의 대표적 공직자 비리수사기구로는 워터게이트사건이 계기가 되어 제정된 1978년 정부 윤리법(Ethics in Government Act)에 의해 설립된 공무원 윤리 전담부서로 발족된 정부윤리처 (OGE)[13)]와 내부 고발 자에 대한 부당한 침해 행위 방지를 위한 특별조사위원실(OSC), 행정부처 상호간 부패방지책을 협의하는 역할을 수행하는 윤리 및 효율에 관한 감사관위원회(CIGIE)등 이 있다.[14)]

〈표 5〉 주요 공직자 비리수사기구 임무

정부 윤리처(OGE)	• 윤리 프로그램의 구조와 인적구성, 공공재산공개, 비밀재산 공개, 윤리교육과 훈련, 윤리자문과 조언 • 행정부처 윤리 담당관의 재산자료 조사 및 추적

12) http://blog.daum.net/print view.html?article print.8730340

13) 정부윤리처(OGE)산하에는 파견관제도를 통해 각 행정기관에 효과적인 윤리프로그램을 조언하고 기준을 제공하는 프로그램제공과 연방행정기관들이 목적에 맞는 윤리 프로그램을 도입 하고 있는지 감리하는 프로그램감리과, 윤리훈련과정과 훈련교재개발, 윤리교육워크샵을 제공하는 교육과를 구성 운영하고 있다.

14) 미국의 공직부패에 대한 대응 특징으로는 국내의 반부패뿐만 아니라 다른 나라의 반부패도 목표로 하고 있으며 국제조직 범죄와 테러리즘, 마약밀수, 돈세탁 등과 같은 국제적 안보이슈와 연계해서 취급한다. 또한 공직부문에 한정하지 않고 민간부문까지 확대하며 아울러 기업체간부나 정부 관리들과 같이 권력이 있는 자들의 화이트칼라 범죄와도 연계해서 접근하는 경향을 보이고 있다(정영일, 2010:314).

특별조사위원회(OSC)	• 내부 고발공무원의 보상 및 보호, 내부고발의 접수, 조사, 수사 및 기소, 내부 고발통로의 보장, 공무원의 정치 활동관련 법적 허용 기준의 제공 및 교육 , 군복무자의 공무원 재취업 및 재 공용권 보장 업무
윤리 및 효율에 관한 감사관위원회 (CIGIE)	• 상설소위원회 활동과 세미나, 워크 샵 활동 등을 통해 부처상호간 부패 방지대책협의 하는 역할 수행 • 각 부처 자체감사실 운영 총괄 • 연 1회 자체감사 결과 종합 대통령 보고

2) 홍콩 염정공서(ICAC)

1970년대 홍콩은 영국의 통치를 받으며 부패정도가 매우 심각하였다. 이에 영국은 강력한 부패조사기관을 설립한게 바로 「염정공서」 이다. 염정공서는 홍콩의 반부패수사기구로서 1974년 염정공서법, 뇌물방지법, 선거부정 및 불법행위방지법등 이른바 부패방지 삼륜법에 기반 하여 설립되었다. 홍콩특별행정기구 장관이 직접 지휘하는 세계 최초의 독자적인 수사권을 가진 부패수사 전담독립기구로 권한과 예산 측면에 있어서도 그 독립성을 보장받고 있으며 직원은 1,300여명이 근무하고 있다. 집행국(Operations Department)은 정부영역과 민간영역을 담당하고 4개과로 구성된 집행국은 관련법의 규정에 의거하여 부패와 관련된 위반사건을 접수하고, 자체심의를 통해 필요한 경우 사건을 조사하고 수사하는 것을 조직의 목표로 삼고 있다. 수사에 앞서 집행국은 다양한 경로를 통해 시민들로부터 부패와 관련된 제보를 받게 되는데, 상황에 따라서는 시민제보가 없는 경우에도 직권에 의해 수사를 개시하기도 하며 부패혐의자를 영장 없이 체포하고 48시간동안 구금할 수 있는 수사권한을 보유하고 있다. 이외에 부패혐의자의 계좌 추적권도 가지고 있다. 부패방지국(Corruption Prevention Department)은 공공부분에서 부패가 발생하는 것을 미연에 차단·방지하는 것을 조직의 목표로 한다. 부패를 다루는데 있어 집행 국이 사후적(ex post)인 방법을 사용한다며 부패방지국은 사전적(ex ante)인 접근 방법을 사용한다고 평가되며 공공관계국(Community Relations Department)의 목표는 반부패에 관한 시민들의 인식을 높이고, 사회의 반부패 환경을 조성하여 염정공서에 대한 시민의 지지를 획득하기 위해 전단지나 포스터

등은 물론, 부패방지효과를 더욱 극대화하기 위한 공영방송국과 합작한 드라마도 제작하고 있다. 염정공서는 홍콩시민들의 절대적 신임과지지 하에 뇌물로 부패로 심각했던 홍콩이 아시아에서 싱가포르 다음으로 부패 없는 국가가 되었다.

3) 싱가포르 부패행위조사국(CPIB)

아시아에서 가장 부패없는 나라로 알려진 싱가포르는 공무원들의 고액연봉과 부패방지를 위한 엄격한 제도장치가 공공부문의 청렴성과 효율성을 높였다고 평가한다. 부패행위 방지법과 부패행위 조사국(CPIB)등 제도적 장치의 성공적 결과이다. 1952년 싱가포르는 공공조직과 민간조직을 막론한 부패행위에 대한 특별수사기구로서 부패행위조사국을 설립하였다. 이광요 정부이전에는 싱가포르도 정치적 부패가 심각하였다. 이에 이광요는 1959년 집권하자 부패행위조사국 (CPIB)을 세우는 법을 통과시켰다. 부패행위 조사국은 부패용의자 및 그의 가족들의 체포와 수색, 증인소환 계좌 및 소득세 환급 추적 등의 권한을 갖고 있다. 1960년에는 부패방지법을 제정하여 강력한 수사권과 사법권을 부여하고 외부의 간섭을 배제하기 위해 총리직속의 기관으로 만들었다. 부패행위 조사국은 공직자의 부패행위뿐만 아니라 민간부문에서의 부패행위도 수사의 대상으로 삼도록 하는 등 막강한 권한을 갖도록 규정하고 있다. 즉 권력형 비리에 대한 특별 수사기관이라기보다 사회전반의 부패 관련 사건을 전담하는 특별수사기관이라고 이해하는 것이 적정하다. 또한 강력한 수사권을 발동할 수 있다 부패행위방지법이 규정한 범죄와 관련된 정보가 나타나거나 상당한 혐의가 있을 경우에는 영장 없이 체포할 수 있는 권한이 부여되어있다. 이처럼 부패척결에 나서고 있는 것은 부패방지를 선택이 아닌 국가생존의 문제로 삼은 국가지도자의 판단이 작용한 것이라 할 수 있다.

4) 말레이시아의 반부패청(ACC)

말레이시아 반부패청은 압둘라 총리가 1967년 10월 1일 수상 실 직할기관으로 설립된 말레이시아의 부패방지기관으로 1982년 5월 Anti-Corruption Agency Act가 의회를 통과하면서 다시 ACC로 명칭을 변경하면서 이 기관이 실질적으로 부패방지에 중추역할을 수행한다. 말레이시아에는 부패 관련 범죄를 수사하는 여러 종류의 수사기관이 존재하나, 독립적인 반부패기관으로서 공무원의 뇌물 수수 사건 등을 전담하는 기관은 반부패청이 유일하다. 반부패청의 근거 법률이 되는 말레이시아 「반부패 위원회 법」은 범죄로 인정되는 부패행위의 유형과 그 내용, 1천 169명의 반부패청 직원이 가지는 각종 수사·조사권 등의 권한 규정, 신고자나 정보제공자의 보호, 처벌 규정 등을 매우 상세하게 규정하고 있다.

5) 호주 뉴사우스 웨일즈 부패방지청(NSW ICAC)

호주의 국가 청렴도가 높은 것은 바로 1989년 설립된 뉴사우스 웨일즈 부패방지청(NSW ICAC)의 역할이다. 이 기관 역시 독립기관으로 설립되었다. 청장은 주의회의 승인을 거쳐 주수상이 작접 임명하며 임기가 보장된다. 조사국, 법무국, 부패방지교육연구 기업협력국 등 4개부서로 구성되며 총 120여명이 근무하고 있다. 1980년대 후반, 노동당 집권 당시 호주 뉴사우스 웨일즈주 공직사회의 부패는 심각한 수준이었으나 부패방지청의 노력으로 인해 호주 사우스 웨일즈 주 내 공공부패행위가 상당히 감소되었다는 평가가 계속 되고 있다. 부패방지청은 출범 초기부터 고위공직자들의 부패 조사에 역점을 두었으며 정치, 사법, 행정 전 분야에 걸친 투명성 제고를 통해 신뢰회복의 전기를 마련한 기관으로 평가된다.

6. 주요국의 공직자 비리수사기구의 소속 및 권한

주요 국가의 공직자 비리수사기구는 그 국가의 법적 전통과 사회적 특성에 따라 그 기관의 소속을 달리 정하고 있으나 행정부수반 직속의 비리수사 기관을 운영하는 것이 일반적이다. 앞에서 언급한바처럼 미국의 경우 공직자 비리수사기구중 정부윤리처(OGE)와 특별조사위원실(OSC)의 소속은 대통령직속으로 각각 연방공무원과, 연방행정기관을 조사대상으로 하고 윤리 및 효율에 관한 감사관 위원회(CIGIE)는 별도의 독립기구로 소속기관 공무원 들을 조사대상으로 하나 일정한 범위에서 임무의 독립성을 유지한다. 감사관은 그 임명과 직무에 대해 연방법률이 직접 규정하고 있으나. 그 소속은 각 연방기관이고, 각 기관의 장이 인사

및 예산에 관한 권한을 가지고 있다. 각 연방 행정기관의

홍콩의 염정공서는 1970년대 영국 식민지배하의 홍콩의 부패정도가 극에 달하여 설립하였으며 헌법적 한도 내에서 최대한의 권한을 부여하고 있다. 조직적으로는 행정부로부터 독립한 별도 기관으로 설립되어있으며, 염정공서와 그 최고책임자인 염정전원(Commissioner)은 입법부인 홍콩 입법 회(Legislative Council)가 아니라 행정부인 행정장관(Chief Executive)에게 직속되어 있다. 일반적으로 독립기관은 행정부 수반의 통제로부터 자유롭고 오히려 입법기관에 대한 책임이 강조되는 것이 보편적이라고 할 때, 홍콩의 독특한 제도적 특성이라고 할 수 있다. 염정공서의 활약으로 홍콩은 싱가포르에 이어 아시아 2위의 청렴국가가 되었다.

싱가포르의 부패행위조사국(CPIB) 역시 내무부, 검찰청 등의 소속기관으로 설치되다가 1970년「부패방지법」이 제정되면서 총리 직속의 독립기관이 되었으며, 검찰과 경찰은 CPIB의 활동을 보조하는 정도에 그친다.[15)]

말레이시아와 호주 뉴사우스 웨일즈주의 반부패청은 동일한 기관명을 가지고 있으나, 말레이시아 반부패청은 수상 소속기관으로 되어있으며, 호주 뉴사우스 웨일즈주의 반부패청은 주지사로부터 독립한 기관으로 되어 있다.

고위공직자의 비리를 수사할 특별사정기구는 독립적 기관으로 하는 게 일반적이다. 따라서 공직자조사기구를 행정부 수반의 직속기관으로 둘 경우 행정부 수반에 의한 정치적 이용가능성이 우려되고 독립기관으로 둘 경우 전횡이 우려되는 것이 일반적이다, 이와 같은 점에서 제도의 성패는 제도의 내용 뿐 아니라 실제 운용에 있다는 식으로도 평가 되고 있다.[16)]

부패방지기구의 권한과 관련하여서는 부패방지 기구에 수사권 나아가 기소권의 부여 여부가 문제되고 있다. 각 국 공직자비리조사기구의 비교는 다음과 같음.

15) 부패행위조사국의 엄정한 법집행과 부패행위조사국에 대한 정치적 관여의 자제 등이 전통이 되어 부패행위조사국은 싱가포르가 아시아에서 가장 부패가 적은 나라로 만들고 경제적으로도 '아시아의 네 마리용'반열에 올려 놓는데에 큰 역할을 수행하게 되었다고 평가되고 있다.

16) 미국의 감사관이 그 감찰 대상으로 삼고 있는 것은 해당 연방 행정기관의 공무원으로 감사관은 원칙적으로 소속 행정기관 공무원의 비위행위에 대하여만 감찰의 대상으로 하고 있으며, 이들로 구성된 감사관위원회는 감사관의 감찰활동을 조율하는 역할을 담당한다. 말레이시아와 호주 뉴사우스웨일즈주의 반부패위원회 등의 경우에는 공공분야의 부패행위만을 그 소관사항으로 정하고 있으며 홍콩 염정공서의 수사대상은 공공부문의 공무원에 제한되지 않는다. 그러나 싱가포르 부패행위조사국의 조사대상은 공공부문의 공무원에 제한되지 않는다.

〈표 6〉 주요국의 공직자 비리 조사기구 소속 및 조사대상

국가	기구	소속	조사대상	권한강제 수사권	권한,공 소제기권
미국	정부윤리 처	대통령	연방 공무원	×	×
“	특별조사위원실	대통령	연방 행정기관	O	O
“	윤리 및 효율에 관한 감사관위원회	독립기구	소속기관 공무원	×	×
홍콩	염정공서	행정장관	민간 및 공공기관	O	×
싱가포르	부패행위조사국	수상	민간 및 공공기관	O	×
말레이시아	반부패위원회	수상	공공기관	O	×
호주 뉴사우스웨일즈 주	반부패위원회	독립기구	공공기관	O	×

Ⅲ. 고비 처 설치 방안에 대한 주요 쟁점 및 문제점

1. 고비 처 설립에 관한 찬반론 쟁점

1) 찬성론의 입장

2010년 4월 건설업자에게 금품 및 향응을 제공 받은 이른바 ‘스폰서 검사’명단이 공개 되었다. 2011년5월에는 고위공직자들이 연류 된 부산저축은행사건이 사회를 흔들기도 하였다. 2011년 9월에는 후배 검사에게 사건 청탁을 목적으로 고급차를 받은 ‘그랜저 검사’가 실형을 언도 받았다. 최근인 2012년 1월에는‘벤츠 여검사’가 내연 관계인 변호사의 요구로 사건을 청탁해주어 내부정보를 전해주고 외제 자동차, 명품가방 등을 받아 실형을 선고 받기도 하였다.[17)]

이외에도 최근에는 외교통상부 에너지지원대사가 카메룬 다이아몬드 광산개발

17) 2012년 1. 28 , 조선일보

사업내용을 부풀리는 소위'CNK' 주가조작사건에 정부 전직 고위관리자들이 조사를 받고 있다. 이처럼 단순한 스캔들을 넘어 정치권과 법조 게이트로 옮겨가고 있는 검찰의 스폰서 관행 과 공직부패문제가 대두되면서 더 이상 검찰 등 수사기관에 고위공직자에 의한 권력형 비리문제를 정화하도록 맡기는 것은 신뢰 할 수 없다는 국민적 여론이 계기가 되어 그동안 논쟁만 되고 진척이 없던 고비 처 설치 문제가 재 점화 되고 있다.

찬성하는 입장에서의 주요 논거는 사정기관이 조직상 대통령에게 종속 되어있어 권력형 비리의 수사가 현실적으로 어렵고 검찰이 저지른 비리에 대해 검찰 스스로가 수사하는 데에는 구조적 한계가 있다는 점을 새로운 고비 처 설립의 근거로 들고 있다. 따라서 제대로 된 수사가 이루어지기 위해서는 정치적으로 독립된 별개의 사정기관이 설치되어 고위공직자와 법원 및 검찰 관련 인사들의 비위 행위를 상시적으로 감시할 수 있어야 한다고 주장한다.[18]

2) 반대론의 입장

1998년 국민의 정부가 들어서며 대검중수부를 폐지하고 '공직자 비리 조사 처'를 신설할 예정 이었으나. 검찰의 반발로 인해 실패하였다. 그 후 참여 정부에서도 2004년 '청렴 위' 산하에 독립된 기관인 '공직자부패수사 처'를 신설하려 하였으나, 이 역시 검찰의 저항으로 무산 되고 말았다.

다시 2011년 '국회사법제도 개혁 특별 위원회' 검찰 개혁 소위원회에서 대검중수부를 폐지하고 특별 수사 청을 설치하는 방안이 논의되었으나[19] 사개 특위 6인 소위에서는 대검중수부폐지 및 특별 수사 청 설치에 합의 한바 있으나 아직까지도 검찰의 반대로 진척이 되지 않고 있는 상황이다. 반대 측의 입장에서 보면 '공직자 비리 조사 처'가 설치된다 하더라도 고위공직자부패척결의 만병통치처방이 될 수 없을 뿐만 아니라 반부패활동의 실효성도 속단 할 수 없으며 오히려

---

18) 이슈와 논점 ,제 67호 . 2010. 6. 3. 국회입법조사처

19) 대검중수부는 1949년 12월 검찰청법에 중앙수사국설치규정이 마련되었으며, 1961년 4월에 4개과(수사, 사찰, 특무, 서무)로 발후하였다. 중앙수사국은 1962년8월 수사국으로, 1973년 특별수사부로 바뀌어 검찰총장 하명사건을 전담하였으나, 전두환 정권 출범직후인 1981년 4월에 중앙 수사부로 이름을 바꿔 주로 대형사건을 맡아 오고 있다.

부패척결을 빙자해 새로운 권력 구조가 탄생될 수 있으며 검찰의 기소 독점주의도 해칠 수 있다고 주장한다. 즉 이는 제도운영상의 문제일 뿐이기 때문에 현행 검찰의 정치적 중립성을 제도적으로 보장 하는 것이 오히려 더 바람직하다는 입장이다.[20]

3) 검토

찬반론 모두 현실적 논리와 장단점이 있다. 찬성하는 논거는 첫째 현행 우리검찰의 기소 독점주의 및 기소 편의주의에 대한 검찰의 독주에 대한 견제 장치로서 별도의 수사 기관이 필요하며, 둘째 고위공직자의 권력형 부정사건 및 정치적 사건에 대한 사건으로부터 독립된 기관에 의한 수사를 진행함으로서 법의 공정성 및 사법적 정의를 확보할 수 있으며, 셋째 검찰의 권력 남용으로부터 국가의 인권을 보장 할 수 있다는 것이다. 이에 반대하는 논거는 검사의 신분과 정치적 중립성은 이미 헌법과 법률에 의하여 보장되어 있고 별도의 권력기관 탄생으로 권력 분립 이론이 훼손되고 오히려 제대로 작용되지 않으면 정치적 혼란만 야기될 수 있다는 것이다. 고비 처 설립은 정관계 등 고위공직자와 관련된 부패문제와 우리사회에 만연한 공직자부패가 계속 발생하는 상황에서 공감되는 측면도 있으나 고비처가 신설된다하더라도 인지나 고소 · 고발 등으로 포착된 공직비리에 대한 수사는 결국은 검찰에서 수사 할 수밖에 없으며, 구조적으로도 검찰은 정치적 독립기관이라는 점에서 고비처 설치는 오히려 옥상옥이라는 비판이 있다. 이외에도 고비 처 설립의 필요성을 전시성 설립으로 보는 시각도 있어 이 부분에 대해서도 보다 신중한 검토가 필요하다고 본다.[21]

2. 고비처의 소속과 관련한 쟁점

고비처를 설립하면 소속을 어디에 둘 것인가에 대해서는 고위공직자의 권력형 비리를 통제하고 수사하는 검찰의 수사가 객관성, 독립성을 잃지 않을 수 있어야

20) 이슈와 논점. 제67호. 2010. 6. 3. 국회입법조사처

21) 국민권익위, 2009. 12. 7 반부패심포지엄, 고위공직자비리실태와 근절책. 이현.

한다는 것이 가장 중요한 기준이라 할 수 있다.

즉 직무상 독립과 적정한 수사권의 발휘 측면에서 고려되어야한다. 논의 되고 있는 방안은 4가지 방안으로 제1방안은 대통령 소속기관으로 두는 방안, 제2방안은 법무부 소속으로 설치하는 방안, 제3방안은 독립 기구로서 설치하는 방안. 제4방안은 국민원익위원회의 소속하에 고비 처를 설치하는 방안 등이 논의 되고 있다.

각방안마다 장단점이 있어 어느 제도를 도입하는 것이 타당한지에 관하여는 논쟁이 계속되고 있다. 싱가포르의 부패행위조사국 (CPIB)이나 홍콩의 염정공서(ICAC)경우는 각각 수상 실 직속과 행정장관 직속으로 두고 있어 강력한 활동을 할 수 있는 장점이 있다. 그러나 고비 처 설치의 목적이 정치권력과 경제권력 으로부터 자유로워야 한다는 측면에서 제시된 4가지 방안 모두 정치적 중립과 직무상중립상의 독립에 문제가 될 수 있다는 지적이 되고 있다. 이외에도 상설 특검제도가 대안으로 모색되기도 하나, 상설 특검은 발동의 결정이 정략적으로 이루어질 우려가 있고, 수사 인력을 검찰에 의존하는 등 한계를 극복하지 못하다는 게 문제로 거론된다. 결국 이를 해결하기 위해서는 대통령과 검찰에 소속되지 않는 독립된 사정 기관의 설립을 통해 권력층에 대한 독립적인 수사와 고위공직자의 비리를 통제할 수 있는 기관이 되어야 한다. 따라서 '고위 공직자 비리조사처'의 소속이 단순히 기관만의 독립과 분리에서 그쳐서는 안 되며, 완전히 새로운 인물로 구성되어 엄정한 수사로 기존 사정기관에 대한 견제와 균형을 하는 기관으로 어떻게 자리 매김 하여야 하는가 하는 것이 무엇보다 중요한 문제라고 할 수 있다.[22)]

22) 고위공직자 비리 조사처의 설립과 소속문제를 위해서는 기구의 법적인 지위와 조사의 권한, 실질적인 행정수단 및 처벌의 결정 등이 국회의 심의를 거쳐 법률안으로 통과되어야한다. 그러기 위해서는 지금까지 발의된 법률안의 조정안에 대한 여야간에 합의가 필요하고 부정부패와 비리를 없애기 위한 목표에 진정으로 뜻을 모으고 의견을 함께 하여야 한다.

3. 고비처의 조사업무와 한계와 관련한 논쟁

우리나라 공직사회는 일반 국민의 인식이나 사법기관의 처리에서 볼 때도 여전히 부정부패가 매우 구조화 되어 있어 정부의 강력한 반부패 정책에도 불구하고 부정부패는 감소되지 않고 있는 실정이다. 더구나 최근에는 MB정부의 임기말 고위 인사들의 부정부패가 문제가 되고 있는 것처럼 우리국민은 역대 정권하에서 예외 없이 모두 대통령 본인 혹은 대통령과 관련한 비리들은 경험하였다. 이는 대통령 본인은 물론, 그 인척과 측근들이 연류 된 비리들이었으며, 이로 인하여 정권말기나 정권이 끝난 후에는 가족과 친인척 측근들이 구속되는 모습을 지켜보았다.

이는 살아있는 권력에 대한 기존 사정활동의 어려움으로 정권이 끝나거나 바뀐 뒤 조사를 받고 처벌이 이루어지기 때문이다. 따라서 어김없이 반복되는 이런 비극적 상황을 타개 하기위해서라도 평시에도 고위공직자 부패문제에대해서는 최우선 과제로 지위고하를 불문하고 '비관용 정책'을 원칙으로 다루어야 한다.

고위공직자비리문제는 지금 이 시점에서도 심각하게 다루지 않으면 안 될 시급한 문제가 아닐 수 없다.[23] 특히 대통령측근과 친인척, 스폰서검사 변호사와의 유착문제, 향응문제 비판이 계속되고 있는 검사와 판사의 비위행위 까지도 편파와 표적수사의 시비에서 자유롭게 칼날을 들이 댈 수 있는 상설수사기관설치는 대다수 국민들이 기대하는 사항이기도하다.

그러나 조사대상에 있어 그 범위를 어디까지 확대하는가하는 결정 문제는 어려운 사항이다. 고위공직자의 범위, 처벌대상 범죄의 한정 등을 결정하여야할 사항이다. 본 제도의 입법취지가 만연되고 있는 고위공직자 비리 문제를 효과적으로 통제할 수 있는 기구의 설치와 제도적 장치 강구이기 때문에 고위공직자에 대해서는 뇌물죄, 배임죄 등까지도 확대하여 대상범죄에 포함시키는 방안도 검토할 수 있을 것이다.

23) 2010년 대검찰청통계표에 의하면 공무원 범죄의 경우 1,100건이 입건되어 이중 5.4%인 59건이 기소되었고 이중 1.5%인 16건이 구속, 구공판 되었으며, 이중 82.9%는 혐의 없음으로 처리되었고, 사법연감에 의하면 공무원 직무에 관한 범죄가 판결사건 688건 중 225건이 제1심에서 집행유예를 받았다.

〈표 7〉 법률안별 고위공직자 비리조사 처 감찰 대상

법률안	고위공직자비리조사처의 감찰대상
신기남 의원(민주당 2002. 10)안	국회의원/법관 및 검사/차관급 이상의 공무원/지방 자치단체의 장/지방경찰청장/장관급 장교
참여정부안(2004. 11)안	신기남 의원안의 감찰대상/교육감/대통령실의 비서관과 대통령실 경호처의 처장급 이상의 공무원
양승조의원(민주당 2010. 4)안	신기남 의원안의 감찰대상/대통령실 소속 대통령실장/정책실장/수석비서관/기획관/보좌관/비서관/선임행정관/경호처장과 차장
이정희의원(민노당 2010.6)안	신기남 의원안의 감찰대상/교육감/대통령실의 비서관과 대통령실 경호처의 처장급 이상의 공무원
김동철의원(민주당 2010. 11)안	양승조의원안의 감찰대상/장관급 이상의 공무원/감사원 · 국가정보원 · 금융위원회 · 공정위원회 · 국세청의1급 이상 공무원/치안감급 이상 경찰공무원/5급 이상 검찰수사관/금융 감독의원장·부원장보 및 감사

4. 공소제기권 부여와 관련한 논쟁

고비처 신설과 관련하여 많은 관심이 되고 있는 것은 기소권 부여에 관한 사항이다. 제기된 법률안 역시 기소권 부여에 대한 의견이 일치되지 않고 있다. 신기남의원안(2002), 참여정부안(2004)은 고비처에 공소제기권을 인정하지 않고 검찰에 부여하자는 입장인 반면 양승조의원안(2010), 이정희의원안(2010), 김동철의원 안(2010)은 고비처에 공소제기권을 부여하자는 주장으로 서로 견해 차이가 있다.

특히 고비처 설치에 가장 강한 의욕을 보였던 참여 정부 시 계획안의 골자는 고비 처에 막강한 수사권을 부여하되 기소 권과 영장 청구권은 주지 않고 기구 성격도 부패 방지위원회(현 국민 권익위원회 소속) 외청으로 하겠다는 방안이었다. 이에 당시 여당과 일부야당은 이빨 빠진 호랑이라는 표현으로 기소권의 필요성을 강조하였고 시민단체들은 대체로 기소 권 부여 쪽으로 의견이 기울어지는 등 의견이 분분하였다.[24]

최근 들어 계속되는 검찰의 부패문제, 정권후반기의 측근비리들은 고비 처에 검찰의 개입 없는 공소 제기 권을 부여하자는 방향으로 국민의 여론이 기울어지고 있다.

물론 기소 권 없는 수사권은 의미가 없으며 고비처의 위상과 역할에 대한 전환점이며 고비처의 존재 이유의 본질인 기구의 중립성과 독립성은 간과해서는 안 된다. 그러나 헌법에 보장된 검사의 영장청구권과 형사소송법이 규정한 기소독점주의는 무시되어서는 안 된다는 주장도 존중 되어야 한다. 고비처가 수사한 사항을 검찰이 기소재량 남용으로 기소해 주지 않으면 재정 신청 권을 주는 장치도 현행 형사 소송법체계상 하나의 방안으로 검토 될 사항이다.[25] 공소제기 권 부여와 관련한 문제는 관련기관간의 견해 차이를 조정해야할 중요한 문제이다.

〈표 8〉 고위공직자 비리조사처의 공소 제기권 입장

법률안	수사기관	강제수사권	공소제기권
신기남의원(민주당 2002. 10) 안	특별검사	검사로서의 직무권한	공조제기권없음
참여정부안(2004. 11)안	특별수사관	사법경찰관으로서의 직무권한	공조제기권없음
양승조의원(민주당2010. 4)안	특별검사	검사로서의 직무권한	공조제기권없음
이정희의원(민노당 2010. 6)안	특별조사관	검사로서의 직무권한	공조제기권없음
김동철안(민주당 2010. 11)안	특별수사관	검사로서의 직무권한	공조제기권없음

24) 공직자 비리수사처가 설치되면 모든 공직자에 대한 수사권과 기소권을 부여하는 것이 아니고 일정하게 한정하여 배분하자는 의견이 다수다. 즉 검찰, 국회의원, 대통령 친인척, 고위 장성 등에 수사대상을 한정한다면 검찰에 대한 불신이나 편파수사, 표적수사 등 시비에서 벗어날 수 있고 검찰의 중립성 논란도 해소 할 수 있다는 것이 일반적 견해이다.

25) 현행 검찰제도에서도 기본적으로 검찰의 독립성과 정치적 중립성을 추구하고 있다는 점을 지적하고자 한다. 검찰청법 제 12조에서는 검찰총장의 임기를 보장하고, 검찰청법 제4조에서는 "검사는 그 직무를 수행함에 있어서 국민 전체에 대한 봉사자로서 정치적 중립을 지켜야 한다."고 규정하고, 공소권 행상의 전국적 균형과 수사의 효율성 보장을 위해 완화된 검사동일체의 원칙을 규정하고 있다. 검사통일체 원칙이 폐지되었다는 주장도 있으나, 현행법은 검찰 내부에서의 피라미드 조직구조를 인정하여 내부적 독립을 제한하는 대신 검찰 조직 자체의 '외부적 영향으로부터의 독립'을 추구하고 있다. 무엇보다 검찰권력에 대한 기본적인 견제장치는 법원이고, 법원이 제대로 된 역할과 기능으로 검찰권력을 상당한 정도로 견제할 수 있는 것이다. 현행 제도하에서도 검찰의 독립성과 정치적 중립성이 유지될 수 있는데도, 검찰 개혁의 문제가 제기되는 것은 유감이라는 게 검찰의 입장이다.

Ⅴ. 고위공직자 비리조사 처 설치방안의 보완적 방향

1. 고비처 설치에 관한 사회적 합의 추진

현재국회에는 이 정희 통합진보당의원(의안번호 8490)과 양 승조 통합민주당 의원(의안번호8137), 김 동철 통합 민주당 의원(의안번호 1809842)이 각각 발의한 '고위공직자 비리조사 처 설치 법안'과 박영선 통합민주당 의원이 발의한 '특별수사 청 설치 및 운영에 관한 법률안'이 계류 되어있다. 계류 중인 법안 모두는 고위공직자의 직무관련 부정부패사건에 대한 검찰의 중립성 시비가 끊이지 않고, 스폰서 검사사건처럼 검찰의 구조적 비리 문제에 대해 검찰 자체수사는 물론 '특검 수사도 성과를 내지 못하고 있다'는 검찰에 대한 뿌리 깊은 불신이 그 배경이라 할 수 있다.

발의된 법안들은 고위공직자 비리척결의 당위성은 충분히 나타내고 있으면서도 방안으로 제시된 내용들은 각각의 법률안들마다 세부적 조항 등에 있어서 일부 시민단체가 제시한 청원안과 서로 다른 부분이 존재하기 때문에, 통일적 관점에서 재논의 후 구체적 사항에 대해서는 세부검토 과정을 거쳐 제도 도입의 취지에 맞추어서 한 방향으로 가도록 합의하는 것이 바람직하다고 생각된다. 그러나 아무리 훌륭한 법제도라 하더라도 법에 대한 인식이 결여되고 그적용이 철저하지 못하면 그 법제도의 실효성은 없어지고 공직자 비리는 만연될 수 있다는 사실은 명심 하여야 한다.

2. 법적 쟁점들의 검토와 보완

최근 스폰서 검사 사태가 발생 사회적 공분을 사고 있음에도 불구하고 정작 이에 대응하는 검찰의 태도를 보면 특별 검사에 의한 수사 결과가 오히려 '제 식구 감싸기' 로 일관하기만한 태도였다며 여야국회의원들이 검찰을 질타하며 재수사를 촉구하기도 하였다.

이는 특별 검사제도에 대해 비판으로 이어졌으며 결국은 '고위공직자 비리수사처'와 같은 정부기관으로부터 독립된 별도의 특별 수사기구가 필요하다는 주장이 최근 들어 다시 제기되기에 이르게 되기도 하였다.

그러나 제기된 설치안에 대한 세부사항들에 대해서는 여야정치권과 관련기관간 찬반 논란이 계속되고 있어 관련된 쟁점들에 대한 법률적측면의 면밀한 검토가 요구된다. 특히 가장 핵심적인 쟁점은 신설기관을 어디에 둘 것인가 하는 소속문제와 권한 부여문제이다. 지금까지 발의된 신설법안들 조차도 통일된 의견을 보이지 않고 있다. 즉 소속문제는 대통령소속기관, 법무부소속, 3부와 별다른 독립기구 로 하자는 의견이 논의되고 수사 및 공소제기 권한은 기소 권 없이 수사권만 가지게 하자는 의견과 공비처의 수사관이 검찰의 개입 없이 수사와공소제기 및 유지까지 가능하도록 하여야 한다는 주장의 견해가 있다.

그러나 고비 처에 기소 권을 주지 않는 조치는 형법체계의 근간이라 할 수 있는 기소 독점주의 원칙에는 합당하다 할 수 있으나 수사대상이 대부분 대검중수부와 일선지검 특수부와 겹치고, 조사범위도 오히려 검찰 보다 더 범위가 확대될 수 있어 자칫 두 기관간의 수사 경쟁으로 국민들의 불편만 초래 될 수 도 있어 제도도입취지의 실익이 없다는 의견이 있다. 즉 수사권만 부여하고 기소 권과 영장 청구권을 주지 않는 것은 고비처가 수사한 사건을 검찰이 권한을 남용하여 불기소처분을 할 수 있기 때문에 이빨 빠진 호랑이라는 표현으로 기소권의 필요성을 강조하고 있다.

이외에도 헌법에 보장된 검사의 영장청구권과 형사 소송법이 규정한 검찰의 기소 독점주의 문제, 기소 권 없는 수사권의 무용지물 주장, 고위공직자 비리조사 처를 3부(입법 · 사법 · 행정)의 어디에도 속하지 않는 소속으로 할 경우 헌법의 권력분립 원칙에 위배된다는 논란 등이 있다.[26] 따라서 쟁점이 되고 충돌이 예상되는 각각의 법안들에 대한 세부사항들을 보다 면밀하게 검토하고 통일적으로 보완 하는 게 필요하다 할 수 있다.

---

26) 헌법의 입법, 사법, 행정의 '삼권분립'의 본진은 국가권력의 집중을 통한 권력 남용을 막고 국가권력에 의한 기본권 침해를 방지하기 위한 것이지, 모든 국가 권력이 '3부'에 속해야 한다는 것을 뜻하는 것은 아니며, 오히려 '고위공직자 비리조사처'가 3부에 속하지 않는 것이 권력을 통제하고 권력 남용을 방지하기 위하여 바람직하다는게 일부시민단체의 주장이다.

3. 관련 기관과 국민의 참여에 근거한 법안 마련

권력기관의 개혁은 권력기관의 지지 속에 정치권력이 강력한 지도력을 발휘해야 성공 할 수 있는 것이다. 그런 측면에서 '고위공직자 비위조사 처' 신설의 문제는 아직은 비록 합의에 이르지 못하였지만 지속적으로 논의되고 법률안이 상정 되었다는 것 자체가 의의가 있다고 볼 수 있다.

즉 '고위공직자 비위조사 처' 설치는 다른 측면에서 검찰의 권한을 분산 할 수 있다는 측면에서 검찰개혁의 또 다른 과제라 할 수 있다. 이는 검찰의 권한이 분산·견제 되면 지금까지 검찰에게만 집중되었던 무소불위의 공권력 행사가 더 객관화 되고 냉정해 질 수 있기 때문이다. 이렇게 되면 검찰에 대한 조사를 검찰에 맡겨서 조사가 제대로 이루 어 지겠느냐는 국민의 우려를 불식 시킬 수 있으며 고위공직자 부정부패 척결 문제도 정치권의 눈치 없이 소신을 가지고 수행할 수 있어 지금 보다 더 공평하고 정의로운 사회를 만들어 갈 수 있다.

따라서 고비 처 설치법안 마련은 검찰권한의 중량이 줄어드는, 일반적 권한 집중의 폐해를 지향하는 방향으로 이뤄져야 한다. 그러기위해서는 국회와 검찰의 합의에만 의존하기보다는 이외에 여러 관련기관과 전문가, 국민의 적극적인 직접 참여 등이 충분히 함께 이뤄져야 한다.

4. 권한의 분산과 견제원칙준수

'고위 공직자 비리조사 처' 가 설치되면 정치적으로 민감한 사건을 독립해 처리하는 기능을 하게 되며 검찰의 일방적이고 독점적인 수사권과 기소 권을 견제하고 통제 하지 않으면 안 된다는 국민적 여론을 고려하여 검찰권한의분산과 견제라는 목표를 동시에 달성하는 중요한 역할을 할 수 있으리라 기대된다. 특히 검찰에 대한 불신을 해소하기위한 개혁을 추진 할 수 있다는 측면과 검찰의 정치적 중립을 철저히 보장 할 수 있다는 점. 그리고 무소불위 의 기관이라 비판 받고 있는 대검중수부의 권한을 축소하고 그 위상을 조정할 수 있다는 점에서는 높이 평가할 만하다. 그러나 '고위공직자 비리조사 처' 신설에 관한 검찰 측 의 반발과 여야 간 견해 차이는 입법을 저해 하고 있다. 즉 검찰의 입장에서는 정치권력, 경제권력과 함께 한국사회를 지배하는 권한을 빼앗기게 되는 것이기 때문에 개혁을 두려워하고 기득권의 상실을 두려워 하는 게 당연한 일인지도 모른다.

그러나 '고위공직자비리조사 처' 설치는 고위공직자들이 저지르는 부정부패 추방을 주요 목적으로 하고 있어 그 성격은 단지 검찰의 권한 남용만을 방지하는 기구라기보다는 고위공직자들에 의해 유발되는 각종 권력형 비리를 감시하고, 예방하고, 수사하고, 처벌하는 목표를 동시에 달성하는 중요한 역할을 담당하여야 한다 . 그러므로 고위공직자 비리 조사처의 설치는 반부패 활동의 실효성을 가져올 수 도 있지만, 반면에 '옥상 옥' 식의 새로운 권력 구조를 만들어 낼 수 있다는 것이다.

따라서 새롭게 신설되는 '고위공직자 비리조사 처'가 오히려 새로운 권력기관으로 막강한 임무를 부여받는 새로운 수사기관으로 탄생 하는 것 보다는 기존 수사기관과는 완전히 독립된 기관으로서 정치적 중립성을 가지고 부패를 척결할 수 있는 믿음직한 수사기관으로 임무를 수행하여야한다. 아울러 엄정한 수사를 하되 보다 더 인권 친화적이고 공정한 수사를 하는 기관으로 자리매김 되어야 한다. 이는 아무리 '고위공직자 비리조사 처' 설치가 절실하고 능력과 효율성측면에서 우수하더라도 국민의 기본적 인권을 침해하는 새로운 권력기관을 국민들은 더 이상 원치 않기 때문이다.[27]

5. 직무독립성의 법적지위보장

앞에서도 설명한 바와 같이 기구의 독립성 문제는 신설 고비처의 성패를 좌우할 중요사항이다. 이는 권력의 영향아래 있는 기구로는 권력의 비위를 소신 있게 조사하기 어렵기 때문이다. 기구의 성격을 대통령 직속 기관인 국민권익위원회 외청 으로 하는 것도 하나의 방안 일 수 있으나, 보다 중요한 것은 객관적 관점

27) 검찰에 대한 수사는 자체수사에 맡기지 말고 고위공직자 비리수사처가 맡아야지 국민적 의혹과 불신을 해소 할 수 있다는 측면에서 하나의 방안의 될 수 있으나 수사권, 기소권이 검찰에 지나치게 집중되어 있기 때문에 이를 보완하는 제도로서 상설특검제도 일본처럼 배심원단 도입방안등도 거론되고 있다.

에서 독립적으로 직무를 수행할 수 있도록 입법 · 행정 · 사법부 그 어디에도 속하지 않는 독립적인 기구로 설립해야 한다는 사회적 합의를 고려하여야 한다.

이러한 관점에서 '고위공직자비리조사 처'의 독립성보장은 고위공직자 부정부패를 추방하여야 한다는 시민사회의 보편적 원리와도 부합되는 것이다. 고비처가 정경유착이나 정치권과 관련된 공직 부패를 척결하고 국가권력의 남용을 견제할 수 있으려면 헌법이나 법률을 통해 모든 국가기관으로부터 독립하여 활동할 수 있는 제도적 독립성을 보장하는 것이 필수적이며, 정부와 공공기관으로부터 간섭이나 방해를 받지 않고 독자적으로 의사를 결정하고 기능을 수행할 수 있을 만큼 충분한 권한과 법적 지위를 보장해야하고 모든 국가 기관으로부터 독립하여 설치되는 것이 필수적이라 할 수 있다.

Ⅵ. 결론

참여정부이전부터 설치필요성이 강조되던 '고위공직자비리 조사 처' 도입문제는 최근 들어 전 · 현직 판사와 검사, 대통령 측근인사들이 연루된 대형비리사건들이 연이어 터지면서 그동안 중지되고 있었던 설치논의가 재 점화되고 있다. 이는 비단 법조비리에 그치지 않고 대통령 친인척 및 고위 공직자 본인과 가족들 사이에서 주기적이고 고질적으로 발생되고 있는 비리 관행을 근절하기위해서는 반드시 외부의 견제장치가 필요하다는 국민적 지적과 여론에 의한 공감대 형성의 결과이기도 하다.

고위공직자를 대상으로 하는 특별 사정기관의 설치는 깨끗한 정치, 부패 없는 사회를 만드는데 제도적 필요 요소인 것이다. 이는 고위공직자 관련 범죄에 대해 기존 사정기관의 활동만으로는 더 이상 국민적 의구심을 해소 할 수 없고, 검찰 등 수사기관의 비리와 과오를 수사기관 스스로가 정화하는 것이 불가능 하다는 여론에 기반을 두고 있다.

특히 최근 발생 하고 있는 각종 공직부패사건경우 개인이나 기관의 차원을 넘어서서 오히려 공직사회를 감시하고 통제해야하는 사정감독기관들까지 비리행위에 더욱 앞장서고 있는 게 특징이다. 한마디로 한국의 부정부패는 정경유착의 산물이라 할 수 있다 해도 과언이 아닐 정도이다. 즉 국가기관과 기업이 서로 공생하면서 기득권을 누려온 것이다. 일반적으로 권력을 가지게 되면 부정부패의 유혹에 노출되기 쉽다. 더구나 검찰의 권한은 그 동안 계속 논란이 되어온 사항으로 검찰에 대한 직접적인 견제와 감시의 필요성이 꾸준히 주장되어왔으며 검찰개혁을 위해 가장 중요한 것 중의 하나가 바로'고위공직자비리조사 처'의 신설이라는 주장이 강력하게 대두되고 있다. 그러므로 강력한 부패척결의지를 가지고 권력과 정치권으로부터 자유로운 수사를 할 수 있는 특별사정기구의 설치는 시대적 요구가 되고 있으며 이를 위한 대안적 방안이 '고위공직자비리조사 처'의 설치인 것 이다.

그러나 이런 주장에도 불구하고 지난 정부에서부터 추진하고 있는 '고위공직자비리조사 처'의 신설 문제는 국회자체의 반대와 미온적인 태도, 검찰의 반대 등으로 흐지부지되고 말았다. 물론 18대 국회에 들어서서 민주당의 양 승조 의원, 김 동철 의원, 민주노동당의 이 정희 의원이 유사한 법안을 제출한 바 있으나 아직까지도 별다른 진척이 없는 실정이다.

다행히 최근 고위공직자의 직무관련 부정부패사건에 대한 검찰의 중립성 시비가 끊이지 않고 있어 민변을 중심으로 그동안 일부 의원들에 의해 발의된 고비처신설법안의 신속한 처리가 촉구 되고 있어 법안의 입법 여부가 또다시 관심사항이 되고 있다.

결론적으로 고위공직자 비리조사 처 설치는 고위공직자 부정부패 추방의 가장 확실하고 현실적인 대안이라 볼 수 있다. 더욱이 검찰 권한을 분산하고 견제하며 고위공직자들의 정경유착을 척결 할 수 있는 가장 확실한 방법이라 할 수 있다. 즉 고위공직자들의 도덕적 해이를 방지하고 정치적 간섭을 받지 않고 엄정한 사정활동을 실시할 수 있는 유일한 방법이라 할 수 있다. 따라서 기존의 정치 지향적이고 경제 권력으로부터 자유롭지 못한 수사기관 대신 어느 기관으로부터도 논쟁에 휘말리지 않고 부정부패를 해결할 수 있는 독립된 수사기관 으로서의 '고위공직자비리조사 처'의 신설문제는 더 이상 지체 하지 말고 도입이 가능 하는 측면에서 적극 검토하여야 한다.

참고문헌

〈국내문헌〉

강철승. (2011). 이명박 정부의 공기업경영평가 시스템개선방향, 한국 행정학회.

______. (2010). 부패인식도 조사 결과보고서.

______. (2009). 한국 공기업임원 공모제도의 문제점과 개선방안, 한국 행정학회.

강경근. (1997). "공직자 부패와 헌법이론",「한국부패학회보」제1호.

경제 · 인문사회연구회. (2011). 공정한 사회: 새로운 패러다임, 공동학술행사 발표자료.

김거성. (2011). 기업부문에서의 부패문제의 현실과 개선방향, 공정사회 실현을 위한 국가 청렴도 제고방안, 국민권익위원회.

김성호. (2003). 공직부패방지를 위한 제도개선에 관한 연구, 건국대학교.

김영종. (2006). 부패학, 숭실대학교 출판부.

김의환. (2011). 고위공직자 청렴성 확보방안, 국민권익위원회.

김 택. (2011). 고위공직자 청렴성 개선방안, 공정사회 실현을 위한 국가청렴도 제고방안, 국민권익위원회.

______. (2010). 〈공직윤리와 관료부패〉, 한국학술정보.

______. (2006). 국가경쟁력 강화를 위한 부패해소문제, 한국행정연구원.

______. (2001). "반부패 제도의 국제적 동향 및 비교연구-홍콩, 싱가포르, 말레이시아를 중심으로-", 한국부패학회보 제5호.

김택 · 유종해. (2010). 〈행정의 윤리〉, 박영사.

김주덕. (2004)."고비처 설치 운영상의 문제점", 법률신문.

배충환. (2006). "미국의 반부패제도 및 법규연구", (법무부 해외연수공무원논문) 부패방지위원회 대외협력과 (2002).「외주요언론 / 정책 Brief」제6호.

신종익. (2011). 고위공직자 비리척결을 위한 실천적 방안, 국민권익위원회.

연성진 · 김용세 · 김혁래 · 유홍준 · 추형관. (2007).「부패범죄 통제체계의 실효성 제고방안」, 한국형사정책연구원.

여운국. (2008). 특별검사제도와 관련된 헌법적 쟁점에 대한 연구; BBK특검법에 대한 헌법 재판소 판례를 중심으로, 서울대학교 법학석사학위논문.

윤태범. (2010). "권력형 부패에 대한 효과적 대응을 위한 제도적 개선방안-고위공직자비리 조사처를 중심으로-", 한나라당 정책연구기관인 여의도연구소 주최 토론회(공직비리척결 어떻게 할 것인가? -「공직자비리수사처」설치를 중심으로-, 2010. 5. 6.) 발표문.

이 헌. (2009). 고위공직자 비리유형과 근절대책, 권익위 부패방지를 위한 공개토론회.

전수일. (2011). 부패방지제도의 문제점과 개선방안, 국회 반부패세미나.

정영일. (2010). "미국의 공직부패에 대한 대응법제도", 국제지역연구, 제14권 제2호, PP.

______. (2009). "부패범죄 대응입법에 관한 비교법적 고찰",「형사법개정연구자료집 I」, 법무부.

정종섭. (1995). "미합중국의 독립검찰관제도에 관한 연구", 미국헌법연구 제6호.

정진연 · 손지영. (2008). "공직부패범죄 통제시스템 재론-특별검사제와 공직부패수사처에 관한 논의를 중심으로-", 한국부패학회보 제13권 제1호.

조국. (2002). "특별검사제재론 -특별검사제의 한시적 상설화를 위한 제언-",「형사정책」제14권 제1호, 한국형사정책학회.

조운행. (2005). 공직부패의 원인 및 정책대안, 전문경영인연구 8(1).

한인섭. (2004). "최근 한국의 정치부패에 대한 검찰과 특검의 도전", 서울대학교 법학, 제45권 제3호(제132호).

〈외국문헌〉

Harriger, Katy J. (1992). “Independent Justice: The Federal Special Prosecutor in American Politics”, The University Press of Kansas.

Johnston, Michael. (1982). “Political Corruption and Public Policy in Americ”, Monterey, Brooks' Cole Publishing Company.

Neild, Robert. (2002). “Public Corruption - The Dark Side of Social Evolution-”, Anthem Press: London.

“Examples of Public Corruption Investigations - Fiscal Year 2010” [Criminal Investigations(CI) Home Page].

"Public Corruption in the United States", (2004). A Report released by Corporate Crime Reporter, Washington Press Center).

Chapter 9 >>> 공직부정에 대한 함정수사에 관한 고찰

[요약]

최근 사회적으로 큰 파문이 야기되었던 국가안전기획부의 불법 도청 테이프인 이른바 'X파일' 내용의 진상규명과 관련하여 수사의 근거가 되는 도청자료의 불법성에 대해 국민의 알권리를 주장하는 일부 시민단체와 위법한 방법으로 수집된 증거는 증거로 사용할 수 없다며 법 원칙을 주장하는 일부 학자들의 주장이 논쟁이 된 바 있었던 것처럼 "위법하게 취득한 자료는 우리의 형사소송법과 대법원 판례에서도 현실적으로 증거능력을 인정하지 않기" 때문에 수사상 한계를 극복하면서 실체적 진실을 발견하는 것은 매우 어려운 판단이라 할 수 있다.

이처럼 수사활동은 비록 국가와 사회의 정의를 실현하고 범죄를 억지하거나 발견하여 처벌하는 일면도 있지만 형사소송법 제 199조에 수사의 필요성과 상당성이 명시된 바와 같이 국민의 기본권을 침해하지 않는 범위 안에서 필요한 최소한도에 그쳐야 한다.

그러나 오늘날 범죄의 양상은 더욱 지능화, 조직화되는 경향으로 종래의전통적인 수사활동만으로서는 범죄의 인지, 증거수집 및 범인의 색출활동이 곤란한 경우가 많기 때문에 효과적인 범죄수사를 위해 '함정수사'라는 수사방법을 사용하여 왔던게 현실이다.

특히 공직부정, 마약, 밀수, 매춘, 뇌물 등 특수하고 은밀한 범죄유형에 대처하기 위해 함정수사의 방법은 꾸준히 시도되어 왔다.

이중에서도 특히 공직부정에 대하여는 유관기관에 의한 비공식적 첩보수집 등의 방법외에는 별다른 수사방법을 개발해 내지 못하는 등 공직 부정부패를 감시하고 방지하는 법적·제도적 장치가 아직도 미흡한 실정이다.

더구나 대부분 사회에서 나타나는 부패의 양상이 그러하지만 특히 우리 사회에서의 부패는 개인의 탐욕과 가치의 문제라기 보다는 다양한 제도 내에 관행으로 자리잡고 있거나 권력중심부에 의해서 체계적이고 조직적으로 이루어지는 것이라는 점에서 '구조화'되어 있기 때문에 부정부패를 근절하기 어려운 원인으로 작용하는 것이다.

따라서 공직부정사건은 전통적 수사방법으로는 그에 대한 충분한 대책이 될 수 없으며 은밀하게 행해지는 다른 범죄영역에서 함정수사가 허용된다면 공직부정의 경우에도 이를 허용할 수 있어야 한다는 주장이 지배적인 의견이다.

그러나 함정수사는 안기부의 불법 도청테이프 사건처럼 사회방위라는 측면의 순기능과 인권침해의 가능성이란 역기능의 양면의 문제에서 논란이 되고 있으며 이중 범의 유발형 함정수사의 위법성 여부와 수사의 상당성 부합 여부가 제기되고 있다. 그러므로 위법한 범의유발형 함정수사에 대해서는 엄격한 법적 억제장치로 인권을 침해하는 수사관행을 어느정도 제한함이 타당하다고 생각된다.

Ⅰ. 서론

최근 들어 개인의 인격권 침해의 대표적인 사항으로 함정취재와 함께 함정수사의 위법성 여부가 법률적인 쟁점으로 논란의 대상이 되고 형사사건으로 번지는 경우가 증가하고 있다. 특히 범죄수사 과정에서 마약, 매춘 등은 이제 통상적인 함정수사의 대상이 되었으며, 심지어 공직자의 뇌물죄에 이르기까지[1)] 함정수사의 결과물이 형사재판에서 적법한 증거로 채택된 사례도 있다.[2)]

그러나 수사라 함은 수사기관이 형사사건에 관하여 범죄혐의의 유무를 명백히 하여 공소제기 여부 및 공소유지 여부를 결정하기 위해 범인을 발견·확보하고 증거를 수집·보전하는 수사기관의 활동을 말하는 것으로 수사절차는 수사기관의 실체적 진실 발견을 위한 합목적성이 활동의 핵심이 되지만, 지나치게 수사의 합목적성을 강조한 나머지 개인의 기본적 인권에 대한 부당한 제한을 초래하거나 자의적인 수사활동을 하는 것은 허용될 수 없는 것이다.[3)]

따라서 수사는 그 목적 달성을 위해 필요한 최소한에 그쳐야 하며 수사결과 얻어지는 이익과 수사에 의한 법익침해가 부당하게 균형을 잃을 때는 이를 수사의 방법으로 허용해서는 안된다는 「수사 비례의 원칙」과 범죄의 혐의를 밝히기 위해 사술을 사용하거나 피의자를 곤궁·궁박 상태에 빠뜨리는 방법을 사용해서는 안된다는 「수사의 신의칙」원칙에 어긋나서는 안된다는 것이다.

그러나 범죄의 형태와 양상은 시대의 변화에 따라 점차 다양하게 변화하고 있

1) 공직부정(official corruption)에 대한 함정수사 방법은 미국에서 FBI가 1980년대 초부터 사용하여 왔다. 소위 ABSCAM이라고 불리는 이 수사방법은 5명의 현직 하원의원들까지 관련된 1980년대의 최대 공직자 부정사건으로 그와 같은 수사방법의 정당성 및 도덕성 여부에 관하여 커다란 논쟁을 불러 일으켰다. 공직부정에 대한 함정수사의 경우에는 다음과 같은 의문점이 제기될 수 있다. 즉, 부도덕하고 파렴치한 범죄자를 대상으로 하던 수사방법을 사회적 지위면에서 전혀 반대쪽에 있는 상류층 인사를 상대로 하는 수사에 그대로 채택할 수 있는가? 공직자의 윤리의식과 사명감은 일반인의 그것보다 얼마나 더 높아야 하는가? 고위 공직자는 공직자라는 사실 하나만으로 수사기관의 잠재적 시험 대상이 되어야 하는가? 함정수사 대상이 되었다는 사실이 언론에 공표됨으로서 무고한 공직자가 입게되는 희생은 어떻게 회복될 수 있을 것인가?

2) 함정취재 또는 위장취재에는 법률적으로 함정수사와 유사한 쟁점들이 발견된다. 함정취재는 통상적으로 접근하기 어려운 '진실의 현장'을 폭로하는 기사를 쓸 때 위력을 발휘할 수 있는 장점이 있는 반면 취재목적을 위해 파놓은 함정에 빠진 상대방으로서는 사적인 내밀한 모습이 익명으로나마 생생히 노출된다는 점에서 개인의 인격권 침해가 있는 것이다.

3) 이만종, 「범죄수사」, 학현사, 2004, 3면

으며 특히 최근의 범죄동향은 해킹 등 사이버 범죄, 신용카드 위조 등 하이테크형 범죄, 사회의「모럴 패닉」현상에 의한 성 관련 범죄 및 뇌물, 마약 범죄 등 더욱 지능화되고 은밀화되고 있는 추세이다.[4)]

따라서 수사방법 역시 종래의 전통적인 방법으로는 범죄의 인지, 증거의 수집 및 범인의 색출활동이 곤란한 경우가 많기 때문에 이에 대처하기 위하여 함정수사로 인한 인권침해 요소가 있음에도 불구하고 각국의 수사기관은 함정수사의 필요성을 인정하며 어느정도까지는 융통성을 부여하는 추세이며 관련 수사자료의 증거능력도 폭넓게 인정하는 것이 일반적인 분위기이다.

그러므로 본 논문에서는 우리사회의 공직부정과 그 잠재적 가능성에 보다 적극적으로 대응할 수 있는 방안을 제시함과 아울러 그에 따르는 기본권 침해를 최소화 하는 길을 모색하고자 한다. 즉 국민의 자유와 인권을 보장한다는 측면과 개인과 사회 국가의 법익을 지키고자 하는 함정수사의 필요성 측면의 조화가 동시에 이루어져야 한다는 관점에서 공직부정에 대한 함정수사시 피교사자의 형사책임과 위법성 및 공소의 효력 또는 그에 의해 수집된 증거의 증거능력 등 위법한 함정수사의 소송법적 통제방안을 모색하고자 한다.

Ⅱ. 공직부정에 대한 함정수사의 문제

국가적 차원에서 부정부패는 사회적 낭비와 비효율성을 증대시켜 국가 경쟁력을 약화시키는 결과를 가져온다. 따라서 국가 경쟁력의 강화를 통한 지속발전과 국가 번영을 위해서는 부패없는 깨끗한 정부 및 깨끗한 사회의 건설이 필수적인 요건이다.

그러나 화이트 칼라 범죄의 대표적 유형이라 할 수 있는 공직부정은 신분상의 보호막에 가려진 채 청탁자와의 밀접한 거래를 통하여 이루어지고 일반범죄와는 달리 피해자를 남기지 않기 때문에 수사기관이 이를 적발하기는 매우 어렵다.[5)]

---

4) 이만종,「범죄학개론」, 학현사, 2002, 41면

또한 범죄혐의가 있더라도 증뢰자가 스스로 자백을 하지 않으면 증거확보가 어려운 실정이다.

이를 극복하기 위해 1980년대 들어 미연방수사국은 앱스캠(ABSCAM)[6]이라는 새로운 유형의 수사방법을 채택하고 있는 바,[7] 이는 종래 수사방법이 이미 발생된 범죄에 대하여 사후적으로 수사활동을 전개하였던 것과는 달리 “범행가능성이 있는 자”에게 접근하여 범의를 유발시키고 이에 말려들면 체포하는 일종의 속임수 수사기법이다.

이와 같은 수사활동은 범죄를 예방하고 적발하는 순기능적 역할을 담당하기도 하지만 이에 못지 않게 많은 역기능도 우려되고 있다.

우선 이러한 수사의 대상이 되는 공직자의 입장에서 보면 고도의 정직성을 가진 경우에도 고위직에 재직한다는 이유만으로 수사기관으로부터 도덕성을 테스트 당하게 되고, 사생활도 침해되기 쉬우며, 사회적으로도 이러한 수사에 참여한 정보원이나 경찰요원이 저지르게 될 비행 또한 무시할 수 없기 때문이다.[8]

그러나 공직부정 범죄는 일반적으로 상호 합의하에 이루어지는 범죄(consensual crime)로서 범행의 목격자나 피해자가 존재하지 않는 소위 보이지 않는 범죄(invisible crime)에 해당되기 때문에 종래의 소극적인 수사방법에 의해서는 실효를 거둘 수가 없다.

따라서 수사관들은 범행을 유도하기도 하고 범행의 대상이 되기도 하는 등 기망수사방법을 사용하기도 하였는데 이러한 방법에 대하여 미연방대법원은 과거의 소극적 태도에서 벗어나 일정한 요건하에 그 적법성을 적극적으로 인정함으로써 이제 앱스캠은 사법적으로도 정당성을 인정받는 수사방법이 되었으며 우리나라의 경우에도 공직 부정부패를 감시하고 방지하기 위해서 이와 같은 수사기법이 활용되고 있다.

---

5) 최영홍 역,「white collar 범죄와 함정수사 기법」, 청림출판, 1988, 216면

6) ABSCAM이란 FBI가 은밀하게 장물거래를 탐지하기 위하여 설립한 Abdul Enterprises Ltd.라는 유령회사의 머릿자인 ‘Ab’와 ‘scam‘이라는 단어가 합성된 것으로서, 1978년 초 Long Island에서 시작된 수사방법이다. 처음에는 유가증권이나 미술품 등의 암거래를 탐지할 목적으로 출발하였으나 나중에는 아랍 부호들의 미국 영주권 취득을 도와주고 뇌물을 받는 공직자에게까지 수사대상을 확대하면서 법원의 적법판정에 힘입어 이제는 기망수사를 의미하는 일반적인 용어가 되었다.

7) P. Reuter, Licensing Criminals : Police and Informants, in ABSCAM, Supra note, 3 at 102-107

8) Nathan, ibid. at 14-16

Ⅲ. 함정수사의 위법성과 피교사자의 가벌성

1. 함정수사시 피교사자의 형사책임

함정수사는 보통 "수사기관이 범죄를 교사하여 그 실행을 기다려 범인을 체포하는 수사방법"이나 "수사기관 또는 수사기관의 사주를 받은 사람(agent provocateur)이 신분을 숨기고 범죄를 교사한 후 그 실행을 기다려 범인을 체포하는 수사행위"로 정의되고 있으며[9] 대표적 유형으로는 이미 범의를 가지고 있는 자에 대하여 범죄로 나아갈 기회를 제공하는데 그치는 「기회제공형 함정수사」와 전혀 범의가 없는 자에게 범죄를 유발하게 하는 「범의유발형 함정수사」가 있다.

이 중 기회제공형의 경우에는 수사의 상당성이 인정되어 적법하다는 점에 이론이 없으며 이에 따라 피교사자의 형사처벌이 가능하나 범죄유발형의 경우에는 적법성의 여부에 대해 견해의 대립이 있어 피교사자의 형사책임에 대해서도 학설이 나누어지고 있다.

먼저, '가벌설' 은 수사가 불법이라는 것과 사술에 의하여 죄를 범한 자의 행위가 범죄를 구성하는가는 별개의 문제로 보아 피교사자의 형사책임을 인정하는 반면 '불가벌설'은 국가가 일방적으로 사람을 유혹하여 범죄를 실행하도록 하여 범인을 제조하면서 한편으로는 그를 범인으로 체포하여 처벌하는 것은 비난 받을 사항이기 때문에 피교사자의 형사책임을 물을 수 없다는 것으로 이러한 불가벌설 이론은 다시 두가지 견해로 나뉘어진다. 첫 번째는 위법한 수사방법에 의한 범죄는 범죄구성요건을 결하기 때문에 범죄가 성립되지 않는다고 보아 실체법적 단계에서 피교사자의 형사책임을 부인하는 방법과 둘째 실체법적으로는 범죄가 성립하되 소송법적으로 위법 수집증거의 배제를 통한 무죄판결이나 공소제기절차의 위법 또는 국가의 처벌적격상실을 이유로 공소기각 또는 면소의 판결을 함으로써 피교사자의 최종적인 형사책임을 부인하는 견해가 있다.

따라서 피교사자의 형사책임 여부에 관한 이러한 논의는 함정수사에 의해 제

9) 배종대 · 이상돈, 「형사소송법」, 홍문사, 1996, 180면

기된 공소의 효력 문제 및 이에 의해 수집된 증거의 증거능력 문제와 연결하여 논해지는 것이 가장 일반적이다 할 수 있겠다.

2. 함정수사의 위법성과 피교사자의 가벌성

함정수사의 위법성 여부에 대해서는 적법설과 위법설로 주장이 나뉘어 지는 바. 적법설은 마약 범죄와 같이 외부에서 쉽게 적발하기 어려운 범죄의 경우에는 전통적인 수사방법만으로는 해결이 어려워 함정수사의 필요성이 절실하기 때문에 이런 경우에는 함정수사의 위법성 여부와 상관없이 피교사자를 실체법상 처벌할 수 있다고 주장한다.[10)]

반면에 다수설인 위법설은 범죄방지의 임무가 있는 수사기관이 오히려 범죄를 유발·조장하는 것은 국민의 인권과 자유를 보장해야 할 국가가 법익보호라는 이유로 헌법에서 보장하는 개인의 존엄성과 행복추구권을 침해하게 되기 때문에 함정수사는 위법한 것이며 따라서 피교사자를 처벌할 수 없다고 주장한다.[11)]

그러나 함정수사의 위법성과 피교사자의 가벌성에 관한 논의는 두 견해 모두 적법한 함정수사의 경우에는 피교사자에게 형사책임을 인정하여 처벌하여야 하나 위법한 함정수사가 행해진 경우에는 피교사자의 형사책임을 인정할 수 없다는 것을 전제로 하고 있다.

다만 함정수사가 위법한 경우 처음부터 범죄가 성립하지 않는다고 보아야 하는지 아니면 실체법상 범죄는 성립하나 소송법적으로 이후에 증거배제 등을 통하여 피교사자를 처벌할 수 없는 것으로 처리하여야 하는지 문제되는데 결국 함정수사의 위법·적법을 과연 어느 정도에서 구분하여야 하는가 하는 것이 문제인 것이다.

이것에 대해서는 수사의 필요성과 상당성의 범위에서 기준을 정하여야 하겠다.

---

10) 첫 번째 견해는 함정수사 행위자체의 위법성 여부와 범죄를 유발당한자의 가벌성 여부는 반드시 표리(表裏)관계에 놓인 것은 아니며 이는 별도로 고찰해야 하는 문제이기 때문에 함정수사의 적법·위법 여부와 관계없이 피교사자의 범죄 실행 사실만으로도 실체법적으로 범죄가 성립되며, 다만 신의측에 반하는 수사결과는 소송법적으로 증거배제와의 관계에서 족할 것이라는 견해이다.

11) 국가기관의 공권력 남용을 묵인하고 이로인해 개인의 권리를 침해하는 결과를 초래하게 되어 부당하며 함정수사가 위법하다고 인정되는 경우에는 피교사자에게 형사책임을 지울 수 없다는 견해이다.

즉 수사의 필요성이란 수사목적을 달성하기 위하여 필요한 때에만 할 수 있다는 것으로 수사기관의 주관적 범죄혐의와 공소제기의 가능성을 그 요건으로 하고 수사의 상당성은 수사방법이 사회통념상 상당하다고 인정되는 것을 말하는 것으로 범죄유발형 함정수사와 같은 수사비례의 원칙이나 신의칙에 위배되어서는 안된다.

따라서 함정수사의 적법 · 위법문제는 신의칙에 어긋나는 국가 공권력의 발동과 수사권 남용을 방지하고 이로 인해 범죄자가 되어버린 피교사자를 구제하여야 한다는 필요성에 따라 합목적적인 방법으로 통제되고 규율되어야 하겠다.

Ⅳ. 함정수사의 효과 및 증거능력

1. 위법한 함정수사의 소송법적 효과

범의유발형 함정수사가 위법하다고 할 때 어떠한 소송법적인 효과가 발생하는가에 대한 문제로서 공소제기에 미치는 영향과 증거능력에 미치는 영향으로 구분할 수 있다.

1) 공소제기의 효력

수사절차는 공판절차를 위한 사전절차라는 측면을 감안할 때, 공소제기의 가능성이 없는 사건은 수사의 필요성이 없다. 따라서 소송조건의 결여로 인하여 공소제기의 가능성이 없는 때에는 수사가 허용되지 않는다. 그러므로 위법한 함정수사에 의해 공소가 제기된 경우 법원은 어떠한 재판을 할 것인가에 대하여는 몇가지 견해의 대립이 있다.

이에 관한 다수설은 위법한 함정수사는 공소제기가 무효인 경우에 해당하므로 공소기각 판결을 하여야 한다고 보고있는 바, 이에 관한 학설로는 첫째, 피교사자가 함정에 빠져 범행하였다는 사실을 가지고 피교사자의 위법성이나 책임이 조각되지는 않으며 실체법상 범행의 결과를 초래하였으므로 이를 처벌할 수 있다는 견해(유죄판결설), 둘째, 범의유발형 함정수사는 형법상 허용되지 않기 때문에 피교사자의 행위가 반사회적 위험이 없으므로 그에 의해 얻어진 증거의 증거능력이 부정되거나 범죄는 성립하나 가벌성이 조각되므로 무죄 판결을 해야한다는 견해(무죄판결설), 셋째, 함정수사는 적법절차에 위배되어 수사절차에 중대한 하자가 있는 경우이고 따라서 공소제기의 절차가 법률의 규정에 의하여 무효일 때(형소법 제 327조 제2호)에 해당하므로 공소기각의 판결을 선고해야 된다고 하는 견해(공소기각설), 넷째, 함정수사에 의해 국가가 피고인의 범죄를 유발한 경우에는 국가는 처벌적격을 상실하게 되며 이로인해 실체적 소송조건을 결하여 형벌권을 행사할 수 없다고 해야하므로 면소판결을 선고해야 한다는 견해(면소판결설)등 4가지 학설로 나누어지고 있다.

(1) 공소제기 효력에 관한 학설

① 피교사자 가벌설(유죄판결설)

피교사자 가벌설은 교사자의 기망과 유혹에 상관없이 피교사자가 함정에 걸렸다는 것만으로는 위법성이나 책임이 조각되지 않고 범의를 유발당한 자가 자유로운 의사로 범죄를 실행한 이상 실체법상 이를 처벌할 수 있다는 견해이다.[12] 함정수사를 가장 광범위하게 허용하는 견해라 할 수 있으며 일본[13]과 독일[14]의 판례 그리고 일본과 우리나라의 일부 학설[15]이 이러한 견해를 취하고 있다.[16]

이 설의 주요 논거는 수사기관의 유인행위 여부를 불문하고 행위자 자신의 행위는 실체법상 범죄의 3가지 구성요소인 구성요건 해당성 · 위법성 · 책임성을 구비하고 있다는 점, 수사가 불법이라는 것과 사술에 의해 범죄를 범한 자의 행위가 범죄를 구성하는가는 별개의 문제라는 점,[17] 그리고 수사방법의 불법과 공소

---

12) 한국 대법원 판례 1963. 9. 12, 63도190
13) 日最判 52. 3. 5 : 日本東高判 51. 12. 11.
14) BGH GA 1975, 333 ; BGH NJW 1980, 1761 ; BGH NJW 1981, 1626 등.
15) 김진환, 함정수사에 관하여 수집한 증거, 월간 고시계, (1989. 9.), 97면
16) 영국에서는 함정수사를 이유로한 피교사자의 면책을 부정하고 있으며 경우에 따라 양형사유로 고려하면 충분하다고 주장하고 있다.
17) 日東京高判 51. 12. 11

제기의 불법 또는 무효는 구별해야 한다는 점 등을 들고 있다.

이에 관한 주요국의 학설과 판례를 살펴보면 독일의 판례이론은 '특히 위험하고 해명곤란한 범죄'의 경우에 '기본법 및 형사소송법에 제재하는 법치국가원칙'에 반하지 않는 한도내에서만 함정수사가 허용된다고 하면서, 이러한 두가지 원칙에 반하는 위법한 함정수사에 대해서는 '절차의 정지(Einstellung)'라는 소송법적 효과를 인정하고 있는 바, 이는 실체법적으로 피교사자의 범죄의 성립을 부정하기 어려우므로 대신 소송법적으로 절차를 정지함으로써 피교사자를 구제하려는 태도라 할 수 있다.

또한 일본 최고재판소는 "타인의 유혹에 의해 범의가 발생하거나 강화된 자가 범죄를 실행할 경우, 그 유혹자가 경우에 따라서는 마약취체법 제 53조(현행 제 58조)와 같은 규정의 유무에 관계없이 교사범 또는 종범으로서 책임을 지는 때가 있는 것은 별론으로 하고, 그 타인인 유혹자가 사인이 아니고 수사기관 이라는 한 가지 사실만을 가지고 그 범죄실행자의 구성요건 해당성 · 위법성 · 책임을 조각하거나 공소 제기의 절차규정에 위반하거나 공소권을 소멸시키지 않는다는 것은 다언을 요하지 않는다"고 판정함으로써 범죄실행자의 면책을 전면적으로 부정하고 있는 바,[18] 이는 범의가 유발된 사안에 있어 피교사자의 형사책임을 정면으로 인정한 판례로서 이러한 논지는 이후의 판례에서도 계속 유지되고 있다. 또한 일본의 학설과 우리나라의 일부 견해는 함정교사자를 처벌하면 되기 때문에 굳이 피교사자의 면책을 인정할 필요가 없으며 수집된 증거 역시 위법수집증거이기 때문에 증거능력을 부정하여야 한다는 입장이다.

반면에 영국에서는 경우에 따라 양형 사유로 고려하면 문제가 없으므로 함정수사로 인한 피교사자의 범행에 대해서는 면책을 인정하지 않고 있는 실정이다.

이와 같은 유죄판결설에 대해서는 함정수사는 적법하지 못하며 국가기관이 국민의 신뢰를 저버리는 위법한 법 집행행위를 자행했으므로 처벌적격을 상실하여 형벌권을 행사할 수 없을 뿐만 아니라, 피교사자는 순수한 자유의사가 아닌 수사기관의 유혹에 의한 의사결정이라는 점을 간과하고 있다는 비판이 있다.

18) 日最判 53. 3. 5

② 피교사자 불가벌설

가) 무죄 판결설

이 설은 함정수사는 범죄를 저지를 의사가 없는 피교사자에게 국가기관이 사술을 사용, 범행의 결의를 하게 하여 범죄를 유발하였다는 점을 고려하여 피교사자에게 무죄판결을 내려야 한다는 견해로 함정수사를 가장 엄격하게 금지하려는 설이며 무죄판결을 주장하는 견해로 외형적으로 형법이론상 금지행위에 해당하는 행위일지라도 그 행위의 본질상 추상적으로나 구체적으로 반사회적 피해발생의 위험성이 없기 때문에 구성요건 해당성 또는 위법성이 조각된다고 하는 견해, 범죄를 예방·진압해야 할 국가가 오히려 범죄를 배출한 경우이므로 그 범죄는 실질적 위법성을 결하며 실질적 범죄의 관념에 해당하지 아니한다는 견해, 위법한 함정수사의 경우 '행위자에 대한 비난 가능성의 강화'와 '수사권 남용이라는 국가의 압도적인 비난 가능성'을 고려할 때 책임이 조각되어야 한다는 견해도 있으며,[19] 범죄가 수사기관의 부당한 교사에 기인한 경우에는 범죄 자체는 성립하지만 가벌성이 조각된다고 하는 견해 등이 있다.

이와 같은 무죄판결설은 마약 등 소지가 함정수사에 의한 것이라고 하여 바로 반사회적 위험성이나 실질적 위법성이 없는 것이라고는 할 수 없고, 피고인이 자유의사에 의해 범죄를 결의하고 이를 실행한 이상 범죄의 성립을 부정할 수 없으며, 이미 범죄가 성립한 이상 무죄를 선고하는 것은 형사소송법 체계상 불가능하다는 비판을 받고 있다.[20]

나) 공소기각설

공소란 특정한 형사사건에 대하여 법원의 심판을 요구하는 검사의 법률행위적 소송행위를 말하는 바, 범죄의 객관적 혐의가 인정되어 유죄판결을 받을 수 있다고 판단되어야 제기할 수 있는 것이다. 따라서 함정수사는 적법절차에 위배하여

---

19) 이 견해에 의한다면 무죄판결설을 취하는 것이 공소권기각설이나 면소판결설을 취하는 것보다 '교사자의 책 임'을 물을 수 있는 근거를 명확히 해주는 실익이 있다고 한다. 공소기각설이나 면소판결설에 의하면 만일 교사자를 공범종속성설에 따라 그 종속형식을 논할 때 어느 종속형식을 따를지가 불분명해지는 반면, 무죄판결설에 따르면 최소종속형식 또는 제한종속형식에 따라 공범의 성립을 가능케 하게 되기 때문이다.

20) 이재상, 함정수사, 고시계,(98. 4.), 119면

수사절차에 중대한 하자가 있는 경우로서 '공소제기의 절차가 법률의 규정에 의하여 무효인 때(형소법 제327조 제2호)'에 해당하므로 수소법원은 형식적 소송조건의 흠결 또는 소송장애를 이유로 공소기각의 판결을 선고해야 한다는 견해가 공소기각설의 주장이며 우리나라 다수설이다.

이 설의 주요 논거는 범죄방지를 주목적으로 하는 수사기관이 오히려 범죄자와 동일한 위법, 무효인 수사를 하였으면 그에 기한 공소는 소추의 이익을 상실하였으므로 이를 기각함이 타당하며 함정에 빠진 피교사자를 불안하게 하지 않고 신속하게 종료시키는 것이 피고인의 인권보장에 도움이 될 뿐 아니라,[21] 함정수사가 없었다면 당해 공소제기도 없었다고 인정되는 때에는 위법한 수사방법을 사전적으로 억제한다는 차원에서도 공소를 기각하는 것이 타당하다는 것을 그 논거로 하고 있다. 반면에 이 설은 형사소송법 제 327조 제2호의 '공소제기절차에 위반되어 무효인 때'에는 위법한 함정수사에 해당된다고 하나, 동 조항은 공소제기 그 자체의 절차에 하자가 있는 경우를 상정한 것이어서 여기에 수사단계의 하자를 포함시키는 것은 무리이므로 적정절차에 위법이 있다하여 반드시 공소제기절차에 위배된다고 볼 수는 없고,[22] 인권보장과 함정수사의 사전억제 차원에서 공소기각을 하여야 한다고 주장하지만, 구체적으로 행하여진 범죄가 위법한 함정수사인지 여부를 판명하기 위해서는 (특히 피고인이 범행을 행할 당시의 심리상태를 정확히 파악하기 위해서는) 실체관계심사가 필연적일 것이라는 비판을 받고 있다.

다) 면소판결설

면소판결설은 일본의 다수설로서 함정수사에 의해 국가가 피고인의 범죄를 유발한 경우에는 국가는 처벌적격을 잃게되며, 이 경우 실체적 소송조건을 결하여 형벌권을 행사할 수 없다고 해야하므로 면소판결을 선고해야 한다고 주장하는 학설이다.

이 설에 대하여는 함정수사행위와 그 사건 간의 실체법상 연관성을 논하였다는 점에 있어서는 높이 평가되지만 함정수사는 단순히 범죄를 범하게 한 것에

21) 최영홍, 판례일보(86. 4.), 13면
22) 박광민, 함정수사의 규제, 성균관법학 7호, 1996. 67면

불과하고 범죄의 실행은 범인의 자유의사에 의해 스스로의 책임하에 한 것이라는 점에서 국가에게 처벌적격이 없다고는 할 수 없으며, 일선 수사관의 행위에 의해 범죄를 범한 자가 처벌을 면할 수 있다면 이는 수사관에게 국가의 형벌권을 소멸시킬 권한을 인정하는 결과를 초래한다는 비판이 있다. 더욱이 면소판결설은 면소의 요건을 규정한 형사소송법 제326조[23]의 어느 사유에도 해당하지 않는 함정수사에 대하여 초법규적 면소사유를 인정하는 것으로서 타당하지 못하다는 비난을 받고 있다.[24]

2. 함정수사에 의해 수집된 증거의 증거능력

함정수사에 의하여 위법하게 수집된 증거에 대해서는 공판절차에 있어 실체심사를 요구하는 유죄판결과 무죄판결의 경우에 중요한 문제가 되기 때문에 위법수집 배제의 법칙(Exclusionary rule)이 적용되어 증거능력이 부정되어 진다.[25]

즉 위법수집배제법칙은 수사기관의 실체진실 발견은 아무리 중요한 경우라고 할지라도 무제한적으로 하여져서는 안되며 절차의 합법성이 있어야 한다는 것이다.

따라서, 절차가 위법한 경우 그러한 위법한 방법에 의하여 수집한 증거(illegally obtained evidence)에 대해서는 증거능력을 인정할 수 없다고 하는 원칙으로[26] 이는 헌법상 개인을 희생하면서 까지도 관철되어야 한다는 전제에서 신뢰성이 없는 증거는 배제되어야 한다는 신뢰성확보의 원칙(reliability principle), 신뢰성이 있더라도 위법하게 수집된 증거는 그 증거능력을 배제하여야 한다는 위법수사 억지의 원칙(diciplinary principle), 그리고 개인의 권리를 침해하여 수집된 증거는 배제되어야 한다는 개인적 권리보호의 원칙(protective principle)을 근간으로 하고있

23) 형사소송법 제326조는 면소판결의 사유로 ①확정판결이 있었던 경우, ②사면이 있었던 경우, ③공소시효가 완성된 경우, ④범죄 후의 법령개폐로 형이 폐지되었을 경우를 들고 있다.

24) 이재상, 전게논문, 120면

25) 이재상, 형사소송법, 박영사 1991, 521면

26) 미국 연방대법원은 그 근거를 due process of Law에서 찾고 있다. 그러나 '증거물'에 관하여는 일본의 판례는 "증거수집의 위법이 그 증거물 자체의 성질이나 형상에 아무런 변화를 가져오지 않는 한 또는 그 증명력이 있는 이상 자유심증에 의하여 이를 유죄인정의 자료로 할 수 있다"고 하고 있으며 우리나라 대법원도 "증거물의 경우 압수절차가 위법해도 증거가치에 변함이 없으면 증거능력이 인정된다"고 판시한 바 있다.

는 것이라 하겠다.

또한 증거에는 진술증거와 비진술증거가 있는 바, 진술증거인 자백에 대하여는 헌법 제12조 7항과 형사소송법 제 309조에서 증거능력을 제한하는 규정을 두고 있다. 그러나 비진술증거인 증거물에 대해서는 이러한 명문규정이 없을뿐만 아니라 압수절차에 위법이 있더라도 그 증명력에는 아무런 영향을 미치지 않는다. 따라서 위법수집증거배제법칙이 주로 증거물의 증거능력에 관한 문제를 다루어지고 있는 이유도 여기에 있다.

그러나 증거수집활동의 위법과 적법의 기준확정은 그 한계선이 분명하지 않는 경우가 많으며, 우리나라에는 위법수집증거배제에 관한 명문규정이 없기 때문에 증거배제의 기준이 명확하고 합리적으로 제시되어야 할 필요성이 제기되고 있다.

1) 위법수집증거의 배제에 관한 각국의 논의

(1) 미국

위법수집증거의 배제법칙은 미국의 증거법에서 유래한다. 그러나 미국에서도 1886년의Boyd 사건[27]에 이르기까지는 자백을 제외하고는 증거수집방법의 위법성이 증거의 허용설에 영향을 미치지 않는다는 Common Law의 원칙이 지배하고 있었다. 이후 이 법칙이 확립된 것은 1914년의 Weeks 사건에 의한 것이며[28] 1946년 연방형사소송규칙 제 142조에서 명문화 되었으며 1961년의 MAPP사건을 통하여 판시됨으로써[29] 미국 증거법상 명백한 원칙으로 확립되었다.

27) 이재상, 전게서, 521면.

28) 우편을 위법하게 이용한 연방법 위반 사건에 대하여 「위법하게 압수된 물건을 시민인 피고인에게 불이익한 증거로 이용하는 것을 인정한다며 불합리한 압수·수색을 받지 않을 권리를 시민에게 보장하는 미국헌법수정 제4조는 무의미하게 된다」 고 하여 배제법칙이 연방헌법의 요구임을 명백히 하였다.

29) "수정 제4조의 Privacydml 권리는 제14조 due process조항의 본질적 내용을 이루므로 위법수집 증거배제법칙은 주에도 적용된다"고 판시

(2) 영국

미국과 같이 Common Law에 뿌리를 두고 있었음에도 불구하고 미국이 연방대법원의 판례에 의해 위법수집증거의 배제법칙을 확립하여 온 반면, 영국은 미국과는 달리 강력한 권한을 가진 입법부가 법률을 제정하여 법원으로 하여금 재량의 범위내에서 행사하게 함으로써 동 법칙을 입법화하였다.[30)]

1984년 제정된 '경찰 및 형사증거법(Pace act Practice)'[31)]과 이에 기초하여 만들어진 '경찰직무규칙(Code of Practice)'[32)]이 그것이다. 영국에서는 이에 따라 수사기관의 행위가 제정법과 경찰직무규정을 위반하여 형사재판의 공정성에 반하는 결과가 초래할 수 있는가에 초점을 두어온 경향이 있다.

1984년 제정된 경찰 및 형사소송법(PACE act 1984)은 제 76조에서 강압에 의한 자백과 신뢰성 없는 자백을 배제하고, 제 78조에서 절차의 공정성을 반하는 증거를 배제하였으며, 제 82조에서는 법관의 보통법에 따른 증거배제의 재량을 명문화하고 있다. 이 법을 근거로 하여 경찰직무규칙(Code of Practice)이 제정되었는데 이후 영국의 법원은 이 직무규칙을 실질적이고 중대하게 위반한 사안에 대해 증거를 배제하는 경향을 보이고 있다.

(3) 독일

독일에서는 형사소송법에서 위법수집증거배제법칙을 증거금지(Beweiser-bot)의 문제로 다루고 있다. 즉 실체진실발견이 함정수사의 목적이더라도 국가적 이익을 보호하여야 하기 때문에 위법수집증거는 금지되고 단념되어야 한다는 것이다.

독일의 판례는 1980년대 수사기관이 신분을 속이고 마약을 구입한 함정수사와 관련된 판결을 통하여 함정수사에 관한 BGH의 견해를 확립하였던 바. 함정수사는 원칙적으로 허용되어서는 아니되지만[33)], '특히 위험하고 해명곤란한 범죄'에

30) Bloom/Brodin, Constitutional Criminal Procedure, 1992, p.161-203

31) Zander, The Police And Criminal Evidence Act 1984,2nd ed.,1990, p.185-214

32) ①사람과 차량의 수색, ②사람의 구금, 처우, 신문 및 신원확인, ③주거의 수색, ④사람과 사람의 주거에서 발견된 물건의 압수 등에 관한 경찰의 직무를 규율하기 위해서 영국 국무장관에 의해 제정된 규칙이다.

33) BGH StV, 1981, 163 : BGH NJW, 1981, 1626 : BGH StV, 1984, 406

대하여 기본법 및 형사소송법에 내재하는 법치국가원칙에 반하지 않는 한도 내에서는 허용될 수도 있다고 하였다.[34] 그러나 수사의 과정에 있어 수사기관에 의한 반복적 설득, 집요한 유혹 등과 같은 '중대한 영향'이 있었던 경우에는 함정수사는 위법으로 되고 이에 의해 수집된 증거는 증거로 사용할 수 없다고 하고 있는 바, 판례는 이러한 '중대한 영향' 기준의 근거로 '모순되고 간계를 부리는 국가활동에 대한 비난'을 들고 있다. 즉, 국가는 법치국가원칙에 위배되는 방법을 사용해서는 안되며, 이 원칙에 대한 침해는 자신의 부담으로 돌려야 한다는 것이다.

(4) 일본

일본의 판례는 종래 "증거수집의 위법이 그 증거물 자체의 성질이나 형상에는 변경이 없으므로 그 증명력이 있는 이상 자유심증에 의하여 이를 유죄인정의 자료로 할 수 있다"고 판시하면서 위법수집증거의 증거가치를 인정해야 한다는 입장으로 피교사자에게 엄격한 책임을 묻는 경향이 있었다. 반면에 학설은 미국 판례의 영향을 받아 위법한 절차에 의해 수집된 증거는 증거능력이 부정되어야 한다는 데 일치되어 있었으며, 이러한 학설의 영향으로 최고재판소도 1978년 9월 7일 판결을 통하여 배제법칙을 선언하기에 이르렀으며[35], 일본의 위법수집증거배제법칙의 통설과 판례를 통하여 확립되었다.

(5) 우리나라

우리나라에 있어서는 위법수집증거배제법칙 채택여부에 판례와 학설의 태도가 대립되고 있다.

판례와 형사소송법상 명문의 규정의 유무에 불구하고 통설의 입장은 위법수집증거의 증거능력을 부정하고 위법수집증거배제법칙을 채택하여야 한다는 점을 당연한 것으로 인정하고 있다.[36] 이는 헌법이 규정하고 있는 적정절차와 인권보

---

34) BGH GA 1975, 333 : BGH NJW, 1980, 1761.

35) 「증거물 압수 등의 절차에 영장주의 정신을 몰락시키는 중대한 위법이 있고 이를 증거로 사용하는 것이 장래의 위법한 수사의 억제라는 견지에서 상당하지 않은 경우에는 그 증거능력을 부정해야 한다」고 판시

36) 강구진, 형사소송법원론, 학연사, 1982, 506면 : 신동윤, 형사소송법, 법문사, 1994, 99면 : 이재상, 전게서, 493면.

장의 정신을 살리기 위해서는 위법수집증거의 증거능력을 부정하는 것이 타당하며, 임의성 없는 자백의 증거능력을 부정하는 법의 취지는 비진술증거인 증거물에 대해서도 유지되어야 한다는 점을 그 근거로 한다.

또한 위법한 함정수사에 의해 수집한 증거의 증거능력을 인정할 것인가에 관하여는 실체진실 발견만이 형사소송의 유일한 목적이 아니고 적정절차의 이념조화 및 형사소송법의 윤리화(Ethisierung)달성 측면에서 위법한 함정수사의 경우 그에 의해 수집된 증거는 위법수집증거이므로 적정절차의 원칙을 규정하고 있는 헌법 제 12조 1항의 취지와도 일치하므로 위법수집증거배제법칙을 적용하여 증거능력을 배제하여야 한다는 견해(증거능력부인설)[37]인 통설이 타당하다고 생각된다.

반면에 통설의 태도와 달리 판례는 원칙적으로 위법수집증거배제법칙을 인정하지 않는 태도를 보이다가 최근에 와서 일정한 범위에서 이를 인정하고 있다.

대법원은 영장주의에 위반하여 압수한 증거물의 증거능력에 관하여 종래 일본 판례의 영향으로 “증거물은 압수절차가 위법하더라도 물건 자체의 성질 · 형상에 변화를 가져오는 것은 아니므로 그 형상 등에 대한 증거가치에는 변함이 없다 할 것이므로 증거능력이 있다.”고 판시하여 위법수집증거의 증거능력을 인정하고 있다.

이는 증거수집절차의 위법은 그 증거의 실질가치에 영향을 미치지 않으며, 진술 증거와는 달리 증거물은 반환하여도 다시 압수할 수 있으므로 무용한 절차를 반복할 필요가 없으며, 위법행위에 대해서는 별도의 제재와 구제수단을 강구하면 족하다는 점 등을 근거로 하고 있다.[38]

또한 대법원은 전술한 바와 같이 기회제공형 함정수사의 경우 함정 교사자에게는 범죄가 성립하지 아니하고 피교사자는 처벌할 수 있다고 하는 점을 밝히고 있으나, 범의유발형 함정교사의 경우에는 피교사자와 함정교사자를 처벌할 수 있는 반면, 범의유발형 함정교사의 경우에는 피교사자와 함정교사자를 처벌할 수 있는 것인지, 만약 피교사자가 면책된다면 그 면책의 한계 및 구체적인 범위는 어떻게 되는지에 관해 전혀 언급이 없다. 따라서 함정수사에 의해 수집된 증거에

37) 강구진, 전게서, 179면.
38) 이재상, 전게서, 524면.

관한 대법원의 태도를 명확히 알 수는 없으나, '증거물'을 제외한 다른 분야에 있어 위법수집증거배제원칙의 적용범위를 넓혀가고 있는 최근 판례의 동향에 대한 중요한 시사점이 된다고 할 것이다.

3) 증거수집활동의 위법성 판단의 기준

함정수사의 증거수집에 관한 위법성을 판단함에는 개인의 인권보장과 사회질서라는 두가지의 가치를 종합적으로 고려하여 합목적으로 판단함이 바람직하다고 하겠다.

따라서 배제되어야 할 위법수집증거라고 하기 위해서는 어느 정도의 위법성 내지 중대성이 있어야 하는 바, 일반적으로 '중대한 위법'이라 하면 '정의감에 반하고 문명사회의 양심에 충격을 주는 경우나 적정절차의 원칙(due process)의 기본이념에 반하는 경우를 의미한다. 즉 중대한 위법에 대한 판단기준은 증거수집활동에 있어서의 위법의 정도를 배제법칙의 취지에 합목적으로 관련시켜 그 근거로 되는 적법절차 및 인권보장의 요청과 다른 한편 침해된 이익과 위법의 정도, 그 증거사용의 필요성 등을 고려하여 구체적이면서 개별적으로 검토하여 결정하여야 할 것이다.[39)]

3. 함정수사의 허용영역

이상의 논의에서 살펴본 것처럼 함정수사의 위법성에 대해 미국과 우리나라는 인정하는 입장이나, 일본 최고 재판소는 함정수사가 도덕적 비난성 가능성은 별론으로 하되 적법하다는 입장이다.

그러나 공직부정부패를 제거하고 사회정의를 실현하여야 한다는 명분에도 불구하고 국가의 공권력은 무제한적으로 행사될 수 없는 것이며 무엇보다도 국민의 기본권이 보장되어야 하는 게 중요하다 할 수 있겠다.

따라서 함정수사의 허용범위는 주관적 기준설(subjective test)과 객관적 기준설(objective test)로 학설이 대립되어 있다.

---

39) 이재상, 전게서, 495면

전자는 수사기관의 개입이 있기 전에 피고인의 심리상태가 이미 범행행위에 나아갈 의사가 갖추어져 있어서, 국가기관의 개입으로 새로이 피고인의 심리에 범죄적 기도를 심어준 경우가 아닌 한, 기망수사는 적법하다는 입장이다.

반면에 후자는 피고인의 심리상태를 고려함이 없이 국가기관이 사용한 수사방법이 '사법권은 공정하고 명예롭게 행사되어야 한다'는 국민의 신뢰에 어긋나게 행사되었느냐 하는점을 기준으로 삼는다.

객관적 기준설이 수사기관의 기망의 정도만을 가지고 판단하기 때문에 기망방법의 통제가 용이하다는 장점이 없지 않으나 범죄의 성립은 개개인의 구체적인 심리상태에 따라 달라질 수 있다는 점에서 통상적 위치에 있는 주관적 기준설이 타당하다고 생각된다.[40]

그러므로 수사기관의 유혹 당시 피고인이 이미 범의를 가지고 있으면 함정수사는 그 적법성이 인정된다고 할 것이다.[41]

V. 함정수사에 대한 통제방안

앞에서 살펴본 바와 같이 수사기관의 실체진실 발견은 무조건적·무제한적으로 행해지는 것이 아니라 반드시 적법한 절차에 의하여야 하기 때문에 우리나라에서는 위법한 절차에 의하여 수집된 증거(illegally obtained evidence)에 대해서는 증거능력을 인정하지 않고 있는게 통설로서 인정되며 여기에는 다음과 같은 두 가지의 논거를 제시하고 있다.

첫째는 위법한 절차에 의하여 취득한 증거를 유죄의 인정에 사용하는 것은 법의 적정절차를 보장하고 있는 헌법 제 12조 1항에 위반한다는 것이며,[42]

40) See Comment, supra note 3, at 1123-1125 대부분의 주는 입법이나 판례를 통하여 주관적 기준설을 제시하고 있다. Comment, Causation and intension in the Entrapment Defense 28 U.C.L.A.L. Rev. 859 n. 3(1981)

41) 최영홍, 함정수사, 판례월보, 1986. 4. 187호. 27면

42) 헌법이 적정절차 보장규정은 단순한 프로그램적 규정이 아니고 실효성을 수반해야 하는 규범이므로 그것은 형소법상 실현하는 방법의 하나로서 배제법칙이 유래된 것이다.

둘째는 헌법 제 12조 3항을 비롯한 기타의 적정절차 위반의 수사활동을 억제한다는 정책적 이유 때문이라고 주장하고 있다. 즉 전자는 인권보장 측면에 논리의 중점을 두고 있다 한다면 후자는 함정수사와 같은 위법수사를 최대한 억제하기 위한 사전적 주장이라 할 수 있겠다.

위의 논거 중 실체적 진실 발견은 공정한 법적 절차에 의해 실현되어야 하는 것이 적정절차 보장이라는 형사소송법의 이념을 구현하는 것에 부합되기 때문에 위법한 수사에 의해 수집된 증거를 배제하기 위해서는 아래와 같은 소송법적 제도적 통제방안을 강구할 필요가 있겠다.[43]

1. 적정절차에 의한 형벌권의 실현

적정절차(due process)의 원칙이란 헌법정신을 구현한 공정한 법적절차에 의하여 형벌권이 실현되어야 한다는 원칙으로서 형사소송의 최고의 이념이 실체적 진실 발견이라 하더라도 실체적 진실 발견은 어떠한 희생을 치르더라도 달성해야 하는 유일한 목적은 될 수 없으며 실체적 진실 발견도 적정절차의 보장 속에서 신속하게 이루어져야 한다는 제한을 받지 않을 수 없다는 것이다. 따라서 이러한 절차에 의하지 않으면 헌법상의 자유나 정의는 구현되기 어렵기 때문에 형사재판에서도 재판이 적정절차에 의하여 진행되어야 할 뿐만 아니라 적정절차를 위반한 증거는 사실인정의 자료로서 배제하여야 한다는 위법수집증거배제원칙이 준수되어야 하는 것이다.

또한 위법한 절차에 의해 취득한 증거를 법원이 증거로서 허용하지 않는다면 범인을 잡기 위해서 무리하게 수단과 방법을 가리지 않게 되는 등 법의 남용과 오용에 의한 인권침해 사례가 사전 방지될 수 있는 효과를 기대할 수 있을 것이다.[44] 따라서 적정절차에 의한 수사활동은 곧바로 형벌권의 실현을 구현시킬 수 있는 좋은 방안이라 할 수 있다.

43) 범인필벌(必罰)이라는 절대주의 철학은 인권보장적 요청에 그 전통적 우위성을 양보하여야 한다고 하는 주장이다.

44) S. H. Kadish, Encyclopedia of Criminal and Justice(Vol. 2), 1983, 527면

2. 위법수집 증거에 대한 배제

두 번째로 기대되는 방안은 수사기관에 의한 무리한 함정수사 등 위법수사활동을 억제하여야 한다는 것이다. 물론 최근의 범죄양상이 지능적이고 치밀하여짐에 따라 종래의 수사방법에 대한 고민 끝에 함정수사가 채택되기도 하지만, 단순히 범인체포 등 실적향상만을 위해 수사의 적정절차가 무시되는 경향도 많다 할 수 있으므로, 위법수집증거에 대한 배제법칙을 보다 강력하게 취하게 된다면 자연적으로 위법수사는 억지될 수 있으며 이로인해 적정절차에 의한 수사진행이 이루어지리라 생각된다.

또한 수사에 관여하는 수사요원들에게 일정한 지침을 하달하고 그의 준수를 강제하는 방법도 필요하다.[45]

3. 정보원의 엄격한 통제

함정수사에는 통상적으로 정보원이 이용되고 있다. 그러나 이러한 정보원을 대체로 사회적으로 비난이 되는 전과자인 경우가 많다. 따라서 그들에게 정의감이나 사명감을 기대할 수 없기 때문에 이러한 정보원에 대한 엄격한 통제방안을 강구 수사대상자의 사생활이나 기본권이 침해되지 않도록 해야 한다.

그러나 무엇보다도 중요한 것은 실무수사관들에 대한 감독활동 강화와 함께 수사의 과학화 및 철저한 인권의식 고양에 더 한층 관심을 기울이는게 주요하리라 생각된다.

4. 공익성을 고려한 함정수사의 허용과 제한

최근 국가안전기획부(현 국가정보원)의 도청테이프에 대해 검찰은 '수사 및 공개불가'라는 입장을 밝힌 바와 같이 공직부정에 대한 함정수사는 그 공익성에도

45) 미국 법무부에서는 1980년말에 연방수사국의 비밀수사에 관한 장관지침(Attorney General's Guidelines on FBI undercover operation)을 하달하여 허용되지 않는 수사기법을 수사요원들이 사용하지 않도록 통제하고 있다.

불구하고 불법증거에 접근하는 방법은 적법하고 신중하여야 한다는 주장이다. 또한 함정수사가 행해지는 경우에는 개인이 사생활이 침범되기 쉽고 국가로부터 간섭을 받지않을 권리가 침해되기 쉬우며, 사전범의(p r e d i s p o s i t i o n)가 없는 자를 수사대상으로 삼는 경우도 있어 예산의 낭비라는 비판도 받을 수 있다. 따라서 공직부정 방지를 위한 함정수사를 전개할 경우에는 사전범의가 있는 자 만을 적발하여 체포할 수 있도록 하여야 하며 공직부정의 은밀한 특성을 고려하더라도 수사방법의 남용을 최대한 억제하는 장치를 마련하고, 종래 함정수사를 위법으로 판시하던 법원의 판례에 보다 엄격한 제한을 추가하는 방안도 강구되어야 할 것이다.[46]

5. 함정교사자의 형사책임 인정을 통한 통제

함정수사를 통제하기 위한 방법의 하나로 함정교사자의 형사책임을 인정하는 방법을 들 수 있다. 즉 수사절차에 있어 수사관이 위법한 방법을 사용한 경우 피교사자의 형사책임 여부와는 별도로 이를 처벌함으로서 간접적으로 위법한 함정수사를 억제하는 효과를 거둘 수 있기 때문이다.

종래 독일, 프랑스 등의 대륙법계에 속하는 나라들에서는 대부분 Agent provocateur 이론에 의해 체포된 범죄자가 형사책임을 지는 것은 당연한 것으로 하고 함정수사를 행한 수사기관, 즉 함정교사자의 형사책임을 주된 논의의 대상으로 하고 있다.

따라서 함정교사자에게 어느정도의 형사책임이 지워져야 하는지가 검토되어야 할 것이다.

46) 독일에서는 슈타지(옛 동독 국가안전부)가 통일전 불법으로 수집한 자료의 공개여부를 놓고 많은 진통을 겪다 잘못된 역사를 밝히고 올바른 정치교육을 한다는 차원에서 제한적인 공개를 결정하였다. 즉 과거청산이라는 틀에서 동독의 첩자를 색출해 기소하거나 재판하는데 활용하기도 했다. 또 수사기관이 국가의 안보를 위태롭게 했을 경우나 살인·마약범과 같은 중대한 범죄를 저지른 용의자를 대상으로 열람목적과 범위를 정해 요구할 경우 정보를 제공할 수 있다. 그러나 이때에도 불필요한 개인정보 누설을 막기위해 매우 제한적으로 정보를 공개하여야 한다.(중앙일보 2005. 8. 5)

Ⅵ. 결 론

이상에서 살펴본 바와 같이 숨겨져서 나타나지 않는 공직부정의 은밀한 범행수법에 비해 수사능력은 아직도 뒤따라가지 못하고 있어 이러한 공직부정 범죄에 적절히 대응하기 위해서는 전통적인 수사방법대신 필요한 경우에는 함정수사의 방법을 채택하지 않을 수 없는 경우가 있다.

그러나 아무리 범죄인을 색출·검거함으로써 사회방위에 기여하게 된다는 측면이 있다 하더라도, 이러한 수사방법이 제한없이 자행될 경우에는 헌법상 보장되고 있는 인간의 기본적 인권이 침해될 수 있다는 우려에서 함정수사의 실행은 필요한 최소한의 범위내에서 행하여져야 하는 것이다. 즉 우리 형사소송의 이념이라 할 수 있는 실체적 진실발견과 적법절차보장의 조화가 이루어져야 하는 것이다.

따라서 우리는 범죄로부터의 사회방위라는 명제와 함께 국가권력으로부터 국민의 기본권보장이라는 두가지 명제사이에서 양 가치를 조화시킬 수 있는 합리적인 방안모색이 무엇보다 바람직하다 할 수 있다.

이 경우 양자의 합리적인 조화방안으로는 은밀하고 지능적으로 자행되는 공직부정 범죄를 방지하기 위해서 함정수사의 방법을 채택하되 일정한 범위에서 최소한도 내에서 이루어져야 할 것이다. 그러나 함정수사의 적법성과 필요성을 과연 어느 정도에서 인정하여야 하는 것인가 하는 문제는 아직도 서로 다른 견해가 있다.

우리 대법원은 적법한 함정수사, 즉 '기회제공형 함정수사'의 경우에는 피교사자는 면책될 여지가 없이 당연히 형사책임을 지게 된다고 하고 있으나 위법한 '범의유발형 함정수사'의 경우에는 아직도 명확한 입장이 없으나 통설과 판례는 위법행위의 태양에 따라 종합적으로 검토되어야 한다는 입장이며, 위법수집증거배제법칙 역시 판례와 학설의 태도가 대립되고 있다.

그러나 형사소송의 이념과 목적을 반추하여 볼 때 실체진실발견만이 형사소송의 유일한 목적이 될 수 없으며 이는 적정한 절차에서 공정하게 발견되어야 한다. 나아가 피의자·피고인의 인권보장적 측면이 경시되어서는 안되기 때문에 함정에 빠져 범죄를 실행한 자의 형사책임을 부인하는 등 적법절차를 보장하고 수사기관의 위법수사를 배제하며 위법한 증거수집행위를 억제하기 위하여는 위법수집증거능력을 부정하는 등 사법적 통제의 기능을 한층 강화하여야 할 것이다.

더구나 우리나라는 선진국에 비해 아직도 비민주적 법률요소와 사회환경이 내재하고 있으나 2001. 5월 국가인권위원회법이 발효되어 모든 개인이 가지는 불가침의 기본적 인권을 보호하고 그 수준을 향상시키고자 하는 활동이 활발한 실정이기 때문에 국가기관의 염결성(廉潔性)유지 측면에서도 함정수사에 대하여 우리의 실정에 적합한 제한기준 설정과 방안마련이 더욱 필요하다 생각한다.

즉 양자의 합리적인 조화방안으로는 공직부정에의 대응을 위하여 함정수사 방법을 채택하되 그러한 수사방법의 남용을 최대한 억제하는 장치를 마련하여야 될 것이다

참고문헌

강구진, 형사소송법원론, 학연사, 1982.

박상기, 형법총론, 박영사, 1995.

배종대/이상돈, 형사소송법, 홍문사, 1996.

신동운, 형사소송법, 법문사, 1993.

진계호, 형사소송법, 형설출판사, 2000.

권오병, "임의수사와 강제수사의 한계", 사법행정, 64.1.

김기두, "함정수사", 월간고시, 83. 7.

김정진, "함정수사의 허용범위와 통제방안에 관한 연구", 한양대 석사학위 논문, 2001.

김진환, "함정수사에 관하여 수집한 증거", 고시계, 89. 9.

박광민, "함정수사의 규제", 성균관법학 제7호, 1996.

백형구, "임의수사의 본질과 한계", 고시계, 82. 11.

안강민, "함정수사에 관하여", 검찰 74. 8.

이용훈, "함정수사의 위법성에 관하여", 법정, 1996. 6.

전지연, "함정교사의 가벌성", 고시연구, 1992. 12

최대권, "기본권의 제한 및 한계에 관한 한 연구", 법학 제 22권 3호, 서울대 법학연구소, 1981.

황태정, "함정수사의 허용성과 법적 통제방안에 관한 연구", 연세대 석사학위논문, 2000

Ashworth, Andrew, Principles of Criminal Law, 1991.

Bloom, Robert M./Brodlin, Mark S., Constitutional Criminal procedure, 1992.

Comment, ABSCAM, the Judiciary, and the Ethics of Entrapment, 91 Yale Law Journal, 1982.

Black's Law Dictionary, 7th ed., 1999.

Chapter 10 >>> 한국의 범죄현상 분석과 예방대책

[요약]

한국의 범죄현상은 서구와 비교하면 그 정도가 우려할 상태는 아니라 할 수 있으나 급속한 물질문명의 발달과 산업화가 진행되면서 한국 고유의 사회구조가 변화되고 이로인해 범죄양상에도 많은 변화가 발생되고 있다.

특히 인터넷 등 컴퓨터 통신망의 발달에 따라 해킹 등 첨단 사이버범죄, 위폐, 신용카드 위조 등 하이테크형 범죄가 대폭 증가하고 있으며, 익명성에 숨은 사이버 군중테러, 동반자살 급증, 미성년자 성매매 알선, 도착적 성풍조의 만연은 인터넷 확산의 결과이자 요인이면서 또한 한국사회의 어두운 치부가 되고 있다.

따라서 이러한 것들이 공연화되고 상례화 되기전에 의식적·제도적 대항력을 어떻게 세련된 법 장치로 발전시키는가 하는 시급한 사항이다.

현실적으로 범죄예방 등 제반 형사정책을 수립하기 위해서는 무엇보다도 우선 최근 한국사회에서 발생되고 있는 범죄의 추이와 변화양상을 알아내어 범죄증가와 흉악화 방지 등 범죄예방책을 강구하여 실제로 범죄로 인한 피해를 경감시키는게 중요하다고 생각한다.

그러므로 본고에서는 한국의 범죄 발생상황을 살펴보고 범죄로 인한 피해를 최소화하기 위한 방안을 제도적인 측면과 정책적인 측면에서 검토 제시하였다.

Ⅰ. 서론

일반적으로 발생되는 범죄는 한국사회의 변화추세를 대변한다고 말할 수 있다. 지난해 발생하였던 연쇄살인범(serial killer) 유영철 사건이 한국사회에 던진 충격과 공포는 엄청났다. 이제 한국사회에서도 영화속에서나 보던 악성범죄의 공포가 다른 나라만의 사례가 아니게 되었으며 이는 한국사회 일각에 번지고 있는 은밀한 이상징표라고 할 수 있다. 이처럼 사회구조의 변화에 수반되는 새로운 범죄현상은 우리를 어리둥절하게 하고 있다. 특히 인터넷 등 컴퓨터 통신망의 발달에 따라 해킹 등 첨단 사이버범죄, 위폐, 신용카드 위조 등 하이테크형 범죄가 대폭 증가하고 있으며, 익명성에 숨은 사이버 군중테러, 동반자살 급증, 미성년자 성매매 알선, 도착적 성풍조의 만연은 인터넷 확산의 결과이자 요인이면서 또한 한국사회의 어두운 치부가 되고 있다.

이것은 마약의 확산과 더불어 한국사회의 퇴폐를 급속화할 위험이 있으며, 때로는 고급 선진문화 이면에 싹트는 언더그라운드 풍속으로 분식(粉飾)된다는 점에서 더 민감한 경계가 요구된다.

따라서 이러한 것들이 공연화되고 상례화 되기 전에 의식적·제도적 대항력을 어떻게 세련된 법(法) 장치로 발전시키는가 하는게 시급한 사항이다. 그러므로 퇴폐와 일탈의 속도를 지연, 차단시키고 절대다수인 선량한 국민들을 범죄로부터 보호해야 하는 것이다. 이를 위해 우리는 실제 범죄상황을 정확히 파악하여 대책강구에 최선을 다하여야 되겠다.

최근 한국의 범죄양상에 대해 많은 우려를 하는 경향이 있다. 물론 한국의 범죄는 점차 증가하는 추세이다. 그러나 곧바로 그것이 「흉악화」를 의미하는 것만은 아니다. 왜냐하면 범죄증가를 초래하고 있는 주요인이 범죄통계가 증가된 것으로 나타나기도 하기 때문이다.

아직도 한국의 범죄현황은 서구와 비교해보면 그 정도로 우려할 상태는 아니라 할 수 있으나 최근에는 한국 고유의 사회구조에 변화가 보여지고 있고, 이에 따라 범죄양상에도 많은 변화가 생겨나고 있다.

그러나 이러한 사회환경과 치안여건의 급격한 변화에도 불구하고 범죄로부터 피해를 예방하고 경감하기 위한 방안은 여전히 미흡한 실정이다.

따라서 우리는 범죄가 발생할 경우 범인을 단죄하기보다는 먼저 범죄발생의 추이를 자세히 살펴보고 이에 대처하는 일이 무엇보다 현명하고 더욱 중요한 일이라 판단된다.

따라서 본고에서는 한국의 범죄발생상황을 살펴보고 범죄양상의 변화에 따라 범죄로 인한 피해를 최소화 하기 위한 방안을 제도적인 측면과 정책적인 측면에서 검토 제시하였다.

Ⅱ. 한국의 범죄발생현황

1. 범죄발생 추이

한국의 최근 10년간 범죄발생 추이를 보면 1999년도를 제외하고는 지속적인 증가추세를 보이고 있는 바, 2003년 경찰에서 처리한 범죄자 중 전국 시·도별 범죄발생은 서울이 전체 범죄의 20.2%를 차지하는 등 전국 7대 도시의 범죄발생률은 전체범죄의 47.7%를 차지하였다. 이것은 인구와 경제의 도시편중에 따른 불가피한 현상으로 판단되고 있다.

또한 범죄발생의 원인분석 결과 과실 등 부주의가 21.8%로 가장 많고, 우발적 요인 17.4%, 利慾(금전욕심) 11.3%, 사행심 0.9%, 호기심 0.7% 등으로 나타났으며, 요일별로 보면 수요일이 범죄가 가장 많이 발생하였으며, 일요일에 가장 적게 발생하여 안전한 날이었다.

또한 범죄로 인한 인명 및 재산 손실을 보면 살인·강도 등 형사범죄에 의한 인명피해는 예년에 비해 사망이 4.4%, 부상자가 18.8% 증가하였으며, 월별로는 7, 10월이 범죄가 가장 많았으며, 가장 적은 달은 2월로 나타났다. 이는 휴가철과 겹치는 계절에 절도사건 등이 가장 많이 발생하였기 때문인 것으로 판단되며, 죄종별로는 형법범죄는 6월, 특별법 범죄는 8월에 가장 많이 발생하였다.

2. 최근의 범죄동향

2004년도 경찰청에서 발행한 경찰백서를 살펴보면 최근의 범죄동향을 짐작할 수 있다. 여기에서 2003년을 기준으로 보면 미국 등 세계경제의 장기침체, IMF이후 기업의 구조조정, 신용카드 사용남발로 인한 채무증가 등이 범죄현상에도 반영되어 경제범죄가 전년에 비해 크게 증가하였다.

또한 발생된 범죄의 특징으로는 첫째, 절도·폭력 등 범죄가 증가하였다. 이는 그동안 통계입력을 누락해 왔던 경미한 일체불상의 절도, 우발성 폭력범죄를 그대로 입력하였고 그 동안 신고를 기피하던 절도·폭력 등에 대한 범죄신고가 급증하여 예년에 비해 절도·폭력범죄가 증가하게 되었다.

둘째, 형법범죄가 크게 늘어났다. 2003년 형법범죄는 827,074건이 발생하여 전년도 754,605건에 비해 증가하였다. 특히 강도는 전년도 대비 23.5% 크게 증가하였으며, 범행수단 측면에서도 납치, 인질강도, 특수강도의 빈발 등 점차 지능화, 흉포화 되는 경향을 나타내고 있다.

셋째, 여성범죄와 청소년 범죄자 수가 범죄자 100명 중 21명으로 2003년 한해 전체 범죄자의 21.4%인 총 417,556명이었으며, 이 중 여성범죄자는 320,859명으로 전년도 311,184명에 비해 3.1%가 증가하였으나, 소년범죄자는 96,697명으로 전년도 115,210명에 비해 16.1%가 증가하였다.

또한 여성범죄자의 증가는 최근 독신여성의 증가, 이혼율의 증가로 인한 여성의 사회활동 범위가 넓어진 것이 주원인이며 소년범죄 감소의 경우 최근 5년간 20세 미만 인구의 평균 감소율이 1.9%로 소년인구가 감소한 것이 주 요인이며, 최근 가정 및 사회가 소년범죄에 관심을 가지고 지속적으로 실시한 예방, 선도활동이 결실을 거둔 것으로 보여진다.

넷째, 검거된 범죄자의 절반 이상이 재범자로 검거된 범죄자의 63.9%는 재범자로 같은 범죄를 저지른 경우도 약 19.7% 되었다.

중요범죄의 재범현황을 보면 방화, 살인, 강간, 강도 등의 경우가 재범율이 비교적 높게 나타났는데 이는 흉악범에 대한 사회교정 및 갱신기능이 내실있게 이루어지고 있지 않은 것이 주된 원인으로 판단된다.

이러한 전통적인 범죄의 변화 이외에 최근에 와서 대두되고 있는 것에 해킹 등 사이버 범죄가 있다. 사이버 공간의 무한팽창에 따른 인터넷 사기, 명예훼손, 아동포르노, 개인 정보침해 등 인터넷을 이용한 각종 신종 범죄들이 급증하고 있으며, 자살 · 폭발물 등 반사회적 유해사이트의 등장이 사회문제화 되는 등 정보화의 역기능에 대한 종합적인 대책이 필요하게 되었다. 또한 마약류 범죄가 급증하고 있는 실정으로 국제화 · 광역화에 따른 외국산 마약류의 밀반입과 유통이 증가하고, 마약 소비계층도 특수계층에서 일반 서민으로 급속히 확산되고 있다. 수질오염, 대기환경오염 등 환경범죄 발생증가도 새로운 범죄 추세이며, 사회지도층과 일부 공직자 등의 부정부패형 비리도 근절되지 않고 있으며, 여성에 대한 성폭력 범죄, 가정폭력 범죄 등도 여전히 발생하고 있다.

특히 국제적으로도 여성과 어린이 인신매매(human trafficking) 범죄가 증가하고 있어 제네바에 본부를 둔 '국제 이주기구(IOM)'는 현재 여성과 어린이의 국제 인신매매 건수가 한해 200만명에 이를 것으로 추정되어 대책을 찾기 위한 국제 회의를 2002년 5월 15일 로마에서 35개국 전문가와 외교관들이 참석한 가운데 개최한 바 있다.

3. 범죄에 의한 피해현황

2003년 범죄로 인한 인명 및 재산손실을 살펴보면, 살인 · 강도 등 형법범 범죄로 인한 인명피해는 사망이 1,337명으로 지난해 1,281명에 비해 4.4% 증가하였으며 부상자는 154,383명으로 지난해 190,170명에 비해 4.4% 증가하였으며 부상자는 154,383명으로 지난해 190,170명에 비해 18.8% 감소하였다. 이는 최근 범죄가 점차 흉포화 · 잔인화 되어가고 있는 현상을 반영하는 것으로 분석된다.

4. 범죄 피해자의 일반적 특징

1) 피해자의 신체적 특징

범죄 피해자의 일반적 특징으로서는 성별, 연령, 사회적 지위, 인종이 주목된다.

(1) 성별

피해조사 데이터를 살펴보면 성별은 범죄 피해자를 특징짓는 중요한 요소의 하나이다. 예를 들어 미국의 NCVS에는 강도나 폭행의 피해자의 경우 남성이 여성의 약 2배에 달하는 것으로 나타나 있다. 단, 과거 15년 간 폭력범죄의 피해자가 될 위험성은 남성의 경우 약 20% 감소한 반면, 여성은 거의 동일한 수준이 유지되고 있다. 이는 여성에게는 무기를 사용하지 않는 형태의 강도가 증가하였다는 점(1973년부터 17년간 14% 증가)이 영향을 미친 것이라 여겨진다.

반면 강간의 경우 그 피해자가 대부분 여성이지만, 매년 약 7,500명의 남성 강간 피해자가 발생한다고 추산되고 있다.

(2) 연령

한국도 범죄피해자는 고령자에 비해 젊은층이 높다. 미국에서도 NCVS의 데이터에 의하면 피해자가 될 위험성은 십대 후반부터 높아지기 시작하여 25세를 경계로 급격히 감소한다.

연령과 피해자의 상관관계는 소년들이 공유하는 생활양식과 깊은 관련이 있다. 예를 들어 심야 외출이나 비행소년과의 교제는 소년들의 비행가능성을 높일 뿐 아니라 피해를 입을 위험성도 높인다. 또한 미국에서는 교내 범죄가 다발하고 있는데 이러한 상황이 소년들의 피해 위험성을 높이고 있다.

(3) 사회적 지위

피해조사 결과, 빈곤층의 피해자 비율이 높다는 사실이 밝혀졌다. 미국에서는 연간소득 7,500달러 이하의 자가 범죄피해를 입을 가능성이 극히 높다고 한다. 그 원인은 미국의 경우 빈곤층이 범죄 다발지역에 거주하고 있기 때문으로 여겨진다. 단, 여기서 문제로 삼고 있는 것은 강도, 폭행, 강간 등 폭력 범죄의 피해자이다. 같은 연령, 같은 성별, 같은 인종끼리 모여있는 경우에는 경제적으로 빈곤한 쪽이 피해를 입기 쉽다. 이에 비해 재산범죄의 경우에는 부유층이 피해자가 될 위험성이 높다. 이러한 점으로부터 절도범은 범죄를 실행하기 전에 그 대상을 주의깊게 선택한다고 예측할 수 있다.

또한 사회적 지위와 피해자의 관련성으로 볼 때는 결혼이 미치는 영향이 주목된다. 한국 경찰청 범죄분석이나 미국의 NCVS에 의하면 기혼자는 미혼자에 비해 피해자가 될 위험성도 낮다. 단, 이 결과는 결혼에 의한 영향으로 받아들이기보다는 성별이나 연령에 의한 영향의 결과도 포함시켜서 이해해야 할 것이다.

(4) 인종

한국은 단일민족으로서 인종에 따른 구분은 없지만 미국에서는 피해조사를 통해 인종에 따라 피해자가 될 위험성이 서로 다르다는 사실도 밝혀졌다. 타 인종에 비해 흑인은 폭력범죄의 피해자가 될 위험성이 높다. 예를 들어 흑인이 강도 피해자가 될 위험성은 백인에 비해 약 2배나 높다고 한다. 또한 1987년에 실시된 미국 질병관리센터(U.S. Center for Disease Control)의 조사에 의하면 흑인 남성이 모살 살해자가 될 위험성은 흑인여성에 비해 4.8배, 백인남성에 비해 7.7배, 백인여성에 비해 21.9배로 나타났다. 최근의 분석에서는 흑인에 대한 범죄가 백인에 대한 범죄에 비해 흉악화(범죄의 양태 및 무기사용)되고 있다는 지적도 나오고 있다.

5. 주요범죄 발생시기 및 장소

1) 발생시기

한국의 경우에는 절도범죄가 가장 많았던 시각은 오후(12시～18시)와 밤(20～24시)이다. 이에 비하여 폭행이나 상해범죄는 오후(12～18시)에 가장 많이 발생하는 추세이다. 그리고 강도와 강간 범죄는 밤(20～24시)에 주로 발생하지만, 살인범죄의 경우는 시각별로 주목할 만한 차이를 찾아볼 수 없다. 즉 범죄 종류별로 차이는 있지만 대체로 상당량의 범죄가 오후부터 밤에 걸쳐 발생하는 추세이다.(경찰청, 「경찰백서」, 2004, p.25)

반면에 미국에서는 범죄의 대부분이 오후 6시부터 오전 6시 반 사이에 발생하고 있다는 사실이 NCVS의 데이터에 의해 밝혀졌다. 주간에 발생하는 비율이 높은 범죄로는 강탈이나 소매치기 등 피해자에게 직접 접촉하는 절도범죄에 한정되어 있으며, 폭력범죄는 야간에 발생하는 비율이 높았다. 폭력범죄의 경우 오후 6시 이전에 발생한 것 보다 오후 6시 이후에 발생한 것이 폭력의 정도가 심한 것으로 나타났다. 예를 들어 중대한 폭행, 상해는 야간에 많으나 무기를 사용하지 않는 행태의 강도는 주간에 많았다.(이만종, 범죄학개론, 학현사, 2002, p.281～283)

2) 장소

또한 여러 종류의 범죄가 도로, 공원, 들판 등의 공적 장소에서 발생하고 있다. 비교적 가옥 내에서 많이 발생하는 범죄는 무기를 사용하지 않는 형태로 이루어지는 폭행과 강간뿐이었다. 단 이러한 범죄의 대부분도 공적 공간에서 발생하고 있다. 주거지역도 피해자가 될 위험성에 커다란 영향을 미친다고 한다. 도시의 중심부에 주거하는 사람은 교외에 주거하는 자에 비해 강도나 폭행의 피해를 입을 위험성이 높다. 전자가 범죄의 피해자가 될 위험성은 후자에 비해 약 2배라고 한다.

한국의 경우 절도, 강도 범죄는 모두 노상과 주택가에서 전체의 과반수 이상이 발생하였으며 폭행, 상해, 강간, 살인도 정도의 차이는 있으나 역시 노상이나 주택가 지역에서 주로 발생하고 있다. 다만 사무실이나 지하철이 현대 사회생활에서 중요한 생활공간이 된다는 점에서 이러한 장소에서의 범죄 즉 "길거리 범죄"가 앞으로도 증가하리라 예상된다.

Ⅲ. 한국의 범죄 양상 변화

범죄의 형태와 양상은 시대의 변화에 따라 다양하게 변화하고 있다. 따라서 범죄로 인한 피해 예방대책 역시 역동적으로 변화하고 있는 시대의 범죄환경 변화 속에서 발빠르게 발전되고 연구되어야 할 필요가 있다. 여기에서는 그러한 현대사회의 변화와 범죄 양상의 변화를「정보화」,「국제화」,「고령화」의 세 가지 관점에서 살펴보고자 한다.

1. 정보화에 따른 신종범죄 발생

현대는 정보화 사회라고 일컬어진다. 한국의 인터넷 사용 인구는 이미 2천만 명을 넘어 전체인구의 절반 이상이 인터넷을 사용하고 있는 것으로 파악되고 있다. 이제 사이버 공간은 급격한 발전 및 확산으로 국민의 일상생활 공간으로 위치하고 있으며, 현실세계와 구분이 힘들 정도로 일상화, 세계화 될 것으로 보인다. 따라서 인터넷 사기, 명예훼손, 아동포르노, 개인정보 침해 등 인터넷을 이용한 신종범죄들이 급증하고 있으며, 자살, 폭발물 등 반사회적 유해사이트 등장이 사회문제화 되는 등 정보화의 역기능에 대한 종합적인 대책이 필요하게 되었다. 이러한 문제에 대처하기 위해 형법이 개정되고, 컴퓨터를 이용한 업무방해나 사기가 범죄로 규정되었다. 또한 컴퓨터 통신을 매개로 타인의 컴퓨터에 무단 접속하여 데이터를 열람하거나 개찬(改竄)하는 이른바 해킹은 가장 정통적인 컴퓨터 범죄이지만, 현재 까지도 충분한 법적 대책이 강구되어 있지 않다. 더구나 컴퓨터의 데이터나 파일을 파괴하는 프로그램(컴퓨터 바이러스)의 사용에 대해서도 효과적인 단속방법이 없으며, 신종 바이러스가 발생할 때마다 백신 소프트 개발이 이루어지는 정도에 머물고 있다.

또한 세계적으로도 최근에는 인터넷 범죄가 범죄 대책상 긴급한 과제가 되고 있다. 즉 세계 총 이용자 수가 1억 명을 넘는 인터넷을 이용해 외설적인 화상데이트가 웹 상에서 유포되거나 자살사이트로 인한 동반 자살과 악질 상거래가 이루어지고 있는 것이 문제가 되고 있다.

2. 사이버 범죄와 모방범죄 증가

개인의 호기심 충족 위주로 자행되던 해킹, 바이러스 유포 등이 이제는 특정집단의 정치적 이념 달성 및 경제적 목적을 위한 방법으로 다양화되고 있다. 해킹 등 사이버 테러는 정부기관 전산망을 비롯하여 금융, 항공, 철도, 전기, 수도 및 주요기업 전산망 등 국가 주요 정보통신 기반시설로 확대되어 국가사회 전반에 걸쳐 막대한 피해를 야기할 수 있는 심각성을 내포하고 있다.

세계적으로 Hacktivism(Chacking과 Terrorrism의 복합어) 및 Cyber War(1999년 세르비아 전쟁당시 유고해커의 미국 전산망 해킹, 중국과 대만간 해킹전쟁 등)의 등장으로 사이버 테러의 위험성에 대해 각국 정부가 특단의 대책을 마련하고 있으며, 한국도 국가적 차원에서 사이버테러에 대비한 대응전략을 수립, 추진중에 있다.

또한 정보화 사회를 배경으로 한 범죄현상으로는 컴퓨터범죄 이외에도 극장범죄를 들 수가 있다. 이는 실제로 일어난 범죄가 보도됨으로써 대량으로 모방되어지고 범죄의 유행현상을 빚어낸 것을 말한다. 이러한 범죄의 대량화는 많은 사람들이 범죄수법을 알았기 때문에 가능한 현상이므로 그야말로 정보화 사회의 부산물이라 할 수 있다.

3. 국경없는 범죄 확산

외국인 내방객의 증가와 함께 입국자의 국적도 다양해지고 있는 등 한국사회의 범죄 다국적화 양상이 진행되고 있으며, 범죄조직의 세계화 및 국가간 시장경제의 가속화 등으로 범죄도 정보와 마찬가지로 국경을 초월하는 활발한 움직임으로 무국경화(Borderless) 경향이 확산되고 있다. 이처럼 현대사회를 이해하는데 있어 「국제화」도 중요한 키워드가 되었다. 최근 들어 사회의 국제화가 정치적인 레벨에 그치지 않고 무역이나 국제교류 등에서 다양한 형태로 진행되고 있다. 2003년을 기준으로 약 19만 명의 외국인이 한국에 불법체류하고 있고, 이 중 약 15만명의 외국인은 중단기적으로 한국에서 체류하고 있다. 이러한 국제화사회 속에서 범죄에도 국제화의 움직임이 보여지고 있다.

불법체류나 불법취업은 출입국관리법 위반의 범죄이지만, 이러한 「한국에 체재하기 위한 범죄」뿐만 아니라 「한국에서 생활하는 가운데서 발생하는 범죄」나 「범죄 목적으로 한국에 입국한 자의 범죄」도 근년 들어 급속히 증가하고 있다. 형법범으로는 절도와 폭행이 많은데, 그 수는 외국인 형법범 검거인원 총 수의 80%를 점유하고 있다. 또한 살인, 강도, 강간, 협박, 공갈 등도 최근에는 증가하는 경향을 보이고 있다. 더욱이 마약밀매, 매춘알선, 불법 돈세탁 등 배후에 일본의 야쿠자, 홍콩의 삼합회, 러시아 마피아 등 국내 범죄조직과 연계된 조직폭력단을 둔 범죄도 두드러지고 있다.

4. 약자의 범죄 증가

한국도 고령화 사회가 도래하였다는 사실에도 주목할 필요가 있다. 특히 최근에 와서는 평생직장 개념이 없어지면서 조기퇴직 되고 평균수명은 길어져 고령화 사회는 앞으로 더욱 큰 사회문제가 될 것으로 예측되어진다. 또한 이혼율의 증가로 인한 가정불화, 가정, 학교교육의 미흡으로 우범 청소년의 양산과 유흥업소 증가 등 청소년 유해환경에 기인한 소년범죄의 증가도 최근의 현상이다. 그러나 이러한 급속한 고령화 사회에 대비한 사회복지·보장제도가 낙후되었다는 사실을 부인할 수 없으며, 사회적으로 약자인 미성년자와 고령자는 풍요로운 사회 속에서도 충분한 보살핌을 받을 수 없게되는 방치된 상황에 놓여 있다. 이러한 사회의 변형은 미성년자와 고령범죄자 증가에도 영향을 미칠 것으로 여겨진다. 이 중 고령자에 의해 발생될 수 있는 범죄로는 살인, 절도, 방화 등을 들 수 있다. 살인이나 방화는 중대한 결과를 수반하므로 흉악한 범죄라는 이미지가 강하지만, 실제로는 그 수법 여하에 따라 체력이나 완력을 필요로 하지 않기 때문에(예를 들면 독약이나 성냥 한 개피로 가능하다) 「약자의 범죄」라 불리기도 한다. 한편 고령자의 비율이 낮은 범죄로는 강간, 강도, 상해가 있다.

또한 여성, 어린이 대상 범죄 및 가정폭력 등 방어능력이 취약한 부녀자와 어린이를 대상으로 한 범죄도 급증하고 있는 실정이다.

Ⅳ. 범죄양상 변화에 따른 향후과제

1. 범죄 흉악화·폭력화 방지

최근 한국사회의 범죄 경향은 과거에 비해 더욱 흉악화하고 폭력화 되었다. 그 원인중의 하나로 지적되고 있는 것이 범죄의 흉악화·폭력화라는 일부 특수한 사례가 매스미디어에서 전파되어 강조되고 보편화 된 것이 큰 원인이라 한다. 이처럼 방송, 신문 등 매스미디어에 의해 일부 특수한 사례가 강조됨으로써 사회적인 반응이 더욱 증폭되고 근거없는 불안이 사회에 퍼지는 것을 「모럴패닉」(정신적 패닉)이라고 한다.

이러한 모럴패닉 상황하에서 범죄대책을 검토하면 냉정한 판단이 어려워지며 적절한 범죄대책을 강구할 수 없게 된다. 이러한 문제를 회피하기 위해서는 범죄현상을 냉정하게 파악할 필요가 있다.

범죄학에서는 지나친 방종과 자유의 확대는 범죄가 증가하는데 한몫을 한다고 주장하고 있다. 실제로 사회분위기가 자유분방한 서구 여러 나라에서는 1960년대 이후 범죄가 급증하였고 이에 대한대책에 고민하고 있다. 그러나 지금까지의 검토에서 알 수 있듯이 한국의 범죄현황은 서구의 범죄에 비해 아직은 크게 우려할 만한 상황은 아니라고 할 수 있다. 그렇다면 이처럼 한국이 서구의 경제선진국과 다른 이유는 무엇일까? 여기에서는 다음 6가지 점을 들고자 한다.

첫째로 비공식적인 사회통제가 여전히 심하다. 한국에서는 가족관계가 매우 긴밀하기 때문에 「범죄를 저지르면 가족에게 폐를 끼친다」라고 하는 자제심이 발동하는 경향이 있다. 또한 지역사회의 결연도가 강하기 때문에 그 속에서 상호감시가 이루어지고 있다는 견해도 가능하다. 한국에서는 학교나 직장에서 구속되는 시간이 길고 이러한 조직에 대한 귀속의식도 강하기 때문에 범죄를 저지르는 시간이 물리적으로 제한되어 있으며, 조직에 폐를 끼치는 것을 우려하는 성향이 강하므로 범죄가 줄어드는 경우도 많다.

두 번째로 커다란 사회적인 트러블이 적다. 한국에서는 국민의 언어, 전통, 풍습, 종교가 비슷하기 때문에 정치인들에 의해 형성된 지역간의 갈등은 있을지언정 커다란 사회적 알력이 생기지 않는다. 오히려 지역간 갈등도 2002 월드컵 대회에서 보여준 단합한 국민의 모습을 볼 때 오래지 않아 극복되리라 생각된다. 그 뿐 아니라 일상생활 속에서 문제가 발생하였을 때 굳이 비합리적인 해결책을 취하지 않더라도 의사소통을 통해서 해결되는 경우가 많다.

세 번째로 총기통제가 잘 이루어지고 있다. 일반시민이 무기를 소지·휴대하는 습관은 없다. 이 때문에 살상능력이 높은 무기에 의한 범죄가 비교적 일어나기 어렵다.

네 번째로 계속되는 경제 불황으로 인해 중산층이 줄어드는 경향이 있으나 아직도 중류의식을 지닌 사람의 비율이 높다. 한국의 경제발전의 특징으로 중류의식을 지닌 사람의 비율이 매우 높다는 점을 들 수 있다. 이러한 중류의식에는 IMF 이전까지만 해도 평생직장 개념의 영향으로 실업률이 낮아지고 안정된 수입 확보가 보장되었다는 점도 적잖은 영향을 미쳤다. 이러한 상황하에서는 사회에 대한 불만이 범죄의 형태로 나타나는 경우는 적다.

다섯 번째로 교육수준·식자율이 높다. 한국에서는 부모의 뜨거운 교육열로 취학률이 매우 높고 그 결과 세계적으로 보더라도 매우 식자율이 높다고 한다. 이러한 교육의 성과로 인해 문제를 합리적으로 해결하려는 사고가 발달했다고 할 수 있다.

여섯 번째로 일본처럼 파출소 제도가 각 지역의 치안유지에 효과를 거두고 있다는 점을 들 수 있다. 한국의 파출소는 지역치안을 위한 경찰의 최일선 조직으로서 경찰의 기본적인 활동거점이다.

2005년 현재 전국의 파출소는 총 3,226개소이며 전체 경찰관의 약 45%인 39,563명(파출소당 평균 11.5명)이 배치되어 지역주민과 함께 호흡하며 지역안전을 담당하고 있다.

또한 파출소에서 멀리 떨어진 산간 벽지나 도서지역에는 '출장소'를 두고 있다. 이처럼 파출소는 대민정점에 위치하여 주민과 호흡을 같이 하며「지역 치안서비스 센터」로 주민들에게 안도감을 주고 있다.

2. 새로운 범죄현상의 출현 대응

현대의 급변하는 사회구조의 변화로 인하여 지금까지 한국에서 보여지지 않았던 새로운 범죄현상이 두드러지기 시작했다.

우선 치안의 안정요인에 대해서 살펴보면, 첫째로 비공식적인 사회통제가 약화되고 있다는 사실이다. 예를 들면 핵가족화, 단신부임, 독신생활자의 증가는 가족관계를 약화시키는 요인으로 꼽힐 것이다. 또한 대도시에서는 이웃주민간의 결집력이 약하고 사회의 익명성(누가 옆집에 살고 있는지 모르고, 심지어는 알고 싶다는 생각을 안 하는 상태)이 점점 확대되고 있다. 게다가 최근에는 고용형태가 변화하고 구조조정에 의한 조기퇴직 등 평생직장 개념이 무너지면서 회사에 대한 귀속의식도 엷어지고 있다.

두 번째로 국제화가 진행됨에 따라 외국인의 불법입국, 체류가 증가하고 있으며 체류 외국인의 각종 범죄가 증가하고 있으며, 그 범죄양상도 충동, 우발적인 수준을 벗어나 조직화 · 지능화 되는 경향을 보이고 있어 사회적 트러블을 일으킬 가능성이 높아졌다. 2004년도 말까지 14만명을 넘었던 불법체류자는 직업을 갖기 어려워 범죄에 빠질 가능성이 많다. 또한 최근에는 원래 범죄 목적으로 입국한 자나 국제적인 범죄조직이 한국에서도 활동하고 있다는 점이 지적되고 있으며, 불법체류 외국인 중 한국인을 상대로 공갈, 강도행위를 저지르는 범죄조직도 출현하는 등 이에 대한 대책이 시급한 과제로 대두되고 있다. 실제로 한국에 취업을 희망하는 중국 조선족들의 행상 밀입국 등 불법입국 사례가 끊이지 않고 있으며, 취업 · 결혼 등을 빙자한 사기 및 절도 · 갈취 · 성폭력 등 범죄행위도 기승을 부리고 있는 현실이다.

세 번째로 총기를 사용한 범죄가 확산되고 있는 추세이다. 지금까지 한국에서 총기를 사용한 범죄는 폭력단 사이의 싸움 등에서나 드물게 존재했다. 그러나 최근에는 총기범죄의 확산이 주목되고 있다. 총기사용 범죄가 폭력단 이외에 확산되고 있다는 점, 최근에 발생한 여대생 납치, 공기총 살해사건의 사례와 같이 총기 사용 범죄의 피해자가 일반인에게도 확산되고 있다는 점이다.

그 밖에도 IMF 등을 거치면서 나타난 거품경제의 붕괴에 의한 경제범죄의 다발이나 화이트칼라 범죄의 증가 등도 지적할 수 있다. 이러한 사회구조의 변화가 범죄상황에도 영향을 미치고 있다는 점을 충분히 짐작할 수 있다. 더욱이 우리가 전혀 예상하지 못한 범죄가 언제든지 일어날 수 있는 위험성이 항상 존재하기 때문에 이에 대한 대비책 강구에 노력하여야 하겠다.

Ⅴ. 범죄피해경감방안

오늘날 사회현상이 눈부시게 변화함에 따라 범죄현상도 새로운 국면을 맞이하고있다. 따라서 새로운 범죄양상변화에 능동적으로 대처하기 위해서는 다음과 같은 제도적 · 정책적인 측면에서의 피해 경감방안을 강구할 필요가 있다 생각된다.

1. 제도적인 측면에서의 피해 경감방안

1) 경찰수사역량강화

(1) 첨단 과학수사기법 도입·활용

시대변화에 따라 발전하고있는 범죄수법에 대응하기 위하여 수사장비 및 기법도 동시에 발전되어야한다.

현재 경찰은 범인확인의 결정적 단서를 위한 유전자형(DNA) 분석법, 범죄지식정보를 데이터베이스화한 범죄정보관리시스템(CIMS)구축운영, 첨단컴퓨터시스템을 활용한 지문감식, 컴퓨터거짓말탐지기 활용확대 등 과학수사활동으로 범인검거와 예방에 진가를 발휘하고 있다. 그러나 범인은 쫓는 자보다 항상 더 앞서가는 경향이기 때문에 첨단수사장비확보를 위한 예산 확보와 장비활용 등 첨단과학수사 기법도입과 활용을 더욱 활성화하여야 하겠다.

(2) 전문수사관 양성

최근범죄는 다양화 · 지능화 되어가고 있으며 이러한 범죄추세에 대비 전문수사관을 양성하여야한다.

따라서 신종범죄에 대한 수사능력배양을 위한 직무세미나교육 및 전문기관 위탁교육실시, 현장 대응능력강화 등 전문수사관 양성확대에 심혈을 기울여야한다.

(3) 국제적 활동능력 배양

정보통신기술 및 교통수단의 발달로 범죄는 더욱 대형화·조직화·국제화 하는 양상을 보이고 있다. 따라서 국제성범죄 공조수사체제를 구축하고 각종 범죄관련 정보를 수집·교환하기위해 국가간 경찰교류 협력을 강화하여야한다. 이를위해 해외경찰 주재관 파견을 확대하고 주요국제회의참석 및 인터폴(I.C.P.O: International Criminal Police Organization)과의 국제 공조활동도 강화하여야 하겠다.

2) 인권의식고양 및 국민우선 수사분위기 조성

(1) 피의자 및 피해자 인권 침해방지

최근 경남 밀양 여중생 성폭행 사건관련조사시 경찰관이 성폭력 피해자의 신원을 언론에 공개하는 등 인권침해사례가 발생하여 사회적 물의를 야기한 바가 있다. 따라서 범인검거보다 더 중요한 것은 피의자 및 피해자에 대한 인권보호라 할 수 있으며 이를 위해서는 담당수사관 복수제 운영, 수사관의 강요행위금지, 심야조사제한 조사과정 녹음 및 녹화 등 유치장내 시설개선과 수사절차상 인권보호에 관한 법령정비와 제반조치도 강구하여야한다.

(2) 위법수사의 억지

최근에는 범죄양상이 지능적이고 치밀하여짐에 따라 이에 대응하기 위해 함정수사가 채택되기도 하는 등 단순히 범인 체포를 실적향상만을 위해 수사의 적정절차가 무시되는 경향도 많다 할 수 있으므로, 이로인해 인권침해가 되는 수사진행이 이루어지리라 생각된다.

그러나 무엇보다도 중요한 것은 실무수사관들에 대한 감독활동을 강화하고 수사의 과학화 및 인권의식 고양에 더한층 관심을 기울이는게 중요하리라 생각된다.

(3) 국민 편익 우선 수사행정 구현

경찰에서는 수사업무에 정통하고 경험이 풍부한 퇴직경찰관을 수사민원 상담관으로 위촉하여 일선경찰서 민원실에 배치, 각종 고소 · 고발 등 수사민원사건을 접수하기 전에 상담을 실시한바 있으며 원격지 거주자의 불편을 최소화하기 위해 이메일, 팩스, 우편 등 각종통신수단을 활용한 사건조사를 실시하기도 한다. 이와같이 국민에게 거부감을 주었던 수사행정을 이제는 친절하고 신뢰받는 수사행정으로 국민과 함께 하도록 더욱 노력하여야 하겠다.

3) 적극적인 신고 및 범죄예방활동 전개

(1) 범죄신고 활성화

증가하고 있는 범죄에 효율적으로 대처하기 위해서는 경찰에만 의존하기보다 무엇보다도 모든 국민들의 신고의식이 중요하다 할 수 있다.

그러나 신고제도를 활성화하기 위해서는 우선 신고자들이 걱정하고 있는 보복에 대한 철저한 신변안전조치 등 신고자에 대한 각종 지원보호 프로그램 개발이 전제되어야한다.

(2) 적극적인 경찰지원활동 전개

경찰의 병력과 장비로는 증가하는 범죄를 예방하기에는 역부족이다. 따라서 주민스스로 자율방범대를 조직해 순찰활동을 전개하고 범죄취약지에 대해서 경찰에서 추진하고 있는 CCTV 설치 등 방범체제를 강구하는 등 적극적인 경찰지원활동을 전개하여야 한다.

(3) 광역 · 공조수사체제 구축

시대변화에 따라 범죄환경 역시 다양하게 변화하고 있다. 따라서 급변하는 범죄추세에 따라 지역경찰서간 유기적인 협조체제가 이루어져야하며 과학수사장비 활용 등 수사체계구축과 수사 자료 · 범죄정보의 공유 및 전파 등 공조수사의 상시 운영체제를 강화하여야 한다.

4) 민간경비분야 활성화

오늘날 사회위험요소들을 국가경찰력만으로 대응하는데는 한계가 있다. 따라서 국가경찰력이 감당하지 못하는 부분이나 국가경찰력에 비해 효율성이 높은 분야에서는 민간의 능력을 활용할 필요성이 대두된다. 향후 급증하는 치안수요에 따라 민간경비 분야가 더욱 증가하기 때문에 이를 효율적으로 지도·육성하는 등 민간경비 연구 활성화에 노력하여야겠다.

2. 정책적인 측면에서의 경감 방안

1) 청소년 선도·보호활동강화

소년범죄는 2000년 이후 감소하는 추세이나 아직도 전체범죄자의 5%를 점유하고 있으며, 살인·강도·강간 등 강력범의 많은 부분을 차지하고 있다. 따라서 소년시절의 범죄는 장래 성인이 되어 상습·흉악범죄로 발전될 가능성이 높기 때문에 아직 범죄의 습성이 뿌리내리지 않고 미래에 희망이 있는 청소년을 범죄나 비행으로부터 선도·보호하고 유해환경을 정화하는 활동은 매우 중요한 일이다.

2) 약자(弱者)의 범죄근절 및 피해자 보호

여성의 사회참여와 지위향상은 동시에 여성범죄의 증가원인이 되기도 한다. 또한 최근 한국사회가 고령화 사회가 진전됨에 따라 일반형법범 검거 인원중 60세 이상자가 차지하는 비율이 높아지는 경향이 뚜렷하며, 아동에 대한 인신매매와 가정 및 성폭력 범죄도 증가하고 있다. 따라서 대 여성, 아동범죄피해자들이 보호받을수 있는 인권상담가제도운영과 NGO·학교 등과도 연계된 예방·홍보 프로그램을 개발하고 다양한 노인복지대책강구로 노년기의 범죄환경으로부터 보호받을 수 있는 대책 강구도 절실한 실정이다.

3) 경찰 사기관리 제고

경찰이 국민의 안전과 인권을 지키는 수호자로서 공정하고 친절한 봉사자로서 국민의 신뢰를 얻을 수 있는 기회를 부여하여야 한다.

경찰은 치안활동의 첨병으로서 역할을 수행함에도 불구하고 잦은 인사이동과 승진적체, 잦은 공권력 도전행위에 의한 강력한 법집행 곤란, 봉사업무를 수행하면서도 단속 규제하는 기관으로서 이미지가 각인되어 국민들로부터 거리감 등으로 사기가 저하되어 있는 현실이다. 따라서 현재 경찰에서 계획한 「경찰계급구조개선 3개년 계획」의 차질 없는 진행 등 합리적 인사제도운영과 경찰복지증진, 특별승진 및 포상제도 등을 더욱 보완 발전시켜야하겠다.

Ⅵ. 결론

사회현상의 변화에 따라 점차지능화, 국제화, 흉포화되어가는 범죄현상 및 새로운 유형의 범죄에 효율적으로 대응하기 위해서는 무엇보다도 범죄가 발생한 경우 단순히 범인의 잘못된 행동에 의한 범행으로만 결론 짓지말고 이를계기로 범인의 단절된 마음과 함께 범인과 동시대를 살고있는 우리의 마음을 서로열어보고 사회의 병리현상이 무엇인지 반성하고, 치유하여야 할 부분에 대해서는 사회적 범죄예방 차원에서라도 논의하고 점검하여야하겠다.

따라서 우리는 범죄가 발생한 경우 범인을 단죄(斷罪)하기보다는 먼저 시대적인 변화에 따라 발생될 수 있는 범죄의 유형과 환경을 이해하고 보다 피해를 경감할수 있는 방안이 무엇인지 대책을 강구하는 것이 더 중요한 일이라 판단된다. 그러나 아무리 범죄예방을 위한 훌륭한 방제대책을 수립한다해도 발빠르게 움직이며 이사회를 공포속으로 내몰고있는 범죄를 쫓아가 막아내기는 힘들다. 더구나 범죄를 완전 근절시키기란 거의 불가능한 일이라 할 수 있다. 단지 범죄현상의 분석을 통해 대책을 수립함으로써 범죄발생을 감소시키는 역할을 해 나갈 수밖에 없다. 따라서 이러한 측면에서 본 논문에서는 한국의 주요 범죄 발생 동향을 살펴보고 범죄양상의 변화에 따라 실제적으로 범죄로 인한 피해를 줄일 수 있는 방안은 무엇이 있는지 검토하여 보았다.

현실적으로 범죄예방 등 제반형사정책을 수립하기 위해서는 무엇보다도 우선 최근 우리사회에서 발생되고 있는 범죄의 추이와 변화양상을 알아내어 범죄증가와 흉악화 방지 등 범죄 예방책을 강구하여 실제로 범죄로 인한 피해를 경감하는 방안 강구가 중요하다고 생각된다.

참고문헌

1. 국내문헌

〈단행본〉

이만종(2002), 「범죄학개론」(서울 : 학현사)

지광준(2003), 「범죄학」(서울 : 경인문화사)

이재상(2000), 「형사호송법」(서울: 벅영사)

이윤호(1996), 「형사정책」(서울 : 박영사)

〈논문〉

김용세(1999), “범죄수사와 피해자보호”, 「피해자학연구」 제8호

송광섭(2000), “형사절차에 있어서 피해자의 지위 강화”, 「피해자학연구」제8호

박미숙(2000), “회복적 사법과 피해자보호”, 「피해자학연구」제8호

이보녕(2000), “형사절차상 증인 및 피해자보호에 관한 연구-피해자학과 범죄피해자보호를 중심으로”, 「단국대 법학논총」제 24집

이은모(2002), “범죄피해자보호를 위한 형사절차상의 대책”, 「고시연구」 제335호

이재상(1993), “범죄피해자의 지위강화-입법론적 대책을 중심으로-”, 「형사법학의 현대적과제」 동산 손민육박사 화갑기념 논문집

장규원(1999), “범죄피해자에 대한 지원제도-스위스, 독일 및 일본을 중심으로”, 「형사정책연구」 제37호

_______(1999), “피해자와 형사사법체계”, 「형사정책연구소식」 제54호

조병인(1998), “한국의 범죄피해자보호체계 : 법률과 실제”, 「형사정책연구」 제35호

최석란(1998), “미국의 범죄피해자 보호・원조제도”, 「형사정책연구」 제35호

2. 외국문헌

Box, steven, Hale, Chris and Glen, Andrews. 1998. "Explaining Fear of Crime." British Journal of Criminology 28(3) : 338-56

Burt, Martha R. and Estep, Rhoda E. 1981. "Apprehension and Fear : Learning a Sense of Sexual Vulnerability" Sex Roles 7(5) : 511-22

〈표 1〉 총 범죄발생 및 검거현황

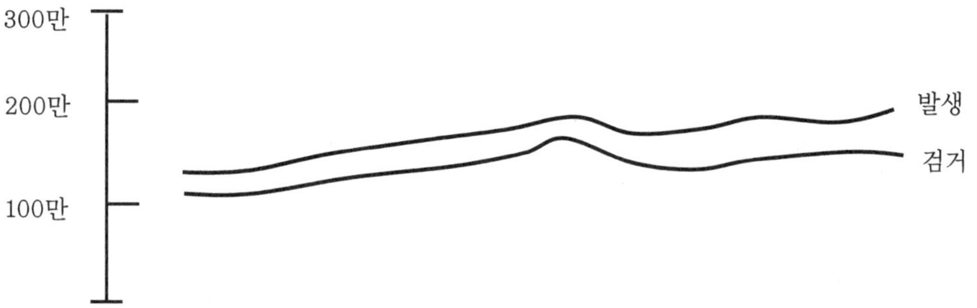

구분	'94	'95	'96	'97	'98	'99	'00	'01	'02	'03
발생	1,309,326	1,329,694	1,419,811	1,536,652	1,712,233	1,654,064	1,739,558	1,860,687	1,833,271	1,894,762
검거	1,184,208	1,202,095	1,287,260	1,398,384	1,579,728	1,574,902	1,543,219	1,642,118	1,694,342	11,679,249

출처 : 2004, 경찰백서

〈표 2〉 여성 및 소년범죄자 현황

구분	'94	'95	'96	'97	'98	'99	'00	'01	'02	'03
총 범죄자	1,463,186	1,476,151	1,572,497	1,693,080	1,880,016	1,946,470	1,918,952	2,005,476	1,975,930	1,953,119
여성범죄자	183,027	199,627	226,344	231,381	288,940	295,759	290,931	311,718	311,184	320,859
소년범죄자	108,681	123,372	136,323	153,380	151,383	141,519	143,018	131,059	115,210	96,697

출처 : 2004, 경찰백서

〈표 3〉 형법범에 의한 사망자·부상자 현황

구분	'94	'95	'96	'97	'98	'99	'00	'01	'02	'03
사망자	2,367	1,781	1,665	1,784	1,502	1,442	1,565	1,191	1,281	1,337
부상자	153,521	166,025	182,029	185,030	194,896	226,698	243,196	221,895	190,170	154,383

자료 : 2004, 경찰백서

〈표 4〉 대한민국 평균 범죄자의 모습

구분	내용
나 이	남자 31~40세(전체 남자 범죄자 중 30.6%) 여자 41~50세(전체 여자 범죄자 중 30.7%)
학 력	고졸(전체 남자 범죄자 중 45.1% / 전체 여자 범죄자 중 46.5%)
결 혼	미혼
범 죄 원 인	부주의(21.8%), 우발적(17.4%)
주요 범죄 지역	서울(강도:38.6% / 절도:30.6%)
폭력 범죄 장소	노상(42.2%)
검거 후 처벌	불구속입건(95%)

출처 : 2004, 경찰백서

〈표 5〉 폭력범죄 발생장소(2003)

(단위 : 건)

〈표 6〉 수사전문가 현황

계 / 구분	죄종별 전문수사	수사기법	수사지원	비고
28개분야, 42명	15개분야, 22명	10개분야, 15명	3개분야, 5명	전국경찰관중에서 선발활용

*출처 : 2004. 경찰백서

〈표 7〉 중요강력범죄피해자의 범죄신고현황('03년) (단위: 건, %)

구분	강도	강간	절도	폭력
발생건수	7,292	6,531	187,352	294,893
사고율	3,983	2,507	115,225	111,215
피해자신고	54.6%	38.4%	61.5%	37.7%

출처: 2004, 경찰백서

〈표 8〉 자율방범대 활동실적 (단위: 건, 명)

구분	범죄신고(건)	형사범 합동검거			
		계	강·절도	폭력	기타
'02년	23,838	17,085	271	5,876	10,938
'03년	11,076	11,134	226	4,088	6,820

출처: 2004 경찰백서, 경찰청, 2004. 7

Chapter 11 범죄 유발심리요인에 관한 고찰

[요약]

지난해 발생하였던 연쇄살인범(serial killer) 유영철 사건이 우리사회에 던진 충격과 공포는 너무나 엄청났다. 이제 우리에게도 영화속에나 보던 연쇄살인범의 공포가 다른나라만의 사례가 아니게 되었다. 따라서 이러한 사건을 단순히 엽기적인 살인마의 발작적 행동에 의한 범행으로만 결론짓지 말고 이를 계기로 범인의 단절된 마음과 함께 범인과 동시대를 살고있는 우리의 마음을 서로 열어보고 사회의 병리현상이 무엇인지 반성하고, 치유하여야할 부분에 대해서는 사회적 범죄예방차원에서라도 논의하고 점검하여야 하겠다. 현실적으로 우리는 범죄가 발생할 경우 범인을 단죄(斷罪)하기보다는 먼저 범죄자의 반사회적 행동을 이해하고 보다 현명하게 취급하는 일이 더 중요한 일이라 판단된다. 따라서 범죄예방 등 제반형사정책을 수립하기 위해서는 무엇보다도 우선 범죄자를 범죄로 몰아넣은 동력(動力)들을 알아내는 것이 중요하다 생각된다. 이러한 측면에서 본 논문에서는 범죄를 유발하는 심리학적 요인에 대하여 살펴보았다.

Ⅰ. 서 론

2004년 여름 수십여명의 생명을 앗아간 희대의 연쇄살인범(Serial Killer) 유영철 사건은 우리사회를 충격과 경악에 휩싸이게 하였다.

이와 같은 연쇄살인범에 대해 프로이드(Freud)는 어린시절 가정과 사회에서 제대로 대접받지 못하여 정상적 성인으로 성장할 기회를 놓쳐버린 '어린어른'으로 비유하고 있다.

물론, 모든 범죄자의 범죄 원인이 반드시 정신적인 이상이나 심리적인 결함을 가진 것이기때문만은 아니지만 심리학적 원인론자들은 범인성의 원천을 대부분 사람들의 정신적 과정에서 찾으려고 한다. 따라서 범죄를 하도록 충동하는 정신적, 심리학적 배경과 과정을 추적하지 않고서는 범죄의 원인을 이해할 수 없다고 주장한다.

따라서 본고에서는 범죄를 유발하는 심리요인에 대하여 살펴보겠으며 특히, 최근의 범죄 심리학적 요인에 관한 연구 동향인 심층심리와 범죄, 성격과 범죄, 지능과 범죄, 인격장애와 범죄 연구의 4가지 요인에 대하여 살펴보겠다.

먼저「심층심리와 범죄」연구는 프로이드(Freud)에 의해 시작되어 이후 계승자들에 의해 이론적으로 발전을 이루었으며「성격과 범죄」연구는 유형론적인 접근방법과 특성론적인 접근법으로 구분하여 분석하였다. 또한「지능과 범죄」연구는 범죄자의 지능이 낮다는 가정 하에서 출발한 것으로 1950년대에는 완전히 종식되다시피 했으나 1980년대에 들어서면서 다시 활성화된 이론이며「인격장애와 범죄」연구는 다양한 종류의 정신장애와 범죄의 관련성을 검토하고 있는 분야로 특히 최근에는 정신의료가 향상되고 정신장애자에 대한 인권의식이 고조되면서 정신장애의 진단 기준의 객관화를 지향하는 정신 및 행동장애 분류표(ICD-10 이나 DSM-Ⅳ)를 개발하는 등,「정신장애와 범죄」연구를 둘러싼 움직임이 활발한 실정이다.

따라서 범죄를 예방하는 형사정책수립을 위해서는 무엇보다도 먼저 이와같은 범죄를 유발하게 하는 범인성의 요인을 파악하는데 더욱 주목할 필요가 있다고 생각된다.

Ⅱ. 심층심리와 범죄

「심층심리와 범죄」 연구는 범죄의 근원적인 에너지가 인간의 마음속 깊은곳에 존재한다고 보고 있는 것으로 그동안, 많은 임상실험을 통해 그 에너지의 정체를 규명하고자 노력해 왔으며 이러한 관점에서 범죄의 원인을 설명하려는 수많은 시도가 현재까지도 이루어지고 있고, 이러한 시도는 범죄의 심리학적 요인 탐구에 많은 공헌을 하였다(이만종, 2002:198).

1. 범죄행위에 대한 정신분석학적 접근

1) 이드와 에고, 슈퍼 에고

현대적인 의미에서의 심리학의 시점에서 범죄의 원인을 설명하고자 했던 최초의 정신분석학의 시도자는 S.Freud이다. 그의 범죄관은 부모와의 관계를 가장 중요한 범죄원인으로 보고 범죄나 비행을 어린시절부터 부모가 적절히 통제하고 조정함으로써 방지할 수 있다고 주장하였으며 그의 연구는 관심이 어디에 놓여있느냐에 따라 다음의 세 시기로 분류하였다.[1]

제1기는 『꿈 해석』이 출판된 1900년까지의 기간으로 히스테리나 신경증에 대한 임상적인 관찰을 통하여 정신분석학의 기본적인 구상이 구축된 시기로서 성에 관한 문제나 무의식의 문제는 이 시기에 제기된 것이다. 제2기는 1900년부터 1914년까지의 기간으로 신경증 환자의 심층심리를 파악하는 방법으로써 자유 연상법이 확립되었으며, 그 밖에도 유아기 체험, 리비도(Libido)의 발달 과정, 오이디푸스 콤플렉스(Oedipus Complex) 등이 중심적으로 연구되었다.[2] 제3기는 1914년부터 1939년까지의 기간으로 정신구조론에 중점을 두고 연구하였으며, 사람의 인격구조를 원본능, 자아, 초자아의 3개의 체계로 구분하고,[3] 이 3요소는 항상

1) 정신분석학의 시조라 불리는 프로이드는 일정기간마다 연구의 관심을 다른곳으로 돌려 자신의 이론을 몇 차례 수정, 변경하였기 때문에 어느 시점에 주목하느냐에 따라 견해를 달리하고 있다.

2) 리비도는 정신분석학용어로 성본능, 성충동을 뜻하며, 프로이드는 태어나면서부터 서서히 발달하는 것이라 하였다. 또한 오이디푸스 콤플렉스는 남성이 부친을 증오하고 모친에 대해서 품는 성적애착을 말하며, 반대성향을 엘렉트라 콤플렉스라고 한다.

3) 원본능(ID)은 원초적본능(성욕)으로 비도덕적·동물적 쾌락원칙에 지배되며 의식할 수 없는 인성부분

갈등상태에 놓여져 있으며 범죄는 이 갈등상황속에서 원본능(Id)의 힘이 자아(Ego)나 초자아(Superego)의 통제기능을 능가했을때에 생기는 것이라고 하였다.

따라서 범죄는 퇴행에 의하여 원시적이고 폭력적이며 비도덕적인 어린시절의 충동이 부활한 것으로서 유아적 충동과 초자아의 통제의 불균형의 표출이라고 하였다(이상현, 1999:68).

이처럼 프로이드가 제시한 정신분석에 의한 범죄 원인 설명은 범죄학에도 강한 충격을 주었고 이후 정신분석학적인 접근방법은 범죄학에서 특정 위치를 차지하게 되었다.

2) 성격의 내향성과 외향성

스위스의 심리학자 C · 융(Carl Gustav Jung : 1875-1961)은 분석심리학이라는 새로운 체계를 정립하였는데 융은 리비도를 프로이드처럼 성적인 욕구 문제에 한정시키지 않고 모든 행동의 기초를 이루는 심적 에너지로 보았다.[4] 그는 이러한 심적 에너지의 방향에 따라 인간의 태도를 '외향성(extraversion)'과 '내향성(introversion)'으로 분류하였다. 외향적인 사람은 자신의 관심이 외계의 사건이나 일에 향해져 있는 반면, 내향적인 사람은 그 관심이 내적인 세계에 향해져 있다는 점에서 서로 다르다. 따라서 외향적인 사람은 사교적, 협조적, 순응적, 단락적인 경향이 있는 반면, 내향적인 사람은 내성적, 소극적, 순응적, 회의적인 경향이 강하다고 하였으며 폭력적인 충동 등도 외향성에 속한다고 하였다. 그렇기 때문에 융의 분류에서는 외향적인 사람과 범죄의 친화성이 지적되었다.

이러한 융의 정신구조론은 상습 범죄자를 설명함에 있어 때때로 이용되기도 한다. 즉, 융의 설명을 응용하자면 내향성인 자는 주의가 깊고 사회규범 등에 대한 학습능력이 높기 때문에 상습 범죄자가 되기 어렵다는 것이다. 그러나 학습능

이나 이드를 구성하는 핵심적인 요소는 생존의지와 같은 본능적 요소인 리비도(Libido)이며, 자아(ego)는 본능과 현실세계 및 초자아를 연결시키는 역할을 하는 의식할 수 있는 인성이다. 또한 초자아(superego)는 인간의 도덕성, 이성, 양심, 자아비판력, 의무감 등 규범행동과 관련되는 정신기능으로서 의식할 수 없는 인성부분이다. 슈퍼에고를 형성하는데 있어 가장 중요한 과정으로 프로이드는 어렸을 때 부모와 맺는 애정을 들었다.

4) 프로이드의 정신분석학을 기반으로 하면서도 성욕설이나 무의식설에 관해서는 견해의 차이를 보였다.

력이 높다는 것은 법규 준수 측면에서만 발휘되는 것이 아니라는 반론도 있다. 즉, 구금형 등의 형벌을 부과 받았을 때 법이 어떠한 행위를 금지하고 있는지를 이해했다 하더라도, 석방되고 나면 반사회적인 행동도 재학습하여 상습적으로 범죄를 일으킬 가능성이 있다는 것이다.

3) 과잉보상

오스트리아의 A. 아들러(Alfred Adler : 1870 ~ 1907)는 개인심리학이라는 체계를 세운 심리학자이다.[5] 그에 의하면 인간의 심층심리에 작용하는 원동력은 프로이드가 말하는 성욕이 아니라, '힘의 의지'라고 한다. 이 힘에 대한 의지, 즉 우월감 충동을 꺾는 「열등감 콤플렉스(inferiority complex)」는 각종 신경증(노이로제)의 근본원인이 되는 동시에 각종 범죄와 비행의 원동력이 된다는 것이 그의 설명이다. 즉, 사람은 사회와 접촉했을 때 자신이 열등하다는 감정(열등감)과 이를 보상(극복) 받으려는 의지를 지니게 된다. 특히 가정환경이 열악한 사람이나 신체적인 핸디캡을 지닌 사람은 강한 열등감을 가지게 된다. 그 중에는 이 열등감을 과잉으로 보상받으려는 사람도 있다. 아들러는 이 과잉보상이 사람을 여러 가지 내적 · 외적 갈등에 휩싸이게 하며 나아가서는 범죄나 비행을 유발시키기도 한다고 주장한 것이다.

4) 비행의 잠복

오스트리아의 정신과 의사인 A · 에이크혼(August Aichhorn)[6]은 1935년 「다루기 힘든 어린이」라는 저서에서 많은 비행소년을 검증한 결과, 사회적인 스트레스가

---

5) A·아들러의 범죄원인론을 요약하면 다음과 같다. (a) 인간의 기본적 욕구는 힘(권력)에 대한 의지와 자기보존 욕구이다. (b) 그런데 이러한 욕구에 장애가 되는 조건 때문에 이를 충족시키지 못하는 사람들은 열등감 콤플렉스를 지니게 된다. (c) 범죄란 콤플렉스에 대한 보상을 위해 다른 사람의 이목을 끄는 행동이다. (d) 콤플렉스의 주된 요인은 신체적 결함이지만 자본주의 사회의 사회적 소외도 중시되므로 사회적 콤플렉스로 확대시킨 이론이다. (e) 범죄방지수단으로 형벌은 무용하고 심리적 치료를 중시해야 한다고 주장한다. (f) Schmidt는 이를 사회적 의기소침의 범죄화 도표로 정리했다. 즉, 「기질적·사회적 저격(低格)→정신적 열등감 콤플렉스 형성→권력추구와 남성적 항의→과잉대상추구→범죄」 의 과정을 거친다고 한다.

6) 정신분석학을 범죄, 비행에 대한 설명에 가장 밀접하게 접목시킨 인물로 평가한다.

소년에게 유해한 영향을 미치는 것은 사실이지만 그렇다고 해서 그러한 스트레스만으로는 소년들이 비행을 저지르지는 않는다는 결론에 도달했다. 에이크혼에 의하면 비행을 저지르기 위해서는 사회적인 스트레스 이외에도 소년들에게 반사회적인 행위를 준비시키는 심리적인 소질이 필요하다고 한다. 그는 소년이 이러한 심리적 소질을 지닌 상태를 「비행의 잠복(latent delinquency)」이라 불렀다. 이 비행의 잠복은 소년이 다음의 세 가지 성격 중 어느 하나를 갖추고 있을 때 형성된다고 하였다. (a) 눈앞의 욕구를 충족시킬 것을 갈망할 때(충동적이다). (b) 자신의 개인적인 욕구를 충족시키는 것이 타인과의 관계보다 중요하다고 생각할 때(자기중심적이다). (c) 선악을 생각하지 않고 본능적으로 행동할 때(죄의식이 없다). 이들 성격은 비행소년이 부모로부터 애정을 받지 못하고 슈퍼에고가 제대로 형성되지 않아 이드를 충분히 억제할 수 없다는 것을 의미한다. 그러므로 비행소년을 처우함에 있어서 권위나 제재가 아닌 애정에 의한 교정이 필요하다고 에이크혼은 주장하였다.

2. 정신분석학적 범죄이론에 대한 검증

이처럼 범죄와 비행 등 범죄원인에 대한 심리학적 접근방법에는 프로이드를 비롯한 정신분석학자가 기여한 바 크고, 오늘날에도 그 영향력을 지속적으로 발휘하고 있다.

그러나 정신분석학에서 제시한 개념이나 이론은 추상적인 것이 많다.[7] 따라서 이러한 정신분석학적 범죄이론은 검증이 불가능하다는 취약점을 극복하지 못하고 있어 아직은 가설수준에 머물러 있다. 국내에서도 정신분석 요법은 널리 보급되었고 많은 성공 사례도 보고되고 있어 그 유효성을 부인하기 어렵다. 하지만 범죄자나 비행소년에 어느 정도의 효과가 있을 지는 여전히 흡족할 만큼 증명되지 못하고 있다.

7) 프로이드의 「이드」와 「슈퍼에고」, 융의「내향성」과「외향성」, 아들러의 「과잉보상」, 그리고 에이크혼의 「비행의 잠복」 등이 있다.

Ⅲ. 성격과 범죄

범죄심리학에서 성격이라함은 의지와 감정을 가르키는 것인데 이러한 성격을 범죄의 요인으로 보아도 되는 것인가 하는 문제를 놓고 범죄심리학에서는 지금까지 ① 유형론적 접근방법 ② 특성론적 접근방법 등 두 가지의 다른 접근방법이 시도되었다.

1. 유형론적 접근방법

유형론적 접근방법은 성격을 몇 가지 타입으로 분류하여 이해하고자 하는 연구방법이다. 이러한 접근방법의 대표적인 예로는 E · 크레취머의 신체구조와 성격, W · 셀든의 체형과 기질, E · 제리히의 행동양식의 특질과 성격 등을 들 수 있다.

1) 체형과 성격

체형은 각 개인의 성격, 기질형과 밀접한 상관관계를 갖는다고 한다. 이에 관한 연구의 개척자는 독일의 정신병학자 E · 크레취머(Ernst Kretschmer)인데 인간의 기질과 체형의 관계를 조사하여 그 결과를 1921년에 『신체구조와 성격』을 통해 공표 하였다. 그의 견해에 따르면 인간의 기질은 ① 순환 기질(조울성 기질) ② 분열 기질 ③ 점착 기질의 세 가지로 나눌 수 있으며 각각의 기질은 특정 체격과 결부될 가능성이 높다고 한다. 이 중 순환 기질의 구체적인 특징으로는 사교적이고 활발하며 대범한 성격이며 개방적 또한 유머가 풍부하고 명랑 쾌활하지만 그 반면으로 혼자서 깊이 생각하며 조용하고 침착하여 우울상태와 조울상태가 교대로 나타나는 면이 있다는 것이다. 이러한 특징의 소유자는 비만형(pyknic type)에 많으며 분열 기질의 구체적인 특징으로는 비사교적이고 신경질적이며, 내성적이고, 진지하며 어른스럽고 흥분하기 쉽고 감수성이 민감하며, 차가운 인상을 주는 등 민감함과 둔감함을 동시에 지닌다고 한다. 이러한 특징의 소유자는 세장형(leptosome type)에 많이 나타나며 점착 기질의 구체적인 특징으로는 매사에 끈질기고 집착이 강하며 세심하고 의리가 깊으며 신중한 반면, 참을성이 약하고 울화통을 터뜨리는 것 등을 들 수 있다고 하며 이러한 특징의 소유자는 투사형(근육질형 : athletic type)에 많다는 것이다.

이러한 크레취머의 성격 분류를 G · 슈바브(Schwab), 필른슈타인, L · 리이들(Riedl) 등이 범죄자에게 적용시켜 보았다. 슈바브는 크레취머의 체형분류방식에 입각하여 누범자들의 범죄초발연령과 체형의 관계를 통하여 일반적 범죄생활곡선 연구를 행한 대표적 인물로서, 그는 3,052명의 범죄자를 대상으로 그 체격을 조사하여 크레취머의 세 가지 유형을 적용시켜 보았다. 그 조사 결과 범죄자의 체격은 비만형이 10%, 세장형이 34%, 투사형이 13%였다(기타 2개 이상의 체격의 특징을 지닌 혼합형이 36%, 발육 이상이 7% 였다). 여기서 슈바브는 「범죄자에는 비만형이 적다」는 명제를 도출해냈다. 그 밖에도 그는 조사를 통해 「세장형과 투사형 체격자는 사춘기에 더 위험하고, 비만형 체격자는 갱년기에 더 위험하다」는 결론도 이끌어냈다.

한편 리이들은 800명의 상습범죄자를 조사한 결과 비만형이 15%, 키가 크고 마른 형이 33%, 투사형이 25%로 나타났다. 여기서 리이들은 키가 크고 마른 형과 상습범죄자의 상관성을 지적했으며 이와 비슷한 결론은 독일 바이에른의 슈트라빙 형무소에서 중징역 수형자 150명을 조사한 필른슈타인에 의해서도 보고되었다. 따라서 특정 범죄 유형과 체격의 관련성에 대해 살펴보면 슈바브는 세장형과 절도, 투사형과 강도, 비만형과 사기 사이에 친화성이 존재함을 인정하였다.

또한 크레취머의 체격과 성격 유형을 범죄자에 적용시키는 조사는 일본에서도 실시되었는데, 먼저 요시마스(吉益) 박사가 1948년에 불량 흉악범 62명을 대상으로 조사를 실시한 결과, 키가 크고 마른 형이 12명(19.4%), 비만형이 4명(6.5%), 투사형이 28명(45.1%) 이었다. 그리고 다나카(中田) 박사가 1965년에 지발범(遲發犯) 단기 수형자 89명을 대상으로 조사를 실시한 결과, 키가 크고 마른 형이 19명(21.4%), 비만형이 7명(7.9%), 투사형이 13명(14.6%)로 나타난바 있다.

2) 체형과 기질

미국의 W·셀든(William Sheldon)은 독자적인 신체 측정법을 이용하여 체형과 성격의 관련성을 조사하게 되었다. 즉, 생명의 발생 근원인 배(胚)는 내배엽(內胚葉 : endodern), 중배엽(中胚葉 : mesoderm), 외배엽(外胚葉 : ectoderm)으로 구성되어 있는데, 이 중 내배엽은 주로 소화기 계통으로, 중배엽은 골격이나 근육 조직으로, 외배엽은 피부나 세포 조직으로 분화 발달한다. 여기서 셀든은 배(胚)의 3요소 중 어느 부분이 가장 발달하느냐에 따라 ① 내배엽형 ② 중배엽형 ③ 외배엽형의 세 가지 체형으로 분류할 수 있다고 생각했다. 이 중 내배엽형은 소화기 계통이 발달하여 외견은 통통하며 손과 발이 짧은 사람이 많다. 중배엽형은 근육이나 골격이 발달하여 흉곽이 넓고 손과 발이 큰 사람이 많다. 외배엽형은 피부나 세포 조직이 발달하여 외견상으로는 마르고 장신이며 민틋하게 내려온 어깨를 지닌 사람이 많다고 주장하였다.

그 밖에도 셀든은 기질의 특성을 나타내는 650단어를 분석하여 50가지의 특성으로 종합하였다. 그리고 이들 특성을 기준으로 ① 내장긴장형(內臟緊張型) ② 신체긴장형 ③ 두뇌긴장형의 세 가지로 분류하였다. 이 중 내장긴장형은 온화, 활달하며 사교적인 것이 특징이다. 신체긴장형은 자신에 넘치는 사람이며 위험이나 권력을 좋아하는 성향이 있는 것이 특징이고 두뇌긴장형은 감수성이 강하고 내향적인 것이 특징이다. 나아가 쉘든은 ① 내배엽형과 내장긴장형 ② 중배엽형과 신체긴장형 ③ 외배엽형과 두뇌긴장형 사이에 비교적 밀접한 상관관계가 존재한다고 보았다.

이러한 셀든에 의한 체형과 기질의 유형화도 범죄학에서 응용되어 범죄자에 대한 적용이 이루어졌다. 먼저 셀든은 200명의 남자 학생과 같은 숫자의 비행소년을 비교하여 「비행소년 중에는 중배엽형의 비율이 높다」는 보고를 하였다. 그 밖에도 미국의 글륙(Glueck) 부부가 500명의 비행소년과 같은 숫자의 비행 경력이 없는 그룹을 비교한 결과, 비행소년 그룹에서는 중배엽형이 60.1%, 외배엽형이 14.4%로 나타난 반면, 표본그룹에서는 중배엽형이 30.7%, 외배엽형이 39.6%로 나타났다. 이러한 사실로부터 글륙 부부는 「비행소년 중에는 중배엽형이 높은 비율을 차지하며 외배엽형의 수는 적다」는 결론을 내렸다.

3) 행동양식의 특질과 성격

앞에서 설명한 주장에 대해 범죄학자 E · 제리히는 K · 와인들러와 함께 1949년에 저술한『범죄자의 유형』을 통해 범죄자의 특질이라는 것은 체형과는 아무런 관계가 없고 법적으로 정해진 공통점에 의해 결정된다고 주장하였으며, 행동양식의 특질과 성격 경향에 따라 범죄자를 다음의 8가지로 유형화하였다. ① 노동 기피에 의한 직업적 범죄자(일하는 것을 싫어하며 범죄로 자신의 생계를 유지하는 범죄자. 절도범이나 사기범 등). ② 저항력 박약에 의한 재산범(통상은 근면하며 법을 준수하지만 재산범 등을 반복하는 범죄자. 횡령을 한 회계 사무원). ③ 공격성을 지닌 폭력범죄자(상습적으로 공격성을 나타내기 때문에 사소한 일에도 폭력을 휘두르는 범죄자. 처자식을 학대하는 자 등). ④ 성적 억제력 결여에 의한 성범죄자(성적인 억제력이 약하기 때문에 성범죄를 저지르게 되는 범죄자. 강간범 등). ⑤ 위기범죄자(갈등 상황에 처했을 때 이로부터 도피하는 수단으로 범죄 이외에는 머리에 떠올리지 못하는 자. 살인범이나 방화범 등). ⑥ 원시반응 범죄자(일시적인 흥분으로 인해 생기는 자극에 대해 직접적으로 반응하여 범죄를 저지르는 자. 감정을 억누르지 못해 살인이나 방화를 하는 격정범). ⑦ 확신범(범죄를 저질러야만 한다는 의무감으로부터 범죄를 저지르는 자. 정치범 등). ⑧ 사회훈련 부족에 의한 범죄자(사회 훈련이 부족하기 때문에 사회생활의 규범을 위반하는 범죄자. 과실범 등).

4) 유형론적 접근방법의 문제점

유형론적 접근방법에서는 개인의 성격을 전체적, 종합적으로 파악하는 것을 목표로 하고 있다. 즉, 다양한 성격 가운데에서 공통점을 찾아내고 이를 분류함으로써 성격의 본질을 이해하고자 하는 접근방법이다. 이러한 유형론적 접근방법에는 몇 가지 문제점이 지적되고 있다. 첫째, 유형론적 접근방법은 다양한 성격을 한정된 숫자의 유형으로 분류하기 때문에 중간적인 것이나 혼합적인 것이 무시되기 쉽다. 따라서 유형론적 접근방법에서는 때때로 예외가 존재하기 때문에 현실과 커다란 갭이 생기게 된다. 둘째, 유형화함으로써 각 개인이 지니지 못하는 성격까지도 그 사람에게 부여하게 될 위험성이 있다. 셋째, 종래의 유형론에서는 성격을 고정적인 것으로 받아들였기 때문에 환경적인 요인이 성격 형성이나 변화에 미치는 영향을 충분히 고려하지 못했다. 이러한 유형론적 접근방법의 문제점이 의식되면서부터 성격 연구는 특성론적 접근방법으로 서서히 이행하게 된다.

2. 특성론적 접근방법

유형론적 접근방법이 사람성격의 공통점에 주목함으로써 세부적인 차이를 무시한 것에 비해 특성론적 접근방법에서는 사람의 성격을 다양한 성격특성의 집합체로 파악하고 개개의 성격특성을 검토함으로써 그 사람의 성격을 이해하고자 하였다. 여기서 말하는「성격특성」이란 시간이나 장소가 바뀌어도 일관해서 행동으로 나타나는 개인의 특성을 가리킨다. 특성론적 접근방법과 비슷한 사고는 옛날부터 논의되어져 왔지만 미국의 글룩 부부, 영국의 아이젠크 등에 의해 금세기 중반에 범죄심리학적인 이론으로써 구축되었다.

1) 글룩 부부의 비행소년 연구

글룩(Shelden & Eleanor Glueck) 부부의 비행소년 연구는 500명의 비행소년과 표준 그룹(500명의 비행경력이 없는 소년)을 대상으로 로르샤하 테스트(Rorschach test : 스위스의 정신의학자 Herman Rorschach가 처음으로 시도한 방법. 잉크의 얼룩과 같이 여러 가지로 해석이 가능한 부정형의 도형을 제시하고 이를 해석시킴으로써 그 사람의 성격을 검사하는 방법)와 정신의학적 면접을 실시하였고, 양자를 비교하여 비행소년에게 공통되는 성격특성을 발견해 내는 조사를 시도하였다. 글룩 부부는 조사를 토대로 반사회적 성격을 지닌 소년의 성격특성으로써 다음과 같이 지적하였다. “전체적으로 비행소년들은 자기주장이 강하고 반항적이며, 외향적이며, 충동적이며, 국가기관의 권위에 대해서도 양면적인 태도를 가지고 있었다. 그리고 이들은 자기도취가 심하고 시기심이 강하며, 화를 잘냈고, 가학적이며, 파괴적이었다. 뿐만 아니라 타인에 대한 배려와 인격적인 역량이 결여되어 있고, 자신에 대한 낮은 사회적 평가에 대한 불만이 가득했으며, 권위에 대한 불신과 정신적 불안정, 강한 적개심을 드러냈다." 이러한 글룩 부부의 견해 이후에 범죄자의 성격특성을 식별하기 위한 많은 시도가 이루어졌다.

2) H · 아이젠크의 범죄자의 성격 특성

H · 아이젠크(Hans J. Eysenck)[8]는 범죄자의 성격특성에 관해 논하였는데 그는 인간의 태도나 성격을 분류함에 있어서 융의 내향성 · 외향성 개념을 기초로 삼았다. 다른 한편으로는 파블로프의 고전적 조건 이론을 응용하였다.

그에 의하면 반사회적인 행동과 관련성이 있는 특성은 외향성과 신경증세의 경향 두 가지가 있다고 한다. 이 중 외향성은 사교적, 낙관적, 충동적, 공격적인 특성에 의해 형성된다. 이 외향성이 강한 사람은 그 조건을 밝혀내기가 곤란하다고 생각되었다. 이에 비해 신경증세의 경향은 자율신경계가 강하며 빠르게 활동하고 정서 과잉으로 인해 불안정한 행동을 하기 쉬우며 걱정이나 긴장을 하는 경우가 많다고 한다. 따라서 외향성과 신경증세의 경향이 양 쪽 모두 높은 사람은 효과적인 지도(조건 형성)가 이루어지지 않았기 때문에 양심을 배양할 수 없었으며 충분히 사회화되지 못했다고 할 수 있다. 다른 한편으로 그들은 부적응에서 오는 정동(情動)반응을 강하게 나타내고 범죄에 대한 저항감이 없다고 생각되어졌다.

또한 아이젠크는 이러한 자신의 입장을 전제로 한 경우에 외향성 혹은 내향성을 지닌 본인(당사자)의 특성에 맞추어 유아기부터 적절한 지도(가정교육)를 행함으로써 범죄를 방지할 것을 설파했다. 나아가 한 번 범죄가 발생한 경우에는 범죄자의 특성에 맞는 개별적 처우가 필요하다고 주장했다.

3) 성격 테스트

20세기 중반부터 심리학에서는 성격 테스트가 자주 사용되기 시작했다.[9] 성격 테스트에는 인성검사표나 투사법 등이 있다. 이 중 인성검사표(personality inventory)는

8) 특성론적 접근방법을 심리학적인 이론으로 구축한 공적으로 널리 알려졌다.

9) 피검자의 성격특성을 객관적으로 측정하기 위하여 개발된 것이지만 결과적으로는 특성론적 접근방법을 강화하는 결과를 초래하였다.

질문이 기재된 용지에 해답을 쓰게 하고 그 해답을 분석하는 방법을 말하며 구체적인 방법으로는 미네소타 다중성격검사(Minnesota Multiphasic Personality Inventory ; MMPI) 등이 있다. 이에 비해 투사법(projective techniques)은 추상적인 그림, 모양, 문장, 소리 등을 자극재료로 사용하여 피험자들 각자에게 과제를 주고 거기에 대한 자유로운 반응을 얻어 그 반응을 분석하는 방법을 말한다. 구체적인 방법으로는 로르샤하 테스트, P-F 스터디, 주제통각검사(Thematic Apperception Test ; TAT) 등이 있다.

범죄와의 관련성을 알아보기 위한 성격 테스트 중에서 비교적 이른 시기부터 이용된 것은 MMPI 이다. MMPI 는 원래 심리진단을 목적으로 1940년에 미국의 R · 하더웨이와 J · 맥킨레이에 의해 고안된 질문지법 테스트로써 550개 질문 항목을 묻고 그 응답유형을 바탕으로 피검자의 성격을 검사하는 방법이다. 이들 질문에 대한 해답은 타당성 척도(① 의문 ② 허구 ③ 타당 ④ 수정)와 임상 척도(① 심기증(心氣症) ② 억울 ③ 히스테리 ④ 정신병리적 일탈 ⑤ 성도(性度) ⑥ 편집(偏執) ⑦ 정신쇠약 ⑧ 정신분열 ⑨ 경조(輕躁) ⑩ 사회적 경향성)에 의해 분석된다.

왈도(Waldo)와 디니츠(Dinitz)는 1950년에서 1965년 사이에 이들이 가장 신빙성 있는 주관적 인성검사의 방법으로 제시한 MMPI를 이용하여 범죄자의 성격프로파일을 조사한 94편의 연구결과를 재분석하였다. 그 결과 이중 80%이상의 연구에서 범죄자와 정상인이 인격특성상 구별된다는 것을 알 수 있었다. 앞서 언급한 MMPI의 10가지 임상 척도 중 가장 현격한 차이가 있었던 곳은 제4척도인 정신병리적 일탈 부분이었으며 이에 따라 왈도와 디니츠는 범죄자들은 일반인에 비해 정신병리적 일탈 경향이 강한 성격이라고 특징지울 수 있다고 보았다.

4) 성격 테스트의 문제점

이러한 성격 테스트가 널리 이용됨에 따라 그 문제점도 지적되었다.[10] 1960년

10) MMPI 등의 인성검사를 이용한 성격 테스트는 많은 사람에게 일제히 실시할 수가 있고 채점도 매뉴얼화가 가능하며 채점하기 쉽다는 이점을 지니고 있다. 이러한 간편함이 높은 평가를 받게 되어 인성검사를 이용한 성격 테스트는 1940년대 이후 급속히 보급되었으며 성격과 범죄·비행의 관련성을 검토하기 위해 수없이 이용되었다.

대 후반 이후 성격 테스트를 가지고 범죄자의 성격특성을 추출하는 것 자체에 부정적인 견해가 고조되어 범죄자의 성격특성을 발견하기 위한 성격 테스트는 지지를 잃게 되었다.

성격 테스트가 지지를 잃게 된 이유로는 성격 테스트에 대한 다음과 같은 4가지 비판이 고조되었다는 점을 들 수 있다. 첫째, 성격 테스트에 의한 범죄자의 성격특성 연구에서는 피검자의 환경요인이 무시되고 있다. 둘째, 종래의 연구 대상은 가두범죄를 저지른 자에 한정되어 있었기 때문에 화이트칼라 범죄에 대한 연구가 없었는데, 이는 성격 테스트의 대상이 되고 있는 범죄에 대한 편견을 말해주는 것이다. 그렇기 때문에 성격 테스트를 통해 범죄자 특유의 성격특성을 찾아내는 것이 아니라, 공통의 성격특성을 지닌 범죄자에게 성격 테스트를 실시한 것에 지나지 않는다는 비판의 목소리가 높아졌다. 셋째, 성격특성과 범죄를 직접 결부시킨다는 발상 자체가 비약적이다. 가령 성격 테스트에서 공격성이 높게 나타났다 하더라도 범죄와 직접적인 연관성이 없다는 사실은 스포츠 선수의 예를 통해 알 수 있다. 여기서 범죄자와 동일 성격특성을 지니고 있으면서도 범죄를 저지르지 않는 자, 혹은 다른 범죄자와 공통의 성격특성을 지니지는 않지만 범죄를 저지른 자에 대한 설명이 불가능하다는 지적이 생겨나게 되었다. 넷째, 성격 테스트에 의존하려는 형사사조가 지지를 잃었다. 1970년대에 미국을 비롯한 서구의 형사사조가 의료모델로부터 정의모델로 전환되는 과정 속에서 성격 테스트는 의료모델적인 발상에 근거하는 것으로 받아들여짐으로써 서서히 그 신뢰성을 잃어 갔다.

5) 부활된 범죄자 특성 연구

이리하여 범죄자 고유의 성격을 찾아내려는 연구는 한 때 수그러들었지만 1970년대 중반에 다시 주목을 끌게 되었다. 이러한 계기를 만든 것은 미국 워싱턴에 있는 정신장애 범죄자 전용병원인 세인트 엘리자베스 의원의 정신과 의사 S·요첼슨과 임상심리학자 S·세임나우였다. 두 사람은 그 때까지 자유파 심리학자로서 알려져 있었고, 「범죄자는 사회의 희생자이며 심각한 심리적 문제를 안고 있는 사람들이다」라는 입장을 표명하고 있었다. 두 사람은 이러한 신념 아래 14년

동안 255명의 범죄자 치료에 임했으며, 그 경험을 토대로 『범죄 성격(Criminal Personality)』(1976, 1977년)을 저술하여 범죄심리학 접근방법의 부흥을 꾀하였다. 그들이 도출해 낸 결론은 다음 4가지로 요약할 수 있는데 이는 그들이 지니고 있던 신념과 꼭 일치하는 것은 아니었다. 첫째, 개인의 범죄성에 있어서 사회 환경의 영향은 전혀 없다. 둘째, 「범죄 성격」이라는 것이 존재한다. 셋째, 범죄 성격을 지닌 자가 범죄를 저지르는 것은 자유의지에 의한 선택의 결과이다. 넷째, 이러한 범죄 성격은 화이트칼라 범죄자에서 강간범에 이르기까지 각종 범죄자에 공통된다.

또한 그들은 범죄자의 치료에 있어서 중요한 포인트로써 이하의 6가지를 강조하였다. (a) 범죄 성격은 출생시에 이미 형성되어 있기 때문에 가족에 의한 영향은 비교적 적다. (b) 범죄 성격은 범죄의 자극을 필요로 한다. (c) 범죄 성격을 지닌 자는 깊이 파고드는 것을 좋아하며 대인관계에서는 이기적이다. (d) 범죄 성격을 지닌 자는 도덕관념이 결여되어 있으며 타자에 대해서 편협하고 때때로 계산을 속이기도 하며 매사에 감정이입이 불가능하여 불만이나 화에 가득 차있다. (e) 범죄 성격을 지닌 자는 신뢰감이 결여되어 있으며 타자로부터 부탁 받는 것을 싫어한다. (f) 범죄자로부터 52가지의 사고 패턴(만성적으로 거짓말을 한다. 타인의 것과 자신의 것에 대한 구별이 없다. 완고한 낙관주의자이다. 상처를 입거나 모욕을 당하는 것을 두려워한다)이 발견되었다.

이들 포인트를 근거로 하여 요첼슨과 세임나우는 범죄자에 대한 치료방법으로써 범죄자에게 자신의 반사회적인 사고를 직시하도록 하는 것이 중요하다고 주장했다. 이 주장은 행동요법의 하나로써 어느 정도 기대되는 것이었다. 그럼에도 불구하고 그들의 시도는 과거의 범죄심리학의 재탕에 지나지 않는다는 평가를 받았고 폭 넓은 지지를 얻지는 못했다. 특히 그들이 사용한 용어의 정의가 불명확할 뿐 아니라 환경요인이 범죄자에게 거의 영향을 미치지 않는다는 주장의 근거가 희박했다는 점은 치명적인 결점이었다. 그들의 행동요법이 성공했다는 사례는 거의 나타나지 않았다.

3. 「성격과 범죄」 연구에 대한 한계

이상과 같이 성격과 범죄 연구에 있어서의 유형론적 접근방법과 특성론적 접근방법 양쪽 모두 한계가 있음이 지적되고 있다. 단, 이러한 경위를 살펴보았을 때 범죄자의 성격 연구가 무의미하다고는 말할 수 없다. 실제로 오늘날에는 다음 두 영역에서 성격과 범죄의 연구 성과가 활용되고 있는 것이다. 첫째, 특수한 유형의 범죄자 조사에 응용됨으로써 그 실적을 쌓아가고 있다. 구체적으로는 과거의 범죄자의 성격특성 · 행동특성을 데이터화하여 분석함으로써 범죄자의 특징을 유형화하였으며 이를 범죄수사에 응용하고 있다. 이러한 데이터의 수집 · 분석을 프로파일링[11]이라 하는데 최근 미국에서 연쇄 살인 수사 등에 효과를 거두고 있다. 둘째, 교정 단계에서는 감별이나 처우를 분류하고 결정하는데 이용되고 있다. 여기서는 개개인 범죄자의 성격특성을 부각시킴으로써 적절한 처우 방법이 모색되고 있다.

---

11) 프로파일링이라 함은 미국의 연방수사국(FBI) 등에서 체계화되어 단기간 내에 국제적으로 관심을 불러일으킨 범죄수사의 수법을 말한다. 우리나라에서도 영화 『양들의 침묵』 이라든지 R·레슬리의 저서 『FBI 심리수사관』 (1994년) 등을 통해 널리 알려지게 되었다. 프로파일링의 개요는 다음과 같다. (a) 과거의 범죄자의 성격특성·행동특성에 관한 데이터를 수집하고 이를 행동과학, 심리학 및 정신의학적인 지식에 근거하여 분석하고 유형화한다. (b) 이렇게 축적된 범죄자의 성격이나 행동에 관한 특징을 수사 시에 범죄현장에서 얻어진 정보와 조회해 보고, 이를 통해 과거에 있었던 사건과의 공통점을 발견함으로써 범인상(像)을 부각시킨다.
프로파일링의 구체적인 예로는 다음의 것들을 들 수 있다. (a) 강간범의 경우 범죄자는 피해자와 동일 인종일 가능성이 높다. (b) 강도 살인의 경우 범죄자는 20세부터 30세의 백인 남성이다. (c) 엽기적인 살인이 비합리적인 방법이나 경과에 의해 실행된 경우 범죄자는 심각한 정신병에 걸려 있는 경우가 있다. 이 프로파일링에서는 크레취머나 셀든의 「체형과 성격」 에 관한 견해도 응용되고 있다.
범죄자의 성격이나 행동에 대한 과학적인 데이터를 축적하고 범죄수사에 활용하는 것은 당연히 지지되어야 한다. 그럼에도 불구하고 우리나라에서는 획기적인 사건이 발생하면 곧 바로 매스컴에서 범죄 추리를 한다거나 범인상에 대해 게임 감각으로 가볍게 말해 버리는 경향이 있는데 이 점은 경계할 필요가 있다. 과학적인 프로파일링 매뉴얼을 이용했다 하더라도 손쉽게 범인을 특정 짓는 것은 현실적으로도 용이하지 않으며, 그것이 오히려 면죄를 낳을 위험성이 있다는 사실을 항상 경계해야 할 것이다.

Ⅳ. 지능(IQ)과 범죄

연쇄살인범 유영철의 지능이 매우 높다는 내용이 보도되어 논란이 된 바도 있었지만, 일반적으론 범죄자는 지능이 낮은 게 아닐까, 아니면 지능이 낮은 것이 범죄의 원인이 되고 있는 것은 아닐까 라는 지적이 옛날부터 있었다. 이러한 지적은 20세기로 접어들면서 지능지수(IQ)의 개념이라든지 그 측정법이 보급됨에 따라 실증적으로 연구되게 되었고 20세기 초에는 정신측정학파가 주목을 끌게 되었다. 이 연구는 20세기 중반에는 일단 종식되었다가 1980년대에 부활하여 흥미진진한 논의가 전개되고 있다.

1. 지능측정

지능에 관한 통일된 정의는 존재하지 않지만 일반적으로는 지각, 인식, 기억, 사고, 개념 형성 등의 기능에 의해 새롭게 직면한 문제에 적절히 대처하는 능력 정도로 여겨지고 있다(이상현, 1999:51). 지능은 IQ 테스트에 의해 얻어진 데이터를 기초로 하여 지능지수(IQ)라는 척도를 통해 객관적으로 수량화되고 있다. 초기의 지능지수는 독일의 슈텔른에 의해서 고안되어 미국의 L · 터어만에 의해 공식화된 것으로써, 「정신연령÷생활연령×100」의 공식으로 산출된 것이었다.

이러한 방법을 통해 처음으로 지능을 측정하고자 했던 사람은 프랑스의 A · 비네와 T · 시몬이다. 그들은 1904년에 일상적인 과제 중에서 추리력을 필요로 하는 것을 추출하고 난이도 순으로 배열함으로써 과제에 임한 자의 지능을 측정하는 방법을 고안해 냈다(비네 · 시몬 지능 척도). 이 측정 방법은 1908년에 개정되었는데 그 때에 정신연령의 개념이 채용되었다. 그 후 다양한 수정과 변경을 거치면서도 비네 · 시몬 지능 척도를 이용한 지능 측정은 좋은 평가를 받았으며 세계 각국에서 채용되기에 이르렀다.

최근에는 지능지수 대신에 지능편차치 개념을 이용하는 방법이 늘고 있다. 비네 · 시몬 지능 척도는 인간이 성장함에 따라 지능이 지속적으로 발달한다는 것을 전제로하고 측정 대상을 어린이로 선정하였다. 하지만 실제로는 지능의 발달은

20세에 달하면 거의 멈추기 때문에 일정한 연령에 달한 이후에는 생활연령이 지능연령보다 커지게 된다. 그렇기 때문에 이를 대신해서 동세대 중에서 피험자의 지능지수를 측정하고 그 평균치를 100으로 나타내는 웩슬러식의 지능편차치 검사의 이용 빈도가 늘고 있다.

이러한 지능 측정이 보급됨에 따라 지능과 범죄의 관련성을 지적하는 목소리가 높아지게 되었다. 이하에서는 지능과 범죄에 관한 연구를 20세기 전반의 초기 연구와 1980년대 이후의 최근 연구로 나누어 살펴보기로 하겠다.

2. 초기의 지능과 범죄의 연구

1) 고다드의 실증적 연구

지능과 범죄의 관련성을 연구함에 있어서 다음과 같은 점이 전제로 되어 있었다. "지능이 낮은 것(정신박약)은 범죄의 원인이 된다." 이러한 전제하에서 이루어진 「지능과 범죄」 연구로는 우선적으로 미국 정신측정학파의 제1인자인 H · 고다드가 1914년에 보고한 것을 들 수 있다(이상현, 1999:51). 고다드는 16개의 교정시설에 수용된 자의 지능을 측정한 결과 각 시설에 수용된 자의 28%~89%, 평균 약 50%가 정신박약자였다고 보고하였다. 이러한 결과를 통해 고다드는 「모든 범죄자는 정신박약자이며 모든 정신박약자는 잠재적인 범죄자이다」 라는 결론을 내리고 있다. 그리고 지능은 유전하는 것이므로 범죄 방지를 위해서는 단종(斷種)을 제도화할 것을 제창하였다.

2) 지능과 범죄의 관련성

그러나 그 이후의 조사에서는 범죄자 중의 정신박약자 비율이 저하하였기 때문에 지능과 범죄의 관련성 자체가 부정되기에 이르렀다. 한 예로써 1925년에 보고 된 C · 버트의 연구에서는 비행소년 중에서의 정신박약자는 8%였으며, 1926년에 보고 된 W · 힐리와 A · 브론너의 연구에서는 13.5%, 1934년의 글륙 부부의 연구에서는 13.1%, 1947년의 메릴의 연구에서는 11.6%였다. 또한 E · H · 서덜랜드에 의하면 1925년부터 1928년 사이에 보고 된 350건의 범죄자나 비행소년을 대상으로 한 지능검사 연구를 종합해 보면 전체적으로 정신박약자의 비율은 20%에 지나지 않았다.[12)]

제1차 세계대전 중 미국 육군은 정신장애자는 군 복무에 부적합하다는 판단에서 징병자에 대한 지능 테스트를 실시하였다. 그런데 테스트 결과는 예상을 뒤엎고 징병자의 반수가 정신박약자로 나타났다. 이로 인해 육군은 정신박약의 지능수준을 낮추어 정신박약 해당자를 줄임으로써 채용자를 확보했다. C · 매티슨은 10만 명의 수형자에게 육군이 실시했던 것과 동일한 병역 테스트를 실시하였다. 그 결과 병사의 지능 평균은 근소하기는 하지만 수형자의 평균보다 낮았다. 즉, 이들 테스트 결과로 인해 그 동안 생각하고 있었던 만큼 일반인의 지능이 높지 않았다는 것이 명확해진 것이다.

이러한 경위를 거쳐 지능과 범죄의 관련성이 적다는 인식이 서서히 고조되어 갔다. 지능과 범죄의 관련성을 강조한 고다드도 나중에 자신의 조사가 정확성이 결여되어 있었음을 인정했다(실제로 테스트가 이루어진 것은 16개의 교정 시설 중 5개에 지나지 않았으며 그 밖의 시설에 대해서는 조사자의 관찰로 지능지수를 예상하였던 것이다). 그리하여 고다드는 지능이 순전히 유전되어 계승되는 것이 아니라 적어도 교육에 의해 개선이 가능한 것이라고 자신의 견해를 수정했다. 제2차 세계대전 후에는 「지능과 범죄」 연구의 숫자도 감소하면서 서서히 수그러들기 시작했다.

12) 「지능과 범죄」연구가 진행됨에 따라 범죄자 중의 정신박약자의 비율은 확실하게 줄어들었다. 이처럼 정신박약자의 비율이 저하된 원인은 어디에 있는 것일까? 그 이유는「정신박약」이라는 말의 의미가 차츰 변화하였다는 점에 있다. 그 밖에도 다음의 4가지 점이 지적되고 있다. ① 지능 테스트의 개량 ② 검사자의 기술 향상 ③ 피험자의 확대 ④ 정신박약자에 대한 복지 향상. 이 중 ①, ②, ③은 지능 테스트에 관한 변화인 반면 ④는 정신박약자 측의 변화이다. 또한 우생학 사상에 대한 비판의 고조도 적지 않은 영향을 미치고 있었다는 사실도 간과해서는 안 될 것이다.

3. 「지능과 범죄」연구의 상관관계

1) 최근의 「지능과 범죄」연구

「지능과 범죄」연구가 다시 활성화 된 것은 1980년대에 들어서부터이다. 이 때 지능과 범죄의 상관관계가 인정되었으며, 지능이 낮은 것은 유색 인종과 하층계급에 속하는 백인이라는 것이 전제가 되었다.

이러한 「지능과 범죄」연구의 부활에 선구자적 역할을 한 것이 T · 허쉬와 M · 힌데랑의 논문「지능과 범죄 : 수정론자의 리뷰」(1977년)였다. 두 사람은 이 논문에서 지능과 범죄에 관한 기존의 데이터를 재검토한 후, 범죄나 비행을 예측함에 있어서 지능지수가 인종이나 사회계급보다도 중요한 근거가 될 수 있다는 결론을 도출했다. 그리고 그 동안의 지능 테스트에 인종이나 계급에 대한 편견이 내재되어 있었다는 견해를 부정하고 동일 인종이나 계급에 속하는 범죄자와 비범죄자 사이에도 명확한 지능 차이가 존재한다고 하였다. 또한 지능이 낮은 자는 소년 시절에 학교생활에 잘 적응하지 못했기 때문에 낙제나 퇴학의 가능성이 높으며, 이러한 학교생활의 부적응과 범죄 · 비행 사이에 밀접한 관련성이 있다고 주장하였다(이만종, 2002:211).

1980년대를 맞이하면서 이러한 허쉬와 힌데랑의 견해는 많은 연구 성과에 의해 지지를 얻게 되었다. 1982년에 L · 유우덜 등은 비행소년과 표본그룹을 대상으로 웩슬러식 지능편차치 검사를 실시하였다. 그 결과 전자는 후자에 비해 평균 20포인트 낮은 것이 밝혀졌다. 한편 R · 고든은 1986년에 인종과 지능이 범죄에 미치는 영향을 연구하였는데 지능의 차이가 범죄를 예측함에 있어 중요한 지표가 되며 인종에 따른 범죄율의 차이를 설명하는 근거가 된다는 보고를 하였다. 같은 해에 D · 데노도 상습적인 폭력 소년범죄자를 연구하였는데 그들이 초범 폭력 소년범죄자에 비해 언어능력 테스트와 지능 테스트 모두 수준이 떨어진다는 사실을 지적했다. 그리고 T · 모핏, W · 가브리엘, S · 메드닉, F · 슐징어는 1989년에 덴마크의 비행소년의 지능을 조사하고 지능이 낮은 것과 비행 사이에 중요한 상관관계가 존재한다는 것을 지적했다. 그들은 지능이 낮은 소년은 언어능력도 낮으므로 학교생활에서 핸디캡을 지니게 되며 비행에 빠져들기 쉽다고 생각하였다.

이러한 일련의 연구 중에서 가장 주목을 집중시킨 것은 J · Q · 윌슨과 R · 한스타인의 1985년에 출간된 명저 『범죄와 인간의 본성』 이다. 윌슨과 한스타인은 이 책에서 지능이 낮은 것과 범죄의 관련성을 지적했다. 단, 지능이 낮은 것만으로는 사람이 반사회적 행동을 일으키는 원인을 설명하기엔 부족하다고 하였다. 즉, 지능이 낮다는 것은 어디까지나 범죄의 간접적인 요인의 하나에 지나지 않으며 오히려 학교에서의 부적응을 더 큰 요인으로 보아야한다고 주장했다.

2) 패린튼과 웨스트의 종단적 연구

1980년대의 「지능과 범죄」연구의 성과는 금세기 전반의「지능과 범죄」연구와는 다른 결론을 도출하였다는 점에 유의할 필요가 있다. 이 점을 명확히 밝히기 위해서는 D · 패린튼과 D · 웨스트를 중심으로 영국 케임브리지 대학의 범죄학 연구소에서 실시된 종단적 연구(longitudinal study)에 주목할 필요가 있다. 종단적 연구라 함은 다수의 피험자를 장기간에 걸쳐 관찰함으로써 범죄나 비행의 요인을 밝혀내려는 연구방법을 말한다. 패린튼과 웨스트의 연구에서는 런던의 북동지역에 사는 소년들이 대상이 되었으며 8세에서 시작하여 32세가 될 때까지 관찰을 계속하였다. 장기간에 걸친 연구 결과 패린튼 등은 범죄에 영향을 미치는 요인으로 양친의 불화, 양친과의 별거, 부적절한 가정교육, 비행소년과의 교우관계, 저소득, 양친의 범죄 경력, 낮은 지능 등을 들었다. 패린튼 등의 연구에서는 25세까지 비행 경력이 있는 자의 지능지수 평균은 95로 나타났으며, 이에 비해 비행 경력이 없는 자의 평균은 101로 나타났다. 단, 패린튼 등은 비행 경력이 있는 자가 빈곤 상태에 처해 있었다는 사실도 지적했다. 즉, 패린튼 등의 연구로부터는 지능이 낮은 것과 범죄의 관련성을 지적할 수 있으나 이는 유전적인 영향보다 가정이 빈곤하기 때문에 적절한 교육을 받을 수 없었다는 환경의 영향이 강하다는 것을 알 수 있다고 한 것이다. 기타 다른 연구에서도 지능을 유전적인 연구에 결부시킨 것은 적다. 이러한 점이 「지능과 범죄」 의 초기 연구와 최근 연구의 중요한 차이라 할 수 있다.

4. 지능의 유전 여부

1) IQ 논쟁

지능과 범죄의 관련성이 1980년대에 들어와 다시 주목을 받게 된 계기는 지능을 유전적인 요인에 결부시키는 주장이 대두되었기 때문이다. 즉, 새로운 「지능과 범죄」 연구의 배경에는 미국에서 널리 퍼졌던 IQ 논쟁의 존재가 있었던 것이다. IQ 논쟁이라 함은 「지능은 유전하는가」 라는 문제를 둘러싸고 벌어진 논쟁을 말한다. 하나의 예로써 R · 젠센은 지능은 유전에 의해 거의 결정되며 흑인의 지적 수준이 낮은 것은 유전적 요인에 의한 것이라고 주장했다. 고든은 앞서 말한 연구결과를 보고할 때에 이 젠센의 견해를 인용하였다. 또한 트랜지스터 개발로 노벨 물리학상을 수상한 W · 셔클리는 백인의 평균 43%가 지니고 있고 흑인 중에서는 1% 밖에 지니지 않은 유전자가 있다고 하는 유전학자 T · 리이드의 연구를 기초로 하여, 이 유전자는 지능에 관련되어 있으며 이 유전자의 비율이 증가할수록 지능이 높아진다고 생각하였다. 이로부터 셔클리는 뛰어난 자손을 남기기 위해서는 지능이 낮은 자는 불임수술을 해야 하고 지능이 높은 자는 정자은행에 정자를 제공해야만 한다고 주장했다. 이러한 셔클리의 주장은 그가 노벨상을 수상하였고 또한 미국을 대표하는 과학자였기 때문에 커다란 파문을 불러 일으켰으며, 나아가 「셔클리 쇼크」라 불리는 사회현상을 낳았다.

이에 대해 지능의 유전성을 부정하는 논자들은 젠센이나 셔클리의 주장의 근거가 되고 있는 데이터의 정확성에 의문이 존재한다는 것과 인종차별의 편견이 담겨 있다는 것을 지적했다. 그리고 그들을 우생주의자, 인종차별자라고 강하게 비판했다(이만종, 2002:213).

2) 지능의 유전성 여부

「지능은 유전하는가?」라는 문제는 오늘날의 미국에서도 여전히 흔들리고 있다. 특히 1994년에 R · 한스타인과 C · 마리가 공동 출판한 『벨 곡선(Bell Curve)』의 영향으로 인해 최근에는 지능의 유전성을 지지하는 견해가 그 세력을 확장하고 있다. 한스타인과 마리는 그 동안 이루어졌던 156건의 지능과 유전에 관한 연구를 검증하였다. 두 사람은 이들 데이터를 통계 처리하여 그래프화하였는데 그 모양은 양 사이드에 꼬리를 형성하는 벨(종)형으로 나타났다. 이 그래프 안에서 지능이 낮은 자는 왼쪽 경사면에 위치하게 된다. 한스타인과 마리는 이 종형 그래프를 5개로 분할하였는데 이 중 왼쪽 경사면은 제4계층(둔함)과 5계층(매우 둔함)의 2개로 분류하였다. 미국에서는 이 2개의 계층에 포함되는 자가 인구의 약 25%(6,250만 명)로써 두 사람은 범죄, 부랑자, 미혼모 등 많은 사회문제가 이러한 지능지수가 낮은 25%의 사람들에 의해 생겨난다고 주장했다. 또한 백인과 흑인의 지능지수에는 평균적으로 16포인트의 차이가 있다는 주장도 하였다. 그리고 이러한 차이가 경제적인 격차에서 유래한다는 종래의 주장에 대해서는 사회적, 경제적으로 높은 지위에 있는 흑인과 백인의 지능지수 차이는 흑인과 백인 전체의 평균 지능지수 이상으로 크다며 이를 부정하였고, 양자의 지능의 차이는 유전에 기초하는 것이며 이로써 앞에서 예로 든 사회문제의 대부분이 왜 흑인에 의해 생겨나는지를 명확하게 설명할 수 있다고 주장했다.

한스타인과 마리는 지능의 유전성이나 인종간의 격차를 근거로 삼아 사회적 약자 보호를 위한 복지정책이나 차별 철폐조치(affirmative action)를 검토하거나 폐지할 것을 호소했다. 이러한 주장이 미국에서 정착되지 못하고 흔들리고 있는 우생학이나 인종차별적인 사상을 배경으로 하여 출현된 것임은 부언할 필요가 없다. 그렇기 때문에 향후에도 형태만을 바꾼 이와 비슷한 주장이 전개될 가능성은 얼마든지 있다. 이 한스타인과 마리의 주장은 1980년대 후반부터 우경화가 점점 더 심해지고 있는 미국의 정치·사회 정세 속에서 많은 지지와 반향을 불러일으킬 것이다(이만종, 2002:219).

5. 「지능과 범죄」 연구의 문제점

이상과 같이 지능과 범죄의 관련성은 현재에도 끊임없이 제창되고 있다. 동시에 이러한 주장에 대한 많은 의문점도 지적되고 있다. 첫째, 지금까지의 「지능과 범죄」 연구에서는 조사대상 자체에 편견을 가지고 있었던 것은 아닌가? 둘째, 지능이 낮은 자는 체포되기 쉽기 때문에 범죄자 중에 지능이 낮은 자가 유독 많다고 느껴졌던 것은 아닐까? 셋째, 사회계급이나 인종 문제에서 벗어나 지능과 범죄의 관련성을 논하는 것은 불가능하지 않은가? 특히 미국에서 하류계층에 속하는 자나 유색인종은 학교나 직장에 적응하기 어렵기 때문에 비행이나 범죄에 빠지기 쉽다는 측면을 무시할 수는 없는 것이다. 넷째, 지능 테스트의 기준 자체가 명확한 것이라고 단정지을 수 있는가? 이전부터 지능 테스트에는 문화적인 편견이 개입되기 쉽다는 지적이 있어 왔듯이, 지능 테스트는 피검자의 지능만을 측정하는 것이 아니라 피검자를 둘러싼 환경까지도 포함하여 수치화 하였다고 보는 것이 타당하지 않을까?

지능 테스트 그 자체가 많은 이점을 갖추고 있는 것은 사실이다. 비근한 예로 비행소년이나 범죄자 처우에 지능 테스트의 데이터가 이용되고 있다는 사실을 상기해 보면 좋을 것이다. 그리고 지적 장애아의 조기 발견에도 도움이 되고 있다. 그러나 오늘날에도 「지능과 범죄」 연구의 배후에 우생학 사상이 드리워져 있다는 점은 부정할 수 없으므로, 결국 이러한 상황 속에서는 범죄와 지능의 관련성 연구가 지지를 얻기는 힘들 것이다.

Ⅴ. 인격장애와 범죄

인격장애가 범죄의 한 요인이 된다는 생각은 범죄학사를 살펴 볼 때 그 동안 일관되게 지속되어져 왔다(정영석, 1992:87). 다만 인격장애의 정의라든지 분류는 시대나 국가에 따라 다양하기 때문에 일정한 틀은 존재하지 않는다. 일반적으로 범죄와 관련이 있다고 여겨지는 인격장애로는 ① 반사회성 인격 장애(정신병 질환) ② 신경증 ③ 다중인격 ④ 이상성욕 등 4가지 유형을 들 수 있다.

1. 반사회성 인격장애

유영철사건을 조사한 검찰의 발표에 의하면 범인은 어린시절부터 형성되어온 반사회성인격장애의 소유자라고 분석하고 있다. 이처럼 반사회성인격장애라는 것은 정신병은 아니지만 행동, 태도, 사고방식 등이 보통 사람과 달라 고민하거나 주위 사람들을 고민하게 만드는 상태로써 인격장애 또는 정신병질을 가리킨다. DSM—Ⅳ에서는 다음과 같이 정의하고 있다.13) 즉, 「그 사람이 속해 있는 문화로부터 기대되는 기대치보다 현저하게 한쪽으로 치우쳐 있고 광범위하며 유연성이 없는 상태가 청년기 혹은 성인 초기에 시작되어 장기간에 걸쳐 나타나는 증세이며, 고통이나 장애를 일으키는 내적 체험 및 행동이 지속적으로 나타나는 증상」이다.

이러한 인격의 편향은 옛날부터 다양한 이름으로 불려왔다. 영국의 J · 프리챠드의 「도덕적 정신장애」 개념이나 프랑스의 B · 모렐의 「변질」 개념도 그 한 예이다. 그러한 개념 중에서 가장 강한 영향력을 행사해 온 것은 독일의 K · 슈나이더가 제시한 「정신병질」개념이다. 영국과 미국에서는 「사회병질」이란 개념도 사용되어져 왔다.

또한 발양형(發揚型), 정서 결여형, 의지 결여형의 세 가지의 정신병질이 범죄와 관련성을 지닌다는 지적도 있어 왔다. 한 예로써 발양형은 때때로 집단적으로 강도, 강간 등을 저지르는 경우가 있다고 하며 정서 결여형은 흉악한 범죄를 반복해서 저지른다고 한다. 그리고 의지 결여형은 생존경쟁에서 뒤쳐짐으로써 재산범을 상습적으로 행하게 된다고 한다(김옥현, 2000:299).

그러나 오늘날 우리나라의 정신의료 현장에서는 「정신병질」 이라는 진단명칭을 이용하는 케이스가 급격히 줄고 있다. 우리나라의 정신의료계에서 「정신병질」 이라는 용어는 이미 사어(死語)가 되었다고 해도 과언은 아닐 것이다. 이와 같이 정신병질이라는 말이 사용되지 않게 된 요인으로는 ① 정신병질의 진단기준이 애매하다는 점 ② 정신병질자에 대한 치료방법이 확립되어 있지 않다는 점 ③ 과학적인 정신의학의 본질을 비판한 반정신의학14)의 주장이 영향력을 지니고

13) 정신장애 진단체계는 ICD-10(국제질병분류 제10개정판)과 DSM-Ⅳ(정신장애 및 진단 및 통계편람 : 1994년 4번째 개정판) 2개로서 이중 전자는 우리나라에서 공식적으로 사용되고 있는 분류기준이며 후자는 미국의 정신의학계에서 만들어진 체계이다.

14) 1960년대부터 1970년대에 걸쳐서 구미를 중심으로 과학적 정신의학을 비판하는 「반정신의학」 사조가 탄생했다. 반정신의학의 주장은 논자에 따라 차이를 보이고 있지만, 전통적인 정신의학이 무비판적으로 광기(狂氣)를 일종의 병으로 파악해 온 점을 비난하고 「정기(正氣)와 광기」 문

있다는 점 ④ 정신병질이란 용어가 보안처분 문제와 결부되어 있어 보안처분 반대운동의 표적이 되고 있다는 점 등을 들 수 있다.

최근에는 정신병질 대신에 「반사회성 인격장애」 라는 개념이 압도적으로 많이 이용되고 있다. 이는 ICD-10이나 DSM—Ⅳ의 영향을 받은 것이다. 반사회성 인격장애의 내용은 이전의 정신병질과 거의 동일하지만, 이전부터 정신병질에 대한 정의의 불확실성이 비판을 받아 왔기 때문에 최근에는 반사회성 인격 장애의 범위를 확정하기 위해 다양한 노력이 펼쳐지고 있다. 그러나 의학 개념 중에서 「반사회성」 이라는 가치개념이 과연 친화성을 지니는지 이에 대한 의문이 남는다. 왜냐하면 극단적으로 말해 범죄자의 대부분을「반사회적」인 존재로 볼수 있기 때문이다. 「정신병질」개념을 포괄적으로 파악하면 기타의 인격 장애(예를 들어 연기성〔演技性〕인격 장애라든지 경계성 [境界性] 인격장애 등)도 포함된다.

2. 신경증

신경증이란 뇌나 기타 기관에 어떤 병리적 장애가 발생하여 나타나는 현상이 아니라 심리적 장애 때문에 정신생활이나 신체생활에 장애를 초래하는 것을 말한다. 즉, 신경증은 심인성(心因性)의 심신 기능장애로써 그 구성 요인에 신체적 기반이 없는 것을 가리킨다. 신경증의 범위는 입장이나 이론에 따라 다르며 정상, 심신증, 정신병, 인격장애 등과의 경계선이 애매하다. 다만, 신경증이 현실과 차단된 상태에서 환상, 망상, 환각 등을 겪지 않고 정상적인 지각작용과 사고가 가능하다는 점에서 정신병과 구별되며, 그 원인이 기질적이지 않고 심인적이며 생활상의 장애까지도 초래한다는 점에서 성격장애와는 구별되고 있다고 알려져 있다. 일반적으로는 증상에 따라 불안 신경증, 심기증, 신경쇠약, 히스테리, 억울 신경증, 강박 신경증, 공포증, 이인(離人) 신경증 등으로 분류된다. 신경증과 범죄의 관련성은 적다고 여겨지고 있다. 그러나 그 정도가 심할 경우에 각종 정신병

제를 사회적, 정치적 차원에서 재검토할 것을 요구하였다는 점에서는 일치하고 있다.
반정신의학의 이론적, 실천적 의의는 다음 3가지로 볼 수 있다. ① 반질병론(종래의 정신의학이 형성해 온 질병학에 대한 비판) ② 반치료론(의학적, 과학적 치료로 여겨져 왔던 정신의학에 의문점을 제기) ③ 반구금주의(정신병원에 구금시키는 것을 당연한 것으로 여겨 온 정신의학의 상식에 도전).

적 징후를 나타내고 급기야는 범죄를 유발하는 원인이 되기도 한다.

지금까지 신경증의 개념은 매우 불명확하다는 비판을 받아 왔는데, ICD-10에서는 「신경증성 장애, 스트레스 관련 장애 및 신체표현성 장애」라는 카테고리를 설정하여 각종 증상을 이 유형에 포함시키고 있다. 이에 비해 DSM-Ⅲ에서는 신경증의 개념을 사용하지 않고 있다. 이는 신경증적인 장애를 DSM으로부터 배제한 것을 의미하는 것이 아니라 감정 장애, 불안 장애, 신체표현 장애, 분리 장애, 성심리 장애 등의 카테고리로 분배한 결과인 것이다. DSM-Ⅳ도 마찬가지로 신경증이라는 진단 개념을 사용하지 않고 있다(최정윤 외 2인, 2000:73).

3. 다중인격

연쇄살인범 유영철사건의 사례를 보면, 그는 꼼꼼한 신문스크랩과 정밀한 그림스케치에서 보여주듯, 살인폭탄인 유씨가 다른 한편으로는 얼마나 뛰어난 재능과 섬세한 성격을 지녔는지 알 수 있다. 이러한 것을 다중인격의 특질이라고 할 수 있다.

특질다중인격(Multiple Personality)은 한 사람의 인간 속에 2개 이상의 인격(주체성)이 존재하면서 그 각각의 존재가 교대, 반복하여 그 사람의 행동을 제어하는 증상을 말한다. 그 각각의 인격은 성별, 연령, 성격, 국적 등이 전혀 다른 존재인 경우도 있다. 「다중인격」을 고유의 정신장애로써 처음으로 인정한 것은 DSM-Ⅲ였다. 그 후 ISD-10에서도 「다중인격」이라는 용어를 채용하게 되었다. 단, DSM-Ⅳ는 진단기준은 동일한 것을 사용하면서 「분리성 동일성장애(Dissociative Identity Disorder)」라는 명칭으로 변경하였다. 다중인격은 미국에서 1989년에 체포된 연속 유아살해 사건의 피고인의 정신감정에서 「분리성 동일성 장애」라는 결론을 보고함으로써 이에 대한 관심이 한층 고조되었다. 다중인격의 원인에 대해서는 불명확한 점이 많지만 현재까지의 연구에서는 유소년기에 받은 아동학대 경험이나 마음의 상처로부터 회피하기 위해 인격을 분리시키고 그 중 하나에 자신의 무거운 짐을 맡겨버리고 있는 것이 아닐까 라는 정도가 이야기되고 있다.

다중인격 환자가 지니고 있는 복수의 인격 속에는 공격적인 성격을 지닌 것도 존재할 가능성이 높다. 그러나 다중인격이 범죄의 직접적인 원인이 되는지에 대해서는 현재까지 명확하게 밝혀지지 않고 있다. 다중인격 연구가 가장 활발한 미국에서는 범죄자를 정신 감정한 결과 다중인격 증상이 확인되었어도 책임능력을 인정하여 유죄를 언도한 판례가 다수를 점하고 있다. 다중인격과 범죄의 관계에 대해서는 한동안 지켜볼 필요가 있을 것이다.

4. 이상 성욕

명화 「살인의 추억」의 소재가된 화성부녀자 강간살인사건은 세상의 주목을 받은바 있다. 이와같이 정신장애와 범죄의 관련에 대해 살펴볼 때 위에서 예로 든 것 이외에도 이상 성욕이 있다. 여기에는 양적 이상과 질적 이상이 있다. 양적 이상은 성욕 앙진과 성욕 감퇴로 분류되며 질적 이상은 성 대상의 이상(동성애, 유아애, 근친상간 등)과 성 목표의 이상(사디즘, 마조히즘, 노출광 등)으로 분류된다(이상현, 1999:272).

ICD-10에서는 이러한 증상을 「생리적 장애 및 신체적 요인에 관련된 행동 증후군」 이라는 카테고리에 포함시킨 반면, DSM-Ⅳ에서는 성 장애 카테고리에 포함시키고 있다(최정윤 외 2인, 2000:257).

일반적으로 성 장애는 성기능 부전(성적 욕구 장애, 성적 흥분 장애, 성교 통증 장애 등), 성기호 이상(노출증, 페티시즘, 접촉증 등), 특정 불능의 성 장애로 분류되고 있다.

이상 성욕과 범죄의 관련성에 대해 살펴보면, 남자 성욕 앙진증이 성격 이상과 병합되었을 때 강간, 외설 등의 행위의 원인이 된다는 지적이 있다. 또한 성욕 감퇴나 성 대상의 이상이 유아애로 나타난 경우에는 유아에 대한 강제적인 외설 행위나 강간에 이를 가능성이 있다고 한다. 사디즘에 의한 상해, 노출광에 의한 공공연한 외설 행위 등의 가능성도 지적되고 있지만, 이상의 원인이 시대에 따라 변화한다는 점을 잊어서는 안될 것이다.

Ⅵ. 결　　론

범죄의 원인을 연구하는 목적은 궁극적으로 범죄의 원인제거를 통한 범죄의 예방과 진압 등 제반사회정책을 수립하여 사회의 안정을 유지하기 위함이다. 따라서 현실적으로 우리는 범죄가 발생할 경우 범인을 단죄(斷罪)하기보다는 먼저 범죄자의 반사회적행동을 이해하고 보다 현명하게 취급하는 일이 더 중요한 일이라 판단된다.

범죄학자 D. 에이브라 함센은 범죄란 머리가 많은(多頭) 괴물이기 때문에 그 촉수는 멀리 뻗쳐 인간 생활의 어느 구석에도 안닿는 곳이 없고 그것이 일으키는 문제는 모든 사람과 사회현상에 관련되어 있으며 매우 복잡하여 그것을 해결하려고 시도하는 사람은 마치 「정글」 속에서 길을 잃은 것 같이 느끼게 될 것이라고 하였다.

따라서 우리가 범죄를 이해하려면 그를 범죄로 몰아넣은 동력(動力)들을 알아내어야 하는데 그것은 결코 쉬운일이 아닐 것이다.

범죄자와 그의 행동에 대한 이해는 범죄자의 심리와 사회적 현상 등 다양한 측면을 고려하여야만 알 수 있는 것이다.

본고에서 지금까지 언급한 범죄를 유발하는 심리학적 원인론은 범죄현상을 개인의 정신상태와 심리상태를 중심으로 설명하는 접근방법으로 생물학적 이론과 마찬가지로 환경의 영향보다는 개인의 자질이나 속성을 중심으로 하는 이론이다.

심리학자들은 모든 인간의 행위를 어떠한 정신적·심리적 과정에서 추적하고 충동하는 범죄자의 이상심리를 해명함으로써 범죄성의 원인을 밝혀내려고 한다.

따라서 심리학적 이론은 현재 범죄사회학과 더불어 가장 활발하게 연구가 진행되고 있는 분야로서 교정처우이념과 잘 부합되고 있다.

이 이론은 초기에는 범죄자의 정신착란을 중심으로 논의되었고, 지능검사가 도입되면서는 일탈행위에 대한 특정한 정신적분야에 초점을 맞추었으나 현재는 범죄자의 정신상태를 중심으로 범죄의 원인을 구명하려는 정신의학적 또는 정신분석학적 접근방법, 인간의 인격 특성의 차이에서 범인성을 찾으려는 인성이론, 범죄자의 도덕적 능력의 발달정도에 따라 범죄성을 밝히고자 하는 인지 발달이론,

범죄는 범죄자의 과거 학습경험이 발전한 것으로 파악하는 학습 및 행동이론, 심리학적 관점과 생물학적 관점을 동시에 고려하는 심리생물학적 접근방법에 대한 연구가 초점이 되고 있으며 사람이 범죄를 행할 위험성이 있는가에 대한 예측과 진단에 많이 활용되고 있다.

그러나 이러한 긍정적인 측면 외에도 이것은 범죄예방을 위한 만능의 묘약(妙藥)이 될 수 없으며 범죄의 원인은 사람의 인성 못지 않게 주변여건과 환경에 의해서도 영향을 받고 있기 때문에 심리학적 원인만 가지고 범죄를 예측하고 범인성을 단정하는 것은 주의를 요하는 사항으로 다른 요소와 함께 다각적인 연구로 피의자의 인권을 침해하는 문제가 발생되지 않도록 유의하여야 하겠다.

참고문헌

〈국내문헌〉

김옥현(2000),「형사정책학」. 고시연구사

경찰청(1999),「범죄분석」

대검찰청(1999),「범죄분석」

배종대(1996),「형법총론」. 홍문사

송광섭(1998),「범죄학과 형사정책」. 유스티니아누스.

신진규(1993),「범죄학 겸 형사정책」. 법문사

윤덕중(1991),「범죄와 소년비행학」. 박영사

이수성 · 이영란 공역(1995),「신사회방위론」(마르끄앙셀 지음). 서울대학교 출판부

이만종(2002),「범죄학 개론」. 학현사

이보영(1996),「형사정책」. 제일법현

이상현(1999),「범죄심리학」. 박영사

이윤호(1996),「형사정책」. 박영사

이재상(1998),「형법총론」. 박영사

이황우 외 9명(1997),「형사정책」. 법문사

오생근 역(1994),「감시와 처벌」(미셀푸코 지음). 나남출판

정영석 · 신양균(1997),「형사정책」. 법문사

최정윤 외 2인(2000),「이상심리학」. 학지사

〈국외문헌〉

Alfead Cohen(1955), Delinquency Boys. New York : Free Press

Allen E. Liska(1981), Perspectives on Deviance. Englewoo, NJ : Prentice-Hall, Inc.

Christopher Birkbech and Gary LaFree(1993), "The Situational Analysis of Crime and Eviance". Annual Review of Sociology 19

Eysenck, H.(1964), Crime and Personality. London

Lemert, E., Human Deviance(1967), Social Problems and Social Control. New York

Reckless, W.(1961), A new theory of delinquency and crime, in : Federal Probation 2f

Shaw, c/Mckay, H.(1942), Junenile Delinquency and Urbar Areas. Chichago

Sheldon Glueck and Eleanor Gloueck(1950), Unravelling Juvenile Delinquency, New York

藤本哲也(1995)『犯罪と暗數』宮澤浩一/藤本哲也/加藤久雄編『犯罪學』1頁 以下

大村英昭(1998)『新版・非行の社會學』

河田雅圭(1989)『進化論の見方』

福島章(1982)『犯罪心理學入門』

米川茂信(1991)『現代社會病理學』

大村英昭(1980)『非行の社會學』

瀨川皇(2001)『犯罪學』. 成文堂

Chapter 12 범죄피해 실태 및 피해자 유형에 관한 고찰

[요약]

일반적으로 20세기 전반까지 1형사법의 관심사는 범죄자에게 한정되었다. 범죄자의 지위, 범죄행위의 원인, 형사사법제도, 교화·개선의 방법 등이 그 연구대상이었다. 그러나 범죄의 해결방안을 찾던 몇몇 범죄학자들의 관심은 서서히 피해자의 범주로 향해가고 있었다. 형사법에 있어서 범죄피해자는 오랫동안 어둠 속의 존재였다. 대다수의 범죄에 있어서 범죄가 있으면 항상 그 피해자가 있음에도 불구하고, 그 피해자를 문제삼는 것은 극히 예외적인 일로 생각하였다. 피해자는 단지 수사하는 중에 접촉하게 되는 사람 중의 하나였다.

그러나 범죄를 연구함에 있어서 가장 소홀히 다루어지는 분야 중 하나는 바로 범죄의 공격을 받는 개인, 가정, 기업 등 범죄의 피해자에 대한 연구이다. 범죄자의 행위와 이러한 범죄자의 행위를 예방하는 차원에서의 피해자의 영향력은 많은 경우가 간과되고 있다. 만약 어떠한 특징적 성격을 지닌 사람이나 기업이 피해자가 되기 쉽고, 어떠한 장소에서 범죄가 일어나기 쉬운지 알 수 있다면 범죄예방 차원의 노력이 더 생산적일 수 있을 것이다.

이렇게 된다면 어떠한 곳에서, 언제 범죄발생 가능성이 가장 큰지 일반인은 알 수 있을 것이다. 이러한 곳에 순찰을 돌게 하거나 침입방지 장치를 설치한다면 범죄예방에 더 효과적일 것이다. 이 경우 개인들은 위험도를 객관적으로 판단하게 되기 때문에 공원에서 즐기거나 어두운 거리를 자유로이 돌아다닐 때에 필요이상으로 불안해 할 필요가 없게 될 것이다. 이를 통하여 더 많은 범죄가 예방될 수 있으며, 범죄의 두려움은 떨쳐질 수 있을 것이다. 또한 고통의 감소, 형사사법 제도의 적절한 대응, 피해자의 범죄피해 이전의 경제상태로의 원상회복 등의 논의도 피해자학의 영역으로 다루어지고 있다. 이런 측면에서 본고에서는 피해자의 실태와 유형에 대해 논의 하고자 한다.

Ⅰ. 서 론

최근 형사소송의 민주화로 범죄 피의자의 인권보호는 많이 개선 발전되고 있으나 아직도 범죄 피해자의 권리보호와 피해구제는 선진국에 비교할 때 여전히 미흡한 실정이다. 즉 수사와 재판 등 형사절차는 피해자를 배제한 채 가해자와 국가, 즉 수사기관 및 법원 중심으로 진행되고 있어 피해자의 사법 불신은 더욱 깊어지고 있는 현실이다. 따라서 피해자를 보호하기 위한 피해자학 이론의 다양한 정립과 새로운 관점에서 피해자에게 접근할 수 있는 정책수립 및 범죄 예방 정책 수립의 기초 자료가 되는 범죄 피해자 유형 파악은 매우 중요한 사항이라 할 수 있다.

피해자에 관한 연구는 제2차 세계대전 이후 한스 폰 헨티히(Hans von Hentig)와 멘델손(Mendelsohn)의 연구를 필두로 그동안 수많은 연구결과가 나왔다. 그러나 초기의 피해자학 이론은[1] 종래의 범죄학적 접근을 전제로 한 피해자 문제가 논의되었던 까닭에 피해자의 지위는 범죄원인규명의 한 축으로서 의미가 부여되어 왔다. 따라서 이때의 피해자학적 관심은 어디까지나 범죄발생과 관련한 피해자화의 과정이라는 원인적 측면에서만 모아졌을 뿐 피해자측의 피해구제나 회복은 사법적 영역에의 위임으로 만족하여 왔음을 부인할 수 없다. 하지만 1970년대 이후 피해자 구제 측면이 급속히 발전되어 1980년대에는 형사소송에 있어서의 피해자 지위 문제, 1990년대에는 범죄자 처우에 있어서의 피해자 시점 문제 등으로 논의의 대상을 넓혀 왔으며 최근에는 다양한 범죄유형의 피해자가 연구대상에 포함되고 피해자의 지원·원조라든지 범죄예방론과의 연대가 보여지는 등 한층 더 발전하고 있다. 따라서 범죄 피해자에 대한 연구 없는 일면적인 고찰방법만으로는 범죄원인을 규명하고 그 방어대책을 수립할 수 없다는 입장에서 피해자 문제에 접근하기 위해서는 무엇보다 우선적으로 범죄 피해자의 유형에 주목할 필요가 있다고 생각한다.

1) 피해자학은 종래의 범죄학이 가해자인 범죄인의 특징과 그 환경 등에 관한 분석에만 관심을 기울였던 것과는 달리 피해자에 주목하는 학문이다.

Ⅱ. 범죄피해 실태 조사

범죄 피해자에 대한 특징 등 유형을 분석하고 살펴보는 것은 향후 범죄예방을 위한 기초자료가 되며 피해자를 이해할 수 있는 유용한 자료로 삼을 수도 있어 범죄피해 실태조사는 매우 중요하다 할 수 있다.[2] 그 동안 범죄의 실태를 파악하기 위한 수단으로는 범죄통계가 사용되어져 왔다. 그러나 공식적인 범죄 통계에 「숨은 범죄(hidden crime)」[3]가 존재한다는 점은 이미 주지의 사실이므로, 공식통계만으로는 정확한 범죄실태를 나타낼 수 없다는 한계가 지적되기도 하였다. 이러한 상황을 타개하기 위해 미국에서는 1970년대부터, 영국에서는 1980년대부터 피해조사가 실시되었다. 이들 일련의 대규모 피해조사는 숨은 범죄조사를 주된 목적으로 하고 있었지만 차츰 피해실태의 해명과 피해자의 유형파악 등 피해조사는 양적 조사에서 질적 조사로 발전하고 있다.

1. 미국의 범죄피해 조사

미국에서는 인구가 많은 만큼 많은 범죄가 발생되는 국가이다. 1967년에 대통령 자문위원회에서 미국 전체에 걸쳐 1만 세대를 대상으로 범죄피해경험을 조사한 바가 있는 바, 조사결과 피해자가 경찰에 통보하지 않은 것이 많아 미국의 범죄 피해자 수는 예상보다 훨씬 많다는 사실이 조사보고를 통해 밝혀졌다. 이러한 보고 이후에 범죄 피해자의 실태를 보다 정확하게 파악할 수 있는 조사가 필요하다는 인식이 생겨났고, 1973년부터 연방국세조사국이 연방 사법성 사법통계국과 협력하여 「전미 범죄조사(National Crime survey:NSC)」를 매년 실시하게 되었으며 이 통계는 피해조사를 주된 내용으로 하고 있다는 점을 명확히 밝히기 위해 1990년에 명칭을 「전미 범죄피해조사(National Crime Victimization Survey : NCVS)」로 변경하였으며 최근에는 조사 규모가 확장되어 미국 전체에 걸쳐 약 48,000세대, 12세 이상 약 97,000명을 대상으로 피해실태를 조사한 바 있다.

---

2) 이만종, 「범죄학개론」, 학현사, 2002, p.281～283.

3) 암수(暗數)란 실제 발생한 범죄량과 통계상에 나타난 범죄량과의 차이를 말하고, 통계상에 나타나지 않거나 파악되지 않는 범죄를 '암수범죄' 또는 '숨은범죄'라고 한다.

2. 영국의 범죄피해 조사

M.대처 영국 수상은 1980년대를 맞이할 무렵부터 범죄증가를 근거로 하여「법과 질서」캠페인을 전개하여 경찰력 강화·중벌화 등의 정책을 실시하였다. 그러나 이러한 정부의 범죄정책에 대해「범죄 증가는 시민 측의 모럴 패닉(정신적 패닉)에 지나지 않는다」라는 비판이 급진파 범죄학자들로부터 제기되었다. 이와 같은 상황 속에서 범죄현황을 정확하게 파악하기 위해 영국 내무성은 1983년에「영국 범죄조사(British Crime Survey : BCS)」를 실시하였으며 조사는 16세 이상 약 1만 명을 대상자로 선정하여 피해경험을 인터뷰하는 형식으로 이루어졌는데, 그 결과 공식통계에 나타나지 않는 수많은 범죄가 존재한다는 것이 밝혀졌다. 그 후 BCS는 오늘날까지 수차에 걸쳐 실시되면서 범죄피해의 실태 파악에 있어서 중요한 역할을 담당하였으며, 영국의 형사사조에 커다란 영향을 미치고 있다.

3. 일본의 범죄피해 조사

미국의 NCVS라든지 영국의 BCS는 일반시민이 수많은 범죄에 둘러싸여 있다는 현실을 환기시킴으로써 피해자측의 시점이 범죄학 연구에서도 필요하다는 사실을 인식시키고 나아가 피해자학의 비약적인 발전 계기가 되었다. NCVS라든지 BCS와 같은 대규모의 조사는 용이하게 실시되는 것은 아니지만, 일본에서는 도시방범 연구센터에서 범죄 피해자 발생 실태에 관한 조사(JUSRI 리포트)와 더불어 1992년부터 약 3년 간에 걸쳐서 범죄 피해자 실태조사 연구회에서도 전국규모의 범죄 피해자 실태조사가 이루어졌고 1996년에는 『범죄 피해자 연구』가 출판되었다.

4. 우리나라의 범죄피해 조사

국내에서는 1991년 서울지역에 대한 범죄피해조사가 2,000가구를 대상으로 전화면접의 방식으로 이루어진 적이 있으며 한국형사정책연구원이 3년마다 전국적인 범죄피해조사를 실시하지만 이러한 범죄피해자료를 통하여 범죄실태를 정확히 파악하는 데에는 몇 가지 문제가 있다. 우선 조사에서 누락되는 범죄가 많아 사회전체의 범죄파악에 문제가 있으며, 면접조사의 한계로, 피해자 없는 범죄, 화이트칼라(White collar)범죄, 조사대상자의 수치심과 명예의 문제가 발생하고 또한, 범죄피해에 대한 추정일 뿐 피해자가 생각하는 피해와 실제 피해상황과는 괴리가 있다. 따라서 보다 정확한 피해실태를 파악하기 위해서는 향후에도 대규모의 그리고 지속적인 조사가 실시될 필요성이 있다.[4)]

Ⅲ. 범죄 피해자 유형 분류 및 특징

종래의 범죄학이 범죄자와 범죄현상에 주목하여 범죄이론을 수립하였듯이 피해자학도 피해자와 피해현상에 주목하여 피해자학 이론을 구축해 왔으며 범죄피해자 유형 분류 이론도 꾸준히 발전되어 왔으나 본고에서는 전통적인 이론에 의한 분류방법을 중심으로 하였다.

4) 경찰청 수사국이 발간한 '2003 범죄분석'에 따르면 지난해 검거한 범죄자 수는 모두 191만 7201명이며 이중 남성이 83.3%인 159만 6351명인 것으로 조사됐다. 범죄자를 학력별로 보면 고등학교 졸업 학력 소지자가 40%대로 가장 많으며 중졸(16.4%), 일반대졸(11.6%), 초교졸(10.6%)이 뒤를 이었다. 또 연령대별로는 30대가 30.6%로 가장 많고 40대(27.6%), 20대(23.4%), 50대(9.3%), 10대(5.1%)순이었다. 또한 최근 들어 지능 범죄와 무동기 범죄 등이 눈에 띄게 늘고 있다고 분석했다. '유영철 연쇄살인 사건'과 마찬가지로 불특정 다수를 상대로 우발적으로 행해지는 범죄가 늘고 있으며 아울러 범죄 기획 능력이나 증거인멸 수준이 과거와 비교할 수 없을 정도로 정교해지고 있다는 것. 대표적인 지능 범죄라 할 수 있는 사기는 지난 10여년간 4배이상 늘어나 과거 가장 흔한 범죄였던 절도를 이미 1990년대 중반에 추월한 것으로 나타났다. 또한 형사정책연구원에 따르면 10만 명당 사기범죄 발생건수는 1990년대 101건에서 2002년 411건으로 늘어났다. 또한 "이전에는 저학력 저소득층 범죄가 많았지만 1997년말 외환위기를 기점으로 고학력 실업자가 대거 양산돼 범죄에 노출된 것이 범죄 지능화의 원인"이라고 분석했다. 한편 폭력범죄의 발생장소는 노상이 42.2%로 가장 많았고 유흥접객업소(8.5%), 다세대 연립이나 아파트(8.0%), 단독주택(6.5%) 등이 뒤를 이었다. 강도 발생건수를 도시별로 보면 서울과 부산에서 각각 2815건(38.6%), 516건(7.1%)의 강도사건이 발생해 전국 1, 2위를 차지했으며 3위는 대전(428건·5.9%)이었다. 경찰은 "교통의 발달로 여러 지역을 돌아다니며 저지르는 '유동성 범죄'의 비율이 높아지고 있어 교통 요충지라고 할 수 있는 대전지역의 범죄발생 비율이 높은편"이라고 분석했다.

1. 학자에 따른 범죄 피해자 분류

1) 헨티히(H. Von Hentig)의 「범죄의 이중주적 구조」 가설

독일의 범죄학자 H. Hentig[5]는 범죄의 이중주적 구조(The Duet Frame of Crime)라는 가설을 제시하였다. 이는 범죄를 가해자(doer)와 피해자(sufferer)의 상호 관계로 파악해야 한다는 점을 주장한 것으로, 범죄의 실태를 정확하게 파악하기 위해서는 범죄자뿐만 아니라 피해자도 주목하여 그 특성을 추출하고 유형화 할 필요성이 있다는 가설이다. 이에 따라 범죄자와 피해자의 관계에 대해 범죄자가 피해자로 되고 피해자가 범죄자로 되는 경우가 있으며 피해자에게는 그렇게 되기 쉬운 유형이 있다고 하였다. 또 범죄자와 피해자는 주체와 객체의 관계에 놓여 있다고 지적하였다. 그리고 Hentig는 어느 의미에서 피해자가 범죄자를 만든다라고 말하고 피해자가 되기 쉬운 유형으로 몇 가지 유형의 예를 들었다. 그는 피해자가 되기 쉬운 일반적 피해자 유형으로 어린이 · 여성 · 노인 · 정신박약 또는 장애자 · 우둔자 · 이주민 · 소수민족 · 정상범위에서의 저능력자 등 정신적, 신체적 약자를 열거하였으며 심리학적 피해자 유형으로는 폭군, 탐욕자, 변덕꾼, 울화병에 걸린 자, 궁박한 자, 파면된 자, 정서불안자로 분류하였다.[6]

2) H · 엘렌베르거(Ellenberger)의 「잠재적 피해자」 설

1954년 스위스의 Ellenberger는 범죄자와 피해자 사이의 심리학적 관계라는 논문에서 범죄예방을 위해서는 범죄원인보다 피해원인이 매우 중요하다고 지적하였다.[7] 또 Ellenberger는 범죄자와 피해자와의 사이의 관계를 순신경증적(純神經症的) · 심리적 · 생물학적 · 유전생물학적으로 나누어 설명하기도 하였다. 그리고 그는 잠재적 피해자로서 일반적으로 피해자가 되기 쉬운 성격의 사람, 특히 자학

5) 피해자학을 실질적·체계적·학문적 수준으로 처음 종합적으로 구성한 사람은 Hentig이다. 그는 1948년 범죄자와 그 피해자(The Criminal and His Victim)라는 저서를 통해 죄를 범한자(doer)와 그에게 고통을 받은자(suffer)라는 도식으로 행위자와 피해자의 관계(doer-suffer realation)를 제시하였다.

6) 지광준, 「범죄학」, 경인문화사, 2003, p.335~337

7) 그는 범죄자가 피해자로 되거나 양자가 동일한 경우, 피해를 받기 쉬운 성질을 가진 잠재적 피해자, 범죄자와 피해자가 특수관계에 있는 경우 등으로 분류하기도 하였다.

적 성격을 가진 사람, 생래적 피해자, 반복피해자로 까지 세분하여 설명하기도 하였다.

3) B · 멘델존(B.Mendelsohn) 의 「피해자의 책임성」설

이스라엘의 변호사였던 Mendelsohn은 피해자 문제를 다룸에 있어 생물학, 심리학 혹은 사회학 등 다각적인 시각에서의 연구가 필요하다고 주장하였다. 특히 그는 1940년 범죄학에 있어서 「강간과 여성사법관(女性司法官)의 중요성」이라는 저서를 통해 피해자의 문제를 다루었다. 이때부터를 피해자학 연구의 효시라고 한다.[8] 그는 범죄에 대한 피해자의 유책성 정도를 기준으로 하여 피해자를 다섯 가지 유형으로 분류하였다.

(1) 이상적인 피해자(완전히 무책한 피해자) : 영아(嬰兒) 살해 죄의 영아, 약취 · 유인된 유아(乳兒) 등

(2) 무지(無知)에 의한 피해자(책임성이 조금 있는 피해자) : 낙태로 인해 사망한 임산부 등

(3) 자발적인 피해자(가해자와 동등한 정도의 책임이 있는 피해자) : 동반자살, 자살미수 등

(4) 가장 책임이 큰 피해자(가해자적 피해자) : 정당방위의 상대방과 같은 공격적 피해자, 무죄의 범인과 같은 기만적 피해자, 피해망상으로 인하여 스스로가 피해를 입는 상상적 피해자 등

(5) 부주의에 의한 피해자, 유발적 피해자(가해자보다 더 책임이 있는 피해자) : 모친에게 살해된 패륜적 아들 등

4) 미야자와의 「범죄 피해 수용성」설

1967년 일본의 미야자와는 피해자학의 기초이론에서 범죄피해수용성(犯罪被害受容性)에 관하여 일반적 피해수용성과 특수적 피해수용성으로 이를 분류하였다.

---

8) Mendelsohn은 『피해자학-생물학·심리학·사회학의 새로운 분야』라는 저서에서 피해자학이 범죄학에 속해 있지 않고 인접해 있는 독자적 학문분야 라는 점을 강조하였다.

피해수용성이란 피해를 받기 쉽고 피해자가 되기 쉬운 성격을 말한다. 일반적 피해수용성이란 연령·성별·직업·사회적 지위 등이 고려되어 진다. 반면 특수적 피해수용성은 정신 심리적 불안정 상황, 지능지체, 알코올 중독, 의지상실, 정서불안정, 피억압자, 편집증자, 심한 욕심을 부리는 자(强欲者)로서 분류한다고 하였다.[9)]

5) 피나텔(Pinatel)의「상황과 반작용」설

1970년 Pinatel은 범죄자와 피해자와의 사이에 작용하는 심리과정에 관해서 상황적인 것과 반작용적인 것과를 구별하였다. 상황적인 면에서는 도의적이며 법적인 측면에서 범죄발생에 있어 ① 전혀 책임이 없는 피해자인 유아 ② 범죄발생에 협력적인 피해자로서 피해 유발자, 경솔한 피해자, 승낙살인 때와 같은 자발적 피해자 등 ③ 스스로 범죄를 저지르는 피해자로서 정당방위행위를 하는 피해자, 피해망상에 의한 범죄자 등이 있다.

2. 범죄 피해자의 특징

범죄학이 범죄자의 특징을 찾아내려 한 것과 같이 피해자학은 피해자의 특징을 발견하고자 노력해 왔다. 따라서 지금까지 일반적으로 피해자를「고령」「여성」「사회적 약자」라는 이미지를 가지고 보아왔으나 앞에서 설명한 각국의 피해자 실태조사가 활발히 진행됨에 따라 이러한 존재의 피해자에 대한 이미지가 실제 범죄 피해자와 일치하지 않는다는 점이 밝혀졌다. 이에 따라 일련의 피해조사에 의해 그 동안 밝혀지지 않았던 피해자의 특징이 부상하기 시작했다.

1) 범죄 피해자의 신체적 특징

범죄 피해자의 신체적 특징으로서는 성별, 연령, 사회적 지위, 인종이 주목된다.

---

9) 미야자와는 피해자의 유형을 행동형과 기여형으로 나누고 이를 다시 평균적인 피해자, 동정받을 피해자와 그렇지 못한 피해자, 투쟁하는 피해자와 침묵하는 피해자로 유형화 하였다.

(1) 성별

피해조사 데이터를 살펴보면 성별은 범죄 피해자를 특징짓는 중요한 요소의 하나이다. 예를 들어 미국의 NCVS에는 강도나 폭행의 피해자의 경우 남성이 여성의 약 2배에 달하는 것으로 나타나 있다. 단, 과거 15년 간 폭력범죄의 피해자가 될 위험성은 남성의 경우 약 20% 감소한 반면, 여성은 거의 동일한 수준이 유지되고 있다. 이는 여성에게는 무기를 사용하지 않는 형태의 강도가 증가하였다는 점(1973년부터 17년 간 14% 증가)이 영향을 미친 것이라 여겨진다.

강간의 경우 그 피해자의 대부분은 여성이지만, 매년 약 7,500명의 남성 강간 피해자가 발생한다고 추산되고 있다.

(2) 연령

피해조사에 의하면 피해자가 될 가능성은 고령자에 비해 젊은층이 높다. 미국 NCVS의 데이터에 의하면 피해자가 될 위험성은 십대 후반부터 높아지기 시작하여 25세를 경계로 급격히 감소한다.

연령과 피해자와의 상관관계는 소년들이 공유하는 생활양식과 깊은 관련이 있다. 예를 들어 심야 외출이나 비행소년과의 교제는 소년들의 비행가능성을 높일 뿐 아니라 피해를 입을 위험성도 높인다.[10] 또한 미국에서는 교내 범죄가 다발하고 있는데 이러한 상황이 소년들의 피해 위험성을 높이고 있다.[11]

(3) 사회적 지위

피해조사 결과, 빈곤층의 피해자 비율이 높다는 사실이 밝혀졌다. 미국의 NCVS는 연간소득 7,500달러 이하의 자가 범죄피해를 입을 가능성이 극히 높다는 사실을 나타내고 있다. 그 원인은 미국의 경우 빈곤층이 범죄 다발지역에 거주하고 있기 때문으로 여겨진다. 단, 여기서 문제로 삼고 있는 것은 강도, 폭행, 강간 등 폭력 범죄의 피해자이다. 같은 연령, 같은 성별, 같은 인종끼리 모여있는 경우에

---

10) 범죄 피해자 전체의 75% 이상은 20세를 넘은 범죄자에 의해 위해를 입은 것에 비해 12세부터 19세까지의 소년 피해자의 경우에는 64%가 같은 세대의 범죄자들에 의해 위해를 입고 있다.

11) 미국에서는 매년 전국 폭력범죄의 9%가 교내에서 발생하고 있다. 여기에는 약 6만 건의 강도, 4만 건의 폭행, 2000 건의 강간이 포함되어 있다.

는 경제적으로 빈곤한 쪽이 피해를 입기 쉽다. 이에 비해 재산범죄의 경우에는 부유층이 피해자가 될 위험성이 높다. 이러한 점으로부터 절도범은 범죄를 실행하기 전에 그 대상을 주의 깊게 선택한다고 예측할 수 있다.

또한 사회적 지위와 피해자의 관련성에서 볼 때는 결혼이 미치는 영향이 주목된다. 우리나라 경찰청 범죄 분석이나 미국의 NCVS에 의하면 기혼자는 미혼자에 비해 피해자가 될 위험성이 낮다. 단, 이 결과는 결혼에 의한 영향으로 받아들이기보다는 성별이나 연령에 의한 영향의 결과도 포함시켜서 이해해야 할 것이다.

(4) 인종

피해조사를 통해 인종에 따라 피해자가 될 위험성이 서로 다르다는 사실도 밝혀졌다. 미국의 NCVS에 의하면 타 인종에 비해 흑인은 폭력범죄의 피해자가 될 위험성이 높다. 예를 들어 흑인이 강도 피해자가 될 위험성은 백인에 비해 약 2배나 높다고 한다. 또한 1987년에 실시된 미국 질병관리센터(U.S Center for Disease Control)의 조사에 의하면 흑인 남성이 모살 살해자가 될 위험성은 흑인 여성에 비해 4.8배, 백인 남성에 비해 7.7배, 백인 여성에 비해 21.9배로 나타났다. 최근의 분석에서는 흑인에 대한 범죄가 백인에 대한 범죄에 비해 흉악화(범죄의 양태 및 무기사용)되고 있다는 지적도 나오고 있다.

〈표 1〉 대한민국 평균 범죄자의 모습

나 이	남자 31~40세(전체 남자 범죄자 중 30.6%) 여자 41~50세(전체 여자 범죄자 중 30.7%)
학 력	고졸(전체 남자 범죄자 중 45.1% / 전체 여자 범죄자중 46.5%)
결 혼	미혼
범 죄 원 인	부주의(21.8%), 우발적(17.4%)
주요 범죄 지역	서울(강도:38.6% / 절도:30.6%))
폭력 범죄 장소	노상(42.2%)
검거 후 처벌	불구속입건(95%)

*자료 : 경찰청 「2003 범죄분석」(2004. 8. 2)

2) 범죄 피해자의 사회 생태학적 특징[12)]

피해조사를 통해 피해자의 신체적 특징과 함께 생태학적 특징도 살펴볼 수 있다.

(1) 시간

미국에서는 범죄의 대부분이 오후 6시부터 오전 6시 반 사이에 발생하고 있다는 사실이 NCVS의 데이터에 의해 밝혀졌다. 주간에 발생하는 비율이 높은 범죄로는 강탈이나 소매치기 등 피해자에게 직접 접촉하는 절도범죄에 한정되어 있으며, 폭력범죄는 야간에 발생하는 비율이 높았다. 폭력범죄의 경우 오후 6시 이전에 발생한 것 보다 오후 6시 이후에 발생한 것이 폭력의 정도가 심한 것으로 나타났다. 예를 들어 중대한 폭행, 상해는 야간에 많았으나 무기를 사용하지 않는 행태의 강도는 주간에 많았다.

우리나라의 경우에는 절도범죄가 가장 많았던 시각은 오후(12시-18시)와 밤(20-24시)이다. 이에 비하여 폭행이나 상해범죄는 오후(12-18시)에 가장 많이 발생하는 추세이다. 그리고 강도와 강간 범죄는 밤(20-24시)에 주로 발생하지만, 살인범죄의 경우는 시각별로 주목할 만한 차이를 찾아볼 수 없다. 즉 범죄 종류별로 차이는 있지만 대체로 상당량의 범죄가 오후부터 밤에 걸쳐 발생하는 추세이다.[13)]

(2) 장소

또한 여러 종류의 범죄가 도로, 공원, 들판 등의 공적 장소에서 발생하고 있다. 비교적 가옥 내에서 많이 발생하는 범죄는 무기를 사용하지 않는 형태로 이루어지는 폭행과 강간뿐이었다. 단, 이러한 범죄의 대부분도 공적 공간에서 발생하고 있다.

주거지역도 피해자가 될 위험성에 커다란 영향을 미친다고 한다. 도시의 중심부에 주거하는 사람은 교외에 주거하는 자에 비해 강도나 폭행의 피해를 입을 위험성이 높다. 전자가 범죄의 피해자가 될 위험성은 후자에 비해 약 2배라고 한다.

12) 이만종, 전게서, p.281~283.

13) 경찰청, 「경찰백서」, 2004, p.25

우리나라의 경우 절도, 강도 범죄는 모두 노상과 주택가에서 전체의 과반수 이상이 발생하였으며 폭행, 상해, 강간, 살인도 정도의 차이는 있으나 역시 노상이나 주택가 지역에서 주로 발생하고 있다. 다만 사무실이나 지하철이 현대 사회생활에서 중요한 생활공간이 된다는 점에서 이러한 장소에서의 범죄 즉 "길거리 범죄"가 앞으로도 증가하리라 예상된다.

〈표2〉 폭력 범죄 발생장소(2003)

(단위 : 건)

자료 : 「경찰청 2003 범죄분석」(2004. 8. 2)

(3) 가족

미국의 NCVS에 의하면 미국 전체 9,500세대 중에서 약 25%가 가족 중 어느 한 사람이 과거 12개월 사이에 범죄의 피해를 입고 있는 것으로 나타났다. 이 수치가 1970년대에 31%였던 것에 비한다면 감소하는 경향이라고도 볼 수 있지만 1980년대 이후에서 살펴보면 거의 보합상태라 할 수 있다. NCVS에 의하면 가장 피해를 입기 쉬운 것은 서부 도시에 거주하는 고소득자 흑인이었다. 한편 가장 피해를 입지 않는 것은 북동부의 농촌에 사는 빈곤층 백인이었는데 이들이 재산범죄의 피해자가 될 위험성은 그중에서도 가장 낮았다.

미국의 최근 인구동향이나 가족구성 변화가 피해자가 될 수 있는 가정 형태에 변화를 가져오고 있다고 한다. 예를 들어 급속한 자동차화의 결과 교외나 농촌의 인구가 증가하고 도시 인구가 감소하고 있으며, 핵가족화나 독신자의 증가에 따라 가정 구성원의 인원수가 감소하고 있다.

Ⅳ. 범죄유형별 피해자의 특징

오늘날 사회정세가 눈부시게 변화함에 따라 범죄현상도 새로운 국면을 맞이하고 있다. 따라서 피해자학에서는 새로운 범죄현상의 피해자에 대해서도 고찰을 할 필요가 있다. 새로운 범죄현상의 피해자로는 구체적으로 다음의 것들을 예로 들 수 있다.

1. 기업 범죄의 피해자

기업 범죄는 통상적인 기업활동에 부수적으로 따르는 경우가 많고 그 실태를 파악하는 것이 곤란하므로 「전혀 의식하지 못한 범죄」의 전형으로 여겨지고 있다. 그러나 오늘날에는 기업 범죄가 워낙 광범위하고 또한 다양한 피해를 발생시킨다는 지적이 일고 있다. 구체적으로 기업 범죄의 피해자에는 소비자(카르텔이나 결함 상품 판매 등)라든지 노동자(임금착취나 노동안전위생 기준 위반 등)뿐만 아니라 일반시민(대기오염이나 소음 등)도 여기에 포함된다. 그밖에도 공공사업의 입찰과정에서 담합이 이루어진 경우에는 담합에 참가하지 않았던 기업이나 사업의 발주자인 국가나 지방자치단체 등의 공공단체도 피해자가 될 수 있다. 또한 기업 범죄의 피해자는 재산상의 피해뿐만 아니라 생명·신체에 대한 피해, 사회제도의 신뢰성에 대한 피해에까지 이른다. 예를 들어 위험한 약품이라든지 안전성에 문제가 있는 자동차 사용은 생명·신체에 중대한 위험을 수반하며, 카르텔이나 내부거래는 자유주의 시장경제제도나 증권제도에 대한 신뢰 자체에 상처를 입히게 된다. 이처럼 기업 범죄는 광범위하며 중대한 피해를 초래하므로 기업 범죄의 중대성이 널리 인식되고 있으며 기업에 대한 형법의 적용을 비롯하여 적절한 대응이 모색되고 있다.

2. 아동학대의 피해자

서구에서는 「가정폭력」이라고 할 때 주로 남편이 부인이나 자식에게 폭력을 휘두르는 것을 가리킨다. 특히 미국에서는 가정폭력이 커다란 사회문제로 취급되면서 높은 관심을 기울이고 있다. 미국에서는 매년 약 150만 명의 어린이가 부모로부터 폭력 등의 학대를 받고 있다고 한다. 오늘날에는 부모가 자식에게 성적인 학대를 일삼는 것이 중대한 문제로 대두되고 있다. 미국에서 부모로부터 성적학대를 받고 있는 어린이의 수는 1976년에는 1만 명에 1명 꼴이었다. 그러던 것이 오늘날에는 대략 1만 명에 100명의 비율로 부모로부터 성적학대를 받고 있다고 한다. 이와 같은 학대 경험은 어린이가 성인이 된 후에도 마음의 깊은 상처로 남게 되며 정신장애 등을 일으키는 경우도 있다고 한다. 따라서 아동학대를 금지하는 법률 제정이나 캠페인 활동, 부모와의 상담 등 각종 아동학대 방지활동이 펼쳐지고 있다. 물론 피해를 입은 아동에 대한 보살핌의 필요성이 제기되고 있다.

3. 음주운전 피해자

음주운전의 피해자(drunk driving victim)라 함은 음주운전이 원인이 되어 발생한 교통사고 피해자를 말한다. 여기서 「교통사고」라는 말을 사용한 것처럼 대부분의 경우 음주운전으로 인해 보행자가 상해를 입거나 생명을 빼앗겼다고 하더라도 보통은 「사고」로 취급되어 사회적으로 심한 비난을 받지 않았다. 또한 법률적으로도 도로교통법 위반에 대한 문책을 받는 경우는 있어도 살인죄 등으로 문책받는 경우는 적었다. 하지만 음주운전의 피해자는 대다수의 경우 가해자와 아무런 관계도 없으며 그러한 의미에서 보면 안면이 없는 지나가는 악인으로부터 살해된 경우와도 아무런 차이가 없다. 따라서 특히 미국에서는 음주운전 피해자와 그 유족들은 음주운전을 「일상적으로 가장 빈번하게 발생하는 폭력적인 범죄」

라 부르고 있고 음주운전자에 대해 엄중한 단속이나 처벌을 요구해 왔다.

우리나라에서는 형법은 '원인이 자유로운 행위'(제10조 제3항)의 규정을, 도로교통법은 주취운전죄의 처벌규정을, 교통사고처리특례법은 주취운전으로 인한 과실범죄자에 대한 공소특례의 불인정을, 사회보호법은 명정범죄자에 대한 치료감호처분을 각각 규정하고 있다.

4. 아동 행방불명

우리나라에도 개구리소년 실종사건이 발생하여 사회적인 충격이 있었지만 1980년대부터 미국에서도 매년 수많은 아동이 행방불명되고 있는데 이 「missing children」 문제는 커다란 관심을 불러 일으켰다. 이 문제를 심각하게 받아들이는 논자는 유괴의 급증을 지적하면서 그에 대한 방지를 강력하게 주장하였다. 미국에서는 매년 5만 명이 유괴되고 있으며 그 대다수가 매춘, 포르노, 장기 추출에 관련되어 있다는 사실이 대대적으로 보도되는 경우가 종종 있다.

그러나 이러한 견해에 회의적인 입장을 취하는 논자도 있다. 예를 들어 A·카르멘 등은 아동 행방불명 문제가 어린이들을 잃은 소수의 부모, 선동적인 기사를 만들고 싶어하는 저널리스트, 자신들의 존재가치를 높임으로써 많은 기금을 거두어들이고 싶어하는 아동조사 조직들에 의해 과장되고 있다고 주장하였다. 또한 행방불명의 아동 중에는 가출한 아동이나 친부모에 유괴된 자(예를 들어 이혼하여 양육권을 상실한 자가 아이를 탈취하는 경우)도 포함되어 있다고 하였다.

1980년대 중반까지 양자의 주장에는 커다란 갭이 있었다. 그 원인은 ① 유괴의 정의가 애매하며, ② 유괴수사의 관할이 주와 연방 양쪽 모두로 되어 있기 때문에 정확한 수치가 연방수사국에조차 남아 있지 않기 때문이다.

이와 같이 「행방불명 된 어린이들」의 실태가 명확히 밝혀지지 않은 상태에서 그 대응책으로써 「유괴(kidnapping)」 의 정의를 정립하자는 움직임이 차츰 거세지기 시작했다. 즉,「유괴」의 정의에 ① 부모에 의한 유괴, ② 유괴 미수, ③ 성적 욕구를 충족시키기 위한 단기간 유괴도 포함시키려는 움직임이다. 이 새로운 「유괴」 의 정의는 공적 기관에 채용되기에 이르렀으며, 1984년에는 「행방불명 아동에 관한 법률(Missing Children Act)」이 제정되어 1988년에는 법무부에서 행방불명 아동에 관한 본격적인 조사를 실시하였다. 이 조사결과 다음의 4가지 점이 밝혀졌다. ① 전형적인 유괴는 결국 드문 사례이다. ② 친부모에 의한 유괴는 상상 이상으로 큰 문제였다. ③ 가출 소년은 1975년과 1988년의 두 조사에서 커다란 차이를 보이지 않았다. 하지만 그들 중 20%를 넘는 숫자가 실제로는 「버려진」 어린이들 이었다. ④ 길을 잃거나 혹은 상해를 입어서 귀사하지 못한 어린이들, 또는 귀가하려 해도 어디로 가야할지 몰라서 결국 귀가하지 못한 어린이도 적지 않게 존재했다.

5. 강간 피해자

강간죄에서 가해자는 남성, 피해자는 여성에 한한다는 생각이 일반적인 것이었다. 그러나 페미니스트 운동의 고조를 배경으로 오늘날에는 여성이 남성에게 행하는 강간이나 동성간의 강간도 있을 수 있다는 견해가 늘어나고 있다. 구미에서는 이와 같은 새로운 형태의 강간을 규제하는 방식으로 형법개정이 진행되고 있다.

또한 종래의 구미의 판례에서는 부부간에는 강간이 성립되지 않으므로 부인은 남편의 강간 피해자가 될 수 없다고 인식해 왔다. 그러나 이러한 종래의 판례가 남성을 불합리하게 보호하고 있다는 비판을 받게 되면서 차츰 변경되고 있다. 영국이나 미국의 대다수 주에서는 부부간의 강간죄 성립을 면제하는 규정을 점차적으로 폐지하고 있다.[14] 우리나라에서도 최근 아내를 성추행하고 원치 않는 성행위를 강요한 남편에 대해 법원이 처음으로 유죄를 선고한 바 있다.[15]

14) 선진국에서는 형법상 부부사이에 강간이나 강제추행치상 혐의를 인정하는 추세다. 미국에서도 1976년까지는 부부사이의 강간을 인정하지 않는 '결혼 강간 면책(marital rape exemption)' 법 규정이 있었으나, 이후 이 조항들을 폐기하기 시작해 1996년까지 17개 주에서 완전 폐지했다. 대신 미국의 50개 주 모두에서 부부강간은 성폭행법에 따라 범죄로 다루고 있고, 피해자는 민사소송도 제기할 수 있다. 영국은 1994년 부부강간을 인정했고, 독일도 1997년 형법을 개정하면서 혼인예외조항을 삭제했다.

15) 2004. 8 서울지방법원 형사합의 22부(부장판사 최완주)는 아내를 강제로 추행한 혐의(강제추행치상)로 불구속 기소된 김모씨(45세)에 대해 징역 2년 6월에 집행유예 3년을 선고했다.

6. 매스미디어 피해자

범죄보도에 대한 사회적 관심은 매우 높다. 따라서 신문이나 TV를 비롯한 매스미디어의 범죄보도는 가열화 되어왔다. 하지만 이러한 매스미디어의 태도로 인해 유죄판결을 받기 전의 피의자나 피고인이 마치 범죄자와 같은 취급을 받게 된다는 비판이 일게 되어 오늘날에는 특정 배려가 이루어지고 있다. 이에 비해 피해자에 대해서는 이러한 고려가 결여되어 실명이나 얼굴 사진이 크게 보도되고 있다. 그뿐 아니라 피해자의 프라이버시를 침해하는 내용의 보도도 적잖이 보인다. 그렇기 때문에 피해자의 인권을 보호할 필요성이 주장되게 되었으며, 미국에서는 피해자 원조기구(NOVA)가 보도윤리 강령을 작성하여 매스미디어 측에 절제된 보도를 요구하고 있다.

그럼에도 불구하고 오늘날에 이르기까지 근본적인 개선책은 제시되지 않고 있다. 그로 인해 보도기관의 자주적인 규제 이외에도 보도 옴부즈맨의 필요성 등이 제창되고 있다.

7. 살인죄의 피해자

1958년 Wolfgang은 『살인의(가해자와 피해자)유형』(Patterns in Criminal Homicide)이라는 저서를 통하여 1948년부터 1952년까지 약 4년 간 필라델피아 시에서 발생한 살인사건 중 가해자 628명과 피해자 588명에 관하여 연구 조사한 내용을 발표하였다.

그 범죄사건에서 살해되었던 피해자와 가해자와의 관계를 중점적으로 연구한 결과 몇 가지 공통적인 사실을 발견하게 되었다. 먼저 가깝게 지내던 친구가 피해자인 경우가 28.2%이며, 가족관계로 얽혀있는 경우가 24.7%로서 52.9%가 친인척 아니면 친구가 가해자와 피해자의 관계였음이 밝혀졌다. 또 친하지는 않지만 아는 사이가 13.5%이고 정교관계인 정부(情夫·婦)와 매춘이 9.8%이며 전혀 모르는 사람은 12.2%밖에 되지 않았다. 특히 여성이 범죄 피해자인 경우에는 전체의 51.9%가 가족관계인 친인척이었으며 정교관계(情交關係)가 20.9%로서 살인피해여성의 72.8%가 친인척 아니면 정교관계라는 특이한 밀접함을 나타내고 있다. 가족관계 중에는 부부관계가 100명으로 그 중 남편이 피해자인 경우가 47명, 부인이 피해자인 경우가 53명으로 가해자와 피해자의 비율이 거의 비슷함을 보이고 있다. 또 피해자 중에는 아들이 9명, 딸 8명, 어머니 3명, 형제 3명, 아버지 2명, 자매간이 1명이 포함되어 있다. 다음은 남성이 여성에게 살해된 경우를 보면 88명 중에 47명이 부인에게 살해되어 53.4%를 차지하고 있다. 또 여자가 사람을 살해할 때 105명 중 47명이 남편을 살해함으로써 44.7%의 비율을 나타내고 있었다. 따라서 물질적 취득이 주요한 동기가 되는 강도, 살인 등의 경우를 제외하고는 대부분의 살인사건이 가족 등 근친관계를 통해서 이루어지고 있다.[16)]

Wolfgang의 연구에서 피해자가 살인이라는 범죄를 일으키는 직접적·적극적 촉진의 역할을 할 경우를 VP(Victim-Precipitate : 피해촉진)살인이라고 하였다. 이 VP 살인이 588명의 범죄 피해자 속에 26%인 150명이나 된다고 하였다. 결국 범죄자와 피해자는 서로가 평소부터 잘 알고 있는 관계로 재산상이나 감정적으로 깊은 누적관계가 있는 사람들이다. 모르는 사람과는 20%내외의 적은 발생률을 나타내고 있다. 그리고 범죄의 주요 책임은 가해자에게 있다. 그러나 피해자에게도 26% 내외의 책임이 있음을 눈여겨볼 필요가 있다.

8. 사기죄(詐欺罪)의 피해자

사기죄의 피해자는 그 자신이 사기범죄의 공범자란 말이 있다. 사기죄의 피해자는 피해촉진(VP)의 역할을 많이 한다는 의미이다. 사기취재죄(詐欺取財罪)의 피해자에는 아둔형으로 사리판단이 부족한 사람들 중에 많이 있다. 그들은 미신을 악용하는 사기의 피해자 중에서 많이 발견할 수 있다. 또 속칭 사람이 좋다는 소리를 듣는 형으로, 이들은 결혼사기의 피해자가 되거나 직업적 고급 사기꾼에게 피해를 받는 경우가 많다. 이들을 경신형(輕信型)이라고 한다. 다음은 터무니없이 욕심을 부리는 사람으로 사기도박의 피해자가 되기 쉬운 강욕형(强欲型)이 있다. 따라서 모두 자기분수에 맞는 생각과 행동을 하며 모든 일에 조금만 더 주의를

16) 이윤호, 「형사정책」 박영사, p.301

기울여 점검하고 확인하면서 생활을 한다면 사기죄의 피해는 많이 줄어들 수 있으리라 생각된다.

9. 기타 피해자

그밖에도 다음과 같은 피해자에 대한 실태 파악과 적절한 대응의 필요성이 제기되고 있다. ① 정신장애 범죄자의 피해자, ② 고령자 학대의 피해자, ③ 집단 따돌림 피해자.

이처럼 연구대상을 새로운 피해자에까지 확대할 것이 요구되고 있는 것은 피해자학의 연구영역이 확대되고 있다는 점 이외에도 사회구조 변화에 따라서 새로운 범죄현상이 탄생하고 있다는 점에서 기인하고 있다. 따라서 피해자학의 연구대상은 사회의 변화에 맞추어 향후에도 지속적으로 확대되어 나갈 것이다.

V. 결 론

미국에서는 연방사법통계국의 추산에 의하면 현재 미국에서 일생 동안 한 번 이상 폭력범죄의 피해를 입을 가능성은 83%(세 번 이상 피해를 입을 가능성은 25%)에 달하는 것으로 나타났다. 그리고 절도 등 재산범죄의 피해를 입을 가능성은 99%(세 번 이상 피해를 입을 가능성은 87%)로 산정되었다. 따라서 범죄피해를 최소화하고 범죄의 대상에 해당되지 않도록 범죄예방책을 강구하여야 하겠다.

지금까지 범죄학이 범죄자의 특징을 발견해 내고자 한 것과 마찬가지로 피해자학은 피해자의 특징을 찾아내고자 노력해 왔으며 그 결과 일련의 피해조사에 의해 종래의 피해자 이미지에도 커다란 수정이 필요하게 되었다는 사실은 특필할 만한 가치를 지니고 있다. 즉 종래에는 신체적·사회적 약자라는 이미지가 「피해자」의 일반적인 이미지 였으나 영국과 미국에서는 범죄피해 실태조사가 활발하게 진행됨에 따라 이러한 종래의 이미지가 실제의 범죄 피해자와 일치하지 않는다는 사실을 밝히게 되었다. 영국과 미국의 피해조사에서는 ① 남성 ② 30세 미만 ③ 독신 ④ 야간외출(주당 수차례) ⑤ 다량의 음주 등이 일반적으로 피해자가 되기 쉬운 요소로 나타났으며 범죄 피해자의 대부분은 가장 범죄자가 되기 쉬운 요소로 지적되고 있는 요소(남성, 젊은 층, 빈곤, 유색인종)를 동시에 갖추고 있다는 사실도 발견하였다.

2004년 여름 우리나라에서 발생하였던 연쇄살인범 유영철 사건의 경우 그는 부유층 노인과 일가족은 물론 전화방 도우미, 노점상, 출장 맛사지사와 원한도 없는 노인, 부녀자가 피해자가 되었었다. 이로인해 많은 사람들은 범죄피해에 대한 두려움과 불안감(fear of crime)을 느끼게 되었다. 따라서 이러한 피해자의 유형을 사전 조사하고 파악하여 범죄 증가와 흉악화 방지 등 범죄 예방책을 강구하여 실제로 범죄 피해를 입을 가능성을 저하 시켜야 한다. 특히 지금까지는 피해자학 이론의 전개가 피해자 책임론의 색채를 다분히 띠고 있었기 때문에 최근에 강조되고 있는 피해자 구제와 피해자 권리 구제, 피해자 지위 문제 등에 부응하고 정확한 범죄 피해 실태를 파악하기 위해 범죄 피해실태 및 유형에 관한 조사가 더욱 활성화되어야 하겠다.

Chapter 13 >>> 형사절차상 범죄피해자 지위강화 방안

[요약]

최근 범죄피해자의 권리보호논의 필요성이 절실히 요구되고 있으며 인권보호에 대한 관심이 증폭되고 있는 시대적 분위기에 따라 본고에서는 현행법 체계에서 범죄피해자 보호태도를 검토하고자 한다. 여기에서는 현재 우리나라의 형사소송법 등 관련법규를 살펴봄으로써 피해자가 형사절차에서 어떠한 지위를 향유하고 있는가, 피해자가 형사절차에 참여할 수 있는 방법은 무엇인가 등을 논의하고 또한 현재 법무부에서 '범죄피해자 기본법'제정 등 범죄피해자 보호 및 지원대책을 마련하고 있으나 현행법체계가 피해자의 이익을 보호하고 피해자에게 형사절차참여의 기회를 보장하기에는 현저히 미흡하다는 분석을 토대로 하여 범죄피해자에 대한 현행법상의 보호태도를 살펴보고 형사절차상 범죄피해자의 지위를 강화하기 위한 몇가지 방안을 제언하고자 한다.

일반적으로 형사소송절차의 진행은 범죄피해자로부터 시작된다. 그러나 우리의 경우 종래형사범죄 피해자는 범죄의 직접적인 소송관여자임에도 불구하고 형사소송절차에 있어서 주변적인 역할만을 담당하였다. 그동안 헌법상 범죄피해자의 진술권보장(헌법 제27조 제5항)을 중심으로 형사소송법, 소송촉진 등에 관한 법률, 범죄피해자 구조법 등 각종 법률을 제정하여 범죄피해자를 형사소송의 주변인에서 관심의 대상으로 전환하기 시작하여 최근에 이르러 형사소송법에서 피해자의 지위를 강화하는 규정이 대폭 신설 및 개정되었다. 이는 범죄피해자학계에서 그동안 꾸준히 제시하여왔던 각종 제도의 개선 및 신설을 반영한 결과로 평가된다.

그렇지만 아직도 형사소송절차의 운영과정상 미비점이 발견되어 향후 입법적 보완이 필요한 실정이다. 이에 본고에서는 향후 개선하여야 할 정책과제에 대한 제언과 입법적 제도 개선을 통해 기존의 형사소송절차에서 소홀히 다루어졌던 피해자의 지위를 강화하는 방안을 논의해본다. 제시하는데 초점을 두고 수행하였다. 한편으로 형사절차 피해자의 지위강화는 형사소송의 이념인 실체적 진실발견을 어렵게 만드는 측면이 있으며 피의자나 피고인의 방어권을 침해하는 결과를 초래할 수도 있는 점에서 이러한 측면도 함께 유의할 필요가 있다.

Ⅰ. 서 론

최근 법무부에서는 '범죄피해자 보호 및 지원강화를 위한 종합대책을 발표한바 있어 그동안 형사소송절차에서 소홀하게 다뤄졌던 범죄피해자의 지위가 더욱 개선되리라 생각한다.[1)]

일반적으로 피해자에 대한 연구는 범죄의 원인을 규명하고 그 방지대책을 수립하는 등 형사정책학이 제기능을 발휘하기 위해서는 매우 필요한 사항이라 할 수 있으므로 근래에 이르러서는 피해자측의 여러 특징을 분석하여 이를 범죄피해 예방책에 이용하고, 이를 바탕으로 범죄의 원인을 규명하며, 범죄인에 대한 형사책임량을 정확히 평가하는데 이용하기에 이르고 있다.

특히, 피해자의 분석이 가해자에 대한 형사책임의 범위를 정하는데 공헌할 수 있다는 점은 피해자학의 발전에 결정적인 동기를 제공해 주었다.

그러나 우리나라의 현실을 살펴보면 그동안 제한적 범위 내에서만 피해자 보호를 위한 제도적 장치를 마련하고 있기는 하였으나, 실질적인 피해자 권리구제나 보호방안의 모색에 있어서는 선진 각국에 비해 매우 소극적이라 보여진다.[2)]

따라서 최근 범죄피해자의 권리보호논의 필요성이 절실히 요구되는고 있으며 인권보호에 대한 관심이 증폭되고 있는 시대적 분위기에 따라 본고에서는 먼저 현행법 체계에서 범죄피해자 보호태도를 검토하는 것으로 출발한다. 여기에서는 현재 우리나라의 형사소송법 등 관련법규를 살펴봄으로써 피해자가 형사절차에서 어떠한 지위를 향유하고 있는가, 피해자가 형사절차에 참여할 수 있는 방법은 무엇인가 등을 논의하고 또한 현재 법무부에서 '범죄피해자 기본법'제정 등 범죄피해자 보호 및 지원대책을 마련하고 있으나 현행법체계가 피해자의 이익을 보호하고 피해자에게 형사절차참여의 기회를 보장하기에는 현저히 미흡하다는 분석을 토대로 하여 범죄피해자에 대한 현행법상의 보호태도를 살펴보고 형사절차상 범죄피해자의 지위를 강화하기 위한 몇가지 방안을 제언하고자 한다.

---

1) 법무부에서는 '2004. 7. 15 '범죄피해자 보호 및 지원강화를 위한 종합대책'을 발표한바 있다.

2) 피해자학에 관한 국내문헌을 보면 주로 범죄피해자구조법상의 범죄피해자보상제도에 관한 연구에 집중되어 있었으나, 최근에는 피해자의 권리보호라는 측면에서 형사절차상 피해자권리보호와 원상회복 및 사회지원제도에 대한 관심으로 변화하고 있는 것 같다. 류병관, 「범죄피해자 보호에 관한 연구」, 「충남대학교 박사학위논문」, 2001, p.3.

Ⅱ. 범죄피해자에 대한 현행법상 보호태도

1. 범죄수사시 피해자보호

1) 피해자의 고소권과 고소취소권

형사소송법상 수사절차에서 범죄피해자는 기본적으로 고소인으로서의 지위를 가지고 있고, 형사절차를 개시하는데 있어서 피해자의 역할은 거의 절대적이다고 명시하고 있다.(제223조, 제237조) 따라서 범죄피해자의 고소 또는 신고 여하에 의하여 형사정책의 대응방안이 상이해질 수 있으며, 고소는 중요한 수사의 단서가 된다.[3]

또한 고소는 강간죄, 간통죄, 사자명예훼손죄, 모욕죄 등의 친고죄에 있어서는 소송조건이 된다. 따라서 친고죄에 있어서는 피해자의 고소가 있어야 공소를 제기할 수 있으며 폭행죄, 과실상해죄, 협박죄, 명예훼손죄 등의 반의사불벌죄에 있어서는 피해자의 일방적인 처벌불원의 의사표시에 의하여 형사절차를 제한할 수 있다. 이상과 같이 고소는 수사의 단서를 제공한다는 의미를 가지고 있는 것은 사실이지만 피해자가 자신의 피해회복을 촉구할 수 있는 피해자의 고유하면서도 가장 기본적인 권리중의 하나이다. 또한 피해자 아닌 자의 고소권을 인정함으로써(동법 제225조, 제226조, 제227조) 피해자의 권리를 보호하는 규정을 두고 있다. 특히 친고죄의 경우 고소할 자가 없는 경우 검사가 고소권자를 지정할 수 있도록 함으로써 범죄피해에 관한 적극적 관심을 표명하고 있다(동법 제228조).[4]

또한 범죄피해자는 제1심판결 선고전까지 고소를 취소할 수 있으며(형소법 제232조). 고소의 취소는 친고죄의 경우 중요한 의미를 가지게 되며, 실질적으로 취소라고는 하나 철회의 성격을 띠게 되며 따라서 취소의 효과는 장래에 대해서만 발생한다.

---

3) 송광섭, 「형사절차에 있어서 피해자의 지위 강화」, 「피해자학연구」 제8호, 2000.6. p.102.
4) 류병관, 앞의 글, pp.135~136.

2) 수사종결시 처분통지를 받을 권리

범죄피해자는 수사절차의 종결시에 검사로부터 당해 사건의 처분결과에 대한 통지를 받을 권리가 있다. 즉 검사는 고소 또는 고발이 있는 사건에 관하여 공소를 제기하거나 제기하지 아니하는 처분, 공소의 취소 또는 타관송치(형소법 제256조)를 한 때에는 그 처분을 한 날로부터 7일 이내에 고소인 또는 고발인에게 그 취지를 통지하여야 한다(형소법 제258조 제1항). 또한 검사는 고소 또는 고발이 있는 사건에 관하여 공소를 제기하지 아니하는 처분을 한 경우에 고소인 또는 고발인의 청구가 있는 때에는 7일 이내에 고소인 또는 고발인에게 그 이유를 설명하여야 한다(형소법 제259조).

3) 압수물 가환부 청구권

범죄피해자는 압수된 장물에 관하여 수사기관에 대하여 가환부청구권이 있고(형소법 제219조, 제133조 제1항), 수사기관은 압수한 장물을 피해자에게 환부할 이유가 명백한 때에는 결정으로 피고사건의 종결전이라도 피해자에게 환부할 수 있다(형소법 제134조, 제219조).

4) 검사의 불기소처분에 대한 불복권리

범죄피해자는 현행법상 수사단계에서 검사의 불기소처분에 대하여 재정신청, 헌법소원[5], 항고, 재항고[6] 등의 불복권리가 있다.

---

5) 1987년 헌법개정과 더불어 헌법재판제도가 다시 부활하면서 헌법소원제도가 신설되었고(헌법 제111조), 이에 따라 헌법재판소법은 공권력의 행사 또는 불행사로 인하여 헌법상 보장된 기본권을 침해받은 자는 헌법재판소에 헌법소원심판을 청구할 수 있다고 규정하고 있다(헌법재판소법 제68조 제1항). 헌법재판소는 검사가 부당하게 불기소처분을 한 경우 피해자는 헌법상 보장된 피해자의 진술권(헌법 제27조 제5항)과 평등권(헌법 제11조)을 침해받을 수 있다고 함으로써 불기소처분에 대한 헌법소원을 일관되게 인정하고 있다(헌재결 1995.7.21, 94헌마131;1996.6.26, 95헌마227;1996.10.31, 95헌마74;1996.11.28, 95헌마162). 그러나 불기소처분에 대한 헌법소원을 인용하는 결정이 공소제기를 강제하는 효과가 있는가, 아니면 단순히 재수사명령에 불과한 것인가에 대해서는 아직 논란이 많은 실정이다.

6) 이러한 항고·재항고제도는 실무에서 별 기능을 하지 못한다. 검사동일체원칙이 지배하고 있는 현행 검찰체계에서 부하검사가 행한 불기소처분을 상급자가 번복한다는 것은 거의 기대하기 어렵기 때문

5) 수사절차에서 범죄피해자보호

형사소송법상 수사절차에 있어서 범죄피해자보호를 위한 별다른 규정은 존재하지 않고, 다만 특정강력범죄의 처벌 등에 관한 법률, 성폭력범죄의 처벌 및 피해자보호 등에 관한 법률, 가정폭력범죄의 처벌 등에 관한 특례법, 가정폭력방지 및 피해자보호 등에 관한 법률에만 비교적 범죄피해자의 보호에 대한 규정이 약간 마련되어 있으며, 특정범죄신고자 등 보호법에는 범죄신고자 등이 보복범죄로부터의 보호 및 범죄신고자 등을 증인으로 소환할 때의 보호방안에 대하여 규정하고 있다.

2. 형사재판시 피해자보호

1) 증인으로서의 진술참여

범죄피해자가 공판절차에 참여할 수 있는 지위는 증인으로서의 지위이다. 범죄피해자가 증인적성격을 가지는 것에 대하여, 증인이란 법원 또는 법관에 대하여 자기가 과거에 체험한 사실을 진술하는 제3자를 말하는 것이므로 피해자가 증인적격을 가짐은 물론이다.

증인으로서 피해자는 소환받은 공판기일에 출석하여 증언할 의무를 진다. 그러나 이때에 문제가 되는 것은 증인신문과정에서 증인 내지 피해자의 인격권이나 사생활의 프라이버시가 침해될 우려가 많고, 소위 피해자의 재피해자화가 문제된다.

2) 피해자로서의 진술참여

피해자는 원래 증인의 한 사람으로서 법원이 그를 증인으로 신문할 수 있음은 당연하다. 그러나 헌법은 여기서 더 나아가 피해자에게 자신이 피해자인 사건에 관하여 공판정에서 증언할 수 있는 기회를 보장하고 있다(헌법 제27조 제5항).[7] 이

이다. 배종대·이상돈, 「형사소송법」 (서울: 홍문사, 1996), p.291.

7) 본 규정은 최근 피해자학의 주된 관심분야인 형사절차상의 피해자권리 보호방안 모색에 있어서 헌법적 근거를 제시하고 있다는데 그 의의가 있다. 류병관, 앞의 글, p.125.

에 따라 형사소송법은 공판절차에서 피해자의 진술권을 보장하고 있다(제294조의 2 제1항). 이는 피해자에게 형사사법의 적정실현과 감시권을 부여한 제도이다.[8]

그러나 현행법상 범죄피해자의 진술도 일반 증인과 하등 다를바 없이 증인신문의 절차에 의하도록 되어 있고, 피해자에게는 진술권이 보장되어 있음에도 불구하고 진술권을 행사하는 전제나 행사방법 등에 대하여 아무런 절차적 보장이 현행법상 마련되어 있지 않다.[9]

3) 고소취소권

고소는 제1심판결선고전까지 취소할 수 있다(형소법 제232조 제1항). 공범자에 대하여 제1심판결이 선고되면 다른 공범자에 대하여도 고소를 취소할 수 없고, 또 고소취소가 있다 하더라도 고소취소의 효력이 발생하지 않는다. 한편 피해자의 명시한 의사에 반하여 논할 수 없는 사건에 있어서 처벌을 희망하는 의사표시의 철회에 관하여도 고소의 취소에 관한 규정이 준용된다(형소법 제232조 제3항).

4) 압수물에 관한 권리

압수한 장물이 피해자에게 환부할 이유가 명백한 때에는 피의사건의 종결 전이라도 피해자에게 환부할 수 있다(형소법 제134조, 제219조). 이 규정은 범죄피해자의 신속한 권리구제를 위한 것이지만, 압수장물의 재산권행사를 둘러 싼 분쟁이 발생할 우려가 있으므로 환부할 이유가 명백한 경우에 한정되어야 한다.

---

8) 배종대 · 이상돈, 앞의 책, p.426.

9) 피해자의 진술권을 도입한 1987년 형사소송법개정을 통해 피해자는 고소권(제223조) 및 고소취소권(제232조)과 배상명령신청권(소촉법 제25조 제1항)의 지위 이외에 법정증언의 권리, 즉 일종의 증거신청권까지 누리게 되었다. 이에 더하여 독일에서 일부 학자들에 의해 제기되는 바와 같이 피해자를 소송주체로서 재발견하자는 의미로 피해자에게 출석권과 기록열람권 및 변호인의 도움을 받을 권리까지 보장해야 한다는 주장(이재상, 앞의 책)에 대해 피해자가 형사사법체계에서 중심역할을 담당하게 될수록 형사사법체계는 피해자의 사적인 보복감정에 좌우되기 쉽고, 피고인의 방어권보장도 그만큼 위축되기 쉽다는 점을 유의할 필요가 있다는 견해(배종대 · 이상돈, 앞의 책, p.426)가 있다.

5) 공판절차에서의 범죄피해자보호

현행법상 공판절차에 있어서 범죄피해자보호를 위한 규정으로 증언시의 피고인 배제를 통한 범죄피해자의 보호(형소법 제297조), 심리의 비공개를 통한 범죄피해자의 보호(법원조직법 제57조, 성폭력범죄의 처벌 및 피해자보호 등에 관한 법률 제22조), 특정강력범죄 사건의 피고인의 보석 등의 취소(특정강력범죄의 처벌에 관한 특례법 제6조), 증인에 대한 신변안전 조치(특정강력범죄의 처벌에 관한 특례법 제7조), 출판물 등으로부터의 피해자보호(특정강력범죄의 처벌에 관한 특례법 제8조), 증인소환 및 신문의 특례등(특정범죄신고자 등 보호법 제11조), 소송진행의 협의(특정범죄신고자 등 보호법 제12조), 신변안전조치(특정범죄신고자 등 보호법 제13조) 등의 보호 규정을 두고 있다.

6) 재판서등본교부청구권

피해자 또는 고소인은 비용을 납입하고 재판서 또는 재판을 기재한 조서의 등본 또는 초본의 교부를 청구할 수 있으며(형사소송규칙 제26조 제2항) 소송에 관한 증명서의 교부를 청구할 수 있다(형사소송규칙 제27조).

3. 특정강력범죄의 피해자보호

1) 피고인의 보석 및 구속집행정지 취소

특정강력범죄의 처벌에 관한 특례법은 법원은 특정강력범죄사건의 피고인이 피해자 기타 사건의 재판에 필요한 사실을 알고 있다고 인정되는 자 또는 그 친족의 생명·신체나 재산에 해를 가하거나 가할 염려가 있다고 믿을 만한 충분한 이유가 있는 때에는 직권 또는 검사의 청구에 의하여 결정으로 보석 또는 구속의 집행정지를 취소할 수 있도록 규정하고 있다(제6조). 이 규정은 피해자들이 신고나 고소를 하고 공판정에서 증언을 하는 등의 전과정에서 항상 가해자로부터 보복당할지 모른다는 위험을 제거함으로써 피해자를 보호한다는데 그 의미가 있다.

2) 신변안전조치를 받을 권리

특정강력범죄사건의 증인과 재판장은 피고인 기타의 사람으로부터 생명·신체에 해를 받거나 받을 염려가 있다고 인정되는 때에는 관할경찰서장에게 증인의 신변안전을 위하여 필요한 조치를 취하도록 검사에게 요청할 수 있다(제7조 제2항, 제3항).

검사는 특정강력범죄사건의 증인이 피고인 기타의 사람으로부터 생명·신체에 해를 받거나 받을 염려가 있다고 인정되는 때에는 관할경찰서장에게 증인의 신변안전을 위하여 필요한 조치를 할 것을 요청할 수 있고(제7조 제1항), 요청을 받은 관할경찰서장은 즉시 증인의 신변안전에 필요한 조치를 하고 이를 검사에게 통보하여야 한다(제7조 제4항).

3) 출판물 등으로부터 보호받을 권리

특정강력범죄 중 제2조 제1항 제2호 내지 제5호 및 제2항(다만, 제1항 제1호를 제외한다)에 규정된 범죄로 수사 또는 심리 중에 있는 사건의 피해자나 특정강력범죄로 수사 또는 심리 중에 있는 사건을 신고하거나 고발한 자에 대하여는 그가 피해자 또는 신고하거나 고발한 자임을 알 수 있는 정도의 사실이나 사진을 신문지 기타 출판물에 게재하거나 방송 또는 유선방송하지 못한다(제8조 전단).

4) 개선대책

특정강력범죄의 처벌에 관한 특례법 제6조는 피고인의 보복위험으로부터 피해자 등을 보호하기 위하여 보석과 구속의 집행정지를 취소할 수 있는 사유로 규정하고 있을 뿐이나, 피해자를 더욱 적극적으로 보호한다는 측면에서 생명·신체나 재산에 해를 가하거나 가할 염려가 있다고 있을 만한 충분한 이유가 있는 때에는 직권 또는 검사의 청구에 의하여 결정으로 보석 또는 구속의 집행정지의 취소에 더하여 '구속사유 또는 보석의 제외사유'를 추가하여야 한다.[10]

10) 송광섭, 앞의 글, p.124.

4. 성폭력범죄의 피해자보호

1) 친족 · 장애인의 범위의 확대

성폭력범죄의 처벌 및 피해자보호 등에 관한 법률에서는 친족관계에 의한 강간 등을 가중처벌하고 있는데, 친족의 범위는 4촌 이내의 혈족과 2촌 이내의 인척이다(제7조 제4항), 또한 친족에 사실상의 관계에 의한 친족까지 포함시켜(동조 제5항), 비속의 친척과 의붓아버지에 의한 성폭력도 처벌할 수 있다.

또한 장애인에 대한 간음 등을 처벌함에 있어 장애의 범위를 신체장애 또는 정신상의 장애로 확대하여 장애인의 보호를 강화하고 있다(제8조).

2) 불이익을 당하지 않을 권리

성폭력범죄의 피해자를 고용하고 있는 자는 누구든지 성폭력범죄와 관련하여 피해자를 해고하거나 기타 불이익을 주어서는 아니된다(제4조).

3) 고소기간의 연장과 고소제한의 예외

성폭력범죄 중 친고죄에 대하여는 범인을 알게 된 날부터 1년을 경과하면 고소할 수 없고, 고소할 수 없는 불가항력의 사유가 있는 때에는 그 사유가 없어진 날부터 기산하며(제19조) 근친간 및 미성년자 등에 대한 성폭력범죄를 효과적으로 예방 · 처벌할 수 있도록, 성폭력범죄에 대하여는 자기 또는 배우자의 직계존속도 고소할 수 있다(제18조)고 규정하고 있다.

4) 피해자의 신원 · 사생활비밀누설의 금지

성폭력범죄의 피해자는 피해자의 신원과 사생활비밀누설금지가 중요하다. 따라서 성폭력범죄의 수사 또는 재판을 담당하거나 이에 관여하는 공무원은 피해자의 주소 · 성명 · 연령 · 직업 · 용모 기타 피해자를 특정하여 파악할 수 있게 하는 인적사항과 사진 등을 공개하거나 타인에게 누설하여서는 아니된다(제21조 제1

항). 또한 성폭력범죄의 수사 또는 재판을 담당하거나 이에 관여하는 공무원은 성폭력범죄의 소추에 필요한 범죄구성사실을 제외한 피해자의 사생활에 관한 비밀을 공개하거나 타인에게 누설하여서는 아니되며(제21조 제2항). 한편 상담소 또는 보호시설의 장이나 이를 보조하는 자 또는 그 직에 있었던 자는 그 직무상 알게 된 비밀을 누설하여서는 아니된다(제31조).

5) 심리의 비공개로 사생활보호

성폭력범죄에 대한 심리는 그 피해자의 사생활을 보호하기 위하여 결정으로 이를 공개하지 아니할 수 있다(제22조 제1항). 증인으로 소환받은 성폭력범죄의 피해자와 그 가족은 사생활보호 등의 사유로 증인신문의 비공개를 신청할 수 있다(제22조 제2항). 재판장은 비공개신청이 있는 때에는 그 허가여부 및 공개, 법정 외의 장소에서의 신문 등 증인의 신문방식 및 장소에 관하여 결정할 수 있다(제22조 제3항).

6) 피해자와 신뢰관계에 있는 자의 동석권

성폭력의 피해자는 수사절차와 공판절차에서 자기와 신뢰관계에 있는 자를 동석하게 할 수 있다. 또한 법원은 성폭력범죄의 피해자를 증인으로 신문하는 경우에는 검사 또는 피해자의 신청에 의하여 피해자와 신뢰관계에 있는 자를 동석하게 할 수 있고(제22조의 2 제1항), 수사기관이 성폭력범죄의 피해자를 조사하는 경우에는 피해자의 신청에 의하여 피해자가 지정하는 자를 동석하게 할 수 있다(제22조의 2 제2항).[11)]

11) "피해자가 증인으로서 신문받는 경우, 피해자의 신청이 있으면 자신이 신뢰하는 1인의 참석을 허용할 수 있다. 신문을 행한 자가 이에 관하여 재판하며, 그 재판에는 불복할 수 없다."라고 규정하고 있는 독일 형사소송법 제406조f 제3항과 같이 이를 일반 형사절차에서도 확대 실시하여야 한다는 견해가 있다. 송광섭, 앞의 글, p.121.

7) 의료보호를 받을 수 있는 권리

보건복지부장관 또는 시·도지사는 국·공립병원 또는 보건소를 성폭력피해자의 치료를 위한 전담의료기관으로 지정할 수 있다(제33조 제1항).

지정된 전담의료기관은 상담소 또는 보호시설의 장의 요청이 있을 경우에는 성폭력피해자의 보건상담 및 지도(제1호), 성폭력피해의 치료(제2호), 기타 대통령이 정하는 신체적·정신적 치료(제3호) 등을 제공하여야 한다(제33조 제2항).[12)]

8) 개선대책

'2004. 9월 서울중앙지법은(형사합의22부) 아내를 성추행하고 원치않는 성행위를 강요한 남편에 대해 처음으로 유죄를 선고한바 있다. 따라서 이와 같이 성폭력을 사회적인 범죄로 규정하는 데 있어서 가장 중요한 것은 성폭력에 대한 개념정의이다. 성폭력피해자의 인권을 보호하고, 성폭력에 대한 우리 사회의 전반적인 인식을 개선하기 위해서는 성폭력의 개념을 '성적 자기결정권의 침해'로 정의하여, 성폭력을 원하지 않는 인간의 성을 침해한 폭력으로 규정하여야 한다. 또한 성희롱을 하는 경우에도 처벌할 수 있는 입법적인 조치가 필요하다. 현행 남녀고용평등법에는 직장 내 성희롱에 관한 입법조치가 되어 있으나, 이는 단지 직장 내의 입법에 그치고 있다. 따라서 성희롱 행위자에 대한 처벌문제는 직장 내·외를 불문하고 적용되는 사항이기 때문에 남녀고용평등법상의 직장 내 성희롱의 제한적 입법태도보다는 모든 국민에게 적용되는 입법화가 필요하다.

또한 성폭력과 관련된 모든 범죄의 경우에 친고죄를 폐지하고 비친고죄로 하여 성폭력범죄에 사회적·국가적 대처를 강화하여야 하며, 마지막으로 현행 소송촉진 등에 관한 특례법상에는 성폭력 피해자는 배상명령을 신청할 수 있는 대상

---

12) 성폭력특별법 제23조 제1항 「국가 또는 지방자치단체는 성폭력피해상담소를 설치·운영할 수 있다」은 '… 하여야 한다'로 개정됨이 당연하다고 본다. 현재 규정의 내용은, 법조문으로서의 가치가 전혀 존재 않는 형식적이고 실효성 없는 조문이라고 판단된다. 그 이유는 국가 또는 지방자치단체는 본 조항이 없어도 당연히 상담소를 설치·운영할 수 있는 것이며, 본 규정을 제정하려면 당연히 「…하여야 한다」 라는 강제성을 부여했어야 한다고 판단된다. 또한 최근 성폭력범죄가 증가하고 있고 이로 인해 다수의 피해자가 법제도의 보호를 받지 못하고 있는 현실적인 이유도 존재하기 때문이다. 류병관, 앞의 글, p.154.

으로 규정되어 있지 아니하기 때문에 배상명령의 신청대상 범죄에 성폭력범죄를 추가하여야 한다.[13]

5. 가정폭력범죄의 피해자보호

1) 고소에 관한 특칙

동법 제6조 제2항은 형사소송법 제224조(고소권 제한 규정)의 규정에도 불구하고 행위자가 자기 또는 배우자의 직계존속인 경우에도 성폭력범죄와 마찬가지로 직계존속에 대하여도 고소를 할 수 있게 하고 있다. 즉 가정폭력 행위자가 부모일 경우 고소하지 못했던 기존의 법과 달리 고소할 수 있도록 하여 폭력가정내의 자녀들을 보호할 수 있게 하고 있는 것이다.

2) 사법경찰관 · 검사의 조치를 받을 수 있는 권리

진행중인 가정폭력범죄에 대하여 신고를 받은 사법경찰관리는 즉시 현장에 임하여 폭력행위의 제지 및 범죄수사(제1호), 피해자의 가정폭력 관련상담소 또는 보호시설 인도(제2호), 긴급치료가 필요한 피해자의 의료기관 인도(제3호), 폭력행위의 재발시 임시조치(제8조)를 신청할 수 있음을 통보(제4호)하는 등의 조치를 취하여야 한다(제5조).

3) 임시조치를 받을 수 있는 권리

검사는 가정폭력범죄로서 사건의 성질 · 동기 및 결과, 행위자의 성행 등을 고려하여 이 법에 의한 보호처분(제40조)에 처함이 상당하다고 인정할 때에는 가정보호사건으로 처리할 수 있다(제9조).

13) 송광섭, 앞의 글, pp.124~127.

4) 배상명령을 신청할 수 있는 권리

피해자는 가정보호사건이 계속된 제1심 법원에 배상명령을 신청할 수 있고(제56조), 법원은 제1심의 가정보호사건 심리절차에서 보호처분을 선고할 경우 직권 또는 피해자의 신청에 의하여 피해자 또는 가정구성원의 부양에 필요한 금전의 지급(제1호), 가정보호사건으로 인하여 발생한 직접적인 물적 피해 및 치료비손해의 배상(제2호)을 명할 수 있다(제57조 제1항).

배상명령은 보호처분의 결정과 동시에 하여야 하고(제58조 제1항), 가집행할 수 있음을 선고할 수 있다(제58조 제3항).

5) 비밀누설의 금지

가정폭력범죄의 수사 또는 가정보호사건의 조사·심리 및 그 집행을 담당하거나 이에 관여하는 공무원, 보조인 또는 상담소 등에 근무하는 상담원과 그 장이 그 직무상 알게 된 비밀을 누설한 때에는 1년 이하의 징역이나 2년 이하의 자격정지 또는 1천만원 이하의 벌금에 처하고(제64조 제1항), 가정보호사건의 보도금지의무를 위반한 신문의 편집인, 발행인, 또는 그 종사자, 방송사의 편집책임자, 그 장 또는 종사자 기타 출판물의 저작자와 발행인은 500만원 이하의 벌금에 처한다(제64조 제2항).

6) 항고·재항고

동법 제49조 내지 제55조에 항고와 재항고에 대한 규정을 두고 있어 임시조치(제8조), 보호처분(제40조), 보호처분의 변경(제45조), 보호처분의 취소(제46조) 등에 있어서 그 결정에 영향을 미칠 법령위반이 있거나 중대한 사실오인이 있는 때 또는 그 결정이 현저히 부당한 경우에는 항고 내지 재항고를 할 수 있도록 하고 있다.

7) 개선대책

가정폭력범죄의 처벌 등에 관한 특례법에 의하면 법원은 제1심의 가정보호사건 심리절차에서 보호처분을 선고할 경우 직권 또는 피해자의 신청에 의하여 피해자 또는 가정구성원의 부양에 필요한 금전의 지급(제1호), 가정보호사건으로 인하여 발생한 직접적인 물적피해 및 치료비손해의 배상(제2호) 등을 명할 수 있을 뿐이다(제57조 제1항).

따라서 가정폭력범죄의 처벌 등에 관한 특례법에 현행법상 가사소송 또는 민사소송 등에 의하여 내려지게 되어 있는 가해자에 대한 금치산선고, 자녀의 양육권박탈, 유아인도명령 등도 피해자 또는 가정구성원의 청구에 따라 가정보호사건의 심리에 병합하도록 입법화하여야 한다.

또한 가정폭력범죄의 처벌 등에 관한 특례법에 이혼을 원하지 않는 가정폭력의 피해자 또는 이혼소송의 유리한 고지를 선점하기 위한 이혼의 전단계로서의 법원의 별거판결을 입법화하여 법원의 별거명령과 동시에 가정폭력의 피해자가 경제적·신체적 보호를 받을 수 있도록 하여야 하고, 별거판결로 부부간에는 별거가 인용되므로 별거부부는 동거의무로부터 해방되기 때문에 일방 배우자의 의사에 반한 성적 교섭을 처벌할 수 있는 규정도 아울러 입법화하여야 한다.[14]

6. 특정범죄신고자의 보호[15]

1) 불이익처우를 받지 아니할 권리

범죄신고자 등은 범죄신고자 등을 고용하고 있는 자로부터 피고용자가 범죄신고 등을 하였다는 이유로 해고 기타 불이익한 처우를 받지 아니할 권리가 있다(제5조).

---

14) 송광섭, 앞의 글, p.127.

15) 본법의 내용은 다음에 기술하는 바와 같이 최근 각국에서 입법화되고 있는 범죄피해자보호규정들이 다수 포함되어 있어, 시의적절한 입법이라고 판단되나 그 내용에 있어서 가장 아쉬운 부분은 특정범죄에 한정하고 있다는 점이다. 즉 이 법을 특정범죄신고자등보호법이라고 하는 것보다, 범죄신고자보호법이라고 하여 제정되었다면, 좀더 범죄피해자보호에 많은 기여를 할 수 있을 것이다.

2) 인적 사항의 공개금지

범죄신고자 등이나 그 친족 등은 범죄신고와 관련하여 보복을 당할 우려가 있는 경우가 있기 때문에, 이 법에 규정된 경우를 제외하고는 누구든지 이 법에 의하여 보호되고 있는 범죄신고자 등이라는 정을 알면서 그 인적 사항 또는 범죄신고자 등임을 알 수 있는 사실을 다른 사람에게 알려주거나 공개 또는 보도하여서는 아니된다(제8조).

3) 증인소환 및 신문의 특례 등

검사 또는 사법경찰관은 범죄신고 등과 관련하여 조서 기타 서류를 작성함에 있어서 범죄신고자 등이나 그 친족 등이 보복을 당할 우려가 있는 경우에는 그 취지를 조서 등에 기재하고 범죄신고자 등의 성명 · 연령 · 주소 · 직업 등 신원을 알 수 있는 사항의 전부 또는 일부를 기재하지 아니할 수 있다(제7조 제1항). 또한 재판장 또는 판사는 소환된 증인 또는 그 친족 등이 보복을 당할 우려가 있는 경우에는 당해 증인의 인적 사항의 전부 또는 일부를 기재하지 아니하게 할 수 있고(제11조 제2항), 이 경우 재판장 또는 판사는 증인의 인적 사항이 신원확인 · 증인선서 · 증언 등 증인신문의 모든 과정에서 공개되지 아니하도록 하여야 한다(제11조 제3항).

4) 소송진행의 협의 등

법원은 범죄신고자 등이나 그 친족 등이 보복을 당할 우려가 있는 경우에는 검사 및 변호인과 당해 피고인에 대한 공판기일의 지정 기타 소송의 진행에 필요한 사항을 협의할 수 있고(제12조 제1항), 이 협의는 소송진행에 필요한 최소한에 그쳐야 하며 판결에 영향을 주어서는 아니된다(제12조 제2항).

5) 신변안전조치를 받을 권리

검사 또는 경찰서장은 범죄신고자 등이나 그 친족 등이 보복을 당할 우려가 있는 경우에는 일정기간동안 당해 검찰청 또는 경찰서 소속 공무원으로 하여금 신변안전을 위하여 필요한 조치를 하게 하거나 대상자의 거주지 또는 현재지를 관할하는 경찰서장에게 신변안전조치를 취하도록 요청할 수 있고(제13조 제1항), 재판장 또는 판사는 공판준비 또는 공판진행과정에서 검사에게(제13조 제2항), 범죄신고자 등, 그 법정대리인 또는 친족 등은 재판장·검사 또는 거주지나 현재지를 관할하는 경찰서장에게 신변안전조치를 취하여 줄 것을 신청할 수 있다(제13조 제3항).

6) 범죄신고자 등의 구조금을 지급받을 수 있는 권리

국가는 범죄신고자 등이나 그 친족 등이 보복을 당할 우려가 있는 경우로서 그로 인하여 중대한 경제적 손실 또는 정신적 고통을 받았거나 이사·전직 등으로 비용을 지출하였거나 지출할 필요가 있는 때에는 범죄신고자 등, 그 법정대리인 또는 친족 등의 신청에 의하여 범죄신고자 등 구조금을 지급할 수 있다(제14조).

7) 피고인 등에 관련된 주요 변동상황을 통지받을 권리

범죄신고자 등이나 그 친족 등이 보복을 당할 우려가 있는 경우에는 검사 또는 사법경찰관은 직권 또는 범죄신고자 등, 그 법정대리인이나 친족 등의 신청에 의하여 피의자 또는 피고인의 체포·구속 및 석방에 관련된 사법경찰관·검사 및 법원의 처분내용, 재판선고기일이나 선고내용 및 가석방·형집행정지·형기만료나 보안처분 종료 등으로 인한 교정시설 등에서의 출소사실이나 도주사실 등 재판 및 신병에 관련된 변동상황을 범죄신고자 등, 그 법정대리인 또는 친족 등에게 통지할 수 있다(제15조).

7. 소송촉진 등 배상명령제도

1) 배상명령의 의의

소송촉진등에 관한 특례법에 의하여 1981년부터 우리나라에서는 배상명령제도가 도입, 시행되고 있다. 이에 의하여 피해자는 형사절차에서도 피고인에 대한 손해배상을 청구할 수 있게 된다. 이것은 형사절차에서 피해자의 민사법상의 손해배상을 해결함으로써 소송경제와 신속한 원상회복을 가능하게 하기 위한 것이다.

2) 배상명령의 요건

배상명령을 할 수 있는 피고사건은 상해죄, 중상해죄, 상해치사죄와 폭행치사죄 및 과실치사상의 죄(형법 제26장), 절도와 강도의 죄(제38장), 사기와 공갈의 죄(제39장), 횡령과 배임의 죄(제40장), 손괴의 죄(제42장)에 한한다(소촉법 제25조 제1항). 피해의 존부와 범위에 대한 판단이 용이한 범죄에 대하여만 배상명령을 할 수 있게 한 것이다. 따라서 피해자와 피고인 사이의 손해배상액에 관하여 합의가 이루어진 때에는 그 이외의 범죄에 대하여도 배상명령을 할 수 있다(동조 제2항).

3) 배상명령절차의 심리

배상명령은 법원의 직권, 또는 피해자나 그 상속인의 신청에 의한다(제25조 제1항). 배상신청은 제1심 또는 제2심 공판의 변론종결시까지 사건이 계속된 법원에 할 수 있다. 이 경우에 인지의 첨부는 요하지 아니한다(제26조 제1항). 배상명령은 형사사건이 계속된 법원의 전속관할에 속하며, 배상청구액이 합의부의 전속관할에 속하는가는 문제되지 아니한다.

4) 배상명령의 재판

배상신청이 부적법한 때 또는 그 신청이 이유없거나 배상명령을 함이 상당하지 아니하다고 인정한 때에는 결정으로 이를 각하하여야 한다. 다만 유죄판결의 선고와 동시에 신청 각하의 재판을 하는 때에는 이를 유죄판결의 주문에 표시할 수 있다. 신청을 각하하거나 그 일부를 인용한 재판에 대하여 신청인은 불복을 신청하지 못하며, 다시 동일한 배상신청을 할 수도 없다(제32조). 배상명령은 유죄판결과 동시에 하여야 한다. 배상명령은 가집행할 수 있음을 선고할 수도 있다(제31조 제1항, 제3항). 배상명령의 절차 비용은 특히 그 부담할 자를 정한 경우를 제외하고는 국고의 부담으로 한다(제35조). 피고인은 상소 또는 배상명령에 대한 즉시항고에 의하여 배상명령에 대하여 불복할 수 있다.

이러한 배상명령제도는 우리나라에서 아직 활성화되지 못하고 있다. 1995년의 경우에 배상명령의 신청건수가 911건에 불과하고, 그 중 인용된 건수는 241건으로서 인용률 33.9%에 불과하며, 직권에 의한 배상명령은 한 건도 없는 것으로 나타났다. 앞으로 배상명령제도를 활성화하기 위해서는 무엇보다도 공소제기시에 피해자에게 배상명령신청권을 고지해 주고, 공판절차가 현저히 지연될 우려가 있거나 형사소송절차에서 배상명령을 함이 상당하지 아니하다고 인정한 때에는 배상명령을 하여서는 안된다는 소송촉진등에관한 특례법 제25조 제3항 제4호가 가급적 폐지되어야 할 것이다.16)

8. 국가에 의한 범죄피해자보상제도

1) 범죄피해자보상제도의 의의

범죄로 인한 피해자는 국가에 대하여 보상을 신청할 수 있다. 배상명령에 의한 피해자의 구제는 피고인이 무자력일 때에는 아무런 의미가 없다. 형사피고인은 무자력자인 경우가 상당수를 차지한다. 여기서 피해자의 구제를 위하여는 국가에 의한 피해자보상제도를 도입할 필요성이 제기된다. 이에 헌법 제30조는 "타인의 범죄행위로 인하여 생명, 신체에 대한 피해를 입은 국민은 법률이 정하는 바에 의하여 국가로부터 구조를 받을 수 있다"고 규정하고 있으며, 이에 따라 범죄피해자구조법은 국가에 의한 범죄피해자보상제도를 인정하고 있다. 국가에 의한 피

16) 박상기 · 손동권 · 이순래 공저, 「형사정책」, 한국형사정책연구원, 2001, p.383.

해자보상은 범죄에 대한 투쟁과 형사소추권을 독점하고 있는 국가는 범죄의 실행과 그것으로 인하여 야기된 피해를 보상할 책임이 있을 뿐 아니라, 국가가 잠정적으로 피해자보상을 담당함으로써 행위자에 대하여도 그 사회복귀를 촉진하는 것이 합리적 형사정책이 될 수 있다는 점에 근거를 가지고 있다.

2) 범죄피해자보상의 요건

국가는 사람의 생명, 신체를 해하는 범죄행위로 인하여 사망하거나 중상해를 당한 피해자가 가해자의 불명 또는 무자력의 사유로 인하여 피해의 전부 또는 일부를 보상받지 못하고 그 생계유지가 곤란한 사정이 있거나, 자기 또는 타인의 형사사건의 수사 또는 재판에 있어서 고소, 고발 등 수사단서의 제공, 진술, 증언 또는 자료제출과 관련하여 피해자로 된 때에는 피해자 또는 유족에게 범죄피해자구조금을 지급하도록 하고 있다(제1조, 제3조).

3) 활성화 방안

1988년 피해자구조제도가 실시된 이후 1991년부터 1995년에 이르는 통계에 따르면 그 사이 범죄피해자구조의 신청건수는 매년 100건에도 못미치는 것으로 나타나고 있다. 더욱이 그 신청에 대한 지급건수는 49건에서 79건 사이에 머물고 있을 뿐이다. 그 사이에 생명 또는 신체를 해하는 범죄건수가 매우 많은 것을 감안한다면 범죄피해자구조제도가 상대적으로 활성화되기 위해서는 무엇보다도 동 제도를 일반인에게 널리 홍보하는 것과 충분한 범죄피해구조예산을 확보하는 것이다. 그리고 입법적으로는 여건이 갖추어지는 대로 엄격한 적용요건과 광범위한 구조금 지급결격사유 등의 현행규정이 개정되어야 할 것이다.[17]

17) 박상기 · 손동권 · 이순래 공저, 앞의 책, p.387.

Ⅲ. 형사절차상 범죄피해자의 지위강화 방안

1. 피해자에 대한 신변보호조치

가해자는 증인이나 피해자가 형사사법기관과 접촉하고 협력하는 것을 방해하기 위하여 이들을 협박하거나 실제로 위해를 가하기도 한다. 따라서 피해자를 보복의 위협으로부터 보호하는 것은 피해자로 하여금 형사절차에 협력하도록 유도한다는 점에서 매우 중요한 의미를 가진다. 형사사법기관의 신변보호가 충실히 이루어지지 않는다면 결국 피해자는 이들에 대한 협력을 꺼리게 될 것이기 때문이다.[18] 1999년의 특정범죄신고자 등 보호법에서는 범죄신고자 등을 보복범죄로부터 보호하기 위하여 범죄신고자의 인적사항을 원칙적으로 공개하지 못하게 하였을 뿐만 아니라, 증인으로서의 소환과 신문절차에 특례를 인정하고 신변안전을 확보하기 위한 조치에 대해서도 규정하고 있다.

그러나 이러한 법규정에만 의존하여 형식적으로만 피해자의 신변을 보호하는 것은 어디까지나 한계가 있다고 할 수 있다. 따라서 확실한 피해자의 신변보호를 위해서는 이러한 법률에만 의존하기보다는 실무에서 피해자 등을 대하고 있는 사법경찰이나 검찰이 피해자의 신변보호에 대한 각별한 인식과 신중한 행동이 필요하다고 하겠다. 피해자를 제3자로 가장한 우편물을 이용하는 방법, 출장수사(형소법 제165조) 등의 방법 외에 많이 보편화 되어있는 전자우편을 이용하여 신문하는 방법도 가능하리라고 본다.[19] 결국 이러한 노력은 피해자를 보호하는 것뿐만 아니라 범죄예방을 하는 데에 아주 기본적인 요소로 작용하게 될 것이다.[20]

---

18) 이은모, 앞의 글, p.85.

19) 류병관, 앞의 논문, p.188.

20) 미국의 경우에는 증인 및 증인가족, 증인가족과 밀접한 관계에 있는 자 등의 신변안전을 위하여 1970년 「조직범죄규제법」, 1982년 「피해자와 증인보호법」(The Federal Victim And Witness Protection Act), 1983년 「피해자와 증인원조를 위한 법무부장관의 지침」(The U.S Attorney General's Guideline for Victim and Witness Assistance), 1984년 「증인보호개혁법」(Witness Security Reform Act) 등을 제정하여 시행하고 있다. 미법무성의 증인보호프로그램 (Witness Security Program)은 증인 등의 새로운 호적·주거지 마련 및 직장알선, 새로운 운전면허증·자동차 등록증의 변경, 증인의 고용주로부터의 해고금지, 피해자에 대한 직업훈련, 의료서비스의 제공 등 피해자 및 증인에 대한 다양한 원조를 제공하고 있다. 송광섭, 앞의 글, pp.121~122.

2. 피해자의 사법참여와 지위강화

1) 범죄피해자 권리운동

피해자는 형사법의 국가독점과 형벌의 범죄자 재사회화 수단 성격 때문에 소송절차에서는 변두리에 머물러 있었다. 그러나 범죄피해자 권리운동은 형사절차상 범죄피해자의 이익을 보호하는 제도를 모색하게 되었다. 현재 형사정책학에서는 ① 재판단계·가석방단계 - 피해자의 의견개진기회 부여 ② 피해자인 증인의 보호제도 ③ 피해자의 변호인의 조력을 받을 권리[21] 보장 ④ 형사절차진행에 대한 피해자의 알권리보장 등이 거론되고 있다.

2) 현행법상 피해자참여와 보호제도 강화

우리나라 현행법에는 피해자의 참여와 보호제도가 다음과 같이 규정되어 있어, 이에 대한 철저한 시행이 이루어질 수 있도록 보장되어야 하겠다.

(1) 피해자 참여제도

현행법은 고소제도(형사소송법 제223조), 불기소처분에 대한 항고제도(검찰청법 제10조), 재정신청제도(형사소송법 제260조), 헌법소원제도(헌법 제111조, 헌법재판소법 제68조), 형사재판상 피해자 진술제도(헌법 제27조, 형사소송법 제294조의 2)등 피해자의 형사상 참여제도를 두고 있다.

(2) 피해자 보호제도

① 특정강력범죄의 처벌에 관한 특례법상 증인에 대한

-신변안전조치(제7조)

-출판물 등으로부터의 피해자 보호(제8조)

21) 미국의 경우 '피해자 등에 대한 후견인과 보조인제도(Ombudsmen and Support Attendants)'를 두고있고, 독일의 경우에도 형사소송법 제406조의 f에 피해자의 변호인선임권과 변호인의 조력을 받을 권리를 보장하고 있다. 이재상, 「범죄피해자의 지위강화-입법론적 대책을 중심으로-」, 「형사법학의 현대적 과제」동산 손민육박사 회갑기념논문집, 1993, p.909.

② 성폭력 범죄의 처벌 및 피해자 보호 등에 관한 법률

-피해자의 신원과 사생활 비밀누설금지(제21조)

-심리 및 증인신문 비공개(제22조)

③ 법무부의 피해자보호 방안

법무부에서는 ①현행형사소송법상 피해자진술권 배제사유를 대폭축소하여 ②피해자상담, 정보통지, 기록열람 지원으로 ③검찰청에 피해자 지원과 신설 ④미란다원칙에 준하는 피해자 보호 및 지원에 관한 권리고지 등 방안을 마련하고 있다.

3. 형사사법을 통한 피해의 원상회복

최근 법무부가 마련중인 대책중 가장 중점을 두고있는 것은 피해자의 시급한 원상회복이다. 종래의 형벌사상 및 국가는 형벌목적 및 형벌집행과 관련하여 피해자의 원상회복을 고려하지 않았다.

사법상 손해배상제도는 비용 및 시간의 부담이 많고 가해자의 무자력 등으로 피해자의 효과적인 피해회복수단으로는 한계가 있었다. 따라서 피해자의 신속·간편한 원상회복제도의 필요성이 제기됨에 따라 형사사법절차를 통한 피해자의 원상회복법안이 논의되게 되었다. 이중 가장 주목할만한 대책은 '형사재판상 화해제도로 형사재판도중 피고인(가해자)과 피해자간에 합의가 이뤄질 경우 형사재판이후 별도의 민사소송을 내는 번거로움없이 피해자가 곧바로 피해보상을 받도록 한 것이다. 또한 피해자구조 기금설립 및 배상명령제도를 활성화하기로 하였다.

이같은 원상회복제도는 피해자의 신속한 구제, 가해자의 배상노력에 의한 자기개선효과, 가해자와 피해자간의 화해 등의 형사정책적 효과가 있다.

현행 형사사법절차를 통한 피해회복제도의 유형을 보면

① 피해배상을 피고인의 양형요소로 참작하거나 보호관찰, 집행유예, 가석방 등의 조건으로 하는 제도

② 국가가 징수한 벌금의 일부를 피해자에게 지급하는 제도
③ 수형자의 교도작업으로 배상하는 제도
④ 피해자에게 노동을 제공하게 하여 배상하게 하는 제도
⑤ 범죄자의 재산반환제도
⑥ 형사재판상 배상명령제도 등을 들 수 있다.

한편 현행법상 형사사법절차를 통한 피해원상회복제도로는 비공식적으로 가해자의 피해자에 대한 배상여부를 기소유예나 양형에 참작하고 있으며, 이미 기술한 바와 같이 배상명령제도를 소송촉진 등에 관한 특례법에 규정하고 있다.

4. 피해자에 대한 전문적 원호 시행

범죄피해자는 재산적·정신적·신체적 피해로 사회생활상 장애를 겪게 된다. 따라서 피해자가 피해를 극복하고 정상적인 사회생활을 할 수 있도록 하기 위하여 범죄자의 완전한 사회 복귀를 위한 처우제도처럼 피해자에게도 재산적 손해보전제도 이외에 전문적인 원호가 필요하다. 따라서 피해자학에서는 피해자에 대한 전문적 원호를 범죄자 처우에 상응한 피해자 처우라는 개념으로 파악하고 있다.

현재 우리나라에서는「성폭력위기센터」·「매맞는 아내를 위한 피난처」·「학대받는 아동을 위한 집단운동」등 민간단체를 중심으로 이루어지고 있다.

피해자처우는 국가적 차원에서도 문제가 되어 미국에서는 피해자 봉사청(뉴욕검찰청소속)과 같은 기관이 설립되기도 하였다.

5. 재정신청 범위의 확대

범죄피해자가 범죄행위에 대한 형벌부과에 대해 갖고 있는 정당한 보상이익을 충족시키기 위해서 또한 국가가 기소권을 독점하기 때문에 범죄피해자의 정의에 대한 요구가 무시되지 않도록 하기 위해서, 공소제기에 충분한 범죄의 객관적 혐

의정도에 관하여 검사와 그 범죄의 피해자간에 견해가 대립되는 경우에는 법원의 심판에 맡길 수 있는 기회를 범죄피해자에게 폭넓게 부여해야 한다. 우리나라의 형사사법제도상의 재정신청제도(형소법 제260조 이하)[22]는 기소편의주의를 규제하기 위한 법적 장치로서 범죄피해자의 이익보호에 기여할 수 있는 제도이다.

그러나 현행법상 기소편의주의와 기소독점주의의 규제제도로서 재정신청제도는 고소인이 검사의 불기소처분사건을 법원에 회부시켜줄 것을 요구하는 강력한 통제권임에도 불구하고 대상의 엄격한 제한[23]과 현실적으로 저조한 부심판결정률 때문에 공소권의 합리적 통제 및 피해자의 이익보호라는 면에서 결함을 나타내고 있으며, 이로 인하여 재정신청제도의 규제기능은 거의 무의미하게 되었다고 할 수 있다. 이런 상황에서 1987년 개정된 헌법 제27조 제5항은 범죄피해자의 법정진술권을 기본권으로 인정하였고, 이를 기초로 헌법재판소에 검사의 불기소처분에 대한 심사를 구하는 헌법소원(헌법 제111조 제1항 제5호, 헌재법 제68조 제1항)의 구제방법이 더 중요한 의미를 갖게 되었다.

따라서 재정신청제도가 실효성을 갖기 위해서는 재정신청사건의 대상범위를 모든 범죄로 확대하여[24] 기소편의주의의 사법적 통제가 피해자의 신청에 의해 가능하도록 해야 한다.[25]

6. 피해자에 대한 정보권의 보장

공판기일에 소환받은 증인은 과태료부과라는 제재수단으로 강제하는 출석의무와 증언의무를 갖는다. 그러나 증인(또는 피해자)은 공소제기된 후에는 공판기일,

22) 이것을 다른 말로 재판상의 준기소절차라고 한다.
23) 1954년 형사소송법은 준기소절차의 대상을 모든 범죄에 대하여 인정하였으나 1973년 유신헌법의 실시에 따른 형사소송법개정으로 지금과 같이 공무원의 직권남용죄(형법 제123~125조)로 국한되었다.
24) 일본도 재정신청의 범위를 원칙적으로 공무원의 직권남용죄에 한정하고 있는 점은 우리와 유사하다(일본형소법 제262조 제1항 참조). 다만 일반범죄사건의 경우 일본에서는 검찰심사회제도가 공소권남용에 대한 통제기능을 수행하고 있는 점이 우리와 다르다고 할 수 있다. 검찰심사회는 11인의 시민으로 구성되며, 검사의 불기소처분의 당부를 심사하여 기소함이 타당하다고 판단되는 때에는 기소상당의 권고를 하게 된다(검찰심사회법 제40조 참조). 기소함이 상당하다는 권고는 검사에 대하여 구속력이 없는 권고적 효력을 가지는데 불과하나, 실제에 있어서는 검사의 권한을 통제하는 실질적인 역할을 수행하는 것으로 평가되고 있다. 이은모, 앞의 글, p.87.
25) 송광섭, 앞의 글, p.118 ; 이은모, 앞의 글, pp.86~87 ; 신동운, 앞의 책, p.315.

피고인의 구속여부 또는 공판진행상황 등에 대하여 어떠한 정보도 받지 못한다. 따라서 피해자는 증거제출, 피해자의 진술권행사, 증인출두여부를 미리 예상한 증인신문준비 및 배상명령신청 등 피해자의 이익실현에 어려움을 갖게 된다. 또한 피고인이 변호인을 통해 소송계속중의 관계서류 및 증거물에 대한 열람 또는 등사할 수 있도록 하여 방어권을 보장하고 있지만, 피해자에게는 현행법에 있는 진술권행사를 위해서라도 수사상황과 공판진행상황을 파악할 수 있어야 함에도 이를 위한 기록열람등사권은 부여되어 있지 않다.

따라서 공소가 제기된 경우에는 공판기일 등 공판진행상황, 피고인의 구속여부와 판결주문 등의 재판결과(독일형소법 제406조의 d) 등을 피해자(또는 증인)에게 통지하여야 한다. 또한 변호인을 통한 기록열람권을 인정하여(독일형소법 제406조의 e) - 다만 수사목적을 방해할 염려있는 경우에 수사종결 전단계에서는 제한적으로 - 수사상황과 공판진행상황에 대한 정보를 얻도록 해야 한다. 더 나아가 증인소환장에는 비공개 재판신청권이 있음을 고지하여야 한다.[26)]

이를 통해서 국가소추주의를 취하고 있는 현행 제도상 공권력을 통한 처벌욕구충족여부에 대한 알권리가 보장되고 또한 이로써 피해자의 다른 권리실현과 함께 사후절차강구가 가능할 수 있게 된다.

7. 증언 부담의 최소화

증인을 위한 법정대기실, 별도의 출입문설치, 동행차량의 제공, 증인출석시 받는 비용의 현실화, 증인이 피고용자인 경우 고용자에 대한 공식적인 통지와 양해 등은 증거방법으로서 증인이 받을 수 있는 형사절차에서의 불안감과 압박감을 해소시켜 심리적으로 안정된 상태에서 자유롭게 증언하게 할 수 있는 방안이다.

26) 미국의 피해자 및 증인보호법(Victim and Witness Protection Act of 1982)은 이보다 더 포괄적으로 중죄피해자에 대한 통지의무를 규정하고 있다. 즉 피해자의 체포, 치안판사에의 인치, 보석 등에 의한 재판절차 계속중의 석방, 공판 및 양형절차에 대해서 가능한 한 즉시 통지하도록 하고 있다(제6조 (a)(4)(A)-(D)). 이은모, 앞의 글, p.88 ; 범죄피해자보호제도에 관한 외국의 입법례로는 류병권, 앞의 글, pp.36~123 ; 김용세, 「범죄수사와 피해자보호」, 「형사정책연구」통권 제39호, 1999.9., pp.125~139 ; 장규원, 「범죄피해자에 대한 지원제도-스위스, 독일 및 일본을 중심으로」, 「형사정책연구」통권 제37호, 1999.3 ; 최석란, 「미국의 범죄피해자 보호 · 원조제도」,「형사정책연구」통권 제35호, 1998.9. 참조

형사사법이 증인을 형사절차에의 참여를 강제하고 있는 한 이로부터 받을 수 있는 부담을 최소화시키는 것은 바로 형사사법의 임무이다.[27)]

Ⅳ. 결 론

이상으로 현행법상 이루어지고 있는 피해자보호의 내용과 문제점을 검토하고 그에 대한 개선방향을 제시해 보았다.

최근 범죄피해자의 권리보호는 법제도적 보장 외에 피해자 정책의 실시를 통한 피해자 지원에 그 초점이 모아져 있다. 범죄자의 권리보호는 계속 문제되었어도 피해자의 구제나 권리보호가 본격적으로 논의된 것은 최근에 와서이다. 특히 법무부는 '2005 상반기까지 '범죄피해자기본법'을 제정해 피해자가 원할 경우 가해자에 대한 수사, 재판, 형집행 상황은 물론 가해자의 출소후 주소까지도 일일이 통보하고 재판과정에서의 피해자진술권을 대폭강화하고 가해자와 피해자간에 합의가 이루어질 경우 형사재판에서 확정판결이 난 뒤 별도의 민사소송없이 피해자가 곧바로 피해배상을 받을수 있도록 대책을 마련하고 있는 것은 매우 고무적인 사항이다.

따라서 피해자보호제도에 관한 연구에서 특히 고려되어야 할 것은 피해자의 이익과 피고인의 이익과의 충돌을 어떠한 방법으로 조화있게 처리할 것인가일 것이다.

이런 점에서 향후 피해자 보호를 위한 법제적·정책적 방안 모색은 매우 중요한 작업일 수밖에 없으며 향후 이러한 피해자 보호법의 입법화가 이루어질때 앞에서 방향제시한 내용도 피해자 보호에 관한 규정들로 통합하여 단일 법전화시킨다면 피해자 보호의 효율성이 담보될 수 있다고 생각한다.

그러나 이 모든 것을 이루어 가는 과정에서 특히 주의해야 할 점은 과거에 범죄자만을 중심으로 하여 일어났던 불신·불만 등의 문제를 되풀이하지 않도록 피해자에게만 초점을 맞춰 피고인의 권리를 제한하거나 축소시키는 방안으로 나아

27) 이보녕, 앞의 글, p.388.

가지 않도록 하여야 할 것이다. 이것은 사회에서 범죄자와 피해자가 정해져있는 것이 아니라 누구라도 범죄자 및 피해자가 될 수 있는 소지가 있기 때문이다. 결국 이렇게 범죄자와 피해자의 권리를 동등하게 인정하고 보장하는 것이야말로 사회정의와 실체진실발견을 이루는 첩경이 된다고 할 것이다.

참고문헌

〈국내문헌〉

이재상(2000), 「형사소송법」 (서울 : 박영사)
백형구(2000), 「형사소송법」 (서울 : 박영사)
배종대 · 이상돈 공저(1996), 「형사소송법」 (서울 : 홍문사)
신동운(1994), 「형사소송법」 (서울 : 법문사)
______(1998), 「형사소송법 I」 (서울 : 박영사)
박상기 · 손동권 · 이순래 공저(2001), 「형사정책」 (서울 : 한국형사정책연구원)
이윤호(1996), 「형사정책」 (서울 : 박영사)
이만종(2004. 4), "범죄피해자 보호제도에 관한 고찰", 「피해자학연구」제12권 제1호
김용세(1999. 9), "범죄수사와 피해자보호", 「형사정책연구」제39호
류병관(2001), "범죄피해자 보호에 관한 연구", 「충남대학교 박사학위논문」
송광섭(2000. 6.), "형사절차에 있어서 피해자의 지위 강화",「피해자학연구」제8호
박미숙 (2000. 6.), "회복적 사법과 피해자보호", 「피해자학연구」제8호
박영재 (1995), "범죄피해자보호제도에 관한 연구", 「군사법논문집」제14집
이보녕 (2000. 12.), "형사절차상 증인 및 피해자보호에 관한 연구 - 피해자학과범죄피해자보호를 중심으로", 「단국대 법학논총」 제24집
이은모 (2002. 2.), "범죄피해자보호를 위한 형사절차상의 대책", 「고시연구」제335호
이재상(1993), "범죄피해자의 지위강화-입법론적 대책을 중심으로", 「형사법학의 현대적 과제」동산 손민육박사 화갑기념논문집
장규원(1999. 3.), "범죄피해자에 대한 지원제도-스위스, 독일 및 일본을 중심으로", 「형사정책연구」제37호
______(1999. 7 · 8.), "피해자와 형사사법체계", 「형사정책연구소식」 제54호
조병인 (1998. 9.), "한국의 범죄피해자보호체계 : 법률과 실제", 「형사정책연구」제35호
최석란 (1998. 9.), "미국의 범죄피해자 보호 · 원조제도", 「형사정책연구」 제35호

저자소개

이만종

조선대학교를 졸업하고 동대학원에서 형사법(형사정책)으로 법학박사 학위를 받았다. 공군사관학교 초빙교수와 항공우주법연구원, 국방부 조사본부 수사과장, 공군본부 헌병과장(공군대령 전역), 국민대 법무대학원 강사, 행정고시출제위원 등을 역임 후, 현재 호원대학교 법 경찰학부 교수로 재직하고 있다. 또한 금강방송 '시사토론' 진행자, 한국 군사법학회 회장, 행정고시출제위원, 한국치안행정학회자문위원, 법무부교정자문위원, 국방정보연구소 자문위원, 한국테러학회 회장 및 국가정보원 대테러정책위원을 맡고 있다.

저서

명령관계론, 진리탐구, 2001
범죄학개론, 학현사, 2002
범죄수사, 학현사, 2004
명령학, 학현사, 2005
경찰수사총론, 청목출판사, 2007
최신범죄학개론, 학현사, 2008
성범죄 없는 직장문화 만들기, 한국학술정보, 2009
국제정치의 이해(공저), 높이깊이, 2010
경찰수사총론, 청목출판사, 2010
경찰학개론(공저),우공출판사, 2011
안전관리론(공저), 예문사, 2016
테러리즘과 국가안보, 진영사, 2015

논문

인공지능을 악용한 미래테러범죄 가능성(경찰학논총, 2017)
미국의 대테러전략의 전개와 전망(한국테러 학회보, 2016)
한국의 난민문제에 대한 국가안보상대응(한국테러 학회보, 2016)
중동지역 혼란 따른 테러조직 활동 전망과 대응(한국테러 학회보, 2015)
국내자생테러의 위협과 우리의 대비전략(대테러논총, 2011)
오사마 빈라덴 사후 알카에다의 동향과 우리의 대응방안(대테러연구, 2013) 등 테러리즘 및 안보, 형사정책분야 관련논문다수.